钱军 —— 著

中国金融的力量

WRITTEN BY QIANJUN

THE
POWER
OF
CHINA'S
FINANCIAL
SYSTEM

中国出版集团
东方出版中心

图书在版编目（CIP）数据

中国金融的力量 / 钱军著. —上海：东方出版中心，2020.11
 ISBN 978-7-5473-1714-3

Ⅰ.①中… Ⅱ.①钱… Ⅲ.①金融业－经济发展－研究－中国 Ⅳ.①F832

中国版本图书馆CIP数据核字（2020）第202962号

中国金融的力量

著　者	钱　军
策　划	文字力量
责任编辑	马晓俊
装帧设计	TT Studio

出版发行	东方出版中心
地　址	上海市仙霞路345号
邮政编码	200336
电　话	021- 62417400
印刷者	上海盛通时代印刷有限公司
开　本	710mm×1000mm　1/16
印　张	20.25
字　数	274千字
版　次	2020年12月第1版
印　次	2020年12月第1次印刷
定　价	78.00元

版权所有　侵权必究
如图书有印装质量问题，请寄回本社出版部调换或电话021-62597596联系。

目录 CONTENTS

1…… 推荐序一　屠光绍
1…… 推荐序二　姜建清
1…… 自　序

1…… 第一章　中国的金融力量
21…… 第二章　长盛不衰的主导力量：银行系统
57…… 第三章　日趋成熟的力量：股市
109…… 第四章　蓬勃发展的新生力量：债券市场
149…… 第五章　稳中求进的力量：房地产市场
175…… 第六章　更加开放的力量：汇率市场和资本项目
201…… 第七章　X力量：金融科技
227…… 第八章　疫情冲击与金融风险防控
269…… 第九章　金融之城：上海国际金融中心

291…… 参考文献

300…… 后记：中国金融体系的下一个十年

推荐序一

屠光绍

收到钱军教授新作《中国金融的力量》的书稿后,我认真读了几遍,在感受中国金融力量的同时,也为这本书的"力量"所感染。钱军教授既是大家熟知了解的经济金融专家,也是我相识已久的同事朋友,他对国际国内经济金融领域涉猎广泛,理论实践融会贯通。《中国金融的力量》这本书是他在多年学术深耕基础上的成果,也是他对改革开放后中国金融发展总结思考的结晶。本书从理论到实践、过去到现在、国际到国内三个维度,比较完整、系统、全面地对中国金融体系进行了透彻的解析,因此,《中国金融的力量》既可以是各方面认识了解中国金融发展历史和现状(包括新冠疫情期)的知识读本,亦应该是进一步研究探讨中国金融问题的重要参考。因此,我非常乐意地接受了钱军教授的邀请为此书作序并由衷地向大家推荐此书,希望这本书能被更多的人看到,从而也为中国金融体系未来的发展和进一步完善提供应有的"力量"。

历年来介绍并研究改革开放后中国金融发展的文章和书籍可以说是目不暇接,汗牛充栋。正如书中所提到的,中国经济成长在全球看来是一个奇迹,大家都在探讨这奇迹背后的原因,其中很重要的原因就是中国的金融即本书探讨的"中国金融的力量"。那么,中国的金融到底对中国经济起了什么样的作用,又是如何起作用的呢?我认为概括起来,本书以独到的视角从以下三点分析揭示了中国金融的力量。

第一,分析了中国金融的力量何在,也就是中国金融力量体现在哪里。本书通过大量数据和案例分析,说明中国经济发展与中国金融发展之间的互动关系,显示了中国金融的力量不光是表现在中国金融规模自身的扩张上,更是体现在金融对经济发展的支持上。首先,满足经济发展对金融资源的需求,这是中国金融所具力量的基础，如果不能服务经济发展，金融就会是无源之水，无本之木。其次，适应经济结构变动和企业产业结构升级需要，不断优化金融体系和服务方式，这是中国金融之力量的关键，不能适应这种需要，中国金融的发展就是虚胖，就是外强中干，最终也就没有力量。再次，在为经济发展提供服务的同时，金融的力量也是在不断经历困难和挑战、在防范和处理金融风险、在总结经验和教训、在学习和借鉴中不断积累的，这是中国金融力量形成的实际路径。书中对中国金融体系不断健全的过程作了深刻分析。

第二，揭示了中国金融力量何来，即中国金融力量形成的原因是什么。通过书中对中国金融体系的发展过程以及与国际状况的比较分析，我们可以得出基本的结论。首先，中国金融力量来自改革和改革的不断深化。改革的目标是完善市场经济体系，核心是政府和市场的关系，金融监管和金融市场主体的互动。改革开放后中国金融发展从建立到扩大及不断丰富完善，改革无处不在，无时不在，改革始终贯穿了金融发展的全过程。其次，中国金融的力量来自开放和开放的不断扩大。改革开放前，中国长期实行的是计划经济，我们对现代市场经济和金融市场的了解主要是通过对发达国家的学习研究而来的。实践中，无论是银行机构还是股票市场的建设，开始很多是"移植"过来的，在发展过程中又通过不断开放，引进来走出去，中国的金融体系不断和国际规则接轨，中国金融在运用国际资源中发展壮大。再次，中国金融的力量还来自在改革开放中形成的中国金融的发展路径和特点。书中分析了中国经济与金融并没有完全按照西方理论中的框架和路径走，而是在改革开放中结合中国实际，在遵循市场经济方向和基本规律的同时，探索且不断拓宽中国特色社会主义市场经济和金融体系的路子，书中对此有许多具体的分析。最后，中国金融力量的成长也借助了科技的力量。科技对中国金融的影响是全面的、持续的、深远的，科技对中国金融力量形成的分析书中既有专门章节展开，也融入了其他章节的详述。

第三，提出了中国金融力量何进？即中国金融力量如何不断更新并保持持续性的活力从而更好地为中国经济高质量发展服务。书中既告诉我们要看到中国金融的力量不断成长壮大的过程，更应该关注中国金融下一步如何发展。这是因为，首先，中国的经济发展进入新的阶段，面临着国际国内环境的重大变化，中国金融必须更好地满足变化了的经济发展的需求，所以中国金融的结构和体系要不断优化，中国金融的能力和效率应该提高。其次，中国金融在发展中还存在一些问题和不足,书中对有些问题的分析很深刻还较尖锐,只有不断完善和改进,中国金融才能保持力量、更有力量。再次,中国金融体系的完善和改进既需要整体推进,也要抓住重点领域和环节突破,钱军教授也在"后记"中在前面提出问题的基础上,给出了下一步的路径建议。

以上三点,与其说是我对本书的内容概括,不如说是我读完书稿后的体会,与大家分享。简而言之,这本书从"中国金融力量何在""中国金融力量何来""中国金融力量何进"三个方面,全方位地分析了中国金融体系的发展历程和未来发展方向,让我们在感受中国金融力量的同时,也更多地感受到了这本书的力量。

推荐序二

姜建清

中国金融体系的总量规模日渐巨大,在过去的四十多年中对中国经济的增长做出了重大贡献。中国的金融体系不同于西方的金融体系,其成长的秘诀在哪里,未来发展的问题又在哪里,钱军教授所著的《中国金融的力量》很好地回答了这两个问题。

中国的金融体系不是美国类型的资本市场导向性的体系,目前依然是银行业起主导作用,商业银行的资产结构、收入结构有鲜明的以间接融资为主的痕迹,盈利与净利息率关联性很高。银行主导型金融机构的形成有其历史、文化原因,在动员储蓄、选择项目、监督企业和管理风险方面具有优势,在服务实体经济、解决自身困难和问题上有其根本途径与有效方法。但中国金融存在的主要问题是间接融资和直接融资比例失衡。2019年末,我国全部银行金融机构资产为290万亿元,是1978年余额(1 990亿元)的1 534倍,2000年以来增加了280.6万亿元。银行信贷的持续快速增长较好地满足了中国经济增长对资金的需求,但信贷增长是有极限的,"高杠杆"意味着"高风险",要避免社会货币信贷总量和企业债务总量高企,导致货币扩张、利率走低、投资消费停滞的"流动性陷阱",以至对通胀形势、资产价格走势和经济运行产生不利影响。另外,资本约束环境会日渐严峻,资本监管要求提高、资本补充能力下降与新增信贷需求刚性之间形成巨大矛盾。银行和市场的比重是随着一国的资源禀赋进而由经济结构决定的,金融发展的长期目标是实现金融效率和金融稳定的结合。以银行为主导的金融体系正在逐步向以资本市场为主导的金融体系过度。银行的功能也会不断改进、变革、扬弃,以适应外部市场的需要。

我国创办股票市场已经30多年,超过4 000多家企业通过上市发行股票的方式筹集资金，提升公司治理水平。中国债券市场规模——国债和其他各类债券——在过去十年间不断扩大。资本市场在信息透明、价格发现、管理风险和改善企业管理方面具有积极作用。货币市场和资本市场本质上具有内在的完整性、不可分割性。国际上通行的理论是按照金融工具约定的期限把金融市场划分为货币市场和资本市场。通过结构性安排，部分转移、分散给资本市场上不同风险偏好的投资者，实现银行资产风险和收益的社会化，有利于提升银行流动性，加快资金周转率，降低筹融资成本，分散银行资产组合结构风险，促进金融机构差异化发展。上交所于2019年成功推出科创板并试点注册制，全面推行、发布实施注册制，关键点在于要不断提高上市公司质量，形成优胜劣汰机制。目前外资在A股市场持股比例仅为4.5%，在债券市场占比仅为2.5%，潜在的空间很大。

中国房地产市场发展迅猛，房地产的消费以及附属和相关行业已经成为持续拉动中国经济增长的重要动力。随着金融体系日益融入国际体系，企业、家庭和投资者都日益密切关注汇率市场和资本项目的双向流动。实体经济、金融体系、生产者和投资者都日益密切关注汇率市场和资本项目的开放。防止资本项目短期内的剧烈波动，尤其是大量资本外逃，将被作为监管和风控的底线。

新一轮技术革命使全球经济和商业模式发生深刻变化，以开放为主要特征的共享经济、平台经济快速发展，人工智能、区块链、云计算和大数据的快速发展，将中国金融业推向了大变革、大转型的新时代。数字化金融的建设不是简单的数据技术升级和应用拓展，而是通过数据的集中、整合、共享、挖掘，使银行整个经营决策和战略制定从经验依赖向数据依赖转化。金融不再是客户要去的地方而变成随时可得的服务。客户离店化势不可挡。

在金融发展的历史上，不同阶段、不同类型金融中介在履行金融功能时会有所侧重。在相当长的金融发展阶段，支付功能主要沿着交换效率提升的导向开展，而资产转换、风险管理和信息处理三项功能主要沿着降低信息不对称的导向开展，两条路线基本没有交叉。直到信息时代的到来，电子货币的诞生和数据信息技术手段的应用，使得整个金融产业链各个环节得以打通，经济活动中的资金流、物流和信息流得以统一，金融的四项功能逐步走向融合。各项金融功能之间并不是孤立存在的，而是可以相互融合、相互促进的。以往各项金融功能独立发展的金融创新，又进入全新的融合阶段——功能融合带来金融创新。

　　运用好金融科技在识别风险、决策、定价和贷后监测的作用，并与传统优势、经验、专业团队结合起来，是金融业应对金融科技挑战必须思考和面对的问题。目前全社会依靠金融科技控制风险仍处于初期探索阶段，未经历扩量及周期的考验。数据的有效性、多维性和低成本挖掘方面都存疑。金融科技在风险管理领域还远不能称为成功。金融业的核心竞争力是风险控制能力，风控能力决定了资产的边界、转型的空间和发展的潜力，而风险管理的有效半径则取决于数据能力和半径。中国金融机构迫切要实现数字化管理变革，以适应资产转化领域的风险新常态。在新的金融科技周期里，金融业与新型金融科技企业，殊途同归，在两端隔墙相望，能最大限度地服务客户，并最终控制风险，这样的金融服务企业才是最后的成功者。

自　序
Preface

中国经济在过去的四十多年中，飞速增长，经济体量已经从1980年只有不到美国的10%（IMF数据）发展到2017年年底，按照购买力评价（Purchasing Power Parity，PPP）计算首次超过美国（19.89万亿国际元 vs 19.49万亿国际元，世界银行数据）。伴随着四十多年的经济增长和社会发展，涌现出很多值得深入研究的课题，首当其冲的便是中国的金融体系如何支持经济增长。

多年的国内外研究、政策制定和实践表明，金融发展和经济增长紧密相连，其主要原因是金融体系使得家庭、企业和各级政府能够进行跨期和跨（经济参与）主体的风险分担，从而达到相对稳定的跨期支出。换句话说就是，金融体系能够使每个人（或组织）把未来的钱以及别人的钱借来用，用好了还能按时还本付息。具体而言，金融发展与经济增长的紧密关系主要体现在以下四个方面：

首先，通过获取信息和分配资本，金融体系可以改善对潜在投资项目的事前评估水平，并通过促进技术创新来刺激经济增长[1]。金融有灵敏的"嗅觉"，往往最热门的技术在其酝酿期便会早早地看到金融的身影。

其次，金融系统在社会资源配置上起到核心作用，同时实现风险的最优分配。事实上，金融体系可以通过引导社会投资流向不同的预期收益和风险组合的多个项目来缓解风险，并实现社会总投入获得更高、更稳定的中长期收益[2]。

---

[1] Allen 和 Gale，1999。
[2] Greenwood 和 Jovanovich，1990；Obstfeld，1994。

再次,不断革新的金融体系可以持续降低经济活动的交易成本,提升经济活动的参与度和效率。最近几年来金融科技在这些方面发挥了突出的作用,不仅推动了中国和国际金融体系的变革,扩大了金融服务的覆盖面,也为实体经济的发展做出了突出贡献。

最后,一国的国际贸易和资本的境内外双向流动使得该国的金融风险能够更好地向国际市场分散,而更有效的国际资本和资源配置也可以促进本国和世界经济增长[①]。

金融体系可以通过不同渠道推动经济发展,那么,中国的金融体系,包括银行和其他传统金融机构、以股市和债市为核心的多层次资本市场、正在转型过程中的房地产市场,在过去的四十年中对中国经济的增长做出了哪些贡献?它们如何在新旧动能转换期更好地为实体经济服务,助力各类企业的转型和持续增长?这将是本书的一大研究主题。

金融科技这一"耀眼的明星"也是本书重点关注的对象。近年来在中国金融体系中创新和变革最为突出的莫过于金融科技领域了:科技发展的日新月异及其在支付、信贷、投资等金融核心业务中的应用,已经给几乎所有的传统金融的细分行业带来了革命性的变化。同时,在今后的高速发展中,金融科技是会彻底颠覆传统金融甚至挑战人类在金融决策过程中的核心作用,还是会与日益壮大的中国资本市场和传统金融机构合作,更好地支撑中国科创行业和经济的大发展,抑或两者兼而有之,我们也将拭目以待。

作为底线,金融安全自然是本书不可忽视的组成部分。自从2008—2009年全球金融危机爆发,到2019年底爆发、2020年持续的新冠肺炎疫情引起的全球经济和金融危机,国际经贸和金融体系经历了重大变革。在此过程中,中国的金融体系更加融入国际体系,也由于内外部环境产生和集聚了一些金融风险。金融安全已上升成为国家安全的重要组成部分之一,那么,如何避免各类传统金融危机的爆发——比如股市危机和房地产市场泡沫破灭,以及新一代的危机,包括由科技和人工智能介入金融业态后野蛮发展,缺乏合理的全球协调的监管架构而引发的危机,也是整个金融体系面临的重要问题。

与此同时,美元在2008—2009年危机后,直至目前仍未从新一轮全球危机中走出的国际金融体系中,仍然是独霸天下;人民币国际化在最近10年已

---

① Hellman 和 Razin,1978。

经取得不少进展,而人民币的进一步国际化,直至成为新的、主要的非美元的国际储备货币之一,不仅是中国金融体系逐步成为引领国际金融体系协同发展最重要的中期目标,也会让国际金融体系有更多元化的储备货币体系,这会让国际资本流动更趋平衡并增强全球金融体系的安全性;所有这一切对全球各国和经济体,尤其是新兴市场的金融稳定和经济发展都是一件好事。

目前正值受保护主义和民粹主义主导的美国单方面挑起的与包括中国在内的多国的经贸、金融、外交等多方面摩擦,这种态势即便在 2020 年 11 月美国总统大选见分晓之后也不可能完全消失。同时,也可能由于现有问题的不完善解决和新问题爆发或有可能上升为全面对抗和互相脱钩的、充满不确定性的时期。如何保证中国资本项目和金融体系的安全,在国际支付等重要金融功能和业态不被"卡脖子",并坚定不移地实现金融开放,推动人民币的进一步国际化,也是摆在我们面前的重要任务和使命。

改革开放四十多年中国基本完成了"工业化"的进程,而当下中国金融体系的发展显然与 1978 年刚刚开启改革之时有着天壤之别。如果我们把视野放到一个更长的历史维度,透过金融的演进去思考哪些结构性因素推动着经济的发展,那么我们也就能够更好地理解金融所扮演的角色。本书的关键点如下:

第一个关键点是对金融体系分析的全面性及各个板块之间的关联性。本书不仅梳理了各大传统板块,比如银行、股市、债市、房地产等,也分析了在特定条件下多个板块之间的关联性是否会发生变化,而且还探究了最前沿的金融科技对传统板块及整个金融体系的冲击和影响。当然,除了研究国内金融市场,本书更将目光聚焦于国际,研究了汇率制度创新、资本项目有序开放、人民币国际化等问题,最后还探讨了上海将如何进一步成为国际金融中心的路径规划。

第二个关键点是原创性和国际视野。本书中很多数据和分析都来源于原创性的学术研究。这些研究不仅有我在国外多年关注国际国内金融市场所做的调研,还有我 2013 年回国以来与合作团队一起针对中国金融体系各个板块和整体所进行的研究分析。从国际化视角出发,基于现代经济金融学理论,结合最前沿的学术研究,对比分析发达市场与新兴市场,洞悉国际金融行业的运行"潜规则",挖掘新兴市场的发展契机,并结合中国特色的金融体系,总结出一条金融发展的"中国道路"。

第三个关键点是关注及化解风险。在经济和金融全球化面临巨大不确定性的当下,金融安全在国家经济安全中的地位日益凸显,防范金融风险、维系金融安全成为中国经济社会发展全局中一件具有战略性、根本性的大事。维系国家金融安全最直接的表现形式就是防范金融危机,尤其是防范那些传播快、对实体经济影响大的国内和国际金融危机。本书通过分析金融各个板块目前存在的一些风险点,以及有哪些风险点可能上升为系统性风险或者输入型风险(比如疫情以后的风险输入),深化对国际国内金融形势的认识,并针对这些风险点以及可能爆发的系统性风险,提出一些行之有效的化解手段以平衡"稳增长"和"防风险"的关系,从而进一步推动中国金融体系的改革与发展。

这本书的完成,离不开很多人的帮助。这里首先特别感谢我在宾大(University of Pennsylvania)的博导和多年的合作者弗兰克林·艾伦(Franklin Allen)教授(现任教于 Imperial College)。我从他那里学到了很多金融知识、如何运用"金融思维",以及如何做一名合格的教授和导师。其次,有多位我近些年从事中国金融体系研究的合作者们,我从他们那里学到了不同的研究方法和对不同金融板块的认知,希望我有机会继续向他们学习和合作进行中国金融体系的研究(这里学习国际杂志排名方法,按照合作者的英文姓名排序):Viral Acharya(New York University)、高华声(复旦大学泛海国际金融学院)、顾弦(Durham University)、何治国(芝加哥大学)、黄毅(Graduate Institute of International and Development Studies,Geneva)、焦阳(复旦大学泛海国际金融学院)、李峰(上海交通大学上海高级金融学院)、李科(上海财经大学)、路磊(University of Manitoba)、马畅(复旦大学泛海国际金融学院)、钱美君(Australian National University)、钱一明(University of Connecticut)、陕晨煜(上海财经大学)、施东辉(上海证券交易所资本市场研究所)、Phil Strahan(Boston College)、苏阳(芝加哥大学)、杨之曙(清华大学经济管理学院)、魏尚进(哥伦比亚大学和复旦大学泛海国际金融学院)、吴文斌(复旦大学泛海国际金融学院)、朱蕾(复旦大学泛海国际金融学院)。顾研博士(毕业于复旦大学)和王皓非博士(毕业于上海交通大学上海高级金融学院)不仅是很多研究和教学项目的合作者,他们为本书许多章节中的数据搜集、分析和章节完成提供了大量的帮助,也提出了不少宝贵的意见。《复旦金融评论》编辑部的徐佳捷、丁璐、赵博容、冯乐等也参与了本书的多轮修改,在此一并致谢。为了使本书内容更加贴近实践、更为丰富,我们在写作过程中,诚邀在银行、证券、股市、房市以及金融科技等领域有着丰富从业经验的多位好朋友,坐下来与我们一起研讨,"传道、授业、解惑",从访谈中学到很多中国金融的理论和实践。他们是(按照访谈的先后顺序排名):

　　管　涛,中银证券全球首席经济学家,原国家外汇管理局国际收支司司长;

　　张旭阳,中国光大银行首席业务总监,光大理财有限责任公司党委书记、董事长,原度小满金融副总裁;

　　孟晓苏,汇力基金管理有限公司董事长,原国家房改课题组组长,原中房集团董事长;

　　聂庆平,中国证券金融股份有限公司党委书记、董事长;

　　金　煜,上海银行党委书记、董事长;

　　耿　靖,绿地集团执行总裁,绿地金融控股集团董事长、总裁;

　　刘　逖,上海证券交易所副总经理;

　　李　文,汇添富基金管理股份有限公司董事长;

　　周　晔,汇付天下有限公司董事长、CEO。

于复旦大学
2020 年 10 月

第一章 中国的金融力量

CHAPTER 01

作为一名研究金融体系的学者,我认为中国模式在形容金融体系发展,尤其是金融与经济增长的关系这一核心问题上,尤为贴切。因为,中国在不具备国外学者认定的许多"必要条件"——比如英美式的法律体系、发达有效的股市和银行体系等——的前提下,创造了人类历史上规模最大、持续时间最长的经济增长奇迹,成为"法律体系-金融发展-经济增长"三者关系的大量文献中的重要例外。这引起了我极大的研究兴趣。

一、中国的金融力量是如何发展起来的

金融体系的发展,以及金融发展和经济增长之间的关系,是多年来经济和金融学家、政策制定者和业界实践者共同关注的核心课题。最近20多年来在经济、金融学中出现了关于法律、制度、金融和经济增长的若干相关文献,这些文献已经对于金融体系发展和经济增长的研究和政策制定产生了深远的影响。

第一类视角:法律与金融(Law and Finance)关系密切

La Porta, Lopez-de-Silanes, Shleifer 和 Vishny(以下简称 LLSV)及其他合作者,将一个国家的法律制度的起源与该国同金融发展及经济增长相关的制度和机制串联起来。

他们最重要的结论之一是:具有英国普通法(common law)起源的国家的法律体系为股东(尤其是中小股东)和债权人提供了最强的法律保护[①];而具有法国大陆法(或称民法,Civil Law)系起源的国家的法律体系在为中小投资者提供法律保护方面则比英式体系弱很多。

以英国法系为起源的国家大多曾作为英国的殖民地而沿用了英国制度,包括英语;而以法国法系为起源的国家大多也因为曾是其殖民地而沿用其制

---

① LLSV,1998,2000a。

度。LLSV 还发现使用英式体系的国家有更好地促进金融发展和经济增长的制度,包括比较清廉的政府[1]、比较公平有效的法院和法律体系[2]、为投资者和市场提供更完善透明的会计准则和财务报表信息[3],等等。而更强的法律保护和更优的市场化机制,无论是在宏观(国家层面)、中观(行业层面),还是在微观(公司)层面,也会导致金融系统的更好发展[4]。

与 LLSV 结果相关,还有一些文献试图了解一个国家是否有法律以外的制度起源,以及该国法律起源为什么会以及如何影响该国的金融和经济发展相关的制度,法律起源和这些制度如何单独和共同影响金融发展和经济增长[5]。在政策制定方面,法律和金融的研究也有着深远的影响,比如自 2004 年开始发布的世界银行的《全球营商环境报告》,对全球 190 个经济体的营商法规和执行进行评估和比较,从其中的综合指数,到针对中小投资者保护的分项指数的设计,都受到了 LLSV 等一系列文献的影响;而世界银行对发展中国家的经济援助也与这些国家的评估指数的提升相关[6]。

第二类视角:"正规"金融系统的发展有助于一个国家的整体经济增长

相比"法律与金融相关理论",西方更早出现的一些观点认为包括股市在内的资本市场和包括银行在内的金融中介体系的"正规"金融系统的发展有助于一个国家的整体经济增长[7]。

之后实证研究表明,金融发展与国家经济增长之间的确存在正相关关系[8];研究人员还通过提供在行业和企业层面[9]的实证证据加强并支撑了"金

---

[1] LLSV,1999。
[2] Djankov,La Porta,Lopez-de-Silanes 和 Shleifer,以下简称 DLLS,2003。
[3] LLSV,1998。
[4] 例如,相对于位于法式起源国家的公司,英式起源国家的公司拥有更分散的股权(La Porta, Lopez-de-Silanes 和 Shleifer, LLS,1999),更多地依赖外部资本市场筹集资金(LLSV,1997a),具有更高的托宾 Q 值(LLSV,2002),并且可以更容易地进入一个全新的市场或行业(DLLS,2002)。
[5] 这些研究包括了契约制度和产权制度之间的差异(例如,Johnson, McMillan 和 Woodruff,2002;Acemoglu 和 Johnson,2003),前殖民地国家的地理和疾病环境的禀赋(例如,Acemoglu, Johnson, Robinson,2001;Beck, Demirgüç-Kunt, Levine,2003a),法律制度适应不断变化的经济状况的能力(如 Posner,1973;Beck, Demirgüç-Kunt, Levine,2003b),宗教和文化信仰(例如,Greif,1994;Stulz 和 Williamson,2003),等。
[6] 世行整个营商环境项目的中文网站 https://chinese.doingbusiness.org;中国第一次进入该项目的评估是 2006 年,总体评分偏低,其中"保护中小投资者"这一项的评分位于 190 个经济体的 110 位;近 5—10 年来中国在该项的评分和总体的营商环境评分有了显著提升。
[7] Goldsmith,1969;McKinnon,1973。
[8] 例如,King 和 Levine,1993;Levine 和 Zervos,1998。
[9] 例如,Rajan 和 Zingales,1998;Jayaratne 和 Strahan,1996。

融与经济增长"的核心观点。其中，Rajan 和 Zingales(1998)通过对 42 个国家的 36 个行业进行中观和微观层面的分析，证实了金融发展与经济增长的关系；同时也指出，在金融市场更发达的国家，依赖外部融资程度更高的行业有时会发展速度过快并集聚风险。

第三类视角：法律体系，金融体系和经济增长连为一体

Demirgüc-Kunt 和 Maksimovic(1998)；Levine(1999)；Beck 和 Levine (2002)为国家、行业和公司层面的法律、金融和经济增长之间的联系和因果关系提供了证据。La Porta 等(2002)通过研究政府参与金融部门的行为，指出政府参与程度越高，银行业的发展水平越低，经济增长也越缓慢。

此外，由于银行业与股票市场在金融市场上扮演着不同的角色，大量学者也进行了关于金融结构与经济结构之间关系的研究，但并没有统一的结论。Beck 等(2001)指出，一国经济增长与该国的金融体系是以资本市场为基础还是以银行业为基础无关，而与金融部门的整体发展和相关法律制度的有效性有关。Tadesse(2002)发现，金融部门与经济增长之间的关系取决于金融部门和实体经济的整体发展水平。进一步来说，一方面，以市场为基础的体系在金融体系较发达的国家表现较好；另一方面，以银行为基础的金融体系在金融体系欠发达的国家表现较好。Levine 和 Zervos(1998)也发现，股市和银行业发展水平显著影响经济增长；但他们强调，股市的规模并不重要，重要的是市场的活跃程度。

中国经济过去四十多年的增长在所有主要经济体中名列榜首，其高速增长的时间跨度、经济规模以及由此带来的脱贫人口的数量都创造了人类历史的新纪录。那么，中国的法律-金融-经济增长的关系与上述大量文献所描述的关系符合吗？

我和我的两位合作者(Allen, Qian 和 Qian, 以下简称 AQQ)于 2005 年首次提出，中国的金融和经济发展，以及法律体系与金融与经济增长之间的关系，与之前国际学术界大多依据西方发达国家和采纳这些发达国家发展模式的发展中国家的证据总结出的结论并不符合。

- ◆ 中国的发展道路甚至挑战先前研究定论中的经济发展的一些所谓"必要条件"，比如英美式的法律体系、发达有效的股市和银行体系等；

- 一个基本的事实是，至少在改革开放四十多年，并不具备这些条件的中国反而创造了人类历史上规模最大、持续时间最长的经济增长奇迹；
- 中国是"法律体系-金融发展-经济增长"三者关系的大量文献中的重要例外，其成功经验和道路为学术界、政策制定者和法律、金融等行业的从业者提供了研究法律体系和金融体系发展与经济增长关系的新思路。

AQQ(2005)认为在"法律体系-金融发展-经济增长"研究中，存在诸多方法和结论的缺陷。

一方面，很多跨国研究停留在国家层面，研究者在相同权重的基础上处理样本中的每个国家。例如，在 LLSV(1998)的样本国家中，巴西和印度等大型多样化新兴市场国家与约旦和厄瓜多尔这样的小型单一化国家拥有相同的权重。显而易见，小型单一化国家可以具有更有效的法律制度，因为它们可以根据这些国家的单一的经济发展需要进行量身定制。比如，新加坡的经济发展依赖于金融和旅游业，就此经济发展核心可以制定能够有助于推动这些行业的政策，包括鼓励外资进入本国市场。

另一方面，许多早期(2005 年之前的文献)的研究不包括中国，而我和我的合作者们证明中国是现有法律、制度、金融和增长文献的重要反例。使用(当时)文献中的分类方法，我与合作者们首先发现中国的法律和相关制度，包括(中小)投资者保护制度、公司治理、会计准则、政府清廉程度等，与 LLSV(1997a,1998)和 Levine(2002)的大多数样本国家比，尤其是与采用英式体系的国家相比，有很大的不同。这证明了以下两点结论：

- 中国的经济增长绝对不是依靠一套西方(英式)的法律体系；
- (改革开放开始至 2005 年)中国的金融体系主要由一个庞大但并不高效的、由四大国有银行所控制的银行体系所支配①。

国有银行体系以提供中长期资金(信贷)给国有经济部门为主，对民营经济的融资需求贡献不多。1990 年成立的上海和深圳证券交易所发展迅速，尤

---

① 这一结论 2005 年如此，到 2020 年，银行体系仍然在中国金融体系占主导地位。本书第二章将详细描述中国银行体系的改革与发展，以及存在的风险和支持新型经济发展模式的不足。

其是新增上市公司的数量方面,但其总规模(比如总市值,2005年数据)相比中国经济总量的占比远小于发达国家和很多新兴市场国家,其重要性,比如为企业提供融资而言,完全不能与银行业同日而语;而因为截至2005年,大部分上市公司为国企,所以股市对国企的市场化融资起到一定作用,但是对民营经济的融资贡献很小。

中国经济可以分为三大部门:(1)"国有经济部门",包括所有政府最终控制的公司(中央和地方国有企业,State-owned Enterprise,简称SOE);(2)"上市公司部门",包括在上海和深圳交易所上市并公开交易的所有公司(有国企也有民企);(3)"民营/混合部门"包括除前两类公司外所有其他的公司,包括各种私人持有公司,以及由地方政府和非政府机构与个人共同参与的混合所有权的公司[①]。我和合作者们接下来分别研究了融资渠道、公司治理和三个部门中的公司的增长率,以及它们对中国经济增长的贡献,并有了一些很有趣的发现。

发现一:"法律体系-金融发展-经济增长"对中国国有和上市两个部门(部分)适用

包括上市的国有企业在内的国有部门,随着国企改革和民营经济的不断发展,其规模发生萎缩,增长速度也放缓了。AQQ(2005)针对上市部门的实证结果是基于在两个交易所上市和交易的1100多家公司的样本。我们发现从国有企业转制的企业的股权和所有权上市后仍然集中在国家手里,而非国有企业的股权所有权太多集中在创始人家族内[②]。西方发达市场的以股东为核心的公司治理机制在中国(A股)上市企业内薄弱和缺乏效率。当我们研究上市公司的股息政策和估值时,将其与LLSV[③]样本公司的股息政策和估值进行比较,发现中国上市公司的股息率和公司价值与在具有较强的投资者保护的国家的相似公司相比更低,这些结果符合LLSV的预测。

以上两个部门保护少数股东和外部投资者的法律较少,(正规)资本市场(股市和债券市场)规模小,如上文所述,银行体系和资本市场主要为国有部门

---

① 民营/混合部门包括所有非国有(国家控股)、非上市公司,含以下类型的公司:(1)集体所有制和共同所有制(包括员工持股)的公司,包括地方政府、社会团体和机构之间的共同拥有的公司;比如乡镇企业,这些有部分地方政府参与的公司和机构在实际操作中更接近市场化程度最高的民营企业(而与国企的区别更大);(2)私人公司(但不公开上市和交易),控股人可以是中国公民(包括中国台湾或香港的投资者及公司),或外国投资者(或公司)。
② 例如,Claessens等,2000,2002。
③ Claessens等,2000b,2002。

企业提供融资，而国有部门和上市部门的绝大部分公司的增长缓慢，甚至呈现负增长。中国经济最有活力、增长最快的部门是民营/混合部门。有趣的是，对民营/混合部门的企业而言，尽管可适用的法律保护和正规融资渠道相比国有和上市部门差，但是民营部门的增长速度比其他两个部门快得多，并且对中国经济增长和就业市场的贡献最大①。

发现二：存在有效的"替代"融资渠道和公司治理机制支持了民营/混合部门的高速发展

通过对中国经济三大部门之间的分析和比较，我们发现存在一个有效的"替代"融资渠道和公司治理机制，而正是这些替代渠道和机制，不是西方的法律体系和正规金融体系，支持了民营/混合部门的高速发展。《中国统计年鉴》和《中国金融年鉴》等的宏观层面数据以及基于我们对浙江省和江苏省（这两个省是中国经济最发达的地区之一）的民营企业家调研都支持了我们的结论。

第一，这些公司在初创和后续的高速增长阶段的两个最重要的融资渠道是创始人的家庭和朋友的家庭，以及金融中介，包括国有商业银行和非正规的私人信贷机构。

这些公司有来自多个金融中介的未偿贷款，大多数贷款由固定资产作抵押或第三方担保。在公司成长期，来自"华裔"的境外投资者（来自中国香港地区、中国台湾地区和其他国家地区）的资金和来自商业伙伴的商业信用（trade credits）也是重要的资金来源。当被问及是否准备上市和上市的益处时，公司创始人和高管们将"获得大规模资金"和"提高公司声誉"列为最重要的好处，而"向竞争对手和外部人士披露有价值的公司信息"和"大量的相关费用"是上市的最重要的"成本"。

第二，这类民营企业尽管几乎没有正式的治理机制，但是替代机制是显著有效的；其中最重要的机制是基于（个人和公司）声誉和社会关系与信任的作用②。

由于中国近代并没有类似西方的大规模的有组织的宗教，影响中国社会制度的重要元素之一就是与儒家（孔子）思想和传统相关的价值观和社会规

---

① 很多研究表明（比如 Allen，Qian 和 Qian，2005；Qian，Strahan 和 Yang，2015），国企和政府部门，包括上市非上市的国企，比民营企业更容易从银行和股市融资，融资的成本也更低；但是，在从正规金融部门融资存在明显劣势的民营企业，却有着比国企更高的增长率，也为中国经济和就业市场做出了巨大贡献。

② Greif，1989，1993。Greif 最早提出该类机制也是西方市场经济萌芽发展期的欧洲的主要机制。

范;这些价值观和规范影响着中国人关于个人、家庭和社会的责任、秩序和信任,其不同于西方人对法治的理解。推动有效的管理和公司治理的另一个重要机制是(行业)竞争。考虑到在企业发展的早期其存活率较低,企业有强烈的动机获得比较优势。第三个重要机制是地方政府扶持经济增长的政策、态度和机制。在经济增长较快和生活水平较高的地区,政府官员会积极主动支持和参与民营公司的发展。

因此,我们对"法律和金融"文献的相关核心观点,产生了以下三点质疑:

> 质疑一:(英式)法律起源和体系建设是导致金融体系发展的动因;
> 质疑二:包括股市和银行的正规金融体系的发展是企业发展和经济增长的动因;
> 质疑三:支持"法律-金融-增长联系"三者关联性的论据和结论。

民营/混合型企业在中国的成功也挑战了(西方制度中的)产权分明和廉洁政府对于金融和经济发展至关重要的观点。虽然我们的研究是基于中国,但基于声誉和社会关系和信任的类似"替代机制"也可能影响包括发达经济体在内的其他经济体的经济发展。有一些结果与关于转型经济(从中央统筹计划经济到部分或者全部的市场经济)的研究结论一致,这些经济体包括东欧部分国家、俄罗斯和越南等[①]。与这些"转型经济"研究的不同之处在于,AQQ(2005)提供了关于中国经济和金融方面的宏观和企业微观层面的证据,并探讨了为什么中国与其他国家(包括西方发达国家)在法律、制度、金融和经济增长道路和机制等方面的不同。

其实,对非西方法律体系的"替代治理机制"和非市场、非银行的"替代融资"渠道的全面深入研究具有广泛的意义,并可为许多其他发展中国家提供有价值的政策指导。我们的论文于 2005 年发表在国际顶级金融学杂志 *Journal of Financial Economics*(*JFE*)后,的确引发了大量的国内外针对不同于西方制度的影响金融体系和经济增长机制的研究,并因为文章的高引用率成为 *JFE* 的"全明星"论文(截至 2020 年 10 月,自文章发表时起至 2019 年底平均每年被其他论文引用 51.3 次,在 JFE 杂志创办 46 年来发表的全部论文中排

---

① 例如,McMillan,1997;McMillan 和 Woodruff,2002。

名第 14 位,也在所有关于中国经济、金融和商业管理类的论文中名列前茅)。

总而言之,我们对究竟什么是金融和经济增长的中国模式作了系统性的回答。

> 中国金融体系的发展,尤其是资本市场(包括股市和规模不大的债券市场)和正规金融机构(银行与非银行金融机构)的发展,滞后于实体经济的增长,而"替代性"的金融部门支持中国经济,尤其是民营经济的快速增长。替代性金融部门包括非正规金融中介和机构,企业内部融资和企业之间的商业信用等借贷模式;而支撑民营/混合部门企业发展的"替代治理机制"则包括基于声誉和社会关系和信任的机制,公司间的竞争关系,以及企业、投资者与地方政府之间的合作和制衡架构。

AQQ(2005)同时指出,正规金融部门和非正规金融部门应协同发展,为包括民营企业在内的混合部门和家庭继续提供更多的支持,并提高整个经济的资源配置效率。而正规金融部门和替代金融部门在为企业提供融资和其他服务方面有什么各自的优势和劣势,在今后的经济发展中又应该保持怎样的关系,这些也应该是我们关注的问题。

二、中国金融体系发展现状

传统的"比较金融体系"的研究主要关注一个国家的正规金融体系,这包括资本市场和金融中介(机构)两大板块。世界银行按照人均国民收入将国家分为四类:低收入经济体、中低等收入经济体、中高等收入经济体和高收入经济体(中国在世界银行的分类中属于中高等收入经济体)。图 1-1 对 1990—2014 年间不同收入水平经济体的资本市场规模及金融市场结构进行了比较[①]。每年

---

① 图 1-1 和图 1-2 数据收集自 Financial Development and Structure Dataset (July, 2018),Bank of International Settlements' Quarterly Review,IMF's International Financial Statistics,World Federation of Exchanges 和 Standard and Poor's Emerging Market Database。对于纳入样本的国家,我们要求其在 1990 年至 2014 年间至少存在 10 年非缺失观测值(包括私人部门未偿还债券余额、国内股票市场市值、私人非金融部门未偿还贷款余额)。由于低收入国家观测值缺失严重,我们并未将其放入比较中。图 1-2 中对于美国部分年份缺失的观测值(2011—2014),我们用美国证券业及金融市场协会的数据进行补充。

年末,我们分别计算各收入水平经济体私人部门未偿还债券余额、国内股票市场市值、私人非金融部门未偿还贷款余额占 GDP 比重的中位数,再计算以上中位数每五年的平均值。如图 1-1 所示,一国的金融体系的整体规模,以及资本市场和金融机构的规模,都与该国的经济发展程度相关:经济越发达的国家,金融体系整体规模,以及两大板块的规模都越大。

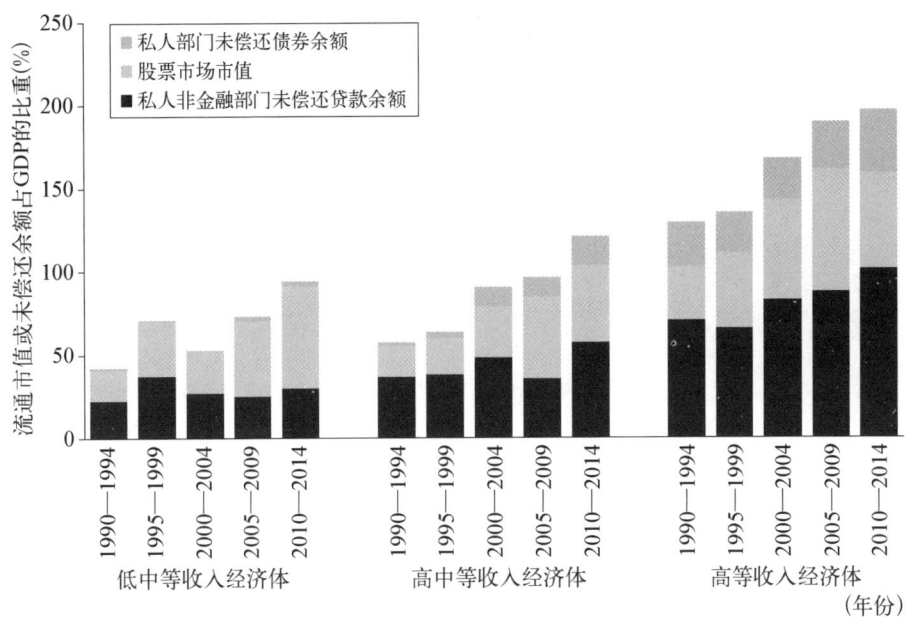

图 1-1 不同收入水平的经济体金融市场规模及金融市场结构的比较

三组经济体的金融体系都在最近 25 年间有了(规模上的)发展,但是低中等收入经济体的金融发展波动最大。新兴市场经济体的两大金融板块的规模都比发达市场经济体小,但是相比之下,债券市场的差距比股市和金融中介的差距更大,这预示着发展中国家发展债券市场普遍面临一些机制和制度上的问题和障碍。

图 1-2 为中国、巴西、日本和美国金融市场规模及金融市场结构的比较。根据四国的比较,我们可以得出一些中国金融体系发展的初步结论:

首先,中国金融体系的规模在 1990—2014 年有了迅速的发展,其总体规模已远超同为"金砖五国"的巴西,而全球两大发达经济体——日本和美国的金融体系在经历高速发展后由于金融危机的出现而产生了萎缩(日本金融体系的负增长发生于 21 世纪的头 10 年,而美国金融体系在 2008 年金融危机后发生萎缩)。

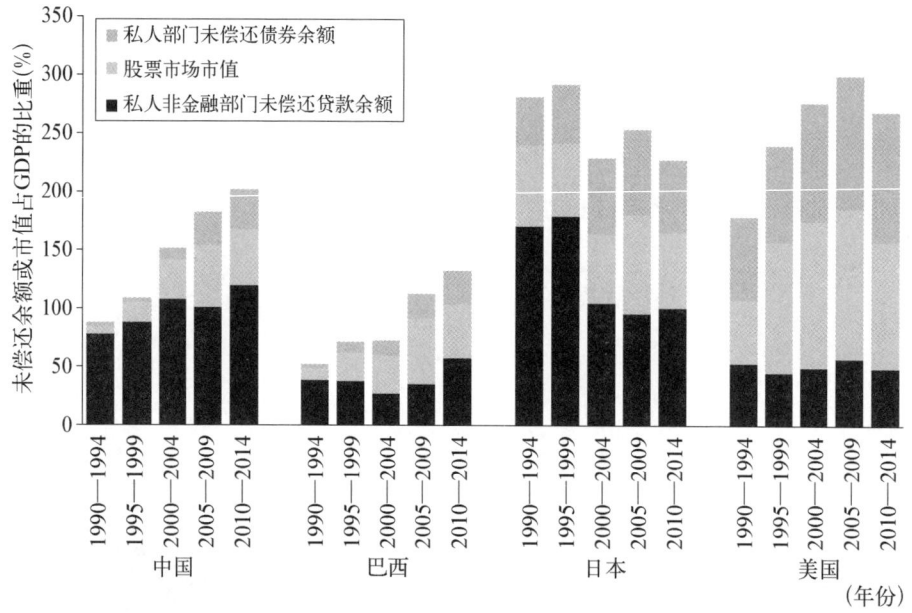

图 1-2 中国、巴西、日本和美国金融市场规模及金融市场结构的比较

其次,如前文所述,中国的正规金融体系以银行系统为主导,其规模(相对于经济总量而言)超过美国,与同样是以银行系统为主导的日本类似。

最后,中国资本市场两大组成部分——股市和债券市场的规模(相比经济总量),都与以资本市场占主导地位的美国金融体系的相关板块差距甚大,其中,债券市场的差距更为显著。进一步发展"直接融资渠道"(股市和债市融资)是摆在中国金融体系现阶段发展的核心目标之一。

中国的金融体系除了资本市场和银行系统外,还有几个板块需要关注。如图 1-3 所示,我们在本书中将主要研究金融体系的四大板块。

首先是庞大的银行系统和金融中介部门(包括非银行的金融机构);其次是多元化的资本市场,包括自 1990 年成立以来快速发展的股票市场、债券市场和房地产市场;再次是"影子银行"和替代性金融部门,主要指游离于市场和正规金融机构之外运作的部门,既有银行的表外产品和活动,也包括非银行、非市场等替代性融资渠道;最后是外汇市场和资本的跨境流动。在分析每一个板块的同时,我们也将剖析各个板块以及整个中国金融体系可能面临的挑战,并针对如何进行进一步改革以防止金融危机的发生这一问题展开探讨。

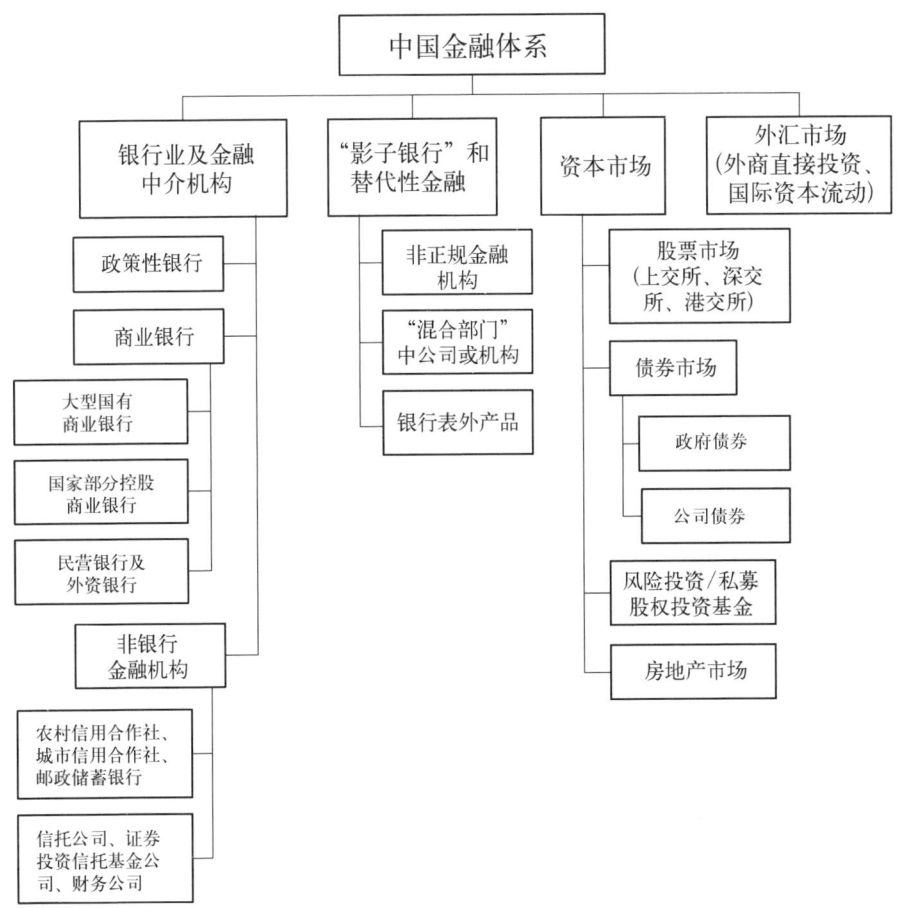

图1-3 中国金融体系概览

本书针对中国金融体系的四大板块作全面深入的分析,得出以下七个方面的结论:

第一,与其他发达经济体和新兴经济体相比,中国的金融体系一直以大型国有银行为主导。

最大的四大国有银行(工农中建)以及其他大型银行和金融机构近年来已在中国内地A股市场和中国香港、美国等成熟市场陆续上市,而中央政府对这些境内外上市的银行和机构拥有控制权。大型国有银行在为国有企业以及大型政府项目(如基础设施建设)提供融资方面发挥了重要作用,并为"投资驱动型"的传统经济增长模式提供强有力的支持。在2008—2009年全球金融危机时期,发达国家的主要金融机构遭遇了重创,而中国的上市银行因其特有的所有权结构以及中国金融体系的"自我保护机制"等原因抵挡住了金融危机的冲击,目前四大行已经跨入全球最大银行之列,在中国国内的商业银行业务和部分国际业务具有强大的竞争力。

银行体系在中国 2001 年加入世贸组织(WTO)后完成了多轮自上而下的改革,提升了经营效率和处置风险的能力。同时,在发展过程中,由于内部和外部因素,银行系统也集聚了风险。一方面,由于外部因素诸如宏观经济情况和内部信贷政策叠加的因素,导致银行系统,尤其是(资产负债)表内业务产生了规模不小的不良贷款和资产,中国银行体系在如何处置这些资产方面积累了不少经验①。另一方面,2008—2009 年全球金融危机爆发后,中国的刺激计划的核心是大型国有银行大量增发中长期贷款投放至基建等项目,由此带来了巨大信贷扩张;加上银行间竞争,以及"监管套利"等因素驱使下,不同类型的银行都大幅增加了**表外业务**,尤其是**理财产品**的规模。同时,银行业与其他金融机构和企业合作,大幅增加了非银行贷款的信贷发放。

这些银行的表外活动以及由非银行机构产生的贷款和资产构成了中国的"影子银行"板块。"影子银行"在增加银行体系表外资产、负债和收入的同时,给实体经济和地方政府提供了新的融资渠道,同时也增加了这些部门的负债水平。如果大量负债到期时正值经济下行或者流动性紧缺的市场状况时,就可能爆发危机。令人欣慰的是,包括央行在内的监管部门一直对与银行体系密切相关的"影子银行"板块高度关注并掌握精准的数据,于近几年对风险比较高的产品和业务做了相应处理,使其规模减小。所以整个银行系统的表内外业务的总风险处于可控状态(详见本书第二章)。

第二,中国资本市场核心板块之一的股票市场自 1990 年建立上交所和深交所以来发展迅速,现在已有超过 3 800 家公司在两个交易所上市并交易,从总市值来看,中国 A 股市场位居全球第二,仅次于美国股票市场。

股市成立至今,为国有部门的发展做出了贡献。具体而言,大量国有企业通过上市发行股票的方式筹集资金并通过市场和投资者的参与提升公司治理水平。Allen,Qian,Shan 和 Zhu(2019)的文章指出,A 股市场的**关键结构性问题**是上市企业以成熟行业的大型企业为主,包括科创企业在内的新兴行业企业(尤其是民营企业)的比重过小;主要原因是 IPO/上市程序以及退市程序存

---

① 在 2000—2002 年,银行体系积累的坏账(NPLs)高达同期 GDP 的 20%以上;为了系统性处理坏账,中国成立了四大资产管理公司,分别处理四大国有银行的坏账;详细内容见第二章。

在缺陷。相对于主要发达经济体和新兴经济体的股票市场，以及在境外上市的中国企业（包括在中国香港地区、新加坡、美国上市的中国企业），中国 A 股市场表现不佳，其主要原因之一就是上市公司的结构性问题。

在证监会的指导下，上交所于 2019 年成功推出**科创板并试点注册制**，目的之一就是解决这些结构性问题，让中国日益壮大的科创企业留在境内上市；同时，通过对上市和退市制度进行改革，形成股市的"优胜劣汰"的竞争机制。上交所积累的可复制经验和注册制已经在股市其他板块开始推广。Allen，Qian，Shan 和 Zhu(2019) 还指出，A 股业绩差的另外一个原因是包括控股股东通过各类关联交易"掏空"上市公司在内的公司治理方面的缺陷。所以，通过健全法律法规和加大对违法违规企业的惩处等外部手段，加强公司内控和监督的内部手段，继续提升公司治理水平也是股市的一大任务。最后，中国股市的交易仍以个人投资者为主，导致二级市场对公司定价存在偏差，这对公司的长期发展不利；投资者结构仍有待优化。除了加强投资者保护和教育外，更大规模的引入境内外长期投资者可以一箭双雕：既改善投资者结构，作为股东又可以加强对企业的监管。

总之，健全发展中国股票市场是当前中国金融体系的一项重要任务，股票市场应当为处于新兴行业的民营企业提供融资等方面的更多支持，并为投资者，尤其是个人投资者，带来更稳定与高额的长期回报（详见本书第三章）。

第三，作为中国资本市场的另外一个核心，发展多层次的债券市场有助于拓宽企业和政府的融资渠道，并对改善整个金融体系的融资结构以及为投资者提供更丰富的固定收益类的产品发挥核心作用。

随着经济的快速增长以及政府大力发展直接融资方式，中国债券市场规模，包括国债以外的各类债券，在过去十年间不断扩大。但是中国和亚洲其他地区的公司和企业债市场，一直以来规模相对较小，发行主体一般是大型国有企业和其他信用评级高的大型民营企业。我们认为，进一步发展债券市场，尤其是公司和企业债市场，为企业，尤其是财务状况健康、有发展增长空间的中小企业提供（股权投资之外的）直接融资渠道，首先要在利率市场化条件下让利率真正成为各类债券"事前"风险定价的工具，同时评级公司为投资者和市场提供准确和公正的风险评级。同时，债券违约和相关公司重组和清算过程依法执行，保护投资者尤其是债券投资者的利益，让整个过程更加透明和高效。

中国金融体系集聚风险的一个板块是非金融部门的企业的高负债和地方

政府债;在经济下行压力加大和资金情况吃紧的情况下,2018—2019年爆发多起企业违约事件。如果大面积违约使得多个银行的表内和表外的坏账水平短期内急剧攀升则可能会引发系统性风险;此时在提供足够的流动性的情况下保证大中型银行的稳定和安全,以及风险不蔓延至其他地区和板块至关重要。如果发生违约的企业是上市公司,市场机制(比如股价的变化)可以迫使企业去杠杆和进行必要的重组;对缺乏市场机制和透明性的一些地方政府而言,要在处置债务问题的同时,加强对官员的问责机制,避免"负债不负责"的道德风险。同时,对经济发展良好,市场机制健全的地区(比如北上广深、杭州等地)应当允许地方政府通过发债直接融资。

多层次债务市场的一个重要组成部分是前面讨论过的替代性金融部门,尤其是非资本市场、非银行部门发行和产生的债权类产品和信贷,包括公司之间的互相融资(商业信用,trade credits)、民间金融,以及在融资和供应链上下游的相关公司和机构。值得关注的是,AQQ(2005)指出,替代金融部门的治理架构的核心不是依赖正规的法律体系来制定合同和解决纠纷;公司与个人投资者之间,出资方和借款方靠的是长期共赢,以及维护各自的名誉和互相信任来克服经典的投资过程中的难题(比如信息不对称),达成共识,驱动发展。如前所述,这个部门和正规金融部门应协同发展,继续为民营/混合部门和家庭提供更多的支持,并提高整个经济的资源配置效率(详见本书第四章)。

第四,自1998年房改以来,中国房地产市场发展迅猛,房地产的消费,以及附属和相关行业已经成为持续拉动中国经济增长的重要动力。与此同时,房地产价格持续攀升,使其成为许多一线城市家庭财富的最重要的组成部分之一,也成为影响国计民生的重要因素之一。持续、平稳地发展房地产市场对于经济增长和丰富金融体系的产品和保障金融安全具有重要的意义。

房地产市场目前的风险主要来自以下两个方面。

一方面,房地产企业整体负债水平偏高,由于房地产行业生产周期长造成资金回笼较其他轻资产行业慢很多,在开发销售面临压力的情况下,如果再发生资金吃紧的状况则会引发违约,而大型房企一旦发生资金链断裂会影响到多家银行(所以大型房企事实上也是"有系统性风险的"机构)。所以,房地产企业在不引发局部危机的情况下需要继续去杠杆。

另一方面,一线城市的房价在全球金融危机爆发后的一段时期内的上升速度明显高于居民和家庭的可支配收入的增长速度,有"泡沫"的迹象,但是全国房价上升的平均水平并没有超出人均可支配收入的上升,说明房地产市场发展的地域性差异很大;在全国大部分一二线城市,接下来房价应该会保持在一个稳定的区间内;过快上涨会加大泡沫,但在核心城市房价的过快下跌也会引发风险甚至危机。比限购这一类行政命令更有效的稳定房地产市场的政策是更加市场化的政策,比如通过限制发放房地产贷款的银行和金融机构来控制整体杠杆,还有就是房地产税。推动以地方政府为主导的房地产税不仅可以实现有效管控房价的功能,还能为地方政府提供(靠出售土地以外的)重要的财政收入。房地产市场进一步发展还有两个抓手。其一,中国的城镇化水平离发达市场的水平仍有差距,进一步城镇化不仅是房地产市场发展的动力,也是持续推动经济增长的主要动力之一。其二,大力发展房地产金融创新,包括房地产信托基金(REITs)和房地产按揭抵押证券(MBS)等证券化产品,既可以使拥有未来现金流的房地产企业更快回笼资金,也可以让持有缺乏流动性的房地产资产的企业和机构盘活资产(详见本书第五章)。

第五,中国的实体经济通过国际贸易已经充分与全球经济融合,随着金融体系日益融入国际体系,企业、家庭和投资者都日益密切关注汇率市场和资本项目的双向流动。

中国汇率市场经过多轮改革,尤其是最近一次,2015 年的"8·11"汇改,推出了**以市场供需状况为核心的汇率形成机制**。在这样的市场化机制下,人民币兑主要货币(包括美元)的汇率发生了更大幅度的双向波动。通过资本项目的资金的双向流动以及外汇储备的演变也颇为引人关注。我们认为,作为新兴市场大国的中国,在吸取亚洲金融危机和全球金融危机的经验教训后,应该把防止资本项目短期内的剧烈波动,尤其是大量资本外逃,作为监管和风控的底线。这方面,央行已经积累了充分的经验,但是从资本项目的管控而言,我们认为采用动态的资本流动的"托宾税"可以达到比央行通过"窗口指导"对金融机构进行的管控更为有效(详见本书第六章)。

第六,随着"ABCD"四大核心技术——人工智能(Artificial Intelligence)、区块链(Blockchain)、云计算(Cloud Computing)和大数据(Big Data)的快速发展,尤其是在金融领域的应用,金融科技正以前所未有的态势影响、改变和重塑金融体系。

中国在金融科技领域的发展迅猛,并在一些领域成为"领头羊",引领国际最新技术和在金融业态中的应用。金融科技领域的一个核心问题是金融科技与传统金融业务以及参与者的关系。

金融科技发展至今,极大地提升了金融活动和业务的效率,降低了交易成本。但是,展望不远的将来,金融科技并没有改变核心金融活动的本质、属性和目的;金融科技不会取代人作为金融活动的最高和最终决策者以及金融服务的受益者,也没有从根本上消除金融风险。**所以,当金融科技能够在符合金融原理和市场规律的前提下,帮助解决金融的核心问题**——比如信息获取和使用过程中的不对称问题,如何避免金融活动和业务中的人为偏差和利益冲突,以及防范金融风险和危机等,**这样的科技就是能够促进金融发展的、有价值的创新**。反之,如果打着金融科技的旗号参与传统或者新的业务,却不具备从事金融核心业务的资质,包括相关的大数据、强大的风控技术和专业化团队、稳定的融资渠道和高效的公司治理,不但不会提升效率,反而会集聚风险。如果监管部门没有及时制定准入门槛,加强事中监控,存在"逆向选择"的新老业态可能引发局部乃至系统性的金融风险(详见本书第七章)。

第七,上海国际金融中心建设一直都是一项重要的国家战略,也是上海承担的重大使命。

"十三五"期间,针对"基本建成与中国经济实力以及人民币国际地位相适应的国际金融中心"这一目标,上海国际金融中心建设取得了一系列重大进展。金融市场规模和质量显著提升,初步形成了全球性人民币产品创新、交易、定价和清算中心,在营商环境和金融发展环境方面也有明显改善。进入2020年和下一个十年,上海作为国际金融中心,在本书讨论的金融体系的六大板块——银行体系、股市、债市和房地产、汇率市场以及金融科技——中,都应该成为推动金融改革和进一步开放的排头兵。围绕当前"科创板"试点注册制深化股市改革、扩大金融开放、自贸区扩区和长三角一体化国家战略等重大历史机遇,**重点增强上海金融对外开放的规模和质量以及科技创新实力,促进上海国际金融中心资源配置功能的进一步提升,将是接下来上海国际金融中心建设的关键**(详见本书第九章)。

最后应当强调的是,中国金融体系面临的重大挑战是如何避免出现严重破坏经济增长与稳定的金融危机。2019年底暴发的新冠肺炎疫情不但猛烈冲击现有全球经贸体系和资本市场,持续不断的疫情和随之而来的经济活动的停滞又激化了多年来累积的结构性矛盾,引发了覆盖面更广、影响度更深的金融和经济危机。我们在第八章分析疫情所带来的对中国和全球经济以及资本市场的影响，以及中国金融体系各个主要板块存在的新旧问题和解决方案和发展的新机会。

在本书的各章节中讨论的各类危机既包括传统的金融危机——不良贷款累积以及银行利润的剧烈下滑导致的银行业危机，或者是股市和房地产市场中由投机性资产泡沫破裂导致的资本市场危机，抑或是企业与地方政府杠杆高企的情况下，资金链断裂导致大面积违约而引发的债务危机，也包括一些新的类型的危机。如上所述，自中国 2001 年加入 WTO 以来，其金融体系和整体经济与世界其他国家的融合加速，但与此同时，大规模、突然性的资本流动和外国投机资本进入也提高了所谓"双重危机"（货币与银行危机同时出现）的可能性。逃避监管的场外配资，股权质押引发的平仓，以及高频交易可能导致股市快速崩盘，而缺乏监管下的、带有强烈逆向选择的金融科技进入传统或者新兴的业态也可以引发局部或者系统性的风险。对从事金融所有核心业务的机构与个人设立门槛，充分、及时和准确的信息披露，风险定价机制的形成和完善，投资者教育和合理预期，以及事后的处理、惩罚和问责机制的健全，都是防范这些风险和危机的工具。

接下来，我诚挚地邀请各位读者朋友，与我一同慢慢打开中国的金融体系这幅恢弘卷轴，去看、去判、共析、求解，希望她能在未来绽放出更绚丽的花朵。

第二章 长盛不衰的主导力量：银行系统

CHAPTER 02

提到中国的金融体系,我们就不得不讨论中国的银行系统。尽管近年来它也受到了不少挑战,但无论从何种指标来看,银行都是中国金融体系中最为重要的组成部分——聚集了最多的社会财富(银行吸收的存款规模最大),也满足了大量大额的融资需求。可以说,在过去的四十多年以及未来的5—10年,银行系统曾经并将继续主导中国的金融格局。

中国的银行系统发展至今,已经有了很清晰的三层架构,其中位居顶层的大型国有银行(如中农工交建)在中国银行系统中仍占据主导地位,在市场规模和经营网点上均占据绝对优势,也已经成为全球最大的银行和金融机构。股份制商业银行(如招商银行)、城市和农村商业银行(如上海银行和北京农商银行),及其他非银行金融机构(如保险、信托等)也蓬勃发展,在地区和某些经济领域扮演着越来越重要的角色。我们还发现了一个有趣的现象——中国的银行在探索前进的过程中,形成了一种"国有控股+外资持股"的"中国模式",它在政府控股和提高效率间找到了平衡,在理论和实践中被证明对包括中国在内的新兴发展市场都是有效的。

与此同时,银行系统在发展过程中也集聚了不少风险。

一方面,由于外部因素诸如宏观经济情况和内部信贷政策叠加的因素,导致银行系统,尤其是(资产负债)表内业务产生了规模不小的不良贷款和资产,中国的银行系统在如何处置这些资产方面积累了不少宝贵的经验。另一方面,最近20年来,尤其是2008—2009年全球金融危机爆发至今,由于刺激计划带来的信贷扩张,加上银行间竞争,尤其是保护存款的竞争,以及"监管套利"等因素驱使下,不同类型的银行都大幅增加了表外业务,尤其是理财产品的规模;同时,银行业与其他金融机构(比如信托公司)和企业合作,大幅增加了(非银行贷款)信贷发放——具体形式包括信托贷款、委托贷款等。这些活动以及随之产生的贷款和资产被统称为"影子银行"(我们在本章中将集中分析以银行系统为核心的"影子银行"的规模和风险)。概括来讲,"影子银行"在增加银行系统表外资产、负债和利润的同时,给实体经济,包括地方政府部门,带来了高负债;如果负债到期时正好遇到经济下行和流动性紧缺的市场状况时,就可能爆发危机。

我们先回顾一下近年来银行系统的发展历程和重大事件，分析银行系统内的不良贷款及处理方式，再回顾银行系统的核心——大型国有银行改革转型的关键一步——境内外上市的经验，接着讨论银行系统架构的形成及合理性，然后讨论"影子银行"的形成和风险。最后，我们提出，给中小微企业融资并不符合传统银行，尤其是大中型银行的商业模式；但对于这一"世界性难题"，凭借着"中国模式"以及金融科技的助力，我们还是看到了解决的希望。

一、中国银行业发展的历史和现状

1. 中国银行系统发展简史

中国的金融体系在 1949 年以前便已发展得较为成熟了。1949 年中华人民共和国成立后，对以前的金融领域的私有制公司和机构进行了社会主义改造，逐步完成了国有化。1950—1978 年间，中国的金融体系是单一银行制：中国人民银行（PBOC）由中央人民政府完全控股并统一领导，接受财政部的指导。中国人民银行是当时中国的中央银行和商业银行，其控制着中国约 93% 的金融资产，并且承担着国家几乎所有的金融交易。

当代中国银行业的首次重大结构变革始于 1978 年，终于 1987 年。1979 年底，中国人民银行正式脱离财政部，成为独立机构；与此同时，三家国有银行接管了中国人民银行的部分商业银行业务：中国银行（Bank of China，BOC）专门从事与外贸和投资有关的交易和业务；中国人民建设银行（People's Construction Bank of China，PCBC），最初成立于 1954 年，主要负责处理与固定投资（尤其与制造业相关的固定投资）有关的业务；中国农业银行（Agricultural Bank of China，ABC），成立于 1979 年，负责处理农村地区的所有银行业务；中国人民银行正式成为中国的中央银行，并形成了两级银行体系。第四家国有商业银行是中国工商银行（Industrial and Commercial Bank of China，ICBC），成立于 1984 年，接管了中国人民银行剩余的商业交易和业务。1987 年，交通银行（Bank of Communications，BComm）重新建立，成为第五家，也是第五大国有商业银行。20 世纪 80 年代，中国金融体系的发展可概括为：除"五大"银行（即 ICBC、BOC、PCBC、ABC 以及 BComm）之外的其他银行和金融中介机构的迅猛发展。在此期间，地区性银行、农村信用合作社（RCCs）、城市信用合作社（UCCs）和其他非银行金融中介机构〔如信托公司（TICs）〕逐渐崭露头角并迅速发展。

中共十四大于1992年召开之后，中国经济制度进入了向社会主义市场经济体制转变的新阶段。与此同时，银行业开启了商业化改革进程。1993年国家开发银行、中国进出口银行和中国农业发展银行三家政策性银行相继成立，剥离专业银行的政策性业务。国家积极增加银行业的竞争性供给，提高商业化机构占比，建立起统一开放、有序竞争、严格管理的金融市场体系。截至2002年末，股份制商业银行资产和负债总额占银行业金融机构总额的比重分别上升至9.5%和9.56%，利润占整个银行业的28%。此外，同时，国家积极加强法制建设，保障商业银行的稳健运行，维护金融秩序。1995年，全国人民代表大会和全国人大常委会颁布实施了《中国人民银行法》和《中华人民共和国商业银行法》，以保护商业银行、存款人和其他客户的合法权益，规范商业银行的行为。

2001年加入世贸组织之后，中国经济进入持续发展的快车道。2004年，国务院启动国有银行股份制改革，推进建立现代金融企业制度。经过改革，股份制商业银行深化改革，多家金融机构通过引资、上市、业务创新等方式逐步确立竞争力，并有部分机构开始探索"走出去"，部分城市商业银行实现了上市和跨区域经营。同时，监管部门持续强化制度建设。2006年颁布实施的《中华人民共和国银行业监督管理法》，初步完成了监管法规体系构建、监管流程重构、监管信息系统建设。2015年颁布实施《存款保险条例》，积极推动巴塞尔协议在中国应用，推动金融机构提高透明度。

2. 中国银行业近况

中国经济持续稳步增长，国民收入水平大幅度提高，推动了中国银行业的高速发展。得益于改革开放以来的财富创造积累和近年来宏观经济、资本市场等的快速发展，中国银行业获得了较快发展。与其他亚洲经济体情况相似，中国的家庭储蓄率在过去几十年一直处于高位，原因之一在于急速增长的经济和个人收入与有限的投资机会不匹配。

图2-1展示的是1990—2018年间各类存款的变化。可以看出，三大类存款，储蓄存款（即个人在银行体系的存款）、企业存款和机关团体存款（是指

国家机关、团体、事业单位存入银行待用的经费拨款），在最近的 30 年中都保持持续上升势头，而个人的储蓄存款占所有存款的比例在 90 年代中期达到高位后逐年递减，表明存款来源的多元化，尤其是企业收入（存款来源）的攀升。

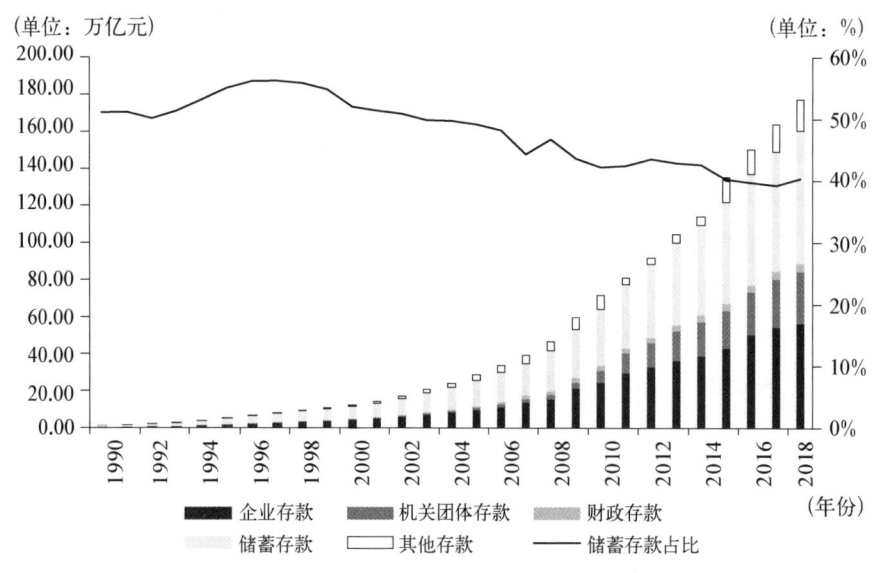

图 2-1 1990—2018 年各类存款余额

数据来源：WIND。

在表 2-1 中，我们分析了 1994—2013 年期间中国银行贷款状况。据中国人民银行统计，截至 2010 年底，银行贷款余额达到人民币 302 914 亿元，其中 52.2% 流向国有部门。到 2014 年底，流向国有企业的银行贷款余额占比虽一路下降至 47.6%，但仍然保持在较高水平。与此同时，8% 的银行贷款余额流向集体所有制企业，44.4% 流向民营企业。

表 2-1 国有部门与民营部门银行贷款余额　　　　（单位：十亿元）

年份	国有企业	集体所有制企业	民营企业	总计
		贷款余额		
2010	15 823.50	2 843.84	11 624.15	30 291.49
2011	17 094.66	3 497.98	14 424.30	35 016.94
2012	18 689.85	3 638.98	16 954.17	39 282.99
2013	20 465.74	3 648.51	19 904.98	44 019.22
2014	24 830.06	4 185.14	23 147.23	52 162.42

续表

年份	国有企业	集体所有制企业	民营企业	总计
	流向各部门贷款余额占比(%)			
2010	52.24	9.39	38.37	100.00
2011	48.82	9.99	41.19	100.00
2012	47.58	9.26	43.16	100.00
2013	46.49	8.29	45.22	100.00
2014	47.60	8.02	44.38	100.00

数据来源：中国人民银行《金融机构贷款投向统计报告》(2011—2015)。

如图2-2所示，混合部门（包括乡镇企业、民营企业、集体所有制企业以及合资企业）的贷款规模远小于国有企业在制造业领域的贷款规模。此处，国有企业在制造业领域的贷款包括工业贷款及商业贷款。除了贷款规模的差别外，Qian，Strahan和Yang(2015)发现，在掌控行业和企业的特点后，银行在贷款给国企时的利率比贷给民企时更低，也就是说行业和企业条件相同情况下，国企从银行融资的成本更低。

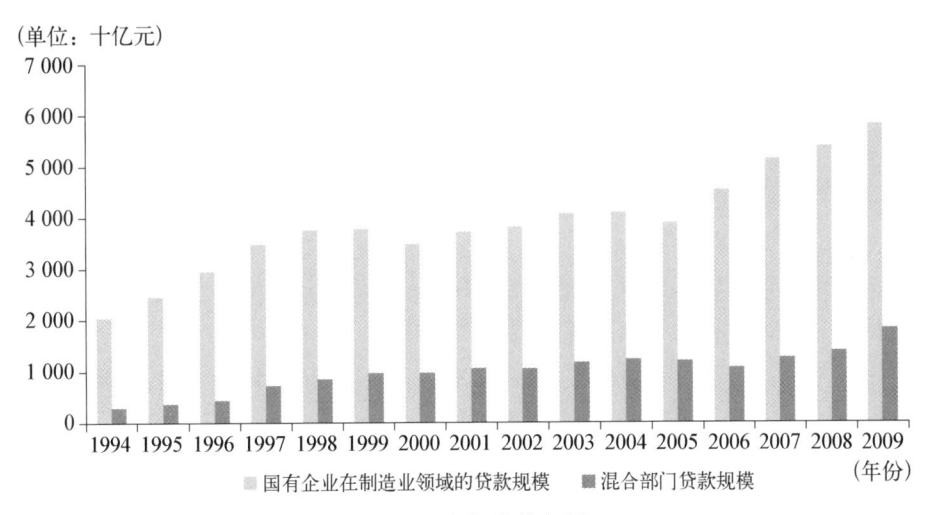

图2-2 银行贷款余额

数据来源：中国统计年鉴。

3. 利率市场化进程

利率市场化是指金融机构在货币市场经营融资的利率水平由市场供求来

决定。利率市场化是深化国家金融体系改革的标志,它不仅是利率定价机制的深刻转变,而且是金融深化市场化发展的前提条件和核心内容。

自 1996 年 6 月 1 日银行同业拆借利率实施市场化以来,利率市场化已经基本完成。1996—2004 年之间,中国人民银行持续放开货币市场和债券市场的利率、外币的银行存贷款利率以及人民币协议存款利率。之后,利率市场化步伐放缓。但自 2011 年以来,利率市场化进程再次加快,同时,公司债券和银行理财产品迅速发展。2013 年 7 月,中国人民银行取消了贷款利率下限(在这之前,贷款利率下限设为贷款基准利率的 70%),并宣布贷款利率应该由市场供求关系设定,同时需要综合考虑信用风险。

在推进利率市场化过程中,建立存款保险制度可有效防止出现挤兑风波,保护储户的存款权益,促进银行业公平公正竞争,并提高金融体系的稳定性。为了建立和规范存款保险制度,依法保护存款人的合法权益,中国人民银行于 2014 年 11 月 30 日,起草了《存款保险条例(征求意见稿)》,向社会征求意见。2015 年 5 月 1 日,《存款保险条例》正式实施,并规定存款保险实施限额偿付,最高限额为人民币 50 万元,这也相当于为 99.77% 的存款人提供了全额保护。2015 年 10 月 24 日,中国人民银行对商业银行和农村合作金融机构取消存款利率浮动上限,标志着利率市场化进程基本完成。

二、银行不良贷款及处置

从中国银行业发展看,高额不良资产率一直是中国银行业面临的最严重的问题。在 21 世纪初期、2008 年金融危机之前,该问题大体上得到有效控制。然而近年来,银行业高不良贷款余额持续上升,重新成为银行业目前最棘手的问题之一。

中国银行业主要以大型国有银行占主导地位,即中国工商银行,中国银行,中国交通银行,中国农业银行和中国建设银行这五大银行。五大行占主导也意味着中国银行业内部的竞争程度不高。截至 2015 年底,总资产方面,五大银行占整体银行业的 40.5%。2014 年,银监会批准在中国首设五家民营银行[1]。

---

[1] 五家试点民营银行,即深圳前海微众银行、上海华瑞银行、温州民商银行、天津金城银行、浙江网商银行。

其他的大多数商业银行的多数股权都归中央或地方政府所有，抑或政府为最终控股方。在过去的二十年中，中国银行业乃至整个中国金融体系面临的最严重的问题是不良贷款余额高企。在全球金融危机之后，五大行为了刺激经济复苏而承担了大量的投资项目。降低不良贷款余额至正常水平仍然是当前中国金融体系亟待解决的问题。

在表2-2中，我们比较了1998—2013年，全球最大的四个经济体的银行体系的不良贷款规模和不良率（按照购买力平价计算，世界四大经济体分别为中国、美国、印度和日本）。不良贷款余额以十亿美元为单位，并同时在括号内标明了其占当年GDP的比重。从表中可以看出，2000—2007年，中国的不良贷款率最高，在2000年及2001年分别高达GDP的22.5%及20.0%；远高于其他三大经济体的水平。之后呈现明显下降趋势；不良贷款总额也在2000—2011年期间逐年下降。事实上，在大多数发达国家银行业陷入全球金融危机的同时，中国的银行业却表现良好。2010年中国的不良贷款总额为681亿美元，仅为美国的1/7，中国不良贷款率占GDP的比重也低于美国。近十年，不良贷款占GDP的比重再次上升（见图2-3）。

表2-2 不良贷款余额　　　　　　　　　　　　（单位：十亿美元）

年份	中国		美国		日本		印度	
	NPLs	NPLs/GDP	NPLs	NPLs/GDP	NPLs	NPLs/GDP	NPLs	NPLs/GDP
1998	20.5	2.0%	71.3	0.8%	489.7	12.7%	12.7	3.1%
1999	105.1	9.7%	72.2	0.8%	547.6	12.6%	14.0	3.2%
2000	269.3	22.5%	90.1	0.9%	515.4	11.1%	12.9	2.8%
2001	265.3	20.0%	108.4	1.1%	640.1	15.6%	13.2	2.8%
2002	188.4	13.0%	107.8	1.0%	552.5	14.1%	14.8	3.0%
2003	181.2	11.0%	95.9	1.0%	480.1	11.3%	14.6	2.5%
2004	207.4	10.7%	81.3	0.9%	334.8	7.3%	14.4	2.2%
2005	164.2	7.3%	84.6	0.7%	183.3	4.0%	13.4	1.7%
2006	157.4	5.9%	103.8	0.8%	157.8	3.6%	11.2	1.3%
2007	166.8	5.1%	168.1	1.2%	148.6	3.4%	13.6	1.2%
2008	80.6	1.9%	328.7	2.3%	190.4	3.7%	15.4	1.3%
2009	72.6	1.5%	477.5	3.3%	188.5	3.6%	18.2	1.3%
2010	68.1	1.1%	423.4	2.9%	208.7	3.8%	20.7	1.2%
2011	67.9	0.9%	359.0	2.4%	213.0	3.6%	22.4	1.2%
2012	79.1	1.0%	351.6	2.2%	219.5	3.7%	29.4	1.6%
2013	96.3	1.0%	260.0	1.5%	180.9	3.7%	31.4	1.6%

数据来源：世界银行，IMF。

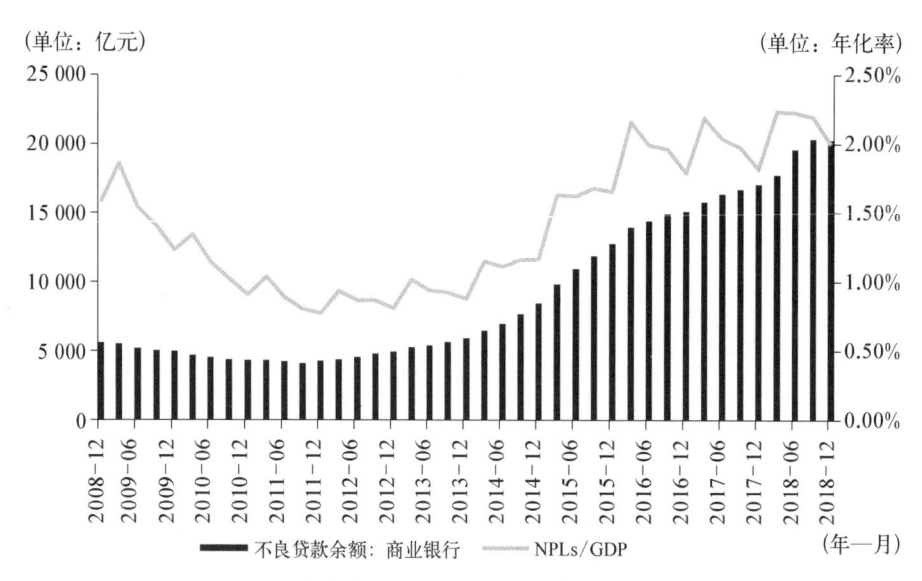

图 2-3 国际金融危机后中国不良贷款余额和 GDP 占比攀升

数据来源：WIND。

国有银行(特别是五大银行)中的大部分不良贷款主要源于对国有企业的贷款决策不佳，而其中的一些贷款决策是非经济因素导致的。根据此逻辑，政府最终将承担减少不良贷款的重担。中国改革开放四十多年中，为了支持当时的经济增长模式，国有银行以资助国有企业和政府项目为主要职责。银保监会统计数据显示，不良贷款总额里，33.8%来自制造业；批发零售业排名第二，占比达 31.4%。根据银保监会公布的行业不良贷款情况以及按行业划分的国有公司与该行业上市公司的个数占比，我们粗略估算，在 2008 年，国有企业不良贷款占全国总不良贷款的 61.3%；2015 年，该占比下降至 56.8%。中国将不良资产当作财政问题处理，意味着解决高额不良资产问题最终需依靠于中国的整体经济增长。只要经济保持强劲的增长势头，税收就会相应增加，政府就可以在不对经济产生重大影响的情况下，承担存量和新增的不良贷款。表 2-3 比较了全球四大经济体的政府债务水平。

中国地方政府债务近年来增长迅速，一个主要原因是 2008 年金融危机后，中国对大量基础设施进行固定资产投资，以刺激经济增长。截至 2013 年 6 月底，地方政府债务总额达 17.89 万亿元，政府负责偿还其中 10.89 万亿元的债务。根据 2011 年发布的审计报告，截至 2010 年，地方政府债务总额达到 10.72 万亿元。据此可得，2011—2013 年，地方政府债务总额的年均增长率在

表 2-3 政府债务余额①（单位：十亿美元）

年份	中国	美国	日本	印度
1998	93.8	5 788.8	4 858.0	178.4
1999	127.3	5 822.7	6 053.1	260.2
2000	165.1	5 612.7	6 209.8	232.4
2001	188.6	5 734.4	6 036.0	225.4
2002	233.5	6 169.4	6 321.3	250.2
2003	273.0	6 789.7	6 852.9	259.7
2004	311.3	7 335.6	7 446.6	299.6
2005	350.0	7 809.5	8 299.5	347.1
2006	364.6	8 451.4	7 587.1	375.2
2007	599.8	8 950.7	7 707.7	472.0
2008	701.6	9 985.8	8 966.2	496.4
2009	753.6	12 867.5	9 466.8	556.6
2010	805.3	14 551.8	11 284.9	643.6
2011	1 128.5	15 248.0	12 334.5	640.9
2012	1 220.2	16 458.0	11 521.9	742.1
2013	1 406.7	17 376.5	9 667.1	748.0

数据来源：中国统计局；美国统计摘要；日本统计局；印度财政部；IMF；世界银行。

22.7%左右。地方政府的主要资金来源是银行贷款、信托、融资租赁以及发行债券。在债务的使用方面，大部分资金用于市政建设，交通运输，土地检修和保护。

由于不良贷款最终可能成为政府重担，如果将不良贷款和政府债务的总和记为政府债务，那么中国政府负担的总债务将排在日本、美国和印度之后。但是，对于这一结论需持谨慎怀疑的态度：首先，中国政府在国际金融危机时期大规模的经济刺激计划导致2008—2009年新增贷款大幅增加，其中包括许多向地方政府提供的贷款，因此中国新增不良贷款增速可能要远超其他国家。其次，养老金计划和其他社会福利计划等领域需要更高的财政支出，中国这一部分政府债务目前所占份额较少，但在今后可能会急剧增加。

中国政府已经认识到减少不良贷款的必要性并采取了多项措施：例如向五大银行注入大量资产，提升资产负债表的质量，为其境内外上市做好准备；

---

① 各国政府债务总额计算方式不尽相同：美国、日本以及印度以国内外所有类型债务总额为衡量标准，中国以当年未偿还政府债券进行衡量。

建立四家国有资产管理公司以及地方资产管理公司,以承接并清算四大银行(中国银行、中国人民建设银行、中国农业银行和中国工商银行)积累的不良贷款。以上措施保证了中国银行业的不良贷款在全球金融危机之前已经大幅减少。如图2-3所示,在此之后,不良贷款又重返上升,不良贷款高企再次成为银行业最严重的问题之一。如果这一问题持续,政府很可能会设立更多的地方资产管理公司来清理不良贷款。另一方面,如果经济能够保持目前的增长速度,政府就可以处理大部分存量和新增的不良贷款,以避免经济出现严重问题。但是,如果经济增速显著放缓,而不良贷款继续积累,那么就会致使银行业出现问题,进而导致金融危机。这可能会蔓延到其他经济部门,导致经济增长放缓。

三、国有银行深化改革与境内外上市

中国银行业为提高国有银行的效率主要做出以下两方面的努力:一是改革组织结构;二是国有银行的上市。其中,国有银行的境外(包括中国香港)上市使得中国银行业真正对标国际标准,并通过改善公司结构治理、加强监管、引进国际战略投资者等方式提升银行综合竞争力。我们以中国工商银行海外上市为案例,深入探讨政府和中国银行业在此过程中付出的努力,以及取得的成效。

1. 提高国有银行的效率

银行业不良贷款的规模与银行的效率高度相关。为了提高银行业效率,监管部门在过去几十年提出了一系列提高行业竞争的措施,包括引入培育五大行以外的中小银行和大量的非银行金融机构。我们这里着重分析以下两方面的措施:一是改革组织结构;二是国有银行上市。

第一,国有银行在对国有企业贷款进行风险管控的同时,会通过增加民企和个人消费类贷款来改善贷款结构,实现多元化发展[1]。20世纪90年代,监

---

[1] 根据中国人民银行发布的《中国季度货币政策执行报告》,所有银行消费类贷款占存余贷款总额的比例从1998年的1%上升到2013年的17%。截至2014年9月,14.75万亿人民币(约23 972亿美元)的银行存余贷款总额来自消费类贷款。

管部门还对银行的组织结构进行了改革,为银行及其员工提供了更多的激励措施。2001年中国加入世贸组织后,许多国有银行在2002年开始实施新的贷款政策,以应对即将面临的来自包括外资银行在内的竞争对手的压力。Qian,Strahan和Yang(2015)基于贷款层面的数据进行研究,发现这些新政策赋予了从事信贷业务各个环节的工作人员更多的权限,但如果业绩不佳,这些贷款经手人也要在事后对其负责的部分承担责任;而诸如贷款合同的最终批准等这一类的裁定权则从原先的集体负责制改革为由高级管理人员个人负责。

第二,提高银行业效率重要的步骤之一就是股份制改革,主要包括国有银行的境内外上市。中国大型国有银行的首次公开发行股票(initial public offering,IPO),使得其在募集资金总额方面大获成功,并且在首次公开发行日就吸引了大量外资。但与此同时,两个迫在眉睫的问题随之而来。第一个问题与银行业结构有关。国内外非国有银行和中介机构进入中国金融市场,来自这些金融机构的竞争是否有利于提高五大银行和整个金融部门的效率?第二个问题是政府兼具监管者和大股东的双重角色。这两种角色可能相互冲突,政府在实施任何一种角色的时候,都需要考虑其另一重角色,这就可能导致其效率均被削弱。只有银行足够多的股权由非政府实体和个人拥有后,银行才能无条件地执行提高利润和效率的措施。然而,发达国家的多所大型金融机构,比如美国的雷曼兄弟,危机前没有政府持股,由于以高杠杆过度从事高风险业务以及风险监管不力,导致整个金融体系基本崩溃。考虑到这些前车之鉴,目前中国大型银行的所有权结构依然以政府为主,这样可以加强国家对有系统性风险的大型金融机构的监管,有助于防范中国和其他新兴经济体的银行业危机和金融危机。

与此同时,妨碍银行提高效率的最大问题之一,是破产法和债权人保护制度不一致以及两者实际执行力度不够。中国虽然在1986年已经通过第一部破产法,但其仅适用于国有企业且在实践中影响不大。新版破产法于2006年8月颁布,并于2007年6月1日生效,该法案适用于除合伙制企业以及独资企业以外的所有企业。新颁布的破产法在许多方面与发达国家的破产法相似。例如新法规定了破产管理人的职责:在法院接受破产申请后负责管理债务人的资产。此外法律还规定,这些破产管理人员应该是独立的专业人士(例如法律事务所或会计师事务所的相关工作人员)。尽管法律规定了所有的程序,但在执行法律方面仍然存在问题。许多陷入困境和资不抵债的公司都继续保持运营状态,几乎所有申请破产的上市公司最终都实行重组计划,而这些公司却很少被勒令退市[①]。

2. 国有银行海内外上市

表2-4展示了国有银行股份制改革和境内外上市时间表。

表2-4 国有银行股份制改革和境内外上市时间表

中国银行	
2005.10.28	中国银行股份有限公司挂牌成立,中央汇金投资有限责任公司代表国家持有100%股权,依法行使出资人的权利和义务。
2006.10.27	中国银行在香港联合交易所正式挂牌上市。
	中国银行上海证券交易所成功挂牌上市,是中国首家在A股市场挂牌上市的大型国有商业银行,创造了中国资本市场有史以来最大的首次公开发行新纪录,同时也成为目前沪深两市中权重最大的上市公司、国内首家H股和A股全流通发行上市的公司、股权分置改革以来第一家大型公司上市项目。

中国工商银行	
2004.08.26	中国工商银行股份有限公司正式挂牌成立,注册资本为2 480亿元。其中,中央汇金投资有限责任公司和财政部分别持有中国工商银行股份有限公司50%股权。
2006.06.01 2006.07.05	中国最大的商业银行——中国工商银行在上海和香港两地成功实现A+H同步上市,发行募集资金刷新全球IPO纪录,标志着工行的股份制改革已经取得阶段性成果。

中国建设银行	
2004.09.15	中国建设银行股份有限公司挂牌成立,由汇金公司、中国建投、宝钢集团、国家电网和长江电力共同发起设立股份公司,注册资本为1 942.302 5亿元。
2005.10.27	中国建设银行成功地在香港联交所挂牌,成为中国四大国有商业银行中首家上市的银行。
2007.09.25	中国建设银行正式在上海证券交易所挂牌。

① 根据国家发改委的统计,2008年上半年有67 000家中小企业关闭,但同年全国仅2 955家提交了破产申请。当一家上市公司陷入困境时(即被标为"ST"股),通常其他非上市公司将投资并重组该ST公司,以避免其退市。这是因为公司申请首次公开发行困难重重且价格昂贵,这样一来濒临破产的公司的"IPO"这层壳就显得颇具价值。因此,多数非上市公司希望"借壳上市"。

续表

中国农业银行	
2009.01.09	中国农业银行股份有限公司在北京召开创立大会,其注册资本2 600亿元。经国务院批准,中央汇金投资有限责任公司和财政部代表国家各持该股份公司50%股权。
2009.01.16	中国农业银行股份有限公司正式挂牌成立。

中国大型国有银行并不缺少资金来源,然而这些银行却纷纷寻求境内外上市,究竟是为了什么呢?

让我们把时间调回2005年,那是中国金融体制改革非常关键的一年。当时,银行占整个社会融资比重在90%以上,而四大国有银行在银行业的比重又占50%以上(如图2-4和图2-5所示,按照存款余额划分,四大国有银行所占比重为58.7%;按照总资产划分,四大国有银行所占比重为53.5%)。这样一种金融结构,又伴随着金融领域信息化程度不断提高,金融产品的创新日益丰富,存在于金融领域的各类金融风险也随之更加突出、更加复杂。以上种种使得国有银行改革必须有大的突破,以求对整个国民经济发展带来正面的影响,而去境内外上市则被看作形成突破的契机。

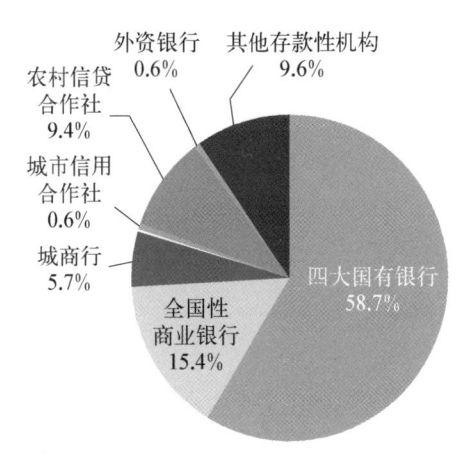

图2-4 中国银行体系结构(按2005年末存款余额划分)

资料来源:ICBC招股说明书。

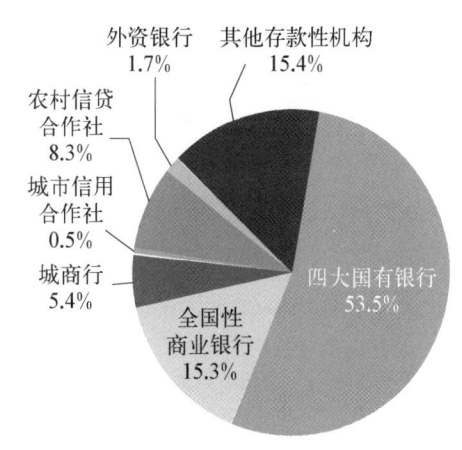

图2-5 中国银行体系结构(按2005年末总资产划分)

资料来源:ICBC招股说明书。

就财务状况而言,当时像工行这样的国有银行境外IPO并不是问题,但问题在于公司治理结构的缺陷:银行业案件高发、银行内部管理不善、部分制度形同虚设。如此,中国的银行上市主要目的就不仅仅是为了筹资,其目标是建立一整套新的市场激励和约束机制,强调投资者利益,建立规范的公司治理制度,彻底打破国有商业银行的"准官僚体制",改变"官本位",通过合理的、符合商业银行营运要求的绩效激励机制、充分的风险控制和资本约束,将国有商业银行变成真正的市场主体。

此外,商业银行境外上市,使得中国银行业能够对标国际标准,基于一系列通用的指标(比如净利差、净息差、成本收入比等),对"好银行"形成一套标准来判断。中国国有银行通过参照国际的银行监管标准,能够建立和国际上的商业银行相仿的管理体系,即以资本管理为核心的管理体系,使得银行的管理技术和方法发生根本性的变化。从结果上来看,国有银行上市达到了既定目标:保持竞争力,做大做强。表2-5和表2-6分别为按照2018年末总资产和总市值排名得到的全球银行10强。中国四大国有银行(工农中建)在总资产方面包揽全球前四名,其中,中国工商银行已经连续六年成为全球最大银行。在总市值方面,四大国有银行也分别位列第二、第五、第六、第八。

表2-5 全球银行10强(按照2018年末总资产排名)

排名	名称	国家	总资产(万亿美元)
1	中国工商银行	中国	4.11
2	中国建设银行	中国	3.40
3	中国农业银行	中国	3.30
4	中国银行	中国	3.05
5	三菱UFJ金融集团	日本	2.70
6	摩根大通公司	美国	2.62
7	汇丰控股优先公司	英国	2.60
8	法国巴黎银行	法国	2.59
9	美国银行	美国	2.34
10	花旗集团	美国	1.93

表2-6 全球银行10强(按照2018年末市值排名)

排名	名称	国家	市值(十亿美元)
1	摩根大通公司	美国	324.63
2	中国工商银行	中国	267.85
3	美国银行	美国	241.82

续 表

排 名	名 称	国 家	市值（十亿美元）
4	富国银行	美国	216.91
5	中国建设银行	中国	207.18
6	中国农业银行	中国	180.51
7	汇丰控股有限公司	英国	165.20
8	中国银行	中国	146.68
9	花旗集团	美国	127.14
10	加拿大皇家银行	加拿大	98.70

数据来源：Bloomberg。

3. 中国工商银行境外上市

中国工商银行的境外上市无论对于中国金融业改革还是中国资本市场都具有重大意义。工行成功上市标志着中国最大的商业银行和国际金融体系对接，并通过海外上市试图解决长期以来困扰着中国银行业的问题，包括管理体系问题、组织构架问题，以及不良资产产生的机制等。以下，我们深入了解工行上市前的股份制改革和不良资产情况，并通过工行的股权结构，以及工行上市后的股价表现，进一步理解国有企业境外上市的意义。

表 2-7 中国工商银行上市前的股份制改革和不良资产剥离情况

1984.01.01	中国工商银行作为一家国家专业银行而成立，后由国家专业银行转型为国有商业银行，目前已整体改制为股份制商业银行。
1998	财政部向工行定向发行 850 亿元的 30 年期特别国债，所筹集的资金全部用于补充本行资本金。
1999—2001	清理不良资产：工行将 4 077 亿不良资产处置给华融公司，1999 年至 2001 年，作为处置的对价，工行向华融公司收取 947 亿元现金和华融公司发行的总面值达 3 130 亿元的十年期不可转让债券。
2005.04	重大资产重组：汇金公司向工行注资 150 亿美元，财政部则保留原工行资本金 1 240 亿元，并获得中央政府价值 200 亿的土地使用权。
2005.05	中国工商银行完成了 2 460 亿元损失类资产的剥离工作。
2005.06.27	长城、信达、东方、华融四家资产管理公司与工行签订了《可疑类信贷资产转让协议》，处理 4 590 亿元可疑类贷款。
2005.08	中国工商银行组建承销团成功发行首批 350 亿元次级债券。
2005.10.28	中国工商银行由国有商业银行整体改制为股份有限公司。

续　表

2005.12.31	2006年1月工行公布2005年主要财务指标。截至2005年底,工行境内外机构实现经营利润902亿元,资本充足率为10.26%,其中核心资本充足率达到9.23%。
2006.04	高盛、安联保险、美国运通分别认购工行本次发行前发行股份的5.7506%、2.2452%和0.4454%。
2006.06	社保基金理事会认购工行本次发行前已发行股份的4.9996%。
2006.07	工行A+H同时上市方案获批。

（1）中国工商银行A-H股同日上市

2006年10月27日中国工商银行在香港和上海两地同时挂牌上市。中国工商银行在港交所和上交所同价发行：工行A股以3.12元发行,H股以3.07港元发行,在调整港元与人民币汇率差异后,A股与H股的发行价格一致。中国工商银行在A-H股同时上市,成为中国证券发展史上具有里程碑意义的标志性事件,并创出多项证券发行新纪录。

第一,这是首次A+H同步发行。工行此次发行成为首例A+H同步发行,创造性地解决了境内外信息披露一致、境内外发行时间表衔接、两地监管的协调和沟通、境内外信息对等披露等诸多问题,开创了资本市场的先河。

第二,工行A+H发行规模全球第一。超额配售选择权行使前,工行A+H发行规模合计达191亿美元,高于此前日本NTT DOCOM创造的184亿美元的最大融资规模。

第三,工行上市是全球最大的金融股发行。191亿美元的发行规模,也成为全球最大的金融股发行。全球金融股第二大和第三大发行分别为：中国银行和中国建设银行的首次公开发行,发行规模分别为112亿美元和92亿美元。

第四,工行上市是A股市场迄今为止规模最大的发行。A股发行规模（全部执行"绿鞋"后）将达到466亿元人民币,超过了此前发行规模最大的中国银行200亿元人民币的记录。

第五,工行上市是首次A股采用"绿鞋"（Green Shoe）机制的发行。工行此次发行中引入"绿鞋"机制——即赋予承销商的超额配售（选择）权,尚属内地A股市场首例,将海外发行中成熟的"绿鞋"机制引入内地A股发行中,有利于增强参与一级市场认购的投资者的信心,促进发行成功。

(2) 股权结构与公司治理

图 2-6 和图 2-7 分别为中国工商银行在上市时和 2018 年末的股权构架。可以看出,工商银行在上市时,保持了中国政府的绝对控股地位,但同时引入包括高盛和安联保险这样的机构外资作为战略投资者。其中,财政部和汇金公司共同持股 72.48%,占据绝对控股权;高盛、安联保险和美国运通,共同持股 7.38%(他们也在董事会有席位)。截至 2018 年末,中国政府仍持有 70%以上的股权;高盛等外资机构在股票锁定期结束后退出工行,获得了丰厚的收益。

财政部	汇金公司	全国社保基金理事会	高盛	安联保险	美国运通	H股股东	A股股东
36.24%	36.24%	5.39%	5.03%	1.96%	0.39%	10.80%	3.97%

中国工商银行股份有限公司

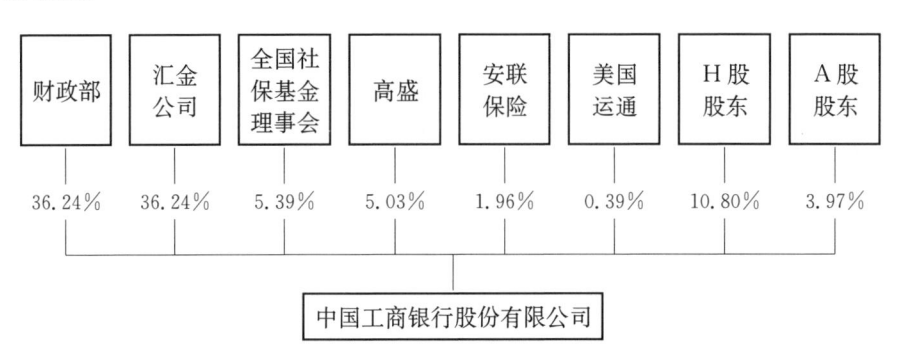

图 2-6 中国工商银行 IPO 时的股权结构(2006.10.20)

资料来源:中国工商银行招股说明书。

财政部	汇金公司	平安寿险	中证金公司	梧桐树投资	香港中央结算公司	H股股东	其他A股股东
34.60%	34.99%	1.38%	0.68%	0.40%	0.27%	24.17%	3.78%

中国工商银行股份有限公司

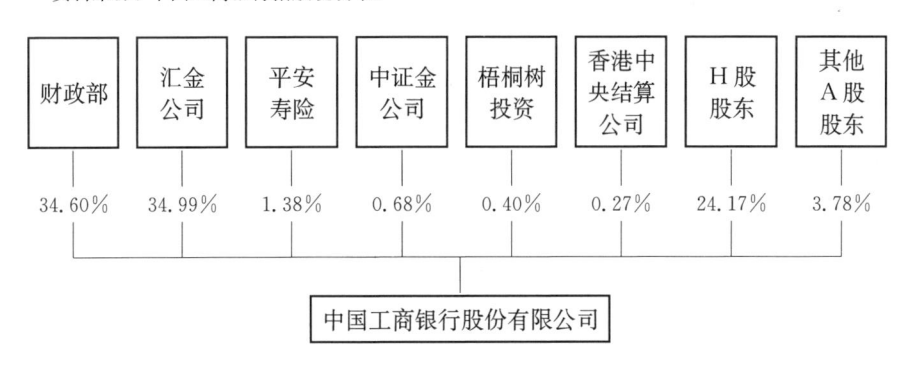

图 2-7 中国工商银行当前的股权结构(2018.12.31)

资料来源:中国工商银行 2018 年年报。

Allen,Qian,Shan 和 Zhao(2014)将这种国有银行股份制改革称为"中国模式"。我们认为,这种"中国模式"在包括中国在内的新兴发展市场都是有效的:它在政府控股和提高效率间找到了平衡。作为政府控股的国有银行,它不仅仅有盈利目标,同时也存在非营利目标,即维持金融体系平稳发展。因此,在国有银行(比如工商银行)的发展过程中,它更注重稳健发展。这也使得国有银行在金融危机的时候,表现显著好于其他经济体中的非国有银行。但在稳健发展的同时,国有银行也在一定程度上牺牲了效率。因此,国有银行在吸收市场上的闲散资金后,通过贷款等形式,让资金注入国有企业和地方政府的同时,也有一定资金流入民营部门和非上市部门,这也在一定程度上提升了社会整体的资金使用效率。与此相对,作为外资机构投资者,他们作为股东和董事,更注重的是银行的效率。因此,通过外资机构投资者的监督和帮助,国有银行能够有效提升银行运营效率,并改善银行公司治理。因此,可以说"国有控股+外资持股"的"中国模式"在理论上是有效和成功的。

图2-8是全球10大银行(按照资产排名)自中国工商银行2006年上市后股价表现对比(所有银行在2006年10月27日的股价被设为1)。在2007—2009年全球金融危机时期,"大而不倒"的发达国家的"股东至上"的金融机构在此前承担了过高的风险,因此遭遇了严重的创伤。与此相比,中国上市银行因其特有的所有权结构,抵挡了金融危机的冲击,表现远远好于发达国家金融机构:截至2009年末,中国已上市的三家国有银行(中国银行、中国建设银行、

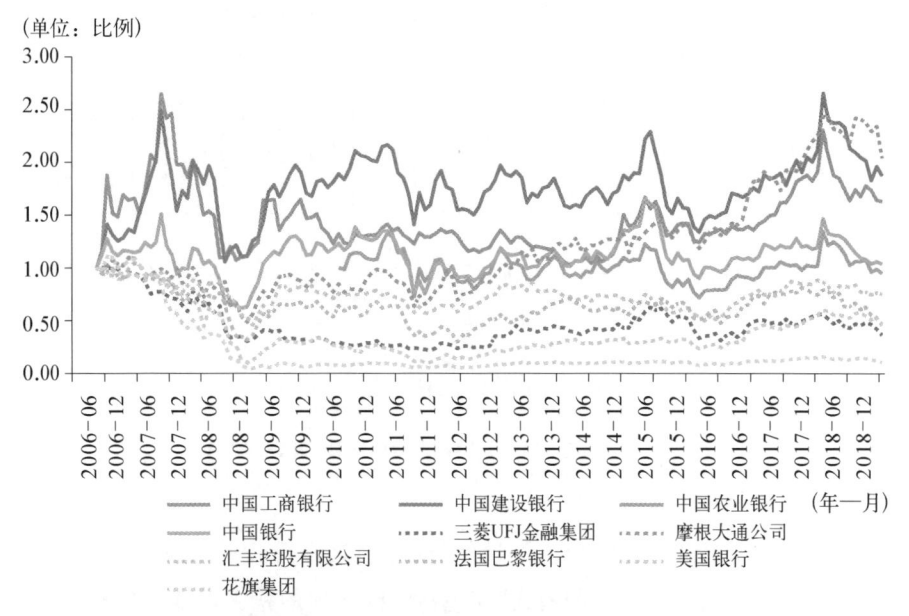

图2-8 全球10大银行(按照资产排名)自中国工商银行上市后股价表现对比(2006.10.27—2018.12.31)

资料来源:Bloomberg。

中国工商银行)的表现远远好于其他 6 家国外银行;截至 2018 年末,四大国有银行的股票表现仍排在所有十家银行的前五位(仅次于摩根大通)。

四、中国银行业定位和银行系统架构

这部分我们将着重探讨中国银行业在经济增长中的定位,以及目前中国三层级的银行系统及其合理性。最后,我们以包商银行为案例,讨论地区性中小银行的风险以及发展方向。

1. 中国银行业与新旧增长模式

商业银行与股票市场为主的资本市场在金融体系中和支持经济增长方面扮演着不同的角色,大量学者也进行了关于金融结构与经济结构之间关系的实证研究,但是这方面并没有统一的结论。Beck 等(2001)指出,一国经济增长与该国的金融体系是以市场为基础还是以银行业为基础无关,而与金融部门的整体发展和相关法律制度的有效性有关。Tadesse(2002)发现,金融部门与经济增长之间的关系取决于金融部门和实体经济的整体发展水平。进一步来说,一方面,以市场为基础的体系在金融体系较发达的国家表现较好;另一方面,以银行为基础的金融体系在金融体系欠发达的国家表现较好。

我们认为,中国金融体系目前还是以银行系统为主,这种金融体系能够较好地支持中国传统经济增长的模式,即"投资驱动型"模式:集聚吸收家庭和社会的高储蓄(以银行存款形式),然后以低价(低利息,长期限)贷款转换成投资,发展包括基建和制造业等关键部门。

与其他发达经济体和大型新兴经济体相比,中国的金融体系改革开放四十年来一直以大型银行体系为主导。"四大"国有银行以及其他大型金融机构近年来已在中国 A 股市场或者中国香港地区、美国等发达市场陆续上市。尽管如此,跨境在中国香港地区、美国上市的金融机构,其最大股东仍为政府,政府对其仍然具有控制权。这些国有银行在为国有企业以及大型政府项目(如基础设施建设)提供融资方面发挥了核心作用,并为"投资驱动型"增长模式提供强有力的支持①。

中国资本市场,包括股市和债券市场,通过发行股票和债券,也为国有企业和制造业企业的融资发挥了作用,但是市场融资规模远小于银行体系为这些曾经在经济发展中起到核心作用的关键部门提供的资金。应该指出,如AQQ(2005)所说,金融体系正规部门(银行、股票和债券市场)未能满足民营部门和家庭居民的投融资需求,而这些部门,包括家庭和居民的消费方面的投融资需求,恰恰是中国经济长期增长的关键引擎。与此同时,替代性金融部门为民营企业的增长提供了重要支持,为经济增长做出了重要贡献。

AQQ(2005)认为,在支持整体经济增长方面,金融体系中最成功的部分不是正规金融部门(即银行和金融市场),而是替代性金融部门(包括非正规金融中介,内部融资和商业信用,以及企业、投资者与地方政府之间其他各种形式的融资渠道)。这种替代性金融部门支持了各种所有权结构形式的"混合部门"的增长,这一部门的增速远快于国有部门(即所有国有企业)和所有A股上市的上市企业。未来,这个部门和正规金融部门应协同发展,为民营部门和家庭提供更多支持,并提高整个经济的资源配置效率。

2. 中国三层银行系统

从商业银行的核心业务、核心利润和风险切入,我们可以将中国银行系统分为三层级架构:第一层级是(超)大型国有银行,包括"四大行"(工农中建)、交通银行,以及已经在香港上市(即将登陆A股市场)的中国邮政储蓄银行;第二层级是全国性股份制银行,比如招商银行、浦发银行、中信银行、华夏银行、平安银行等,它们其中大部分都是上市银行;第三层级是地区性中小银行,以及大量的非银行金融机构,包括小微贷款机构等。三层级的银行和金融机构,共同构成目前中国银行体系。

目前中国银行系统架构具有一定的合理性,各层级银行各司其职,共同促进中国经济发展。

首先,处于第一层级的国有大型银行,政府对其具有绝对控制权,这些国有银行在为国有企业以及大型政府项目(如基础设施建设)提供融资方面发挥了重要作用,近年来也在包括金融科技方面和提升客户服务质量方面做出了实质性

---

① Song, Storesletten & Zilibotti, 2011。

的改革。这些以服务国内市场和客户为主,逐步走向全球市场的超大型银行已经步入全球最大金融机构,并在服务中国市场方面有国际竞争力。

其次,处于第二层级的全国性股份制银行,是中国银行体系中充满活力的中坚力量,面对国民经济产业结构、需求结构、资源结构,相比第一层级的超大型银行,它们在不少方面能够更加灵活地进行金融创新和市场开拓,更加看重并发展差异化的优势。其中的一个代表是总部设在深圳的招商银行,在为客户提供最佳服务的零售银行,将科技运用至运营和客服等方面都走在中国银行体系改革的前列,其表现也充分得到国内外资本市场的认可(市盈率在所有中国银行业位居前列)。

最后,处于第三层级的地区性中小银行和非银行金融机构,它们服务半径较短,因此,在为民营企业,尤其是中小微企业,与居民部门的投融资方面,能够提供更加直接的支持。以市场机制运营的中小银行,包括民营银行(和其他非银行金融机构),能够对大量的中小微企业和居民提供便捷的服务,这对传统的银行业是很好的补充,所以应该为中小银行提供生存和发展的空间。

在银行风险方面,处于第一和第二层级的大中型银行的风险目前处于可控水平。第一,随着银行业持续处置不良贷款,银行业,尤其是大中银行的表内资产质量保持稳定。第二,虽然自全球金融危机以来银行表外资产的规模上升很快,但是近两三年随着银监会(银保监会)不断出台了对表外资产的规范化的操作,表外资产的规模和风险逐渐下降。因此,对于大中型银行来说,表内和表外资产的风险都是可控的。

但是处于第三层级的地区城市商业银行和农村商业银行的情况却不容乐观:根据穆迪的报告,2019年第一季度城商行和农村商业银行的不良贷款率环比上升了9个基点;在盈利方面,城商行和农村商业银行2019年第一季度,资产利润率平均水平为1.02%,同比下降3个基点。此外,更加引人关注的是,2019年5月24日,中国人民银行、中国银行保险监督管理委员会联合发布公告,对包商银行实行接管,接管期限一年。下面,我们将针对包商银行的案例对地区性银行的风险以及发展方向进行深入探讨。

3. 地区性中小银行风险:包商银行被接管事件

2019年5月24日,据央行网站消息,中国人民银行、中国银行保险监督管理委员会联合发布公告,鉴于包商银行股份有限公司出现严重信用风险,为保护存款人和其他客户合法权益,依照《中华人民共和国中国人民银行法》《中华人民共和国银行业监督管理法》和《中华人民共和国商业银行法》有关规定,中国银行保险监督管理委员会决定自 2019 年 5 月 24 日起对包商银行实行接管,接管期限一年,其间由建设银行实施托管。托管的目的是保障包商银行正常经营,各项业务不受影响;人民银行、银保监会和存款保险基金对个人储蓄存款本息全额保障,个人存取自由,没有任何变化。

(1) 包商银行被接管事件始末

包商银行成立于 1998 年 12 月,是内蒙古自治区最早成立的股份制商业银行,前身为包头市商业银行,2007 年 9 月更名为包商银行。包商银行共有 18 家分行、291 个营业网点(含社区、小微支行),机构遍布全国 16 个省、市、自治区。包商银行被接管的直接原因是出现了严重的信用风险[1]。在接管事件发生之前,包商银行连续多年年报延迟披露,反映出包商银行在经营方面出现很大的问题。此外,公开信息显示,自 2017 年起,包商银行的不良贷款率已经至少为 3.25%,远远高于同期全国城商行不良率 1.5% 的平均水平;而在拨备覆盖率以及贷款拨备覆盖率等核心指标上,也都低于监管要求,风险抵御能力下降严重。早在 2017 年度跟踪评级报告中,大公国际就表示,预计未来 1—2 年,包商银行经营发展面临一定挑战,未来信用状况存在下降风险。

(2) 包商银行出现信用危机的原因

包商银行被接管,一定程度上反映了中国地区性小型银行普遍存在的缺陷。中国有近 4 000 个小型城商行和农商行,其业务覆盖区域较小,且受地方经济和地方政府的影响程度较高,因此与拥有跨地区乃至业务和客户遍布全国的国有银行及大中型商业银行相比,小型城商行和农商行的资金和流动性状况通常较脆弱;表外融资规模较大且损失吸收能力较弱。此外,小型银行漏报资产质量问题的现象最为严重,且这些银行的贷款集中于单一或者少数借款人和关联方的风险较高。从培养和保留职业化、专业化的领导层和中坚管理人员(包括风控人员)和队伍来说,地区性的中小银行相比全国性的大中银行处明显弱势。

---

[1] 中国人民银行、中国银行保险监督管理委员会负责人就接管包商银行问题答记者问中回应,"包商银行出现严重信用风险,为保护存款人和其他客户合法权益,依照《中华人民共和国中国人民银行法》《中华人民共和国商业银行法》《中华人民共和国银行业监督管理法》有关规定,人民银行、银保监会会同有关方面于 2019 年 5 月 24 日依法联合接管包商银行,接管期限为一年"。(《关于延长包商银行股份有限公司接管期限的公告》中国银保监会官网 2020 年 5 月 3 日)

包商银行本身来说，其发展很大程度上取决于地区经济，也就是包头市的发展。包头是中国典型的传统工业化城市，是首批国家特大型城市之一，也是迄今为止内蒙古最大的发达城市，并且是连续多年占据内蒙古人均 GDP 最高的经济重镇。近年来，包头经济逐渐放缓，其中，2017 年 GDP 下降 1 114 亿元，名义增速为－28.82%；地方政府和地区房地产行业负债率高企，人口呈现净流出。加上本地的优质存款和贷款客户逐渐转移到大中型银行在包头或者省内的分行，包头银行出现信用危机也就不足为奇。

（3）地区性银行危机是否会引发系统性风险？

接下来一段时间内，在宏观经济面临国内外不确定性和下行压力，以及融资和资金状况发生局部的紧缺，发生更多的地区性中小银行被接管事件，尤其是地处经济不发达和经济下滑严重地区的中小银行，是完全有可能的。

但类似包商银行的地区性小银行被接管（甚至倒闭）并不会引发中国金融的系统性风险。这是因为：

第一，地区小银行无论从总资产还是信贷余额角度来看，其规模都相对较小，所在地区的经济规模也较小；

第二，根据最近 20 年全球各地爆发的金融危机的分析，金融风险和危机的扩散大多基于跨地区的资本流动；而地区性中小银行的主要业务和使用通常集中在当地或者是周边地区，不存在大规模的跨地区的资本流动，因此局部的小规模危机不会迅速扩散。

地区性中小银行也会从银行间市场融资（实际上就是向资金充裕的大中银行借流动性资金），所以只要在濒临倒闭的银行被接管（或者并购）时做好存款和短期融资负债的保证和交接的条件下，这些银行倒闭不会引发跨地区的风险。事实上，包商银行被接管后对银行间市场产生的影响确实很小：银行同业拆借利率仅短暂的略有上升。

即便如此，哪怕是一个地区性小银行的倒闭或者被接管，尤其是市场未曾预测到的事件，还是可能引发（局部和暂时的）市场恐慌。正因为如此，我们看到在宣布包商银行被接管的同时，央行对银行体系，尤其是中小银行的流动性，给予保障。除了流动性保障外，各金融监管部门多次发声安抚市场，包括多次答记者问，强调其他中小银行经营总体稳健，包商银行为个案。与此同时，加强对中小银行的监控，尤其是风险敞口和危机可能爆发的监控，做到未雨绸缪，也是中国银行监管体系的一大任务。

我们建议，针对银行的定期举行的压力测试应该包括一些地区性中小银行，尤其是如上分析的风险较高的银行；应定期选择性对外公布压力测试结果。美国每年均对大中型金融机构的压力测试结果进行选择性公布。中国可参考央行每半年发布一次金融统计数据、每年发布一次《中国金融稳定报告》的形式，对压力测试结果进行摘编、形成报告并官方解读，防止因信息不对称造成的恶意猜测和盲目恐慌。同时，在压力测试中可以考虑将压力阈值尽量拉至"极限"，提高模拟"黑天鹅""灰犀牛"事件的针对性。

(4) 地区性银行的未来发展方向

从外部环境来看，地区性中小银行的发展依赖当地经济发展；从内部经营管理来看，地区性中小银行应当有自己核心的竞争力。

核心竞争力主要表现在两个方面：

第一，争取和保留优质(存贷款)客户的能力，这对处于银行业竞争中不利地位的中小银行而言，拥有一批优质的中小客户非常重要；

第二，严格的风控体系和专业的风控团队。

由于绝大部分中国的城商行过去都是城市信用社改制过来的，而信用社的属性就是服务于小微企业，因此城商行和小微企业确实存在天然的亲近感。对应来看，地区性银行的核心竞争力，就是在于能否挖掘所在地区的中小客户。优质的大型客户多数会选择大中型银行，但是对于服务中小客户来说，地区银行本身就存在优势。

无论是基于新技术下的大数据，还是基于传统关系营销模式，地区银行应当加强服务对接中小客户的能力。同时，地区性银行流动性状况通常较差，且损失吸收能力较弱，因此严格的风控体系对于地区性银行提高存活能力是格外重要的。

五、"影子银行"的形成和风险

近年来，中国商业银行进入高质量发展新时代，但发展与风险相伴。从金融机构的维度观察，银行体系表内的坏账水平相对可控，更大的风险恰恰来自表外资产的扩张,这就不得不提到"影子银行"问题。

依据国际金融稳定局(Financial Stability Board,FSB)定义的精神,我们可以广义地将所有中国银行体系表外的投资与理财产品都纳入"影子银行"的范畴。

这其中又有两大类产品:银行本身发行的(表外)理财产品,以及所有非银行(金融)机构发行的投资和理财产品,包括信托公司的产品、委托贷款、来自其他非银行机构(含企业和非正规机构的)信贷等。

这里主要解析金融体系内,影子银行的重要组成部分的银行理财产品以及与银行密切相关的金融机构的信贷产品。

1. "影子金融部门"的发展——规模与现状

自2009年以来,实体经济对资本的强劲需求与传统银行体系有限的贷款额度和受限的贷款政策不能相互匹配,这导致其他金融机构和"影子银行"(特别是信托机构和其他小额信贷公司)的快速增长。

表2-8为2002—2013年中国社会融资总量的具体明细。如表2-8第2列所示,社会总融资量(其中绝大部分是债权类融资,股权融资比例很小)自2008年跨入2009年翻了一番,这是由于在全球金融危机爆发之后,中国政府实施经济刺激计划,而刺激主要是由国有行迅速发行大量新增贷款注入经济(如表2-8第3列所示,人民币贷款从2008—2009年也翻了一番),支持了大量的投资项目,包括基建投资;资金的一部分也流入房地产行业,拉动房价上升。

表 2-8　中国社会融资规模总量　　　　　(单位：十亿元)

年份	社会融资规模总量	人民币贷款	外币贷款	委托贷款	信托贷款	未贴现的银行承兑汇票	企业债券	非金融企业境内股票
2002	2 011.2	1 847.5	73.1	17.5		−69.5	36.7	62.8
2003	3 411.3	2 765.2	228.5	60.1		201.1	49.9	55.9
2004	2 862.9	2 267.3	138.1	311.8		−29.0	46.7	67.3
2005	3 000.8	2 354.4	141.5	196.1		2.4	201.0	33.9
2006	4 269.6	3 152.3	145.9	269.5	82.5	150.0	231.0	153.6
2007	5 966.3	3 632.3	386.4	337.1	170.2	670.1	228.4	433.3
2008	6 980.2	4 904.1	194.7	426.2	314.4	106.4	552.3	332.4

续 表

年份	社会融资规模总量	人民币贷款	外币贷款	委托贷款	信托贷款	未贴现的银行承兑汇票	企业债券	非金融企业境内股票
2009	13 910.0	9 594.2	926.5	678.0	436.4	460.6	1 236.7	335.0
2010	14 019.0	7 945.1	485.5	874.8	386.5	2 334.6	1 106.3	578.6
2011	12 829.0	7 471.5	571.2	1 296.2	203.4	1 027.1	1 365.8	437.7
2012	15 763.0	8 203.8	916.3	1 283.8	1 284.5	1 049.9	2 255.1	250.8
2013	17 316.8	8 891.7	584.9	2 546.6	1 840.3	775.6	1 811.2	221.9

数据来源：由中国人民银行（暨中国中央银行）以及全球经济数据库（CEIC）整合而成，2002—2013。

与此同时，刺激和信贷扩张也引发了中国"影子银行"的迅猛发展。表2-8的第5和第6列展示了"影子银行"的两个重要组成部分——委托贷款（即非银行机构或者企业贷款给需要融资的中小企业，由银行充当中间人并收取佣金）和信托贷款（由68家有牌照的信托公司发放的贷款）自2010—2012年开始飞速增长。2006—2013年，信托贷款和委托贷款的年均增长率排名在前两位，分别为55.8%和37.8%。2013年末，新增委托贷款和新增信托贷款的占比虽然只有14.7%和10.6%，但从趋势上来看仍处于上升态势。近年来非银行金融机构发展最快的莫属信托公司了。Allen, Gu, Qian 和 Qian（2019）表明，自2012年以来，以总资产衡量，信托业已超过保险业，跃居成为中国最大的非银行金融行业。截至2015年底，信托机构总资产规模已达16.7万亿元人民币，占当年GDP的23.7%。

隶属直接融资的企业债也于2009年成倍增长（见表2-8第8列）；除此之外，自2010年以来，小企业贷款也迅速增长。截至2014年9月，小额信贷公司贷款余额为9 079亿元，2010—2014年的季均增长率为13.2%。而股权融资增长幅度有限（表2-8最后一列）。将直接融资的债券和股权融资加总，直接融资占社会总融资比例仍然很小，远低于间接融资——银行贷款以及与银行密切相关的"影子银行"贷款的规模。

图2-9展示2009—2017年间，银行理财产品规模的上升以及与同期股市和债市规模的比较。从2009年末到2017年末，银行理财产品资金余额由1.7万亿元上涨到29.5万亿元。在这期间，理财产品的规模，由2009年只占A股股市总市值的7%飙升至2017年的50%以上。其中，非标产品，即非标

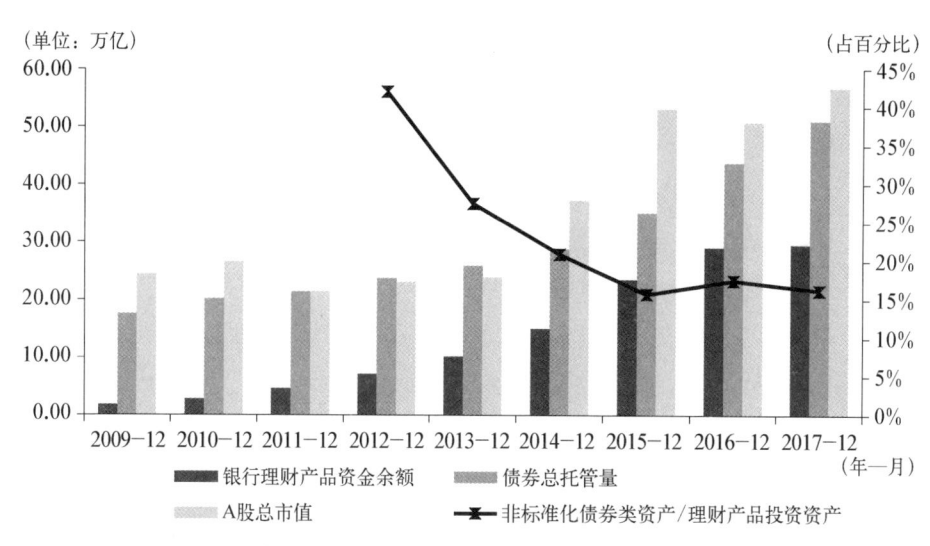

图 2‐9 银行理财产品规模以及非标产品比例(2009—2017)

数据来源：Wind、中国债券信息网、中国理财网。

准化债券类资产(不在交易所主板市场交易)的快速扩张是银行理财产品在前半段时期(2009—2012)快速扩张的主要原因。2009 年,信贷采取总量控制方式管理,地方融资平台、房地产行业等成为银监会限制银行贷款投向领域,通过非标融资方式变相取得银行贷款就成为其主要的融资方式;如上所述,这些大量的信贷融资流入房地产行业,是导致一线城市房价在这几年中快速上涨的重要原因之一。

对此,2010 年 4 月国务院发布 10 号令(《关于坚决制止部分城市房价过快上涨的通知》,又称"国 10 条"),其中提到"近期部分城市房价、地价又出现过快上涨势头,投机性购房再度活跃,需要引起高度重视"。2013 年,中国银监会出台《关于规范商业银行理财业务投资运作有关问题的通知》(即通常所说的"8 号文"),限制了银行理财资金投资非标准规模的上限,为理财产品余额的 35% 与银行上一年度审计报告披露总资产的 4% 之间孰低者。此后,银行理财产品的非标业务规模逐渐压缩,占理财产品投资资产总额的比例,由 2012 年末的 42% 降至 2015 年末的 16%,并在 2016 年与 2017 年保持低于 20% 的占比(见图 2‐9)。

2."影子金融部门"成因、风险和防范

中国"影子银行"信贷规模在全球金融危机爆发后快速增长主要受以下因

素驱动：

第一，历史上，由于存贷款利率均受到监管，银行贷款利率低于产出增长率，导致经济实体对贷款融资的需求较高。而在规定存款利率上限的前提下，监管部门同时严格规定贷款余额与存款余额的比例（Loan-to-Deposit Ratio，LTD）不得超过 75%，这对贷款发放设定了严格的上限，尤其是如果银行面临存款缺失的情况下，贷款规模进一步受限。

第二，中国人民银行和银监会对商业银行的监管，包括进行窗口指导，在一些限制性领域（例如房地产行业和产能过剩行业）又实施了贷款限额（Allen，Gu，Qian 和 Qian，2019）。由于政府对房地产业和地方政府融资平台的贷款进行了严格监管，这些地区较高的融资需求与银行能提供的有限的贷款额度之间存在较大差距。因此，这些房地产公司只能通过信托贷款或其他信贷渠道获得融资，而信托公司的业务往往和银行业务，尤其是受限的贷款发放，密切相关。

第三，存款利率在 2015 年底以前受到管制，绝大部分时间存款利率的上限低于市场利率。比如上海银行间同业拆放利率（Shanghai Interbank Offered Rate，SHIBOR）的水平（详见 Acharya，Qian，Su 和 Yang，2019），这实际上给家庭和企业将储蓄置放于银行存款时蒙受损失。自 1979 年开始（除去 1984—1986 年、1988 年以及 1997 年这三个时期以外），长期以来银行存款的增长率低于银行贷款增长率。这与存款利率受到限制而中国居民部门对金融资产要求的回报率的要求相对较高有关。事实上，一旦市场上有类似活期存款（安全性和方便性）的理财产品给广大的中小投资者更高的收益时，家庭和个人会将部分存款搬家。

一个很好的案例是余额宝的快速成长。该产品由阿里巴巴的支付宝和天弘基金共同发起，在没有投资最低限额的要求下将资金投放至安全性和流动性都很好的货币基金；中小投资者在获取比银行存款利率更高的收益的同时可以很快将基金账户的资金取回，所有操作都可以在网上完成，不需要去实体机构排队等候服务。余额宝自 2013 年 5 月创始以来，旗下管理资产规模由当时的 2 亿元，在两年时间内上升至 2015 年 4 月的 7 000 亿元，在 2018 年 3 月更是达到峰值 1.69 万亿元[①]。

---

① 更多详细情况，包括保本息的收益水平和资产规模，见 https://bao.alipay.com/yeb/index.htm。

2009 年全球金融危机爆发之后,中国的贸易收入和贸易顺差大幅减少;因此,银行通过外汇结算所得的存款开始增加下降,经济下行给居民收入和储蓄规模带来压力,再加上余额宝这样的理财产品的出台,都使得银行业面临存款流失的压力。Hachem 和 Song(2016)和 Acharya,Qian,Su 和 Yang(2019)都指出银行间的竞争,尤其是面对四大行遍布全国的分支行网络和历史沉淀积累的大量的高质量存款客户,地区性的中小银行面临巨大的存款缺失的压力,为了符合贷存比的要求,必须通过发行更多的理财产品来筹集资金;而表外的理财产品的收益不像表内存款利率受限制,更高的收益率又可以为家庭和储户带来更高的稳定收入。所以,Acharya,Qian,Su 和 Yang(2019)发现,当市场利率水平(SHIBOR)远高出受到管制的存款利率上限时,银行,尤其是表内业务更加受限的中小银行,会新增发更多的表外理财产品。

这样的行为属于典型的"监管套利"(regulatory arbitrage),这也是中国"影子银行"与对之已经有很多研究的发达市场"影子银行"的共同特点之一:监管套利加剧了理财产品市场和"影子银行"的发展态势。任何国家对获取存款的银行(和金融机构)都会严加监管,尤其针对表内资产和负债。所以这样的情况下,监管套利就是指(谋取股东利益最大化的)银行与金融机构,在不违规或者不明显违规的情况下,通过包括表外活动在内的手段,绕过监管的限制开展业务,并获取更大的利润。而一旦金融市场开始进行大规模的监管套利,以及随着理财和不受严格监管的理财产品的套嵌越来越复杂,在信息缺失、监管不力的情况下就容易引发风险。

Acharya,Qian,Su 和 Yang(2019)针对中国最大的 25 家商业银行 2008 年至 2014 年发行的所有理财产品展开研究。他们指出,除了监管套利行为和银行间为保护存款进行的区域性竞争外,刺激和信贷急剧扩张是引发中国银行理财产品自 2009 年后剧增的重要原因。如上所述,刺激的大部分实际上是以国有行积极响应国家政策,海量新增中长期贷款的形式注入实体经济的。图 2-10 展示了新增贷款的规模:2004—2015 年间,大部分年份新增银行贷款与中国的 GDP 增速高度正相关;这并不奇怪,因为银行业新增贷款是与经济周期正相关的——经济增长期间,更多的企业需要融资扩张,而在良好的经济形势下大多数企业的投资项目在银行看来是盈利的,也就是没有违约的风险;而在经济衰退期间,除了融资扩张需求萎缩外,由银行评估的企业贷款风险也上升很快,导致新增贷款的增速下降乃至萎缩。

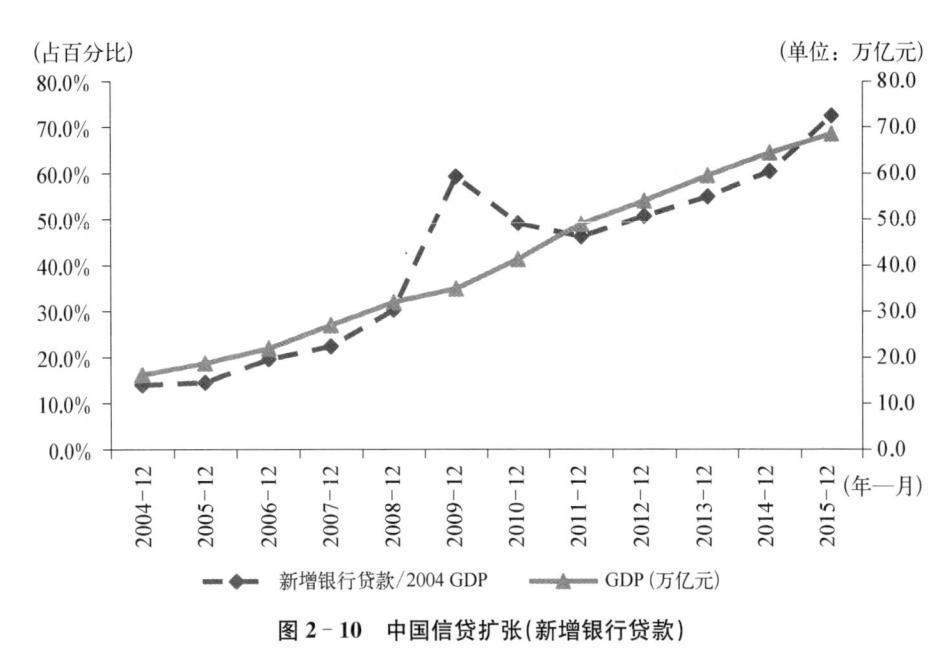

图 2-10 中国信贷扩张（新增银行贷款）

资料来源："The Financing of Local Government in China: Stimulus Loan Wanes and Shadow Banking Waxes"。

有意思的是，如图 2-10 所示，2009—2010 年两年中新增的银行贷款，其中绝大部分来自四大行的新增中长期贷款的规模，远远高于同期 GDP 增速（图中比较的是每年新增贷款占 2004 年 GDP 的比例，与以 2004 年 GDP 为 1 的 GDP 增速）。而刺激过后，四大行由于在短期内发放大量新增贷款，不得不吸纳更多的存款来符合存贷比的要求。随着本地存款市场竞争加剧，面临四大行竞争的中小银行便被迫发行更多的理财产品来吸储（如图 2-11 所示）。

以上是 Acharya, Qian, Su 和 Yang（2019）解析为什么中小银行的理财产品，尤其是表外理财产品（即不保本产品）在 2009 年开始飙升。他们同时指出，四大行的理财产品发行规模也在 2010 年开始迅速上升（见图 2-11）。除了回应中小银行大力发行表外理财产品来对抗它们的地区分支行的吸储行为，另外一个原因是四大行在经济刺激期间发放的大量贷款是为了资助包括基建在内的长期项目。很多项目的实际控制人是地方政府，它们通过发行城投债和地方政府融资平台等渠道大量融资。当银行贷款到期时长期投资项目需要更多的资金，否则包括地方政府控制的公司面临违约风险。但是银行的表内贷款业务从 2010 年开始就受到监管部门的限制（比如上面提到的不能直接贷款到房地产

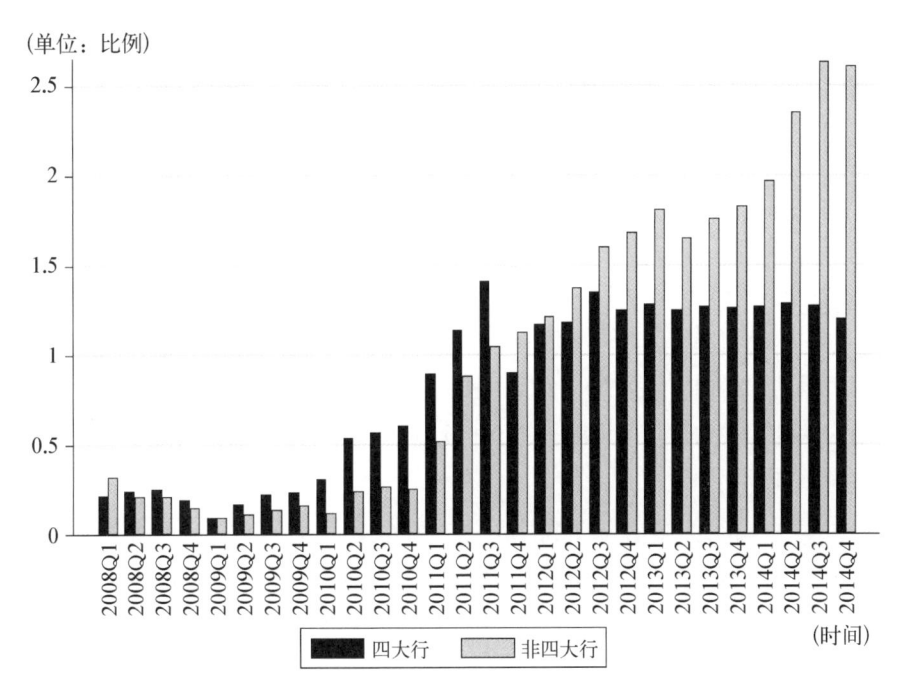

图 2-11 中国银行理财产品发展规模：非保本产品占银行净资产比例

资料来源："In the Shadow of Banks: Wealth Management Products and Issuing Banks' Risks in China"。

市场)；于是，四大行就以表外理财产品的形式继续给这些长期项目融资。同时，Chen,He 和 Liu(2019)发现，当刺激期间发放的银行贷款到期后，地方政府以及其旗下的公司和融资平台通过多个"影子银行"渠道，包括城投债发行、信托贷款、委托贷款等，继续融资。Allen,Gu,Qian 和 Qian(2019)发现，2010 年"国十条"颁布后限制银行直接为房地产企业融资后，信托贷款弥补了融资的空缺，使得投向房地产的总贷款量并没有明显的下降，继续将房地产价格推向新高。

Acharya,Qian,Su 和 Yang(2019)发现在 2008—2014 年间，最大的 25 家银行发行的理财产品全部按时全本支付，没有违约(全部保本)。那么，理财产品迅猛发展的风险是什么？他们发现，主要的风险是当大量理财产品到期时，特别是在季度末理财产品到期高峰的时间窗口[①]，银行所面临的"展期风险

[①] 银保监会一般在季度末对商业银行开展存贷比检查；当一款理财产品到期时，很多在银行有存款账户的投资者一般会让产品到期收到的资金回流至存款账户停留一段时间再作他用；这样在短时间内银行的存款水平会有提升，帮助银行顺利通过存贷比考核(也就是表内总贷款量必须小于总存款量的 75%)。

(rollover risk)"：因为部分资金投放中长期项目，理财产品的资金期限错配导致银行在大量理财产品到期时必须进行融资，而多个银行的融资压力会给整个市场增添流动性压力。其表现形式包括：当中小银行有大量理财产品到期时，新发行的理财产品的预期（或者保证的）收益率会更高（这样能够保证有更多资金入账）；当大中型银行有大量理财产品到期时，这些银行会以更高的利率从银行间市场借款。事实上，在2012—2014年间，整个银行间市场的利率水平（SHIBOR）呈上升趋势，这与四大行发行的理财产品的规模是正相关的。资本市场对展期和流动性风险也有认识：当信贷极速紧缩时（比如SHIBOR短期内快速、跳跃式上升），拥有更多的理财产品的上市银行的股价会受到更猛烈的负面冲击。

值得庆幸的是，监管部门在"影子银行"发展和监管过程中始终保持清晰的认识和有力的监管，这是充分吸取了2008—2009年金融危机爆发前，欧美监管部门对"影子银行"的规模、复杂程度和风险缺乏认知，导致一旦雷曼兄弟倒闭后整个信贷市场冻结的惨痛教训。从各方面信息来看，包括央行的官方讲话，中国监管部门对"影子银行"的形成、规模和潜在风险都有较清晰的认识，并在不同的阶段采取了相应的措施（比如近年来非标产品规模缩小，如图2-9所示），避免风险，尤其是系统性风险的爆发。

随着银行表外理财业务纳入中国央行宏观审慎评估体系，以及监管部门对银行和非银金融机构之间同业嵌套作出更为严格的规定，作为"影子银行"业务中增长尤为迅速且融资余额占比最大的理财产品对接资产，例如银行表外理财、证券公司和基金子公司资管产品等，其增长正逐渐受到制约。2018年4月27日，《关于规范金融机构资产管理业务的指导意见》正式颁布，旨在规范金融机构资产管理业务，统一同类资产管理产品监管标准，有效防控金融风险，更好地服务实体经济。2018年9月28日，银保监会正式下发《商业银行理财业务监督管理办法》，细化银行理财监管要求，引导理财资金以合法、规范形式进入实体经济和金融市场。此后，不规范的"影子银行"业务得到初步遏制，金融乱象得到初步治理，相关风险显著收敛。2018年12月2日，银保监会正式发布《商业银行理财子公司管理办法》，对理财子公司的准入条件、业务规则、风险管理等方面做出具体规定。至此，理财业务监管法规体系基本形成。

六、商业银行、中小微企业贷款与金融科技

以国有大型银行为核心的中国银行体系支撑了传统经济增长模式。而从银行体系和传统金融体系为实体经济融资而言,一个突出的问题就是不能够有效地将社会资金引导到中小微企业,包括很多高效的、具有很大发展空间和潜力的民营企业。对此,我们的观点是,给中小微企业融资与传统银行,尤其是大中型银行的商业模式间存在差异。众所周知,中小微企业融资风险高:这些企业既没有上市、发债的资格,又缺少可抵押的"硬资产",借贷金额低且使用资金方向用途多样化,很难用常规渠道去有效地评估风险;或者说传统的银行放贷模式运用到中小微企业时的成本,相比发放中长期贷款给成熟行业的大中型企业,是非常高的。因此传统的正规融资渠道对很多小微企业是关闭的。这不仅是中国金融体系的问题,也是一个世界性的难题。这里的核心问题并不在于资金匮乏或者没有针对中小微企业的信息,而是信息的"不对称":即便获取了企业和企业主的信息,要证明信息的真实性和准确性的成本高昂。

金融科技的诞生与发展,尤其是大数据的应用,一定程度上改变了这一状况。例如蚂蚁金服、京东金融、微众银行等新型金融机构,它们通过收集包括大量小微企业及业主在各类平台上的借款、支付和用款记录,结合其他相关数据可以快速计算出这个企业的信用分数,再以这个分数作为是否放款以及如何放款的主要评估依据。当通过相关的大数据解决了风险评估的难题后,很多小微企业因此拿到了贷款,利息水平也在较为合理的区间,这既促进了这些企业的发展,同时又推动了经济的增长。

第三章 日趨成熟的力量：股市

CHAPTER 03

经过不到 30 年的发展，中国股票市场已经成为全球市值最大的股票市场之一。据世界交易所联合会(World Federation of Exchanges)统计，截至 2018 年年底，上海证券交易所(上交所；Shanghai Stock Exchange，SHSE)上市交易的股票的总市值名列全球交易所第四，深圳证券交易所(深交所；Shenzhen Stock Exchange，SZSE)名列第八位；含上交所和深交所上市公司的 A 股股市的总市值按照国别排名世界第二，仅次于美国。

与此同时，中国香港交易及结算所有限公司(港交所；Hong Kong Exchange and Clearing Ltd.，HKEX)排名世界第六位，中国大陆部分企业也在港交所挂牌交易。最后，来自大陆以及海外注册，在大陆创造绝大部分营收的企业也在美国(纽约证券交易所和纳斯达克交易所)、英国(伦敦证券交易所)、新加坡等地上市交易。

毋庸置疑，中国股票市场作为新兴的高速成长的证券市场，在短短十几年的时间里取得了举世瞩目的成就，并在世界金融市场中发挥越来越重要的作用。

本章先简要回顾中国股市的历史及发展进程中的重要事件，然后对两次股市危机(2007—2008 年和 2015 年)的成因和救市进行深入分析，随后指出目前股市的主要结构性问题所在，以及上交所推出科创板并试点注册制将会对解决这些结构性问题起到的重要作用进行分析。接下来对中国股市的投资者结构和机构与个人投资者进行行为分析，对股市的国际化以及对上市公司的公司治理问题和解决方案进行讨论。

一、中国股票市场的发展

1. 股市发展的历史和现状

1984 年 7 月，北京天桥股份有限公司和上海飞乐音响股份有限公司经中国人民银行批准向社会公开发行股票,这是 1979 年改革开放以来中国股票市场发展的初级阶段。1986 年 9 月,上海工商银行信托投资公司静安业务部开始了股票柜台交易,主要交易飞乐音响和延中实业两家公司的股票。截至 1990 年,上海证券市场有延中实业、真空电子、飞乐音响、爱使电子、申华电工、飞乐股份、豫园商场、凤凰化工 8 只股票进行柜台交易;深圳证券市场有深发展、深万科、深金田、深安达、深原野 5 只股票进行柜台交易。

上海证券交易所、深圳证券交易所的成立,标志着中国股票市场正式形成。

1990 年 12 月 19 日,上交所正式运营;1991 年 7 月 3 日,深交所正式运营。沪深两家交易所均为受中证券监督管理委员会(证监会;China Securities Regulatory Commission, CSRC)监管的非营利性机构。上交所以服务国企和成熟行业为主,上市公司多为传统企业的大中型企业,而深交所更多的扶持和服务中小型企业和创业型企业,(在科创板正式开办前)上市公司中的高科技企业相比上交所更多。

从中国国内的两个证券交易所成立以来,在 A 股市场上市的公司数量增长迅速:1990 年,中国大陆仅有 13 家上市公司,其中 8 家在上交所上市,5 家在深交所上市;截至 2017 年,如图 3-1 所示,两家交易所的上市公司数量达到 3 584 家,其中有 100 家公司发行 B 股,两市总市值达到 43.5 万亿元,相比 1992 年增长了 415 倍。

在股票类型方面,中国国内证券交易所上市交易的股票有两种:A 类和 B 类。A 类股票是由中国境内公司发行供境内机构、组织或个人以人民币认购和交易的普通股股票,以人民币计价,主要面向国内投资者(以及合格境外机构投资者,即 Qualified Foreign Institutional Investor, QFII);B 类股票是以人民币标明面值但以外币认购和买卖在中国境内证券交易所上市交易的外资股,主要面向境外投资者(2001 年 2 月 19 日前仅限外国投资者买卖,此后对国内投资者开放)。2018 年 5 月的公开数据显示,A 股和 B 股的流通市值分别为 35.25 万亿元和 0.14 万亿元,B 股的流通市值仅占 0.39%。

在投资者结构方面,A 股市场,尤其股票交易方面,仍由个人投资者主导:截至 2017 年,沪市 A 股市场账户数量约 2.8 亿户,其中中小投资者占比超过

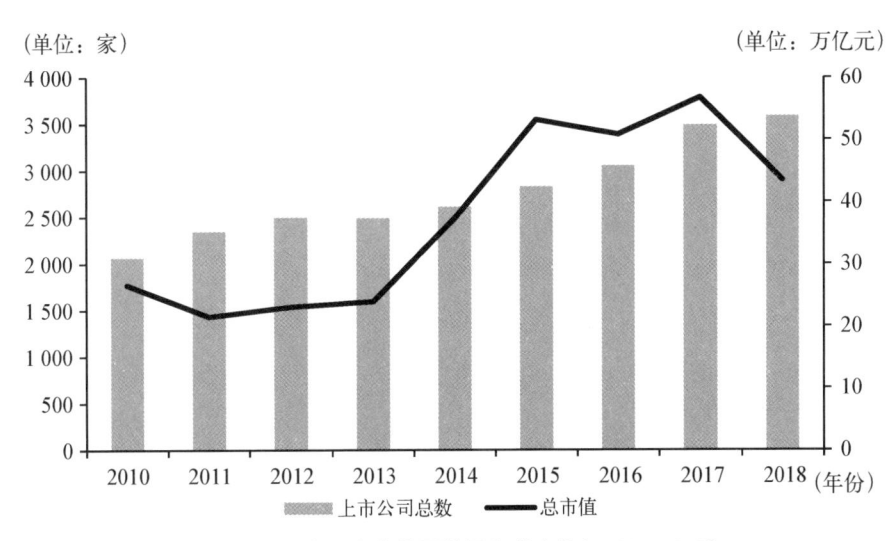

图 3-1　中国上市公司数量和总市值（2000—2018）

数据来源：WIND。

9成(持仓平均市值低于10万元的被称为"散户",低于50万元的是"小户"),交易量占比达到三分之二。很多中小投资者的投资理念、投资技巧及投资心理不成熟,投资者理性程度低,导致股票市场的非理性行为普遍存在,"炒新、炒小、炒差、炒高"等现象成为A股市场多年的顽疾。但在过去的几年中,机构投资者在A股市场中的持股比例和交易量占比都逐年上升。具体来说,上海证券交易所2017年总交易量为101万亿元人民币,其中散户投资者占81.6%,较2016年下降4%;截至2017年末,机构投资者持有上海证券交易所的股票市值约为79%,超过四分之三。

在上市企业所有权性质方面,中国上市企业可以简单分为两类:国有控股企业(State-owned Enterprise,SOE)和非国有控股企业。建立现代企业制度是国有企业改革和发展的方向,股份制是建立现代企业制度的主要形式。

因此,中国建立股票市场的重要目的之一,是使国有企业能够通过股票市场向社会公众募集资金,并使得国有企业的股票能够流通和上市融资。

在20世纪90年代的大部分时间里,中国股市由国有企业和集体企业占主导地位。随着越来越多的民营企业上市交易和国有企业改革,国有企业占全部上市公司的比重逐年下降：从 2000 年的 56.4% 下降到 2014 年的 37.9%（Allen,Qian,Shan 和 Zhu,2019）。

在上市板块方面，A 股市场主要有主板、中小企业板、创业板、科创板和新三板组成。其中，主板市场是资本市场中最重要的组成部分，对发行人的营业期限、股本大小、盈利水平、最低市值等方面的要求标准较高，上市企业多为成熟行业的大型企业，具有较大的资本规模以及稳定的盈利能力。深交所的中小企业版（中小板）成立于 2004 年 6 月，该交易市场实现全电子化交易，以中小企业（small and medium enterprises，SMEs）为主体，旨在降低中小企业的融资准入门槛，尤其是新成立的高科技公司。2009 年 10 月 23 日，创业板市场在深交所正式启动，主要为中小民营企业，特别是高科技和电子企业提供融资。2019 年 6 月 13 日，科创板（Science and Technology Innovation Board，STAR）在上交所正式开板，首批 25 家公司于 7 月 22 日开盘交易。科创板是独立于现有市场的新设板块，并在该板块内进行注册制试点。

三板市场指主要服务于退市公司的代办股份转让以及其他柜台交易（OTC）。自 2001 年以来，一些在上交所和深交所上市的公司，因为不再符合上市标准被摘牌后，其股权交易已转向了该三板市场。2006 年，新三板市场成立，主要服务于北京中关村科技园区的非上市股份有限公司的股权交易，并于 2013 年彻底开放，允许各类中小企业在该市场进行股权交易。2016 年是新三板迅速发展的一年，新上市企业比 2015 年翻了一番多；到 2017 年末，新三板共有 11 630 家企业。扩展新三板的主要目的是方便创新型的小企业融资，以及通过交易实现价值发现；所以，与主板不同，新三板对上市公司没有业绩的门槛要求[①]。

新三板面临的主要挑战是缺乏流动性。因为没有公开发行股票（也就是 IPO），新三板对企业的信息披露要求远低于其他有 IPO 的板块（包括创业板和中小板）。很多新三板公司连最基本的股权架构（谁是控股股东以及准确的背景材料）和经营方面的信息都没有披露或者披露不完全，公开披露的信息也很难证明真伪。在信息不对称情况下，很不充分的信息披露会引发企业的逆向选择；鱼龙混杂的情况下会导致大部分的理性投资者对进入新三板望而生

---

① 满足条件的个人投资者可以参与新三板交易：个人名下账户内近期的金融资产（包括银行存款,持有的股票、基金、理财产品和保险产品和衍生品）价值超过 500 万元,而且投资者有至少两年投资交易股票、基金或者衍生品经历。

畏。企业和一些投资者参与新三板的原因之一是他们预期新三板企业可能会"转板"到主板上市；但是从目前的监管以及主板上市要求来看，新三板企业并没有在主板上市的优势。

2. 中国股市改革的重大事件

自上海证券交易所和深圳证券交易所成立以来，中国股市在过去的近30年内，经历了多轮改革，涉及交易制度、衍生金融工具、股权分置改革等多方面。以下，我们列举了一系列对中国股市发展和投资者产生了重大影响的事件：

(1) 涨跌停板制度(1996年)

涨跌停板制度是指为了防止股市的价格发生暴涨暴跌而影响市场的正常运行，股票市场的管理机构对每日股票买卖价格涨跌的上下限作出规定的行为。即每天市场价格达到了上限或下限时，不允许再有涨跌；当天市价的最后上限叫"涨停板"，最低下限叫"跌停板"。

中国证券市场现行的涨跌停板制度是1996年12月13日发布，并于1996年12月16日开始实施的，目的为防止交易价格的暴涨暴跌，抑制过度投机现象。制度规定，除上市首日之外，股票(含A股、B股)、基金类证券在一个交易日内的交易价格相对上一交易日收市价格的涨跌幅度不得超过10%，超过涨跌限价的委托为无效委托(上交所新近开盘的科创板有一套不同的交易制度，包括涨跌停制度；我们下面详细介绍)。

(2) 股权分置改革(2005—2007年)

股权分置问题被普遍认为是困扰中国股市发展的头号难题。由于历史原因，2005年以前，中国股市上有三分之二的股权不能流通；非流通股的大部分是由政府和相关组织机构持有的股票。由于同股不同权、同股不同利等"股权分置"存在的弊端，使得上市企业在收入分配问题上面临大股东与小股东之间的明显及长期的利益冲突，并导致市场供需失衡、控制权僵化等问题，严重影响着中国股市的健康发展。

在这种背景下，国务院于2004年1月31日正式下发《国务院关于推进资本市场改革开放和稳定发展的若干意见》，提出要积极解决股权分置存在的问题。2005年4月29日，经国务院批准，中国证监会发布《关于上市公司股权分置改革试点有关问题的通知》，启动了股权分置改革的试点工作。两批试点的经验,使得股权分置改革工作具备了转入积极稳妥推进的基础和条件。经国务院批准,2005 年 8 月 23 日,中国证监会、国资委、财政部、中国人民银行、商务部联合发布《关于上市公司股权分置改革的指导意见》。2005 年 9 月 4 日,中国证监会发布《上市公司股权分置改革管理办法》,中国的股权分置改革进入全面铺开阶段,并主要在 2005 至 2007 年间实施对非流通股的上市改革。截至 2006 年底,共有 1 301 家上市公司,也就是绝大部分应该进行股权分置改革的公司,完成了此项任务。

(3) 融资融券(2010 年)

随着中国资本市场迅速发展和证券市场法制建设的不断完善,证券公司开展融资融券业务试点的法制条件已经成熟。融资融券交易又称保证金交易(securities margin trading),是指投资者通过向有融资融券资格的券商提供担保物进行交易;其中融资交易即杠杆交易——通过借入资金进行的股票和其他证券的交易,而融券是通过借入股票和证券来进行做空交易。2005 年 10 月 27 日,第十届全国人大常委会第十八次会议审定通过新修订的《证券法》,规定证券公司可以为客户提供融资融券服务。此后,证监会对证券公司的融资融券业务进行了具体的规定,并启动融资融券试点。

2010 年 3 月,证监会公布融资融券首批 6 家试点券商,上交所和深交所正式开通融资融券交易系统,开始接受试点会员融资融券交易申报,融资融券业务正式启动。融资融券交易可以将更多信息通过交易融入证券价格,为市场提供不同方向的交易活动,有助于市场内在价格稳定机制的形成;同时,融资融券交易可以在一定程度上放大资金和证券供求,增加市场的交易量,从而活跃证券市场,增加证券市场的流动性。此外,融资融券交易可以为投资者提供新的交易方式,成为投资者规避市场风险的工具。但是,融资融券交易存在风险,而大量的融资会让整个股市的杠杆上升至有系统性风险的水平。

(4) 股指期货(2010 年)和上证 50 ETF 期权(2015 年)

衍生品是资本市场的重要产品,基于股票的衍生品可以股指或者个股为标的。目前 A 股市场的衍生品均以股指为标的:比如沪深 300 股指期货是以沪深 300 指数作为标的物的期货品种(futures),在 2010 年 4 月 16 日由中国金融期货交易所(中金所;China Financial Futures Exchange, CFFEX)推出。2015 年,中金所又正式推出了上证 50 股指期货和中证 500 股指期货。相比传统现货市场只能逢低买进的单向交易机制,股指期货的双向交易机制是一个重大的突破。首先,双向交易机制平衡了市场上多空力量,有利于市场平稳运行;其次,股指期货双向交易机制还有利于不同市场主体套期保值目的的实现。

上证 50 ETF 期权(options)是指在未来一定时期可以买卖上证 50 ETF 的权利。上证 50 指数由上交所规模大、流动性好的最具代表性的 50 只股票组成样本股,以综合反映上海证券市场最具市场影响力的一批优质大盘企业的整体状况。上证 50 指数自 2004 年 1 月 2 日起正式发布,其目标是建立一个成交活跃、规模较大、主要作为衍生金融工具基础的投资指数。此后,上交所将上证 50 指数授权给华夏基金使用,成立中国首支交易型开放式指数基金(exchange traded fund,ETF),即上证 50 ETF。上证 50 ETF 期权则是以上证 50 ETF 指数为标的的期权产品,在 2015 年 2 月 9 日于上交所上市,是国内首只场内期权品种。这不仅宣告了中国期权时代的到来,也意味着中国已拥有全套主流金融衍生品。股指期权的引入,能够使机构投资者实现多策略的目的,以达到产品的多样化,并实现套期保值、风险管理的功能。

(5) 中小企业板(2004 年)、创业板(2012 年)、科创板(2019 年)的设立

中小板块即中小企业板,是指流通盘大约 1 亿以下的创业板块。中小企业板的建立是构筑多层次资本市场的重要举措,也是创业板的前奏。2004 年 5 月经国务院批准,中国证监会批复同意深交所在主板市场内设立中小企业板块。创业板又称二板市场,是与主板市场不同的一类证券市场,专为暂时无法在主板上市的创业型企业、中小企业和高科技产业企业等需要进行融资和发展的企业提供融资途径和成长空间的证券交易市场。2012 年 4 月 20 日,深交所正式发布《深圳证券交易所创业板股票上市规则》,并于 5 月 1 日起正式实施。

科创板是指独立于现有主板市场的新设板块,并在该板块内进行注册制试点。国家主席习近平于 2018 年 11 月 5 日在上海举行的首届中国国际进口博览会开幕式上宣布设立科创板。2019 年 6 月 13 日,科创板正式开板,科创板首批 25 家公司 7 月 22 日上市交易。

中小板、创业板和科创板是中国建设多层次资本市场的重要举措;多层次资本市场有利于满足资本市场上资金供求双方的多层次化的要求,特别是给中小企业,尤其在创新和科创方面有发展潜力的民营企业提供与资本市场对接的渠道。多层次资本市场,包括最新设立的科创板试点注册制,有利于提供优化准入机制和退市机制,提高上市公司的质量。

(6) 引入 QFII(2002 年)、QDII(2006 年)和 RQFII(2011 年)

QFII、QDII 和 RQFII 都是在人民币没有实现完全可自由兑换、资本项目尚未完全开放的情况下的金融双向有序开放的制度安排。

QFII(qualified foreign institutional investor),即合格的境外机构投资者;QFII 机制是指外国专业投资机构到境内投资的资格认定制度。2002 年 11 月 5 日,《合格境外机构投资者境内证券投资管理暂行办法》正式出台。QFII 机制的主要目的,是在经济发展的过程中,充分吸收外部资金进行国内投资和建设,包括对国内上市公司进行股权投资。对国内企业而言,QFII 资金的流入意味着新的融资渠道的开放,能够推动企业生产的再扩大和再创造。

QDII(qualified domestic institutional investor),即合格的境内机构投资者;QDII 机制是指允许本地投资者投资境外资本市场的投资者制度。2006 年 9 月,国内首只基金 QDII 产品——华安国际配置基金向中国内地投资者公开发行。QDII 机制的主要目的是利用外汇存款进行对外投资;此外,QDII 机制有利于降低外汇占款,并缓解人民币对主要外币升值的压力。

RQFII(RMB qualified foreign institutional investor),即人民币合格境外机构投资者;RQFII 境外机构投资人可将批准额度内的外汇结汇投资于境内的证券市场。RQFII 首先在境外人民币中心的香港展开:2011 年 12 月 16 日《基金管理公司、证券公司人民币合格境外机构投资者境内证券投资试点办法》正式发布,允许符合条件的基金公司、证券公司香港子公司作为试点机构开展 RQFII 业务。RQFII 的主要目的,包括允许境外人民币回到国内进行投资,是加速人民币的国际化步伐。

(7) 沪港通(2014 年)、深港通(2016 年)和沪伦通(2019 年)

沪港通是指上交所和港交所允许两地投资者通过当地证券公司买卖规定范围内的对方交易所上市的股票,是沪港股票市场交易互联互通机制。2014 年 11 月 17 日,沪港通正式启动。沪港通包括沪股通和港股通两部分:沪股通,是指投资者委托香港经纪商,经由港交所设立的证券交易服务公司,向上交所进行申报,买卖规定范围内的上交所上市的股票;港股通,是指投资者委托内地证券公司,经由上交所设立的证券交易服务公司,向港交所进行申报,买卖规定范围内的港交所上市的股票。

深港通是指深交所和港交所允许两地投资者通过当地证券公司买卖规定范围内的对方交易所上市的股票,是深港股票市场交易互联互通机制。2014

年9月5日,证监会明确表示,在"沪港通"试点取得经验的基础上,证监会支持深港两地交易所进一步加强合作,深化合作的方式和内容,共同促进两地资本市场的发展。经过两年多的筹备,2016年12月5日,深港通正式启动。

沪伦通是指上交所与伦敦证券交易所(伦交所)互联互通的机制。符合条件的两地上市公司,可以发行存托凭证(depository receipt,DR)的方式在对方交易所上市并进行交易。2018年10月12日,证监会正式发布《关于上海证券交易所与伦敦证券交易所互联互通存托凭证业务的监管规定(试行)》。伦敦当地时间2019年6月17日上午8时,沪伦通在英国伦敦正式启动。同日,华泰证券股份有限公司发行的全球存托凭证(GDR)在伦交所挂牌交易;这是首家按沪伦通业务规则登陆伦交所的A股(上交所上市的)公司,意味着沪伦通西向业务迈出的第一步。沪伦通是深化中英金融合作,扩大中国资本市场双向开放的一项重要举措,具有多方面积极意义。

2. 证券投资基金行业发展

中国证券投资信托基金行业主要经历了三个发展阶段。

(1) 第一阶段

这阶段从1992年至1997年:中国第一只基金——淄博基金于1992年成立;1997年,第一版《证券投资基金管理暂行办法》由中国证监会起草并通过。

图3-2显示了中国公募基金行业从1998年以来的发展情况。1998年时中国仅有少数几只基金,然而截至2013年第四季度,中国已有65家基金公司,1 621只基金。总资产净值从1998年的110亿人民币(折合13亿美元)增加到2014年第一季度的约4.74万亿人民币(折合7 757亿美元)。其中,开放式基金的发展是基金行业高速增长的主要原因。截至2013年第一季度,中国有1 621只开放式基金,136只封闭式基金,其中开放式基金总值占全部基金总值的94.5%。最主流的投资方式是积极性基金管理(以国内股票为主),少数选择指数基金管理以及交易型开放式指数基金管理(ETF)。许多基金公司都是证券公司与其他金融机构的子公司。

(2) 第二阶段

由合格境外机构投资者(QFII)管理的首只基金于2002年成立。

国家外汇管理局(State Administration of Foreign Exchanges,SAFE)是管理QFII资金的政府代理机构。《合格境外机构投资者境内证券投资管理暂

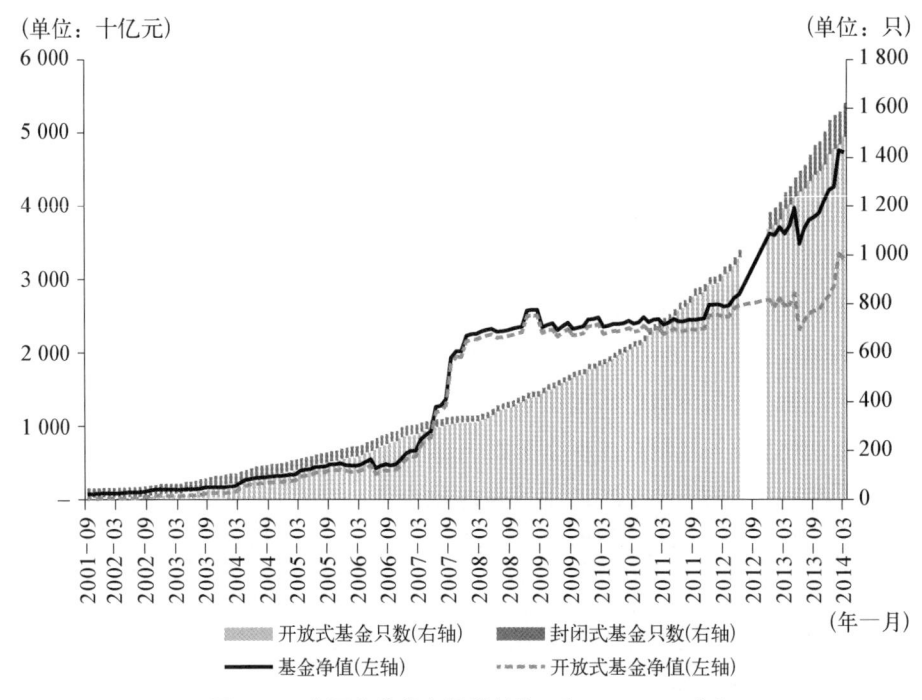

图 3-2　中国公募基金的增长情况(1998—2014 年)

数据来源：全球经济数据库(CEIC)。

行办法》允许外国投资者投资中国证券,目的是将成熟的外国投资者引入中国市场,从而提高上市部门的市场效率和公司治理水平。

2006 年 8 月,证监会修订了《合格境外机构投资者境内证券投资管理办法》,以吸引更多外国投资者的参与证券市场的投资。根据新规定,外国投资者申请 QFII 配额的数量大幅增加。截至 2013 年 11 月,共有 251 家 QFII 经批准在中国运营,核准的投资配额达到了 491 亿美元。

(3) 第三阶段

随着部分资本项目的开放,2011 年 8 月,国务院批准允许以人民币合格境外机构投资者方式(RQFII)投资境内证券市场,但额度需经审核。2012 年 1 月,初始额度为 200 亿元,2013 年 11 月增至 1 446 亿元。

2006 年 7 月,国务院在批准 QFII 之后,又批准了合格境内机构投资者(QDII)投资境外市场。QDII 基金可投资于纽约、伦敦、东京和中国香港等市场的股票、债券、房地产投资信托以及其他主流金融产品。与 QFII 类似,QDII 也属于过渡性安排。当所在国家或地区的货币不能自由兑换,并且资本流动受限的情况下,QDII 为国内投资者进入境外市场提供了有限的机会。截至 2013 年 11 月,QDII 获准投资额度为 814 亿美元。随着未来国内市场向境外投资者的进一步开放,中国资产管理行业有望继续保持快速增长态势。经济的进一步发展以及养老金体系的持续改革将为该行业带来更多的资金需求和供给。

二、解析中国股市发展史上的两次股市危机

在过去的近三十年中,中国股市的发展并非一帆风顺。

图 3-3 显示了股票市场[以上证综指(SSE index)表示]从 1992 年以来的走势。由图可见,中国股票市场在 20 世纪 90 年代保持高速增长,并在 2000 年底达到高位;在随后的五年内,股票市场经历了一次大幅调整,股票市值下降了将近一半;2006 年底,股市复苏,并在 2007 年底达到高峰值;2008 年,随着全球金融危机的爆发,加上国内高通胀的影响,市场在 2008 年底前损失了四分之三的市值;2013 年起,经济增长复苏,中国股市也随之逐渐回稳并在 2015 年上半年一路飙升。紧随其后的是 2015 年夏季的股市危机。

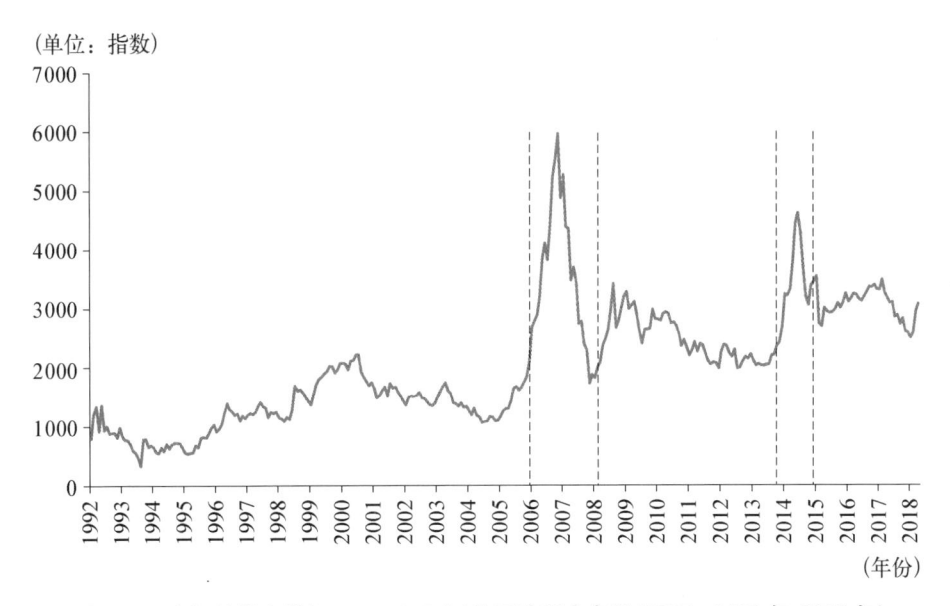

图 3-3 上证综指走势(1992—2018 年)和两次股市危机(2007—2008 年,2015 年)

数据来源:Bloomberg。

在中国股市的发展历史上曾发生过多次的剧烈震荡,包括:1996 年 12 月 16 日,人民日报发表社论《正确认识当前股票市场》,同时 A 股开始实施涨跌停板制度,当天沪指暴跌 9.91%;2001 年 6 月中旬,财政部推出国有股减持方案,7 月 24 日,国有股减持在新股发行中正式开始,7 月 30 日,沪深两市创下两年内最大跌幅,上证综指下跌 5.27%,深成指下跌 5.21%。

本章节主要描述的是近 30 年来中国股票市场发展过程中,两次影响最为深远的股市暴涨暴跌事件:一是 2007—2008 年市场的快速上涨和下跌;二是 2015 年的市场泡沫和股市危机。两次股市危机中的危机发生与发生前的泡沫存在相似之处:市场指数均在危机前经历了短时间内的快速上涨,并达到历史高点。具体来说,2007 年 5 月 30 日起,上证指数在一周内下跌幅度超过 20%;之后在 2007 年下半年至 2018 年,上证综指从 2007 年 10 月 16 日的 3821 点飙升至 6124 点;此后一路下跌,并于 2008 年下跌至 1664 点的底部。在 2015 年股市危机发生前,上证指数从 2014 年下半年的不足 2000 点上升至 2015 年 6 月 12 日的 5178 点;此后,上证综指在 2015 年 6 月中旬至 7 月初暴跌 32%。

1. 2007—2008 年的市场泡沫和危机

我们下面先描述 2007—2008 年中两段股市危机的过程,然后对股市的暴涨暴跌进行分析。

(1) 第一轮危机"530 危机"时间线(2007.05.30—2007.06.04)

第一轮危机,即"530 危机",是指 2007 年 5 月 30 日,A 股上证指数暴跌 281.81 点,跌幅 6.5%;深成指跌 829.45 点,跌幅 6.16%。此后,上证指数在短短的 5 个交易日里最大跌幅达到 21.49%(见表 3-1)。

表 3-1　2007—2008 年中国股市危机:第一轮危机时间线

2007.05.29:	午夜时,财政部宣布把股市印花税从 1‰ 上调到 3‰,这是直接增加了交易成本。
2007.05.30:	印花税上调直接增加了交易成本,受此利空,上证综指下跌 281.83 点,跌幅 6.5%;深证成指下跌 829.45 点,跌幅 6.2%;沪深两市 B 股指数均下跌超过 9%。当天下跌的股票超过 2 000 只,其中约 500 家上市公司跌停。
2007.05.31:	上证指数小幅反弹,但价格上涨的股票数量远小于价格下跌的股票数量:上证指数成分股中,237 只股票价格上涨,612 只股票价格下跌,其中 170 只股票跌停。

续 表

2007.06.01:	市场指数在收盘前大幅下跌,最终上证综指收盘下跌2.65%,深证成指下跌3.95%,市场上绝大部分股票都在当日下跌,其中超过600只股票跌停。
2007.06.04:	"黑色星期一",上证综指下跌8.26%,超过700只股票跌停。

(2) 第二轮危机(持续一年的股市涨跌)(2007.10.16—2008.10.28)

"5·30危机"似乎只是中国股市给股民开的小玩笑,在此后短短的四个多月中,上证指数持续上涨,从2007年6月4日的3670.4点,一路上升至2007年10月16日的6124.04点,达到中国A股历史至今为止的最高点。至此,自2005年6月6日起,至2007年10月16日,上证指数在两年多的时间内从998.23点涨至6124.04点,最大涨幅高达513.5%。但此后,上证指数一路下跌,直至2008年10月28日,盘中跌至1664.93点。在一年的时间内,上证指数跌去72.8%(见表3-2)。

表3-2 2007—2008年中国股市危机:第二轮危机时间线

2007.10.16:	10月16日上午10点03分,上证指数登顶6124.04点的历史高位。上证指数由2005年中的998点一路上涨,历时29个月,完成了一次波澜壮阔之旅。
2008.01.16:	2008年1月16日,存款准备金率年内第一次上调,由14.5%调整至15%。1月21日,最早上市的公司之一的中国平安传出再融资1600亿;上证指数连续两日分别下跌5.14%、7.22%。至此,上证指数已较峰值下跌超过25%。
2008.04.24:	存款准备金率在2008年3月和4月两次上调0.5%,其间上证指数一路下跌。对此,财政部决定将股票交易印花税由0.3%下调为0.1%,上证指数在此后一周内小幅反弹。至此,上证指数已较峰值下跌超过35%。
2008.06.07:	在存款准备金率5月份年内第四次上调0.5%之后,2008年6月7日,中国人民银行宣布在6月15日和6月25日两次上调存款准备金率至17.5%,这是一次富有争议的上调。6月10日,上证指数暴跌7.7%,近千只股票跌停,至6月12日,上证指数跌至3000点以下。至此,上证指数已较峰值下跌超过50%。
2008.10.28:	受全球金融危机影响,中国股市在2008年第三季度持续下跌。中国政府采取多种救市措施,包括:下调基准利率和存款准备金率,中央汇金回购银行股,印花税改为单边征收千分之一等。上证指数在10月28日达到低点1664.93。至此,上证指数已较峰值下跌超过70%。此后11月和12月,中国政府公布经济刺激计划,并暂停IPO发行,中国股市逐渐企稳反弹。

(3) 股市危机原因：股票价格偏离基本面

由于资本项目未开放，中国股票市场与全球市场相对隔离和独立。Shan，Tang，Wang 和 Zhang(2018)在研究中证实 A 股上市公司的收益率与全球市场的股票收益相关性较低，这使得(符合条件的)国际投资者能通过投资中国股市获得分散风险的好处。这项研究还同时发现，股票收益率与实体经济脱节，以及较低的外资持股比例等原因，可以对中国股市与全球市场的较低关联度进行解释。当然，雷曼兄弟倒闭引发的全球金融风暴，短期内让很多正常情况下没有关联性的资产高度相关(价格都发生下跌)，中国股市也不例外。

对于 2007—2008 年的股市波动，市场普遍认同的原因是在市场遭遇危机前股票价格与公司基本面偏离太多。2005—2007 年的宽松货币政策为市场提供了充足的流动性，低利率环境使资金从债市流向股市，加之股权分置改革完成后中国股市的发展前景看好，这些政策和事件都让投资者情绪高涨，使得中国股市在 2007 年上半年快速上涨：从 2007 年初到 2007 年 4 月，上证指数上涨了 80%。2007 年末，A 股的平均市盈率为 35 倍，几乎是同期美国股市的两倍，如果在市场峰值时(2017 年 5 月 29 日)计算，平均市盈率将会更高。

中国股市在 2005—2007 年期间的大幅上涨，使得大部分股票的看跌权证处于价外状态(out-of-money)。Xiong 和 Yu(2011)研究了其中的一些股票权证的价格和交易。他们发现，这些权证几乎在几个月后到期日肯定会没有任何价值(deep out-of-money)，但是在一段时期内仍然在远高于内生价值的水平上大量交易，换手率和价格波动性都非常高，且权证价格的波动与基础资产(股票)价格的波动没有关联性；所以是一个典型的"权证泡沫"。

两位作者还基于权证市场的数据对金融学的多个泡沫形成理论进行检验。检验结果支持卖空限制和投资者异质信念对形成泡沫的重要作用的假设：投资者对未来资产价格走势的分歧越大，投资者之间的交易量(和换手率)就越高，而卖空资产的限制使得愿意为转售资产支付的价格也就越高。这里的核心点是，部分投资者，尤其是缺乏理性的散户，在做交易决策时，关注的不是资产的内生价值，只要有"接盘侠"，再高的价格也可以买入；而当资产的波动率较高时，投资者的意见也往往不一致，这反过来又会使得股价泡沫的规模继续扩大。

有观点认为，比如提高印花税(2007 年 5 月 30 日凌晨，财政部宣布将证券交易印花税税率由现行 1‰调整为 3‰)的决定是有影响的；2008 年央行多次上调存款准备金比例,尤其是在 6 月份的两次上调也是有影响的。

但将股市危机都归咎于政策显然是不科学的:这些具体决策很可能只是引发股市危机的导火索之一,最主要的原因还是在于股价偏离基本面程度过高;一旦有负面消息冲击市场时,无论是国内还是国外消息,是政策还是直接与市场和上市公司直接相关的信息,都会导致泡沫的最终破裂。

2. 2015 年的市场泡沫和危机

从 2015 年 6 月中旬到 8 月下旬,上证综指在短短两个多月中大幅下跌 38%。我们将探究 2015 年市场危机的细节,以及造成股灾的主要原因。

(1) 2015 年股市危机时间线(2015.06.15—2015.08.26)

第一轮危机(2015.06.15—2015.07.08)

第一轮危机,从 2015 年 6 月 15 日开始,至 7 月 8 日结束,相比 6 月 12 日的收盘价,在短短 17 个工作日内,上证综指下跌 32.9%,深证成指下跌 37.1%,创业板指下跌 39.7%(见表 3-3)。

表 3-3　2015 年中国股市危机:第一轮危机时间线

2015.06.12:	周五,上证指数在盘中达到高点 5178.19 点,并于 5166 点收盘。证监会对券商发布内部通告,暂停场外配资新端口的接入,并且要求券商开始清理场外配资。
2015.06.15:	2015 年 6 月 15 日至 6 月 19 日,周一到周五,上证综指、深证成指和创业板指数在短短五个工作日内分别下跌 13.32%、13.11% 和 14.99%,各大媒体舆论开始聚焦股市关注的巨幅波动。
2015.06.26:	周五,中国股票市场遭遇再一次的"黑色星期五",上证指数下跌 334 点,跌幅 7.4%,创业板暴跌 9%,2 000 多家公司股票跌停。
2015.06.27:	周末,为应对股票市场大幅下跌的情况,中国人民银行宣布将基准利率下调 0.25%,并宣布定向降准。
2015.06.29:	周一,在"双降"利好刺激下,沪深两市高开,但随后大盘指数高开低走,上证综指报收 4053 点,约 1 500 只股票跌停。沪指自本轮新高 5178.19 点调整以来,10 个交易日跌逾千点,跌幅达 20%,基本达到牛熊边界线,救市呼声开始高涨。证监会发文,表示融资业务规模仍有增长空间,回调过快不利于股市的平稳健康发展。
2015.06.30:	周二,在密集利好推动下,沪指当日上演惊天逆袭,沪指最终飙涨 5% 站上 4200 点,创业板表现相对较强上涨超过 6%,沪深两市近 300 只个股涨停。

续 表

2015.07.01:	周三，市场没有出现投资者期盼的连续升势，上证综指收盘 4053.70 点，大跌 5.23%，约 1 300 只个股跌停。7 月 2 日，周四，上证综指继续下跌 3.48%，沪深两市 1 000 余只个股跌停。证监会对涉嫌市场操纵行为进行专项核查。7 月 3 日，周五，上证综指大跌 5.77%，又是千股跌停。自此，6 月 15 日至 7 月 3 日，上证综指、深成指和创业板指数分别下跌 28.64%、32.34%和 33.19%。
2015.07.04:	周末，国务院召集了中国人民银行、中国证监会、中国银监会、中国保监会、财政部和大型国有企业(包括金融机构)，共同讨论拯救股市的可能途径。7 月 5 日，中国证监会宣布，央行将协助通过多种形式给予中国证券金融股份有限公司(证金公司)流动性支持。同时，中金所对交易股指期货合约特别是中证 500 股指期货合约的部分账户采取了限制开仓等监管措施，对恶意做空、利用股指期货进行跨期现市场操纵等违法行为，一经查实，将依法予以严惩。此外，上交所和深交所共 28 家即将上市的企业同时发布暂缓 IPO。
2015.07.06:	周一，沪指开盘上涨 7.82%报 3975.21 点，深成指开盘上涨 7.30%报 13140.14 点，中小板指高开 7.34%，创业板指高开 7.31%。但很快，上千只股票从开盘涨停到收盘跌停，上证综合指数上涨 2.4%，但中证 500 指数下跌 9%；7 月 7 日，周二，开盘千只以上股票跌停，收盘上证综指下跌 1.29%，深证成指下跌 5.80%，创业板指下跌 5.69%(因为停牌公司过多，所以创业板指虽然只下跌 5.69%，但实际上几乎全部个股跌停)，共计超 1 700 家公司跌停；7 月 8 日，周三，上证综指下跌 6.97%，两市仅有 7 只股票上涨，逾 1 300 只股跌停，另有 1 400 多家上市公司停牌(超过 50%的股票停牌)。
2015.07.09:	救市的"国家队"继续大幅参与购买股票(救市)。周四，上证综指反弹 5.76%，收于 3700 点，超过 1 000 只股票涨停。7 月 10 日，周五，上证综合指数上涨 4.54%，1 300 多只股票涨停。

第二轮危机(2015.08.18—2015.08.26)

第二轮危机，从 2015 年 8 月 18 日开始，至 8 月 26 日结束，相比 8 月 17 日的收盘价，在短短 7 个工作日内，上证综指下跌 26.7%，深证成指下跌 27.1%，创业板指下跌 29.1%。其中，除了 8 月 19 日，上证综指上涨 2.66%以外，上证综指在其余 6 个工作日分别下跌 6.08%、2.14%、6.65%、8.08%、7.53%和 5.06%。

伴随本轮熊市的一个事件是"8·11"汇改：8 月 15 日，央行宣布调整人民币对美元汇率中间价报价机制，参考上日银行间外汇市场收盘汇率，向中国外汇交易中心提供中间价报价；同时，人民币从"单锚"机制——即紧盯美元，过渡至参考——篮子主要国际货币。这一调整使得人民币汇率形成机制进一步市场化,更加真实地反映了当期外汇市场的供求关系。但是,可能是由于宣布时机恰逢中国股市异常波动性期间,汇改被一些外媒和投资者认为是央行"救市"的行为,引发了人民币在宣布后的几个交易日单边下跌,之后的几个月中,中国外汇储备也连续数月下跌(后面汇率和资本项目章节我们会进一步分析探讨汇改政策及其影响)。

在上证指数跌幅最高的 8 月 24 日(又一次"黑色星期一"),同一日,全球股市也大幅下跌,各类大宗商品价格和大多数亚洲货币都跌至新低。这里的一个问题是,如前所述,正常情况下中国股市与国际资本市场关联度较低(由于资本项目的不完全开放);所以究竟是 8 月的全球股市下跌影响中国股市,还是对中国股市(以及资本市场和经济)的担忧引发了全球资本市场的恐慌?我们的结论很可能是两者相互影响导致国际和国内资本市场的进一步波动。

中国股市的第二轮救援于 8 月 26 日开始,9 月 25 日结束,自此上证综指稳定在 3000 点左右。

(2) 2015 年救市措施

2015 年 6 月底以来,面对股票市场的持续急剧下跌,中国政府采取了一系列救市措施,救市和相关政策的具体细节如下:

> 2015 年 6 月 27 日,中国人民银行宣布将基准利率下调 0.25%,并定向下调银行存款准备金率。6 月 29 日晚间,人力资源社会保障部和财政部会同有关部门起草《基本养老保险基金投资管理办法》稿,向社会公开征求意见。7 月 1 日,证监会发布修改后的《证券公司融资融券业务管理办法》,两融业务将在维持现有合约期限不超过 6 个月的基础上允许展期,同时客户担保物违约处置标准和方式更加灵活,允许券商与客户自行商定补充担保物的期限、比例等具体要求。同日,上交所和深交所宣布,计划从 8 月起,将所收取的 A 股交易经手费由按成交金额 0.069 6‰双边收取调整为按成交金额 0.048 7‰双边收取,降幅为 30%。
>
> 7 月 2 日,证监会宣布成立调查小组,对涉嫌市场操纵行为进行专项核查。7 月 4 日,中金所对交易股指期货合约特别是中证 500 股指期货合约的部分账户采取了限制开仓等监管措施,对恶意做空、利用股指期货进行跨期现市场操纵等违法行为,一经查实,将依法予以严惩。7 月 5 日,中国证监会宣布,央行将协助通过多种形式给予证金公司大量的流动性支

持。此外,上交所和深交所共 28 家即将上市的企业同时发布暂缓 IPO。在 2015 年 8 月,股市的第二轮危机期间,国务院印发《基本养老保险基金投资管理办法》,批准养老金投资股市。2015 年 8 月 25 日,央行决定再次降息和降准,这是两个月内第二次下调利率和银行存款准备金率。

最引人注目的是建立"国家队",即大型国有证券公司和其他实体加入救市行动中,进入市场大批量的购买股票。2015 年 7 月 4 日,中国 21 家证券公司召开会议,决定以 2015 年 6 月底净资产的 15% 出资,合计不低于 1 200 亿元,用于投资蓝筹股 ETF,以稳定股票市场。他们承诺,上证综指在 4500 点以下,证券公司自营股票盘不减持,并择机增持。7 月 5 日,中央汇金责任有限公司(汇金公司)表示,已于近期在二级市场买入交易型开放式指数基金(ETF),并将继续相关市场操作。同时,得到央行流动性支持的证金公司也开始大量买入 A 股股票。7 月 8 日,中国金融期货交易所大幅提高中证 500 股指期货各合约的卖出持仓保证金比例。

包括证金公司、汇金公司和证券公司在内的"国家队"资金合计持仓 A 股的市值超过了 3.3 万亿元,占同期 A 股的持仓占总市值的比重约为 6%。截至 2015 年 9 月 30 日,汇金公司持有 A 股市场标的数量为 1 117 只,证金公司持有 A 股市场标的数量为 742 只;而在 6 月底的时候证金公司持有 A 股市场标的数量仅为 2 只。

与此同时,证监会对大股东减持行为做出限制。2015 年 7 月 8 日,证监会紧急发布了《关于上市公司大股东以及董监高增持本公司股票相关事项通知》,通知要求上市公司控股股东和持股 5% 以上股东及董事、监事、高级管理人员,不得在 6 个月内通过二级市场减持本公司股份。2016 年 1 月初,市场对禁售期结束的担忧,引发了股市的又一波下跌(至少是引起下跌的部分原因)。因此,在 2016 年 1 月 7 日,证监会又发布《上市公司大股东、董监高减持股份的若干规定》,对大股东减持的股票种类(比如 IPO 前获取的股票 vs 上市后从二级市场购买的股票)、减持流程,包括提前做出信息披露,做出了规范化要求和规定。

作为救市计划的一部分,证监会组织稽查执法力量,针对集中抛售股票等有关线索进场核查。7 月 31 日,证监会称,沪深交易所对频繁申报或频繁撤销申报,涉嫌影响证券交易价格或其他投资者的投资决定的 24 个账户采取了限制交易措施,并对涉嫌超比例减持未披露、短线交易以及窗口期减持、违反承诺减持等违法违规行为立案52起、采取行政监管措施77项。此外，中国证监会要求新加坡和中国香港地区的金融机构提交股票交易记录，以识别海外做空中国A股的投资者。

(3) 熔断机制(Circuit Breaker)

2015年12月4日，沪深交易所及中金所发布指数熔断规则，指数熔断规则从2016年元旦开始生效。根据公布的中国版指数熔断规则，A股熔断标的指数沪深指数熔断阈值为5%和7%两档，指数触发5%的熔断后，熔断范围内的证券将暂停交易15分钟；但如果尾盘阶段(14:45至15:00期间)触发5%或全天任何时间触发7%，将暂停交易至收市。

2016年年初前4个交易日，A股两度上演"熔断"：1月4日两市低开低走，13时13分沪深300跌5%触发熔断，13时28分两市恢复交易，随即沪深300指数跌逾7%，触发熔断机制最高阈值，两市逾千股跌停，A股暂停交易至收市，沪指收跌6.85%；1月7日沪深300指数在开盘后仅13分钟就触及了5%的熔断"门槛"，自休市恢复交易仅几分钟，沪深300指数于9点58分很快达到7%的二次熔断"门槛"，沪指下跌7.04%；创业板指下跌8.58%。次日，为维护市场稳定，证监会决定暂停熔断机制。而此时距启动熔断机制仅仅4天。

熔断机制的推出是为了维护市场秩序，稳定市场情绪，防范投资者对市场上涨或下跌的过度反应，使投资者拥有更多的时间来进一步确认当前的价格是否合理，尤其是希望以此阻断暴涨暴跌等极端异常行情的持续。从这两次实际熔断情况看，熔断机制并没有达到预期效果。具体来说，熔断机制表现出的副作用体系为一定的"磁吸效应"，即在接近熔断阈值时部分投资者提前交易，导致股指加速触碰熔断阈值，起了助跌的作用。

与中国的机制进行对比，Chen, Petukhov 和 Wang(2018)发现，美国的熔断机制，仅在1997年10月27日触发过一次(事实上，2015年8月24日美国道指纳指标普三大股指触发了第二次)。道指在当日下午14:36，因下跌350点，暂停股票、期货、期权交易30分钟；15:06恢复交易后，道指继续急剧下跌，并于3:30触及下跌550点，触发熔断机制，因此提前半小时收盘。次日(10月28日)开盘，道指持续急剧下跌后，快速反弹，收于7498.32点。

熔断机制如何影响市场？更重要的是，如何评估其有效性？Greenwood 和 Stein(1991)建立了理论模型。模型表明，交易机制的不完善有可能导致市场崩盘，但如果交易机制设计和实施得当，熔断机制能够有助于克服信息不对称问题,并提高市场抵抗冲击的能力。Subrahmanyam(1994)的研究表明,熔断机制可能会影响投资者在熔断触发前的决策,产生"磁吸效应",即当股票价格接近熔断阈值时,触发熔断的概率将会增加。Chen,Petukhov 和 Wang(2018)通过建立跨期的交易模型,得到相同的结论。

其他学者针对价格限制对股票市场的影响也进行了深入研究,有人认为价格限制能够降低股票价格的波动,其他人则认为价格限制导致更高程度的价格波动。Kim 和 Rhee(1997)基于东京证券交易所的限价制度,认为价格限制的总体效果可能是负面的。Kim 和 Park(2010)基于理论模型,认为价格限制能够阻止套利活动,并提供与该假设一致的实证证据。Chen,Gao,He,Jiang 和 Xiong(2019)利用深圳证券交易所的账户级别数据表明,价格限制会加剧市场的波动。

(4) 股市危机原因:杠杆交易引发的甩卖

学者和金融从业者一直在探究 2015 年中国股市危机的原因。他们的研究发现,融资交易(也就是杠杆交易)引发的股市下行过程中的甩卖行为(fire-sale)是股市危机发生的主要因素之一。Bian,He,Shue 和 Zhou(2017)通过微观层面的投资者账户杠杆率数据,分析了去杠杆导致的股票甩卖如何引发了大规模的股市危机,并从监管的角度分析了场内和场外融/配资交易对市场波动的影响。他们发现,当市场下跌,投资者账户水平接近平仓线时,融资交易投资者更倾向于大量抛售所持有的股票。而政府去杠杆的声明在短期内加剧了市场的抛售行为。同时,他们发现,在场内配资(融资融券)交易中,散户投资者从券商进行借贷的行为能够得到有效监管,但场外配资行为却属于监管灰色地带。2015 年初,场内和场外配资的规模都迅速上升,场内/场外融资保证金账户的资产/股本平均杠杆率分别为 1.43 和 6.62。这些不受监管或者监管不当、杠杆率高企的场外配资行为,在危机发生过程中起到了更大的作用。

关于股指期货交易是否促成了 2015 年的股市危机,一直存在争议。据统计,2015 年 1 月至 8 月,股指期货交易量达到 37 万亿元人民币。而在监管机构对股指期货进行限制后,2015 年 8 月至 12 月,股指期货交易量仅为 3 700 亿元。然而,股指期货交易与股价下跌之间的正相关关系并不意味着因果关系。很多国内外学者认为,实际上的因果关系应当是反向的:并不是股指期货卖空导致了股价的下跌,而是大规模的股指期货交易预示着股市在未来的大幅波动,而股指期货的交易量不足以对股市指数产生实质性影响。事实上,在 2015 年 7 月,中金所要求,包括证券经纪公司、基金公司、保险公司、信托公司、合格境外机构投资者(QFIIs)和 RQFIIs 在内的大多数机构投资者,主要将股指期货用于对冲目的。因此,中国股指期货市场并不存在大量所谓的"裸仓"衍生品交易。

3. 其他与股市波动和危机的相关话题

在这一部分,我们主要讨论股市危机中政策干预的有效性,以及上市公司大股东股权质押在股市下跌过程中起到的作用。

(1) 政策干预的有效性

通过对前文关于 2015 年 A 股股市危机期间相关救市措施的讨论,以及 Veronesi 和 Zingales(2010)对美国政府在 2008 年金融危机期间进行的市场干预(即"保尔森计划")的成本收益分析,我们在 2015 年市场危机时,与美国政府 2008—2009 年干预市场的方式有所差异。Huang,Miao 和 Wang(2016)指出,美国救市计划中的核心是政府部门向大型金融机构注资或者提供贷款以及担保,这包括财政部用 1 250 亿美元购买九大银行股份的计划,和美国联邦储蓄保险公司(Federal Deposit Insurance Company,FDIC)向银行和储蓄机构筹集的新贷款提供为期三年的担保等。与此相比,在 2015 年 A 股股市危机中,通过"国家队"直接购买上市公司股票的方式来干预市场:如上所述,从 2015 年 7 月 6 日开始,"国家队"(包括证金公司和汇金公司)直接购买了 1 000 多家公司的股票。

政府对市场的干预有利也有弊,关键在于干预是否为了解决市场失效(market failure)带来的危机,以及干预后是否会引发道德风险:一方面,只要市场还在正常运作,哪怕有暂时的市场震荡,政府和监管部门应该做的是维护市场的持续正常运作而不是干预;另一方面,即便政府干预的确发生在市场失效之时,在制定干预的具体政策时要考虑到包括救市在内的措施是否会在本轮危机结束后改变市场参与者(投资者、企业、机构等)的行为,从而引发下一次更大的危机,这就是我们所说的避免道德风险。

以美国的经济(政府相对接入和参与经济活动较少)为例,Pastor 和 Veronesi(2012)指出,在民营部门的业绩下降之后,政府倾向于改变其政策,而政策的变化,会在一定程度上提高市场波动性和风险溢价之间的相关性;平均而言,在政府宣布政策变化时,市场给予的反馈是负面的。Brunnermeier,

Sokin 和 Xiong(2017)的研究发现,政府是否和如何干预市场是影响资产定价的因素之一。同时,投资者对政策信息的关注,降低了对基本面信息的注意力。他们的模型对于中国市场有着重要的借鉴意义:在中国市场中,市场参与者,尤其是股市中的散户,更关注政府政策和所谓的宏观形势,而不是经济和企业业绩的基本面。

那么在 2015 年 A 股股市危机期间,干预行为其效果如何? Ghysels 和 Liu(2017)发现 2015 年的救市行动在缓解 A 股市场的下行风险方面是有效的。Huang,Miao 和 Wang(2016)估算了 2015 年 7 月 1 日至 9 月 30 日"国家队"购买股票的成本和经济效益。他们的研究结果表明,"国家队"对上市公司股票的购买增加了被救助公司的价值,增加值约为 2.5 万亿到 3.4 万亿元人民币,占中国 GDP 的 4% 到 6%。救市带来的公司价值增值主要来自三个方面:第一,购买行为增加了对股票的需求,从而提振了投资者的信心;第二,购买行为降低了被救助公司的违约概率,从而提高了它们的债务市场价值;第三,购买行为提高了被救助企业的流动性。但与此同时,他们认为"国家队"的救市行为也存在令人担忧的长期成本:"国家队"大规模购入股票,有可能导致市场价格偏离基本面,并给市场带来更多的不确定性;同时,救市行为也可能带来道德风险等相关问题。

(2) 股权质押贷款

股权质押是指,上市公司的股东(包括控股大股东)在向银行等金融机构贷款的过程中,用公司股权作为抵押品,以质押方式获得贷款。股权质押贷款,也是关联中国股票市场和商业的重要纽带:公司股东以其所持有的股权作为抵押物,直接或者间接从商业银行(或其他资金提供方)获得贷款。截至 2018 年 12 月 31 日,沪深两市共有 3 434 家上市公司存在股权质押现象,占两市上市公司的比例高达 96.2%,几乎所有的 A 股上市公司都存在股权质押的现象。在缓解上市公司及其股东的融资约束的同时,股权质押贷款有可能对股市下行产生助推作用,并将风险蔓延到银行业(或其他金融机构):当股价大幅下跌时,以当前交易的股价计价的质押品(也就是股票)的价值也大幅下跌;此时,贷款机构会要求股东增加抵押品,包括更多的股权或者其他资产;如果借款人不能增加抵押品,或者当股价跌破所谓的"平仓线"后,银行等贷款机构会出于止损等动机"强行平仓",即要求股东出售质押的股权换取现金,偿还贷款;股东被迫抛售股权会引发更大程度的股价下跌,而更大程度的下跌将进一步造成以股权质押的质押品的价值下跌,引发更多的同行业和其他相关行业股权质押的平仓,如此循环,影响到更多的公司和金融机构。

Li,Qian,Wang和Zhu(2019)为以上假设提供了实证证据。基于2016年末A股上市公司的大股东质押情况,我们发现成长型行业中盈利能力较差、受到融资约束程度较高的非国有控股企业,其大股东更有可能进行(高比例的)股权质押。在2017年,高质押公司的股票表现与低质押公司无明显差异。然而在2018年的熊市中,受到被质押股权引起的"平仓甩卖"的影响,高质押公司的股票表现更差,危机风险更高,且更容易发生债券违约。同时,我们发现"平仓甩卖"在高质押股票间存在"传染"效应。

同时,基于2013年股权质押场内市场开放的政策冲击,我们发现,在整体质押水平处于低位时,股权质押贷款缓解了公司面临的融资约束,并在此后的2013—2014年期间改善了公司业绩。但在股市低迷的2018年,高比例的股权质押贷款给企业带来了巨大的风险:高质押公司表现出了更高程度的业绩下滑和更高幅度的杠杆提升。

在房地产市场中,美国(金融危机期间)和日本(房地产泡沫破裂后)也发生过类似的情况。当时,房地产市场泡沫后房价在短期内大幅下跌,跟房地产相关的所有资产价格也快速下降,导致所有大量持有以房地产为基础资产的金融机构面临资产负债表中资产端的重大损失。危机爆发后,房地产资产的交易大多是由那些被迫出售资产换取现金的机构和投资者完成的。也就是说,最新交易价格反映的是"甩卖"价格,并非这些资产的真实价值。

学术界对危机时的资产定价进行了大量研究,得出的结论是,当包括房地产在内的市场体系失效时,不应该用最新交易价格来衡量房地产和相关资产的公允价值。那么,应该用什么方法来对资产定价呢?有两种办法:第一,用历史价格,尤其是市场正常情况下的交易价格来定价;第二,用模型定价,也就是根据资产的实际情况,以及一个普遍接受、经得起推敲的金融模型来对资产进行定价。

三、中国股市的结构性问题

Allen,Qian,Shan和Zhu(AQSZ,2019)发现,中国A股股市存在着部分

与中国经济增长脱节的现象,这就意味着股市并没有很好地起到合理配置资源的作用。

对此,研究者们认为,上市机制是导致股市和经济脱节的核心原因:上市机制决定把何种行业和公司置入股市中;如果上市的业绩门槛高,实际上是在鼓励成熟行业的公司上市,而很多新兴行业的增长型企业就被拒之门外。对此,注册制是一个有效的解决措施,但是推行注册制,要有全局思维,路要一步步走。目前,科创板作为注册制试点有着重要意义。更多的有关科创板的制度设计和落地,我们将在下一章讨论。

1. 经济增长与中国 A 股股市

经过不到三十年的发展,中国股票市场已跃然成为全球市值最大的股票市场之一,然而在过去的几十年中,股市增长极其不平稳。中国股票市场在 20 世纪 90 年代保持高速增长,并在 2000 年底达到高位;在随后的五年内,股票市场经历了一次大幅调整,股票市值下降了将近一半;2006 年底,股市复苏,并在 2007 年底达到高峰值;2008 年,随着全球金融危机的爆发,加上国内高通胀的影响,市场在 2008 年底前损失了四分之三的市值;2013 年起,经济增长复苏,中国股市也随之逐渐回稳并在 2015 年上半年一路飙升。紧随其后的是 2015 年夏季的股市危机。

图 3-4 以 2000 年 1 月至 2017 年 12 月期间的"买入并持有策略"回报率来衡量全球主要经济体的股市的表现,也就是,2000 年初,分别投入 1 单位的货币投资到各个国家的股市中的所有上市公司,直到 2017 年底所获得的(按照市值计算的加权平均)总回报,并进行基于各国通胀率(CPI)进行调整。

从图 3-4 中,我们可以发现,如果 2000 年初投资 1 元在 A 股市场,等到 2017 年底,在剔除通胀因素后,其价值仅为 1.01 元(如图 3-4 中的黑线所示)。同期横向与其他国家的股市比较,这一投资收益不仅远低于同样是新兴市场的印度和巴西等发展中国家的平均投资回报率,也低于美国和日本等发达国家投资回报收益率。在中国国内与其他类型投资产品比较,将同样的资金投放于中长期国债(3 年期和 5 年期国债)或者中长期银行定期存款(5 年定期)的去通胀后的真实收益也显著高于 A 股投资的回报率。

此外,AQSZ(2019)发现,在 2000—2017 这段时间内,相对于低迷的股票市场表现,中国经济呈现出高速增长的态势,在五个大型发达和发展中国家中

(单位：比例)

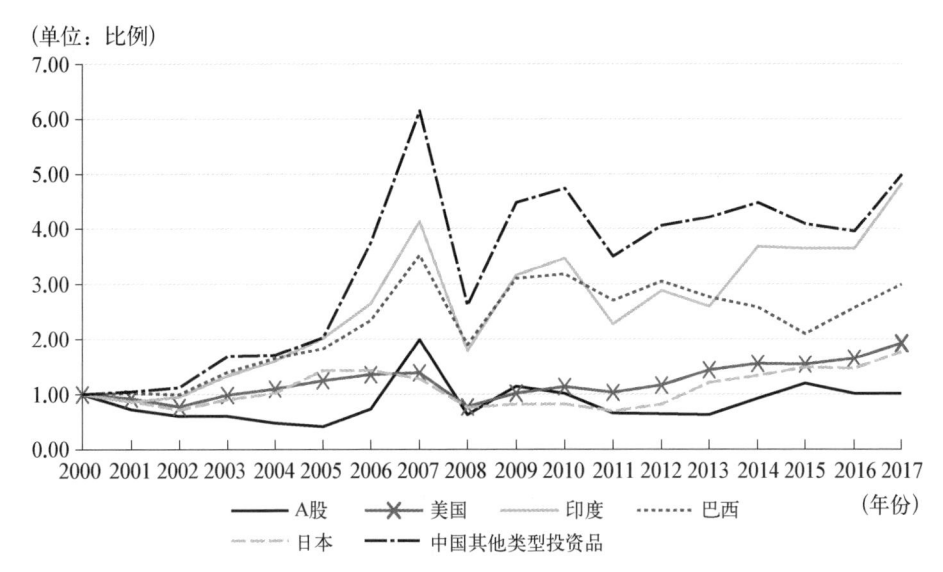

图 3-4 在 2000 年初投资各国股市的上市公司的"买入持有收益率"（剔除通胀）

数据来源："Dissecting the Long-term Performance of the Chinese Stock Market"。

经济增长始终保持第一。对绝大多数发达国家和大部分新兴市场国家而言，股市是当地经济发展的晴雨表，也是就股市的中长期收益和（未来）中长期经济增长高度正相关。然而，从 1991 年到 2017 年，中国 A 股的中长期收益率（三年以上）与未来的中长期 GDP 增长率的关联度趋近于 0（且统计学上不存在任何显著相关关系）。

中国经济增长这么快，为什么股市的收益无法匹配？答案很简单，A 股上市公司从产值来讲仅仅是中国实体经济的一小部分，而中国的经济增长的绝大部分贡献来自非（A 股）上市的公司，包括众多海外上市的公司，而非上市公司的净利润跟 GDP 高度正相关，这使得中国 A 股投资者很难通过股市来分享中国经济发展的红利。

很多能够给投资者带来长期高收益（股价上升或者现金分红带来的收益）的公司，例如互联网巨头的"BATJ"（百度、阿里巴巴、腾讯和京东）等公司，都不在中国 A 股上市。AQSZ（2019）的研究表明，2000 年到 2017 年，在港交所近千家中国大陆企业，加上在美国股市的数百家中国大陆企业，还有分散于其他交易所（新加坡、伦敦等）上市的数十家中国企业，用同样的投资额度投资这些中国企业，即 2000 年初投资 1 单位货币在中国境外上市公司组合上，剔除通货膨胀率后，在 2017 年末其市值为 4.8 单位的同等货币，其真实收益远远高于同期A股的收益(见图3-4中的黑色点状线)。因此,不能说中国没有好的上市公司,只是大部分这样的公司没有在A股市场上市。

从上市公司盈利能力来看,A股的上市公司在上市前的业绩表现看起来都非常出色,资产收益率(ROA)平均可以超过10%,远高于美国公司上市前ROA的平均水平(不少美国的上市公司上市前盈利为负)。但是,A股上市公司在上市前后有一个特点,即不少公司在上市后,实际上一旦上市申请得到证监会批准后,业绩开始大幅下滑,也就是我们通常所说的"业绩变脸"。

A股公司IPO后大幅提升长期投资(capital expenditure),其长期投资占总资产比例在2000—2017年间高于美国、日本、巴西和印度的上市公司,但是投资回报率——以净现金流(经营现金流减去长期投资以及其他调整后的现金流)衡量,却是五个经济大国中最低的;在金融危机后的2010—2012年间还有很多A股股市的净现金流为负。相比而言,在境外上市(中国香港和美国为主)的中国公司IPO后的投资量小于A股公司,但是其净现金流却高于A股公司;也就是说,海外上市的中国公司有更高的投资回报率。

2. 股市和经济增长不对称的原因:上市和退市机制的缺陷

实体经济与股市相背离、上市公司上市后的"业绩变脸"、国内上市公司表现远远弱于境外上市中国公司,种种现象背后的直接原因,是中国A股市场的结构性问题,或者更为具体地说,是中国A股上市机制和退市机制的问题。

(1)上市机制

目前,A股上市机制为审核制,且对上市公司上市前的盈利有较高要求,如主板上市要求上市公司要有三年连续盈利且对公司经营和盈利的规模也有较高的要求;创业板和中小板对业绩的要求虽然低于主板,但不盈利的企业还是不可能在这些板块上市的。与此同时,数据显示,成熟行业中的企业通常上市前业绩较好,而新兴行业中的成长企业通常难以在上市前形成稳定的现金流。这决定了成熟行业中的企业按照现行的制度更容易上市,而新兴行业中的企业上市难度相对较高,尤其是所谓的"独角兽企业"——增长快,占有一定市场份额但是缺乏稳定现金流(包括亏损的)企业。例如,根据京东在2014年美国纳斯达克上市时披露的前三年度财务报表显示,2011年与2012年京东均处于亏损状态,那么在这种情况下京东就无法在A股上市。上市机制决定了股市可以开放给什么样的公司和什么样的行业,而以业绩作为上市门槛的核心实际上是在鼓励成熟行业中的企业上市,而将很多正处于快速增长期的新兴行业独角兽企业拒之门外。

相比之下,部分美国的上市公司在上市前两年以及上市当年是亏损的,那么在这种情况下,美国股市是降低标准,让业绩差的公司上市吗?事实并非如此,美国市场很多上市的公司是新兴行业的增长型公司;新兴行业的特点是在初始阶段是不赚钱的,后起而勃发,在上市之后创造实现增长空间的同时实现盈利并引来股价上升和投资者收益的实现。因此,美国股市,尤其是对全球独角兽企业最为青睐的纳斯达克交易所,看重的不仅仅是现在给投资者赚钱的成熟行业的公司,而是今后会持续给投资者赚钱的增长型公司。

那么如何使得中国投资者也能够分享到这些新兴行业的发展红利呢?中国经济增长已经进入新时代,科创成为经济增长的最核心动力之一。要扶持科技行业,就需要让新兴行业的独角兽企业在没有稳定盈利的情况下鼓励它们上市,这是金融推动科技创新的重要举措。而要鼓励这些新兴行业、创新企业上市融资就需要配套相应的创新制度,归根到底,我们要从上市制度上入手,要从现行的审核制过渡到让市场、投资者和上市主体以及中介机构决定,谁应该以什么价格什么时间上市,这就是注册制的核心。

(2) 退市机制

截至目前,A股市场几乎没有业绩不好的公司退市。自2001年PT水仙被终止上市以来,沪深两市共有75家公司退市。其中,因连续亏损而退市的有49家,其余公司的退市则因为被吸收合并。退市比例占整个A股挂牌家数的1.8%,而美国纳斯达克每年大约8%的公司退市,美国纽约证券交易所的退市率约为6%;像巴西这样的新兴市场国家股市的退市率在10%或者更高。退市机制的问题也与上市机制的缺陷有关:在审核制下,上市"名额"一票难求;一旦成功IPO后,上市公司的"壳"就有很高的市场价值。一家经营不善的上市公司需要重组,不是像美国这样的发达市场流行的主动退市,而是由不同的投资者注入新资产,改变公司主业来完成的;这个过程中,上市公司的壳资源被保留并且再次利用,避免了重新上市的高成本和对股价和发行时间的不确定性。

退市机制的缺乏,加上上市制度的审核制,导致了A股的"严进宽出"的市场环境,与像纳斯达克这样的吸引全球独角兽企业的"宽进严出"的环境形成鲜明对比。A股股市目前的机制没有真正形成优胜劣汰的机制,反而导致企业的"逆向选择"——优质的独角兽企业大量出海上市,留在国内市场的则是成熟行业的大企业和缺乏长期增长空间的企业。既然要推行注册制,就必须要有一个完善的退市机制,不应该给那些弄虚作假的企业反复重组的机会。

2018年11月16日,沪深交易所正式发布了《上市公司重大违法强制退市实施办法》,并修订完善《股票上市规则》《退市公司重新上市实施办法》等,构建了全新的退市制度体系。中国退市制度的发展历程如表3-4所示。

表3-4 中国退市制度发展历程

2001.02.23：	中国证监会于2001年2月23日发布了《亏损公司暂停上市和终止上市实施办法》,之后又于2001年11月30日在原有办法基础上加以修订,规定连续三年亏损的上市公司将暂停上市。中国上市公司退市制度正式开始推行。
2012.03.18：	国务院批转发改委《关于2012年深化经济体制改革重点工作的意见》的通知,提出深化金融体制改革,健全新股发行制度和退市制度,强化投资者回报和权益保护。
2014.10.15：	中国证监会发布《关于改革完善并严格实施上市公司退市制度的若干意见》,再次单独将退市制度提上日程,并授权交易所制定退市制度细则。两大交易所迅速响应制定细则,均强调上市公司出现重大违法行为将被强制退市,而重大违法强制退市是指上市公司存在欺诈发行、重大信息披露违法或者其他严重损害证券市场秩序等违法行为。
2018.03.02：	证监会宣布就修改《关于改革完善并严格实施上市公司退市制度的若干意见》公开征求意见。
2018.11.16：	沪深交易所同时发布退市新规,完善重大违法强制退市内容。

退市新规对上市公司重大违法强制退市的实施依据、实施标准、实施主体、实施程序以及相关配套机制作出了具体规定,主要有四个方面特点:

一是切实提高退市效率。将重大违法退市情形的暂停上市期间,由12个月缩短为6个月;重大违法的公司被暂停上市后,不再考虑公司整改、补偿等情况,6个月期满后将直接予以终止上市,不得恢复上市;除欺诈发行外的其他重大违法退市的公司申请重新上市,时间间隔由1年延长为5年;因欺诈发行而退市的公司不得重新上市,一退到底。

二是围绕"上市地位"明确退市标准,对欺诈行为"零容忍"。上市地位需具备合法性基础,公司取得上市地位主要来源于首发上市和重组上市,公司因欺诈而骗取了IPO发行核准或者重组上市核准,则上市地位的取得就不具备合法性基础,直接导致公司的上市地位不能持续。

三是退市依据牢靠。《实施办法》以相关行政机关的行政处罚决定和人民法院的生效裁判为依据,即确保违法事实清楚、退市依据明确。

四是坚决落实"公平、公开、公正"原则。一方面,退市决定主体具有权威性,由交易所上市委员会综合考虑上市公司违法情形,作出审慎、独立、专业判断;另一方面,实施重大违法强制退市的程序公开透明,设置了申辩、听证和复核程序,充分保障上市公司解释沟通的权利,提高退市透明度。

3. 解决股市结构性问题的措施：IPO审核制向注册制的转变

尽管注册制是一个根本性变革,已经在全球所有主要的发达市场运用多年,但是要在中国A股市场推行注册制,要有清晰的整体布局和分阶段推进的规划。为此,我们需要在四个方面下功夫。

第一,降低上市门槛需要循序渐进,并辅之更为严格的信息披露监管。刚开始试点时,完全取消盈利指标的要求可能不现实;降低上市门槛不等于没有门槛,可以把盈利要求适当降低后换成企业营收增长的要求,也可以指定多元化的上市条件的组合,关键是要允许尚未盈利的独角兽企业上市。同时,监管部门在信息披露、合法合规上需要花大力气,起到更大的作用,因为注册制的核心就是要加强信息披露的要求和监管。此外,市场也是很重要的监管机制,尤其是机构投资者。即使个别企业的做假行为逃过了初期的监管,但是上市以后还有很多信息披露的要求以及相应的交易机制,包括做空机制,使得包括机构投资者在内的市场参与者可以用多种方式揭露并惩罚这些做假的公司。

第二,需要修改股票上市的定价机制。公司股票定价,最简单的方法是找到同行业的已经上市的公司,进行估值的比较(比如基于市盈率P/E,或者针对包括亏损公司在内的市净率和资产的市场价值和账面价值之比等)。但是,对于新兴行业的公司来说,很多情况下不存在足够多的同业上市公司,也就无法进行相类似公司的估值比较。这时候,我们可以引入更为合理和完善的询价机制——券商,尤其是首席承销商(lead underwriter)携上市公司与机构投资者通过询价方式,确定最终发行价。而在询价和定价过程中,包括券商在内的金融、信息、财务和法律中介都需要对信息披露的真实性做担保。

第三，市场所有参与者形成"合理预期"是现阶段需要考虑的重点。目前的 A 股市场中新股发行，很多投资者，尤其是散户的预期是股价会连续涨停。但是，在注册制下，通过询价机制股票上市后，股价跌破发行价（"破发"）是正常的市场行为。因此，需要通过多渠道投资者教育让投资者认识到，注册制推行后，股票呈现大涨大跌的波动性和破发风险都是存在的。同时可以适当考虑对企业创始人和控股及原始大股东在发行规模和退出期限上进行约定，目的是将创始人和大股东与企业长期发展和 IPO 后新增外部投资者长期利益进行绑定。

第四，退市机制也很重要。如上所述，中国股市几乎没有单纯因为业绩长期不佳而退市的企业。那些持续亏损的上市公司完全有可能借助非经常性损益、关联交易以及并购重组等方式逃避退市机制的约束，这显然不合理。因此，我们要建立和维护资本市场优胜劣汰的机制。一方面，对新兴行业的成长型企业敞开大门；另一方面，对业绩不佳、信息披露有问题的企业，零容忍，一旦发现，立即要求退出市场。

四、上交所推出科创板并试点注册制

科创板，是独立于现有主板市场的新设板块，并在该板块内进行注册制试点。毋庸置疑，科创板试点注册制是 2005 年股改以来最重要的改革，有利于改善股市结构性矛盾，从而对解决股市与经济增长脱钩的现象提供有益的借鉴。

1. 科创板的概述

设立科创板并试点注册制是提升服务科技创新企业能力、增强市场包容性、强化市场功能的一项资本市场重大改革举措。通过发行、交易、退市、投资者适当性、证券公司资本约束等新制度以及引入中长期资金等配套措施，增量试点、循序渐进，新增资金与试点进展同步匹配，力争在科创板实现投融资平衡、一二级市场平衡、公司的新老股东利益平衡，并促进现有市场形成良好预期。

2019 年 1 月 30 日，证监会发布《关于在上海证券交易所设立科创板并试点注册制的实施意见》。2019年3月1日,证监会发布《科创板首次公开发行股票注册管理办法(试行)》和《科创板上市公司持续监管办法(试行)》。2019年6月13日,科创板正式开板。科创板首批公司7月22日上市。

(1) 科创板的定位

科创板的定位可以概括成"三个面向,六个支持"。其中,"三个面向"是指,坚持面向世界前沿技术、面向经济主战场、面向国家重大需求,主要服务于符合国家战略、突破关键核心技术、市场认可度高的科技创新企业。"六个支持"是指,重点支持新一代信息技术高端装备、新材料、新能源、节能环保以及生物医药等高新技术产业和战略性新兴产业,推动互联网、大数据、云计算、人工智能和制造业深度融合,引领中高端消费,推动质量变革、效率变革、动力变革。

(2) 科创板的意义

设立科创板的意义主要表现在以下三个方面:第一,中国经济新时代的增长要靠科技创新型企业,这类企业早期通过VC、PE融资起步,早期资本的退出与公开上市IPO是企业进一步发展必然的选择;第二,更多的科创企业进入股市可以让公众分享企业成长带来的长期收益,而现有制度下,由于准入门槛的限制,许多高成长的企业选择或被迫海外上市;第三,上海要成为真正的科创中心,关键在于让新兴行业的"独角兽"企业在没有稳定盈利的情况下允许并鼓励它们上市,这是金融推动科技创新的重要举措,要实现这一目标,相应配套的制度必不可少,注册制就是其中最重要的部分。

(3) 科创板在试点注册制方面做出的突破和尝试

科创板在试点注册制方面做出的突破和尝试主要包括以下四个方面:

第一,新股发行上市审查的权力从证监会下放到上海证券交易所。上交所设置科创板上市委员会与科技创新咨询委员会,上市企业由上交所预审核后,再上报到证监会注册。

第二,科创板降低上市业绩要求,加强信息披露监管。科创板放宽了准入条件,在上市门槛方面,突破了企业尚未盈利不能上市的限制,并引入"市值"指标,与收入、现金流、净利润和研发投入等财务指标进行组合,设置了5套差异化的上市指标。5套差异化的上市指标突破了以业绩为核心的上市门槛,给了这些新兴行业的成长型企业机会。在降低业绩门槛的同时,增加了信息披露的门槛:中介机构要切实履行与其角色相关的义务,承担对信息披露内容把关的中介职责,对于发行人或上市公司虚假陈述、重大违法披露等违法行为承担连带责任。

第三,改革IPO定价机制,提高市场化定价程度。在上市公司定价方面,科创板上市取消直接定价,通过市场化询问定价,打破市盈率倍数的约束。包括发行价格、规模、节奏主要通过市场化方式决定,询价、定价、配售等环节由机构投资者主导。同时,科创板实施跟投制度和"绿鞋"机制:券商跟投比例为2%—5%,且规定了跟投股份锁定期;明确绿鞋机制,允许科创板发行人和主承销商普遍采用超额配售选择权,取消首次公开发行股票数量在4亿股以上的限制。

第四,强化上市后监管,完善退出和严格执行退市机制。在退市制度方面,科创板注册制也增加了更加严苛和完善的退市制度,不再采用单一的连续亏损退市指标,避免了上市公司规避退市的情况:一方面,充分突出主营业务的重要性,明确规定对明显丧失主营业务经营能力的企业进行强制退市;另一方面,通过引入扣非净利润和营业收入双重指标,避免了上市公司通过售卖资产提高非经常性收益的方式规避退市标准。此外,对科创板取消暂停上市和恢复上市程序,对应当退市的企业立即实行退市。

(4)科创板上市企业特点

根据板块定位和上市条件,科创板上市企业主要表现出以下三个特点:第一,科创板企业着重强调科技创新;第二,科创板允许尚未盈利或存在累计未弥补亏损的企业在科创板上市;第三,科创板允许符合相关要求的特殊股权结构企业和红筹企业在科创板上市。

由于中国的很多科创企业已经采取了VIE结构[①]。在此之前,这些企业无法在国内上市,对中国股市也是一个损失。允许符合相关要求的特殊股权结构企业和红筹企业在科创板上市,无疑是一项利好。

2. 科创板首批上市交易的25家公司

这部分,我们将重点关注科创板首批上市的25家企业的特点,并将这25家企业的市盈率、行业特征与上市表现,与港交所2018年上市的60家中资企业,以及2009年首批上市的28家创业板企业进行对比(共三组企业)。

---

① VIE结构又被称为"协议控制",是指境外注册的上市实体与境内的业务运营实体相分离,境外的上市实体通过协议的方式控制境内的业务实体,业务实体就是上市实体的VIEs(可变利益实体)。

(1) 三组公司样本

我们选用的三组公司样本分别为：

第一组，科创板首批上市的 25 家企业。科创板 2019 年 7 月 22 日开市，首批共上市交易 25 家公司。科创板上市前 5 日没有涨跌停限制，这是对国际通用交易规则的一次尝试，也是日后 A 股主板市场交易制度改革的目标。

第二组，创业板首批上市的 28 家企业。2009 年 10 月 30 日，创业板正式挂牌上市，首批上市交易的企业共 28 家。当时的交易规则为，上市首日没有涨跌停限制，次日起遵循涨跌停制度（上涨 10％和下跌 10％为限）。

第三组，为港交所 2018 年上市的 60 家中资企业①。港交所实行注册制，港交所同时拥有发行与上市审核权，同时港交所上市股票没有涨跌停板的限制。

首批上市的创业板企业和港交所上市的中资股，与科创板上市企业有相似之处，三组企业之间的对比具有借鉴的意义：创业板企业所处行业与科创板相仿，多为高成长型的科创企业，同时，首批创业板企业上市时（2009 年），遵循询价制度，对发行市盈率并没有严格的限制；港交所实行注册制，是科创板试点注册制的借鉴对象。

(2) 公司行业和发行市盈率（科创板和创业板）

根据 Wind 行业分类，2009 年首批上市的 28 家创业板企业中，工业行业最多，为 10 家，信息技术行业和医疗保健行业分别有 6 家，消费行业有 4 家，金融行业和材料行业各 1 家。2019 年首批上市的 25 家科创板企业中，信息技术行业公司数量最多，为 10 家，工业行业有 9 家企业，材料行业有 4 家，医疗保健有 2 家。可以看出，首批上市的科创板企业与创业板企业行业分布有相似的地方。同时，科创板企业的行业分布与其板块定位相一致，更加偏向高新技术产业和战略性新兴产业。

发行市盈率方面，首批上市的 28 家创业板公司，平均市盈率为 56.7 倍，而市盈率最高的宝德股份达到 81.67 倍；首批上市的 25 家科创板公司，平均

---

① 中资股定义为 H 股、红筹股、中资民营股（非 H 股）三类之和。其中，H 股，是注册地在内地、上市地在香港的中国股票；红筹股，是最大控股权直接或间接隶属于中国内地有关部门或企业，并在香港联合交易所上市的公司所发行的股份；中资民营股，是主要资产来源中国内地、实际控制人为中国内地公民，及/或主营业务收入来自中国内地的在中国境外上市的股票。

市盈率为 53.4 倍,而市盈率最高的中微公司达到 170.75 倍。虽然科创板首批上市企业的市盈率均值远高于所处行业的市盈率水平[①],但却较当年创业板首批企业的发行市盈率更低。考虑到科创板市场本身的特殊定位,科创板首批企业获得市场炒作的概率更高,而上市首周的股价表现也佐证了这一观点。

(3) 上市后股价表现(港交所中资股、科创板和创业板)

科创板火热开市,首日表现好于创业板(如图 3-5 所示):2009 年首批上市的 28 家创业板公司,上市首日收盘价相对发行价均大幅上涨,平均上涨幅度为 106.2%,其中,涨幅最大的金亚科技,上涨 209.7%;2019 年首批上市的 25 家科创板公司,上市首日收盘价相对发行价均大幅上涨,平均上涨幅度为 139.55%,其中,涨幅最大的安集科技,上涨 400.15%。

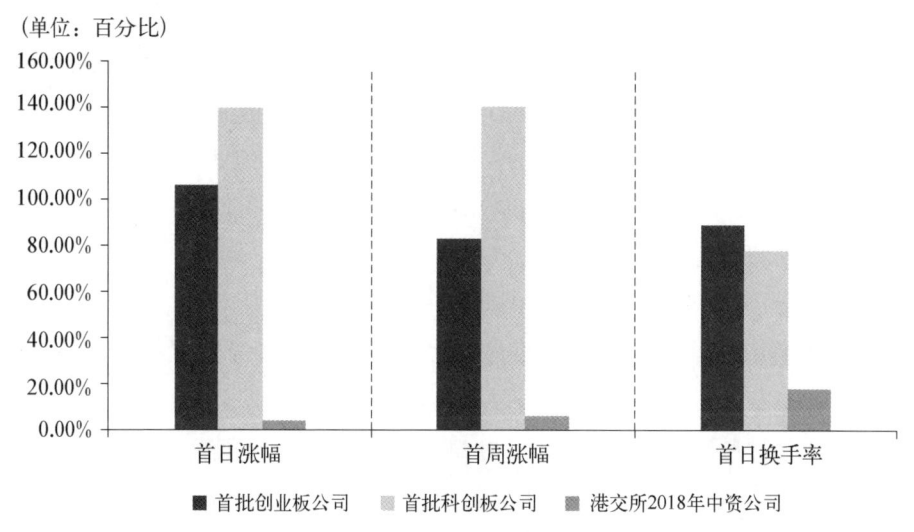

图 3-5　首批科创板公司、首批创业板公司、港交所 2018 年中资股,上市后首日平均涨幅、前 5 个交易日平均涨幅和首日平均换手率

数据来源:WIND。

就首周表现来看,科创板的表现也好于创业板(如图 3-5 所示):2009 年首批上市的 28 家创业板公司,上市前 5 个交易日平均累计上涨幅度为 82.91%,其中,涨幅最大的安科生物,上涨 163.53%;2019 年首批上市的 25

---

① 科创板首批 25 家上市公司中,22 家公司的估值较行业平均市盈率存在溢价。12 家公司首发市盈率溢价幅度超过 50%,4 家公司估值溢价幅度超过 100%。

家科创板公司,上市前 5 个交易日平均累计上涨幅度为 140.20%,其中,涨幅最大的安集科技,上涨 349.73%。

此外,在图 3-5 中我们也发现,2018 年港交所上市的 60 只中资股,上市首日和首周表现均远弱于创业板和科创板。60 家中资企业,上市首日平均上涨 3.98%,上市首日收盘价破发的公司 23 家,平盘的公司 13 家,获得正收益的公司 24 家;上市前 5 个交易日平均累计上涨 6.03%。

如图 3-6 所示,换手率方面,首日科创板平均换手率(均值 77.78%)略低于创业板(88.88%),但远高于港交所中资股(17.83%)。首周表现来看,科创板无涨跌幅限制,创业板首日之后涨跌幅限制为 10%,后四日科创板平均换手率略高于科创板,但都较首日有明显下降。相比,港交所中资股在上市 5 日后,平均换手率已经低至 1.33%,创业板和科创板的换手率均维持在高位。

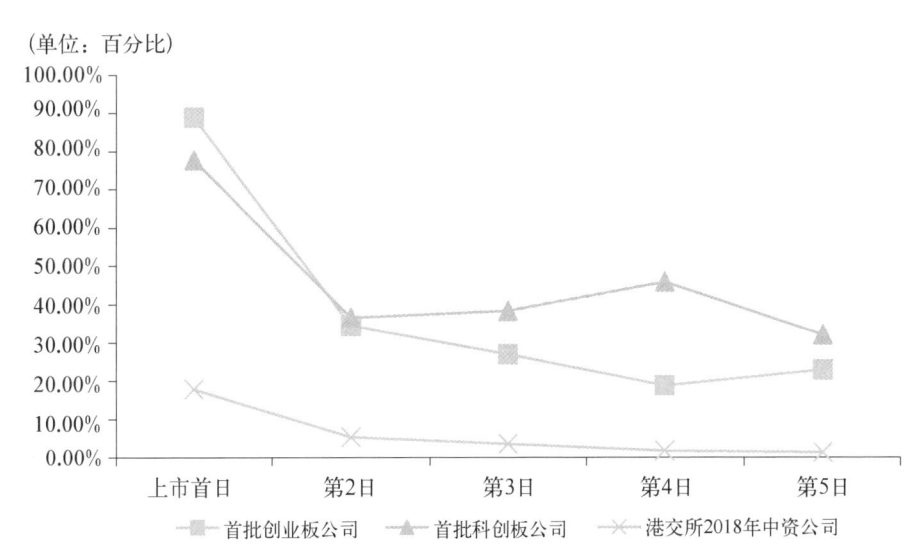

(单位:百分比)

图 3-6 首批科创板公司、首批创业板公司、港交所 2018 年中资股,上市后前 5 个交易日平均换手率

数据来源:WIND。

总而言之,在国际国内大环境充满不确定性和股市主板业绩不佳的情况下,科创板首批上市交易公司则业绩亮眼。这一业绩比 2009 年中国资本市场最受追捧的创业板首批企业上市第一周的股价表现和交易量更为火爆,短期收益也远高于 2018 年在港交所登陆的中资股。在国际国内环境持

续充满不确定性的情况下,这样的科创板业绩到底能够持续多久,是否会由于内部外部负面消息引发暴跌,都是值得我们密切关注的。事实上,科创板注册制能否平稳落地中国 A 股股市,最关键的因素之一就是以散户交易为主导的市场能否对上市企业在二级市场上形成合理的定价以及市场监督机制。而其中的关键是了解各类投资者行为,这正是我们下一章的核心内容。

五、投资者结构和投资者行为

在投资者结构方面,A 股市场仍由散户投资者主导:截至 2017 年,沪市 A 股市场账户数量约 2.8 亿户,其中中小投资者占比超过 9 成,交易量占比达到三分之二。中小投资者的投资理念、投资技巧及投资心理不成熟,投资者理性程度低,导致股票市场的非理性行为普遍存在,"炒新、炒小、炒差、炒高"等现象成为 A 股市场多年的顽疾。

1. 投资者"分散化不足"问题

投资组合问题是金融学研究的核心问题,传统金融理论认为投资者应该通过资产组合来分散证券投资的风险,然而,对现实市场的实证研究表明,投资者实际的资产组合与传统金融理论最优化的充分分散结果大相径庭。现实投资者的资产组合中资产种类很少,远远不能达到分散证券投资风险的效果,这就是风险分散化不足现象。

由复旦泛海国际金融学院和上交所研究院共同组成的课题组利用上交所账户层级的数据分析各类投资者的行为,其中,个人投资者按照账户投资、持仓证券(包括股票)的平均金额区分为散户(不超过 10 万元)、小户(不超过 50 万元)、中户(100 万元)、大户(300 万元)和超大户(1 000 万元)。课题组发现,如图 3-7 所示,个人投资者投资股票时的分散化水平要远低于机构投资者。个人投资者户均持股 1—3 只,其中数量最多的散户平均持股数不到 2 只,而持股数量随着资产规模上升而递增。机构的资金实力雄厚、投研能力强、投资水平高,户均持股数显著高于个人,其中社保、QFII 的投资组合最为分散,户均持股大于 40 只股票。

(单位：只)

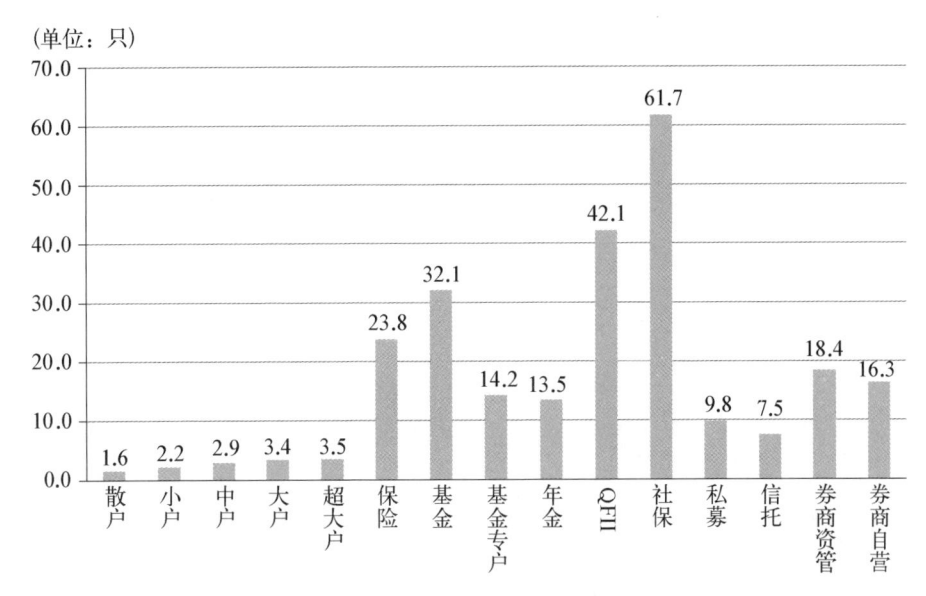

图 3-7 2017 年投资者平均持股数量

资料来源：FISF 和上交所课题组《中国股票市场个人投资者理性指数研究》报告。

2. 投资者交易偏好

行为金融学和传统金融学的区别源于两个根本假设，其一是投资者受到投资者情绪影响，其二是修正投资者情绪所产生的价格影响风险大、成本高，以至于理性投资者、套利者很难进行交易。基于此 Baker 和 Wurgler(2007)进一步将投资者情绪定义为对"投机"的偏好，并提出新股、小盘股、高波动率股、亏损股、不分红股、ST 股和极度成长型股(高 PE 股)都是典型的较难以估值的股票，这些股票也都是市场中最容易被投机者所追捧的股票，这类股票的收益更容易受到市场上投资者情绪的影响。A 股市场投机氛围浓烈，其中又以"炒新""炒小""炒高""炒差"现象最为普遍。如图 3-8 左下角所展示，这些投机性强的股票正是散户投资股票的明显偏好；而机构投资者，尤其是通过沪港通北上资金和 QFII 这样的国际机构投资者(如图 3-8 中右上部分所示)，则更青睐"价廉物美"的股票(大盘股和低收益率股票)，也更接近于金融学理论所陈述的理性投资者。

根据图 3-7 和图 3-8 展示的散户投资时的两种行为偏差(缺乏风险分散意识和热衷投机性高的股票)，以及其他几种非理性投资行为，课题组采用投资者持仓的高 PE 偏好、负 PE 偏好、小市值偏好和持有股票上市年限四个维

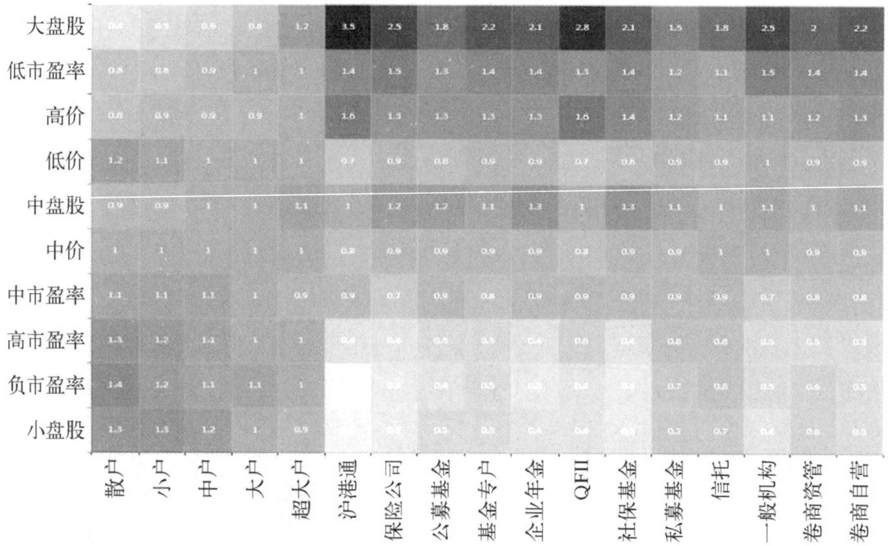

图 3-8 投资者交易偏好热度图

资料来源：FISF 和上交所课题组所著《中国股票市场个人投资者理性指数研究》。

度的投机子指标来反映这些行为,然后再合成为一个投机偏好指标来综合反映投资者的投机非理性行为。

根据课题组的初步研究成果,性别差异方面,男性、女性投资者的"投机偏好"较为接近：女性投资者"炒新股"的偏好低,但"炒小""炒高""炒差"的倾向和男性投资者基本持平。在年龄差异方面,年龄小的投资者投机性更强：30岁以下的投资者"投机偏好"均值17.3,60岁以上投资者"投机偏好"均值13.2,随着年龄的增长,投资者的风格越稳健。在投资者类型差异方面,个人投资者的投机性强,偏向于炒小、炒差,QFII、保险、社保价值投资理念的倾向显著,偏向于买大、买优：个人投资者的"投机偏好"均值在15—16,高于所有类型的机构投资者；大部分机构投资者也存在一定程度的"投机偏好",只有QFII、保险和社保的"投机偏好"为负数,其中QFII的各项衡量投机性指标最弱,也就是说,这类投资者最接近理论上所说的理性投资者。

3. 关于投资者行为的其他研究成果

这里简述近期的使用上交所账户数据进行的投资者研究的主要发现。首先,Gao,Shi 和 Zhao(2018)针对中国 A 股投资者"打新"中签后的行为进行研究。打新是中国特定IPO发行制度下的一种投资行为;很多个人投资者认为,因为IPO股票开盘交易后股价总会有大的攀升(这也跟证监会限制IPO发行价格有关),能够在开盘前申请并得到股票是一定能够赚钱的;但是以IPO发行股票的流程来看,能够打到新股并不体现交易能力,纯属运气。但研究者们发现,部分投资者新股中签后会更频繁地进行交易,表现出过度自信;长期来看,新股中签后的过度自信引发的非理性交易行为会给投资者带来较大财富损失。

其次,An、Bian、Lou和Shi(2019)基于交易所的账户数据,对2014年7月至2015年12月中国股市异常波动期间的投资者行为进行研究。研究表明,这段时间,活跃的交易导致超过2 500亿元财富从小户和散户向大户包括机构投资者转移。在考虑到正常交易的各种情况后,研究还发现这种财富转移主要反映的是投资技能的差异。再次,Titman、Wei和Zhao(2019)发现中国上市公司进行股票分拆(又称"高送转",stock splits)中的42%的分拆事件存在上市公司与机构投资者联合操纵市场的嫌疑:在这些分拆事件公告前机构投资者建仓,公布日通常股价会上升;公布后,尤其是进行分拆的上市公司新公布业绩不佳时股价会跌;而可疑交易中散户投资者为净买入方,机构投资者为净卖出方。

以上我们根据复旦/上交所课题组以及其他利用上交所交易账户层面数据的研究发现:第一,中国股票市场整体换手率要远高于成熟市场,不同类别投资者的换手率分化较大,其中个人投资者过度自信最严重;第二,个人投资者户均持有股票仅2只,风险分散化不足现象远较其他投资者类别显著;第三,个人投资者存在明显的处置效应,机构投资者处置效应不显著;第四,个人投资者存在很强的投机偏好,机构投资者大部分也存在一定程度的投机偏好,QFII、保险和社保的投机偏好最低;第五,个人投资者的理性程度为各类投资者中最低,投资者理性程度随年龄增长而增长,女性投资者较男性投资者更理性,股市异常波动期间,各类投资者的理性程度整体下降;第六,投资者的理性程度越高,盈利水平一般越好。

总之,通过本章展示的证据表明A股市场的大量散户在交易中仍然表现出非理性的行为偏差;这些行为偏差不但会给个人投资者投资股市和其他市场时带来损失,也会让A股市场对上市公司的定价过程有偏差。如何改变投资者结构以及提升个人投资者的投资和理财的能力?除了对投资者教育外,引入更多的长期的国际机构投资者是一条途径。

六、A股市场国际化进程

A股市场国际化步伐正提速前进，从沪港通、深港通的开通，再到如今积极推进的沪伦通；从A股纳入MSCI，到纳入富时罗素指数，A股市场与其他国际市场的亲密度越来越高。这不仅是A股市场扩大开放的主动行为，也是外资迫切需要配置A股资产的需要。

同时，从沪港通、深港通的北向资金走向及青睐的股票来看，北上资金着重长期价值投资，相对较为理性。中长期的国际资本引入，有利于改善A股市场的投资者结构，并深化价值投资的市场投资理念。因此，无论从哪个方面来说，A股国际化都是件有益的事情。

1. 沪港通和深港通

沪港通是指上交所和香港联交所允许两地投资者通过当地证券公司买卖规定范围内的对方交易所上市的股票，是沪港股票市场交易互联互通的机制。深港通是指深交所和香港联交所允许两地投资者通过当地证券公司买卖规定范围内的对方交易所上市的股票，是沪港股票市场交易互联互通的机制。

（1）沪港通和深港通概况

2014年11月17日，沪港通正式启动。沪港通包括沪股通和港股通两部分：沪股通，是指投资者委托香港经纪商，经由香港联合交易所设立的证券交易服务公司，向上海证券交易所进行申报，买卖规定范围内的上海证券交易所上市的股票；港股通，是指投资者委托内地证券公司，经由上海证券交易所设立的证券交易服务公司，向香港联合交易所进行申报，买卖规定范围内的香港联合交易所上市的股票。

2014年9月5日，证监会明确表示，在"沪港通"试点取得经验的基础上，证监会支持深港两地交易所进一步加强合作，深化合作的方式和内容，共同促进两地资本市场的发展。经过两年多的筹备，2016年12月5日，深港通正式启动。

（2）北上和南下资金特点与投资者偏好

数据显示，在两地互联互通机制下，2018年南下资金净买入金额为827亿港元,较 2017 年的 3 399 亿港元下滑幅度高达 76%。这也是 2014 年 11 月连接香港和上海股票市场的沪港通开通以来,南下资金首次出现年度萎缩。南下资金大幅降低的原因主要在于:一方面,投资者对经济预期悲观,出于防御性投资考虑,将资金从基金中撤出;另一方面,大陆投资者持股期限通常也更短,国际宏观环境的不确定性也导致他们回避香港市场。

相比之下,北上资金则大幅增长。如图 3-9 所示,2018 年全年,通过沪、深股通的北向交易资金累计净买入 A 股人民币 2 492 亿元,较 2017 年增长 47%,创历史纪录,这也是北上资金净买入金额首次反超南下资金。从北上资金的流动完全可以看出来,它们秉承的是价值投资理念:其典型体现就是 2018 年至 2019 年初北上资金保持持续净流入,可以肯定北上资金在这段时间一直在抄底。与此相对的是,从 2019 年 A 股日渐抬头之后,北上资金净流量自 3 月 1 日起急速下滑,日净流量一直没有超过 50 亿,甚至出现单日净流出超过 35 亿的现象。

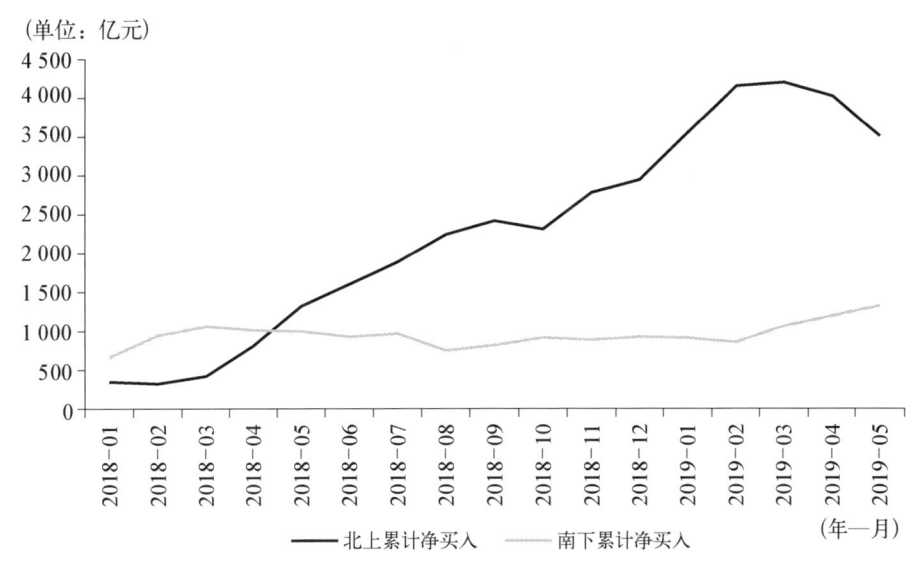

图 3-9 2018 年 1 月至 2019 年 5 月南下和北上累计净买入
资金量(南下资金已换算成人民币)

数据来源:WIND。

同时,我们根据 Wind 数据库汇总每个交易日沪股通、深股通、沪市港股通和深市港股通交易量排名前十的股票,将 2017 年至 2019 年 5 月间每个类别中股票交易额排名第一的天数进行统计,得出热门股排名。其中,南下资金(沪市港股通和深市港股通)最青睐的股票为腾讯控股、融创中国、工商银行、汇丰银行、中兴通讯;北上资金(沪股通和深股通)最青睐的股票为贵州茅台、中国平安、恒瑞医药(上交所股票),海康威视、美的集团、格力电器(深交所股票)。从北上资金青睐的股票来看,他们更偏爱以下类型股票:第一,消费板块,比如食品饮料、医药生物等行业;第二,行业龙头,通常是行业内市值最大的股票,比如格力电器、恒瑞医药等。这些公司,市场竞争力强、市值大、流动性好,增长和利润都不错。

此外,根据 2017 年港交所披露数据计算,在沪港通开通的前 3 年中,北上资金收益率远高于南下资金:北上资金净流入 3 263 亿元,10 月底持仓 4 917 亿元,账面盈利 1 654 亿元,收益率高达 50%;南下资金净流入 6 375 亿港元(约 5 413 亿元),账面盈利 1 713 亿港元(约 1 454 亿元),收益率为 27%。从北上资金的流动走向、购买的股票可以看出,北上资金完全是价值投资的风格与特点,甚至可以称为"Smart Money",相比南下资金更加理性,且收益率更高。

3. 沪伦通

英国是第一个申请加入亚投行、第一个向亚投行特别基金注资、第一个签署《"一带一路"融资指导原则》、第一个设立"一带一路"特使和成立专家理事会的西方大国。伦敦目前是全球最大的人民币离岸交易中心和第二大人民币离岸清算中心,英国还是首个发行人民币计价主权债券的西方国家。2014 年 10 月,中国财政部发行的 30 亿元人民币国债在伦敦证券交易所上市交易,这是中国首次在境外发行人民币主权债券;2016 年 11 月,中国银行在伦敦发行首只中国绿色资产担保债券。

沪伦通是中英金融合作的又一里程碑事件,指的是上海证券交易所与伦敦证券交易所互联互通的机制。符合条件的两地上市公司,可以发行存托凭证(DR)并在对方市场上市交易。沪伦通是深化中英金融合作,扩大中国资本市场双向开放的一项重要举措。沪伦通的开通也为未来境外上市的独角兽企业通过发行 CDR 回归 A 股奠定了制度基础。

(1) *沪伦通发展历程*

沪伦通的发展历程如表 3-5 所示。

表 3-5　沪伦通发展历程

2015.09.21：	第七次中英经济财经对话,中英双方宣布对"沪伦通",即伦交所和上交所的正式连通,开展可行性研究。
2018.10.12：	证监会正式发布《关于上海证券交易所与伦敦证券交易所互联互通存托凭证业务的监管规定(试行)》,自公布之日起施行。
2018.11.02：	上海证券交易所正式发布以《上海证券交易所与伦敦证券交易所互联互通存托凭证上市交易暂行办法》为主的8项规则,中国证券登记结算有限公司发布相应登记结算业务细则,加上证监会在此前发布的《上海证券交易所和伦敦证券交易所市场互联互通存托凭证业务监管规定(试行)》,沪伦通下监管、交易与登记结算等基本框架已经落地。
2018.06.11：	沪伦通正式通航。中国证监会和英国金融行为监管局2019年6月17日发布沪伦通《联合公告》,原则批准上海证券交易所和伦敦证券交易所开展沪伦通。同日,沪伦通启动仪式在伦敦举行,上交所上市公司华泰证券股份有限公司发行的沪伦通下首只全球存托凭证(GDR)产品在伦交所挂牌交易。

(2) 沪伦通简介

沪伦通是指上海证券交易所与伦敦证券交易所互联互通机制,是指符合条件的两地上市公司,依照对方市场的法律法规,发行存托凭证(DR)并在对方市场上市交易。同时,通过存托凭证与基础证券之间的跨境转换机制安排,实现两地市场的互联互通。

沪伦通包括东、西两个业务方向。东向业务是指伦交所上市公司的基础股票,通过跨境转换①等方式转换成中国存托凭证(CDR),在上交所挂牌交易；西向业务是指上交所 A 股上市公司的基础股票转换成全球存托凭证(GDR),在伦交所挂牌交易。目前东向业务暂不允许伦交所上市公司以 CDR 方式直接融资,仅能以存量股票为基础发行 CDR,上交所 A 股上市公司则可通过发行 GDR 直接在英国市场融资。

(3) 沪伦通最新进展：华泰证券 GDR

伦敦时间 2019 年 6 月 14 日上午 10 时,华泰证券在伦敦证券交易所发行全球存托凭证(GDR)的价格确定。发行价格为每份 GDR 20.50 美元,发行的

---

① 跨境转换分为基础股票转换成 DR 的"生成"过程和 DR 转回基础股票的"兑回"过程。整个跨境转换由投资者、存托人、托管人以及跨境转换机构等市场主体协同完成。具体来看,生成业务是指中国跨境转换机构在境外市场买入或者以其他合法方式获得基础股票并交付存托人,存托人根据相关规定和存托协议的约定签发相应中国存托凭证；兑回业务是指存托人根据相关规定和存托协议的约定注销相应中国存托凭证,并将相应基础股票交付中国跨境转换机构。

GDR 数量为 7 501.36 万份,所代表的基础证券 A 股股票为 75 013.64 万股,占华泰证券已发行股本的 9.1%。每 1 份 GDR 代表 10 股基础 A 股股票,募集资金为 15.38 亿美元。伦敦时间 6 月 20 日,华泰证券发行的 GDR 将正式在伦敦证券交易所上市。

华泰证券此次 GDR 的发行,意义重大。它将让华泰证券成为首家发行 GDR 的 A 股上市公司,也是第一家 A+H+G 上市的公司。此外,若全部行使超额配售权,华泰证券的募资将达到 16.9 亿美元,或将成为 2019 年伦交所的第二大 IPO 项目。同时,华泰证券此次的发行,还是上交所与伦交所互联互通的机制——沪伦通的首个 GDR 项目。

4. MSCI 和 FSTE Russell

随着中国证券市场对外开放逐步深化,中国资本市场将成为全球投资者多元化配置资产的重要目的地。2017 年,国际知名指数公司明晟公司(MSCI)将 A 股纳入其指数体系;2019 年 6 月,指数公司富时罗素也将 A 股纳入其指数体系。

(1) A 股和 MSCI

MSCI(明晟)是美国指数编制公司,MSCI 指数是全球投资组合经理采用最多的基准指数。在全球前 100 个最大资产管理者中,有 97 个都是 MSCI 的客户。据晨星、彭博、eVestment 的估算数据显示,截至 2015 年 6 月,全球有约 10 万亿美元的资产以 MSCI 指数为基准,全球前 100 个最大资产管理者中,97 个都是 MSCI 的客户。

自 2013 年列入 MSCI 新兴市场指数观察名单,A 股 2014 年—2016 年连续三年入 MSCI 未能成功。2017 年 6 月 21 日凌晨,全球指数供应商 MSCI 宣布从 2018 年 6 月开始将中国 A 股纳入 MSCI 新兴市场指数和 MSCI ACWI 全球指数。2018 年 6 月,按照 2.5% 的纳入因子将 A 股正式纳入 MSCI 新兴市场指数中;2018 年 9 月,将 A 股的纳入因子提高到 5%。

2019 年 3 月,MSCI 宣布将扩大中国 A 股在 MSCI 全球基准指数中的纳入因子至 20%。这将分三个阶段落实:2019 年 5 月扩大至 10%,2019 年 8 月扩大至 15%,2019 年 11 月扩大至 20%。

(2) A 股和 FSTE Russell

富时罗素公司(FTSE Russell)是伦敦证券交易所集团的全资子公司,由富时集团和罗素指数在 2015 年合并而成。富时全球股票指数系列（GEIS）是富时罗素公司的旗舰指数体系。截至 2018 年 3 月，该指数体系涵盖了 47 个不同国家的约 1.6 万只股票。

2018 年 9 月 27 日，富时罗素宣布，将 A 股纳入其全球股票指数体系，第一阶段 A 股纳入因子为 25%，25% 的纳入因子分为三步走：2019 年 6 月为 20%、2019 年 9 月为 40%，剩余 40% 在 2020 年 3 月实施完毕，也就是说三个时间点的纳入因子将分别达到 5%、15% 和 25%。至 2020 年 3 月第一阶段结束后，预计中国 A 股市场将占富时新兴市场指数总额的约 5.5%，代表仅该指数就能带来 100 亿美元（折合人民币 690 亿元）的被动管理资产净流入。

七、上市公司治理

2018 年 9 月 30 日，中国证监会正式发布了新修订的《上市公司治理准则》，这是自 2002 年至今的最新修订。修订涉及了中小投资者保护、董事会制度、独董制度、高管职责、环境、机构投资者参与治理、社会与治理（ESG）原则等公司治理议题。这对中国上市公司治理提升和完善，有着重要的意义。

但与此同时，2018 年，亚洲公司治理协会（ACGA）最新的《公司治理观察》（CG WATCH），运用多维度的评价指标对亚洲 12 个市场的公司治理和监管环境进行了评比，中国大陆地区以 41 分名列第 10（倒数第 3），排名仅高于菲律宾和印尼，这一报告的评价维度主要包括了监管环境、会计审计制度、公司治理机制等多方面。对于这一报告，可能有很多值得争议的地方。但这样的排名，让我们不得不对中国上市公司治理水平进行思考。同时，前面提到的 AQSZ(2019) 论文还发现，A 股上市公司相比其他主要发达和新兴市场股市的上市公司以及境外上市的中国公司的股票收益和经营业绩（净现金流）的差距来自两个方面：第一是 A 股市场上市和退市等机制的缺陷导致的逆向选择，第二则是上市公司大规模投资效率低下以及控股股东通过关联交易等形式"掏空"上市公司（tunneling）；这两方面的结果都说明 A 股上市公司治理水平的差距。

所以进一步提升中国上市公司的公司治理水平仍然是改革股市的关键环节之一。本章我们着重思考有关公司治理的几个重要方面：信息披露、关联交易,以及对公司违法违规的处理;前文已经阐述的退市制度的设计和执行也是促进整体公司治理的重要相关环节。

1. 财务造假和信息披露的质量

2019年4月29日晚间,也是年报发布日的最后一天,A股市场再次炸响一颗重磅"地雷"。康美药业在发布年报的同时,公司还发布了一份《前期会计差错更正公告》,修改了2017年的年报数据,称有299亿元的"错误"会计处理:康美药业承认在2017年多计入货币资金299亿元,存货少计入195亿元。

5月17日,证监会通报对康美药业调查的进展表示,现已初步查明,康美药业披露的2016年至2018年财务报告存在重大虚假,一是使用虚假银行单据虚增存款,二是通过伪造业务凭证进行收入造假,三是部分资金转入关联方账户买卖本公司股票。

财务造假,不仅严重损害投资者利益,而且严重危及资本市场的发展,动摇股市的根基。财务造假丑闻在A股市场上曾经屡见不鲜、屡禁不止:从操纵利润到伪造业务凭证,从大股东占用资金到关联交易,从虚增固定资产投资到少提折旧。案例包括,2006年,夏新电子虚增盈利4 077万元;2013—2016年,昆明机床通过存货不实问题虚构收入;2015—2016年,山东墨龙通过财务造假制造盈利假象,以方便实际控制人高价违规减持套现。仅2014年至2016年间,证监会就对近30个涉及财务造假的案例进行了处理。将中国上市公司的财务造假和会计丑闻案例与包括美国在内的发达市场发生的丑闻相比,我们可以看出中国公司造假的手段并不高明,而像更改发票这样的造假手段体现了公司不仅缺乏完善的财务制度,也缺乏基本的风控制度。

如何治理上市公司财务造假问题?核心在于建立"事前"预警机制和"事后"惩罚机制。"事前"预警机制,即提高信息披露质量,完善信息披露评价体系。2007年,中国证监会发布《上市公司信息披露管理办法》,对上市公司及其他信息披露义务人的信息披露行为作出具体规范,进一步完善上市公司信息披露政策体系。经过历年实践,A股市场上市公司的信息披露水平显著提高。但在看到成绩之余,也不能忽视当前上市公司的信息披露依然存在问题:第一,上市公司披露的信息缺乏可信度,上市公司发布业绩修正公告的频次高居不下;第二,上市公司信息披露随意性很强,部分公司随意对定期报告进行更正,对关键信息模糊回应等;第三,上市公司履行信息披露不充分,尤其是涉及重大资产重组、违法案件等方面,存在避重就轻、隐瞒不报等现象。

如何提高信息披露质量?从制度环境看,应该发展长期的投资者回报机制,以此转变上市公司为了短期利益财务造假、欺诈发行上市等现象。同时,应加强制度建设,奖励信息披露诚信、合规企业。此外,构建"事后"惩罚机制,也是减少上市公司财务造假的重要手段,简单说就是要提高财务造假的上市公司的违法违规成本,我们将在下一节着重讨论。

2. 公司违规与违规成本

之前我们提到应对财务造假问题的重要手段就是提高公司违规成本。目前中国资本市场监管有一个缺陷:违法违规的成本太低。比如,根据现行《证券法》,上市公司发布虚假信息的,顶格处罚只有60万元,相关责任人的最高罚款只有30万元,违规成本远远低于通过弄虚作假保住上市公司壳的价值(可以高达数亿至数十亿元)。这样的处罚措施无法阻止上市公司的财务造假,甚至可视作对财务造假的纵容。因此,光有强监管是不够的,同时需要提高违约和违法成本,让作假公司和机构的违规成本和违法成本远远高于其获得的非法利益。

这里我们提出以下几点建议:第一,对于在上市环节进行财务造假的,直接取消上市资格,已上市企业必须强制退市;第二,对于已上市公司进行财务造假,必须加大处罚力度,情节恶劣者,可以让财务造假的公司直接退市,不给其第二次机会;其三,要治理上市公司财务造假,就必须切实赔偿投资者损失,最有效的方式就是引入集体诉讼机制,在赔偿投资者损失的同时,对财务造假的上市公司起到震慑作用。同时,必须通过教育培训等方式提升上市公司财会人员以及财会中介和审计公司人员的专业业务水平。

另外,可以考虑采取包括美国等发达市场采用的高额奖励举报人的制度——在发现会计造假等高级白领犯罪方面,很多案例最早是由企业内部工作人员举报(媒体或者监管部门)的;在安然等会计丑闻爆发后美国政府为了更好防范类似丑闻的发生以及提升整个体系的诚信度和可信赖度,大大提高了奖励举报人(whistleblower)的奖励额:美国证监会(Securities and Exchange Commission,SEC)专门成立举报人办公室;美国税务局(Internal Revenue Service,IRS)还将由于举报人信息而追查追收到的税收收入的(最高不超过)30%奖励给举报人。

3. 关联交易

对于所有新兴市场国家,包括中国的上市公司来说,一个与美国这样的发达市场的股东结构的重要区别就是在新兴市场国家的上市公司所有权集中:大部分上市公司中有一个(或者几个)控股股东;他们常常控制董事会以及任命自己或者关联方担任上市公司高管。有控股股东的上市公司关联交易行为普遍,这促使着利益输送行为的滋生:上市公司的大股东、董事监事高管等关联人通过"高买低卖"式关联交易,严重损害公司、少数股东和债权人的利益,是掏空上市公司的最主要手段之一。

中国上市公司的关联交易有多种形式,比如像Jiang,Lee和Yue(2010)研究的企业之间的借贷市场——上市公司的控股股东通过向上市公司借款,可以将大笔资金最终流向控股股东自己或者关联方(公司或者个人)。除了直接向上市公司借款外,控股股东还可以让上市公司为自己或者关联方借款时提供担保——一旦借款方陷入财务困境不能还款,上市公司作为担保人就会蒙受损失。Li,Lu,Qian和Zhu(LLQZ,2019)比较不同形式的关联交易以及监管部门的对策,其论文的核心发现是监管政策的可执行力是政策是否有效的关键。

具体而言,研究者们对比了两种于20世纪90年代末至2005年以前常见的关联交易以及监管部门针对这些关联交易制定并于2005年公布的系列措施:如上所述的控股股东让上市公司提供贷款担保,或者以各种理由和形式(通过本人或者关联方)占用上市公司的资金和资产。通过案例分析发现两种形式的关联交易都可以将上市公司掏空,但是对监管部门来讲,事前辨别这两种行为的目的的难度,以及事后(上市公司蒙受损失后)调查肇事人以及审核上市公司由于该行为带来的损失所需时间和成本而言是完全不同的。任何形式的资金/资产占用(按照关联交易信息披露原则)必须及时登记,这样事后有据可查;一些极端的资金占用形式类似打劫,其掏空上市公司的目的一目了然。而搞清楚为另一家公司提供贷款担保的真实目的却并非容易,因为中国企业,尤其是民营中小企业贷款难;这些企业能够贷款的条件就是有资信程度高的个人或者企业做担保——所以,企业之间互相提供担保,形成担保圈的现象非常普遍。上市公司提供担保后受损要等到贷款公司违约后才开始调查,这时的企业和决策者可能都发生了很大变化,追究责任也不是件容易事。

基于以上分析,LLQZ(2019)得出结论,由于鉴定、监控和制止(掏空上市公司的)贷款担保的成本高昂,证监会在 2005 年公布的"关于集中解决上市公司资金被占用和违规担保问题的通知"(证监公司字[2005]37 号)中,没有明文禁止贷款担保,也没有任何针对哪一类担保采取的具体措施,只是强调了提供担保的规范化和上市公司内部程序。在此文件公布后,上市公司提供担保的行为并没有显著的变化。与此截然不同的是,在同一文件(证监公司字[2005]37 号)中,证监会明确规定了五类资金占用为"非经营性"资金占用,勒令停止,被控股股东和关联方所占用资金资产必须在一定时间归还,否则追究法律责任。此文件颁布执行后,LLQZ(2019)发现,这几类非经营性资金占用在一年后基本消失,大部分被占用资金的企业在新法规公布后收回资金并提高投资,实现了业绩的提升。

以上研究论文的结果表明,在所有新兴市场国家法律体系尚未健全的情况下(建立完善的法律体系耗时长、成本高)选择制定一些可执行性高端政策控制解决一些突出的违法违规和公司治理的问题是一条有效的途径;可执行性差的法律法规哪怕花了大力气设计出来,除了成本高以外,执行效果也不会太理想,随着中国公司治理体系的完善,以及针对关联交易和利益输送的各层级法律规范的出台,利益输送行为得到有效的抑制。2017 年,证监会发布了关于再融资的政策调整,旨在规范上市公司近年来非公开发行(定增)频繁融资、过度融资以及利益输送等行为。2018 年,银保监会发布《商业银行股权管理暂行办法》,其中针对违规开展关联交易进行利益输送以及滥用股东权利损害银行利益等现象进行了严格规范。2019 年,最高人民法院发布《最高人民法院关于适用〈中华人民共和国公司法〉若干问题的规定(五)》,其中第一条和第二条专门针对利益输送式关联交易作出相关规定,对关联交易的内部赔偿责任进行追究,目的是封堵关联交易方面的漏洞。

第四章 蓬勃发展的新生力量：债券市场

CHAPTER 04

作为多层次资本市场的重要组成部分,债券市场的发展有助于拓宽企业和政府的融资渠道,并对改善融资结构、增强金融体系的稳定性,具有至关重要的作用。然而,中国债券市场发展的历史其实不长,应该说从1984年以后中国才恢复国债的发行。另外,中国和亚洲其他地区的债券市场发展水平,尤其是公司和企业债市场,一直以来相对较低迷,原因包括多方面:

第一,缺乏健全的会计、审计制度和高质量的多个债券/信用评级机构。

第二,债券违约和公司破产重组相关的法律体系欠发达。在中国和其他大多数的新兴经济体,由于对债权人的保护程度低以及法院体系的效率低,债券持有人遇到违约情况,能回收的本金很低,回收时间长且面临较高的不确定性。这导致国内外投资者降低了对中国债券市场,尤其是公司和企业债的投资。

第三,过去,中国缺乏架构完整的债券收益率曲线。这条曲线最终目标是将不同风险(以不同的信用评级衡量)的债券按照期限勾画出来,为投资者和发债主体提供发债和投资的依据。为此,有风险的债券收益率曲线必须先有一条无风险(即国债)的债券收益率曲线为基础;以往,公开交易的国债市场规模小,历史价格信息缺乏,导致中国无风险债券收益率曲线无法完整划出。上述情况在过去十年来有所改善:2009年12月,中国首个50年期国债在银行间市场和证券交易所债券市场同时亮相,这类债券的发行进一步完善了债券的收益率曲线。中国国债的交易品种增加,期限从一个月到三十年不等。

尽管有各种各样的阻力,但抱着要"埋头求发展"这一伟大决心的中国人总会想到解决问题的办法。我们在研究中发现了一个极其有中国特点的金融现象:

> 在支持整体经济增长方面,金融体系中最成功的部分是替代性金融部门(包括非正规金融中介、内部融资和商业信用,以及企业、投资者与地方政府之间其他各种形式的融资渠道)。这一部门的增速远快于国有部门(即所有国有企业)和所有A股上市的上市企业(AQQ,2005)。

另外,还应看到,随着经济的快速增长以及政府大力发展直接融资方式,中国债券市场规模,包括国债以外的各类债券,在过去十年间不断扩大。本章将先介绍中国债券市场的概况以及债券种类,然后介绍债券评级与评级机构的发展。接下来我们分析中国各主要部门的负债情况以及最近爆发的多起企业违约事件,和进一步发展债券市场面临的主要问题。本章重点介绍了"替代性融资"——非市场、非银行部门发行和产生的债权类产品和信贷,以及这些产品和发行部门的特点以及相关公司直接机制。

一、中国债券市场概况

Amstad 和 He(2018)对中美债券市场发展进行了对比。他们观察到在过去十年内,中国债券规模占当年 GDP 的比重从 2008 年末的 35% 快速上升至 2018 年末的 95%;相较而言,美国债券市场已经处于成熟期,债券规模占当年 GDP 的比重维持在 200% 左右。图 4-1 为 2008—2018 年中美债市规模占当年 GDP 比重的变化趋势。相对于股票市场,中国债券市场的增速更为显著,债券市场规模与股票市场市值的比值在 2017 年达到 131%[①],超过美国(2007

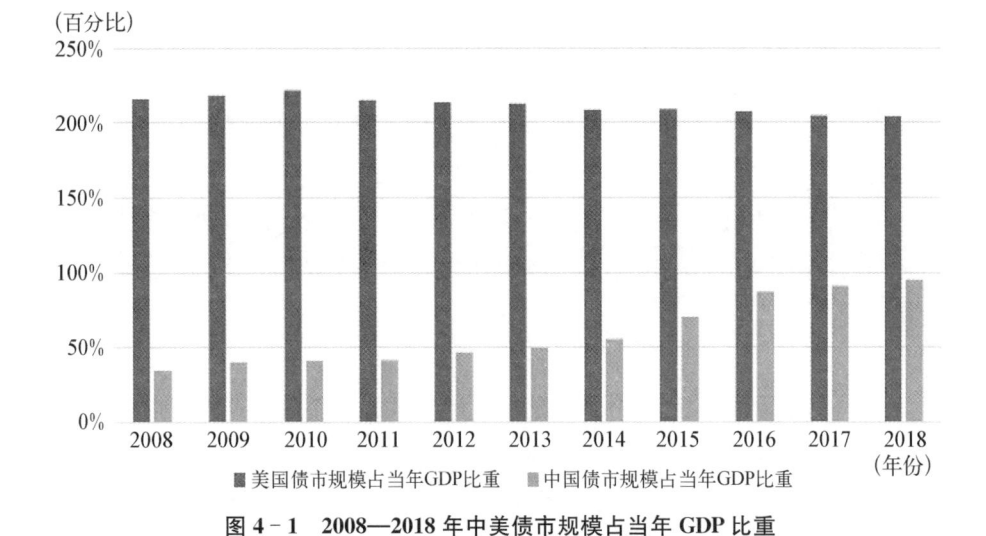

图 4-1 2008—2018 年中美债市规模占当年 GDP 比重

资料来源:"Chinese Bond Market and Interbank Market"。

---

① 中国债市规模与股市市值的比值激增至 131%,这主要是受到 2018 年中国股市的低迷表现的影响。

年美国这一比值为 128%）。图 4-2 为 2008—2018 年中美债市规模与股市市值的比值变化趋势。

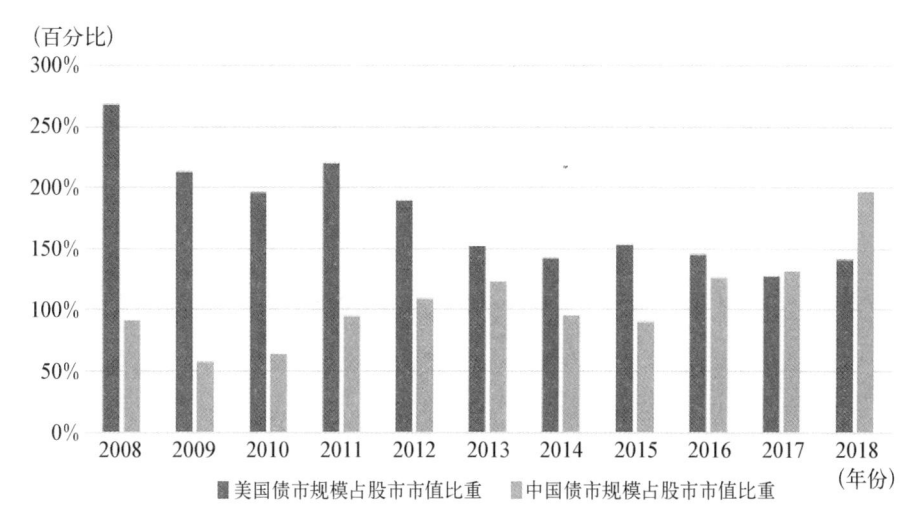

图 4-2 2008—2018 年中美债市规模占股市市值的比重

资料来源："Chinese Bond Market and Interbank Market"。

按照市场划分，中国的债券市场由银行间债券市场、交易所债券市场和银行柜台债券市场三个部分组成。其中，银行间债券市场和银行柜台债券市场为场外交易市场，交易所债券市场为场内交易市场。在这三个市场中，银行柜台债券市场刚刚兴起，银行间债券市场和交易所债券市场正不断走向成熟；银行间市场只允许机构投资者参与交易，而银行柜台市场和交易所市场允许个人投资者参与。①

虽然银行间市场在中国债券市场中仍占据主导地位，但近三年来交易所市场的发展速度要快于银行间市场。图 4-3 为按照 2018 年末各债券市场按照债券余额计算的市场份额。其中，银行间市场所占份额为 51%，另外有 37% 的债券（余额）在包括银行间市场在内的多个市场跨市场发行流通，银行间市场依旧在债券市场中占主导地位；交易所所占份额为 10%，另外有 33% 的债券（余额）在包括交易所在内的多个市场跨市场发行流通，交易所市场已

---

① 个人投资者满足以下条件可参与交易所债券市场的交易：1. 申请资格认定前 20 个交易日名下金融资产日均不低于 500 万元，或者最近 3 年个人年均收入不低于 50 万元；2. 具有 2 年以上债券、基金、期货黄金、外汇等投资经历，或者具有 2 年以上金融产品设计、投资、风险管理及相关工作经历。

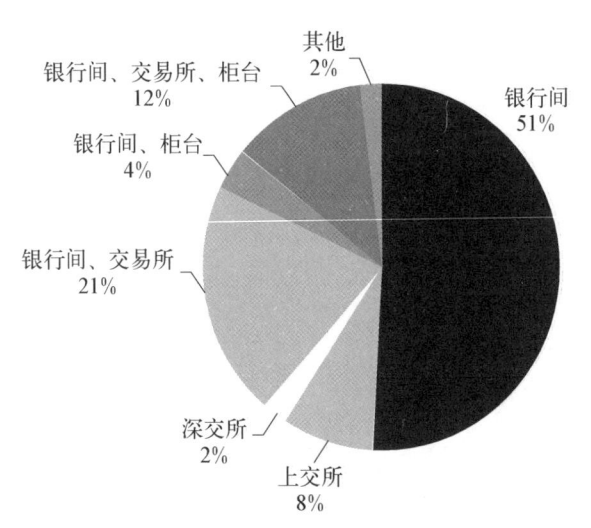

图 4-3 中国债券市场份额(按照 2018 年各市场债券余额划分)

数据来源：WIND。

经逐渐成为中国债券市场的重要组成部分；柜台市场份额较小，主要是债券跨市场发行后，在少数情况下于柜台市场流通交易。

图 4-4 和图 4-5 为 2008—2017 年间，银行间市场和交易所市场每年债券交易笔数和金额。结果表明，相比银行间市场，交易所市场更为活跃（约占

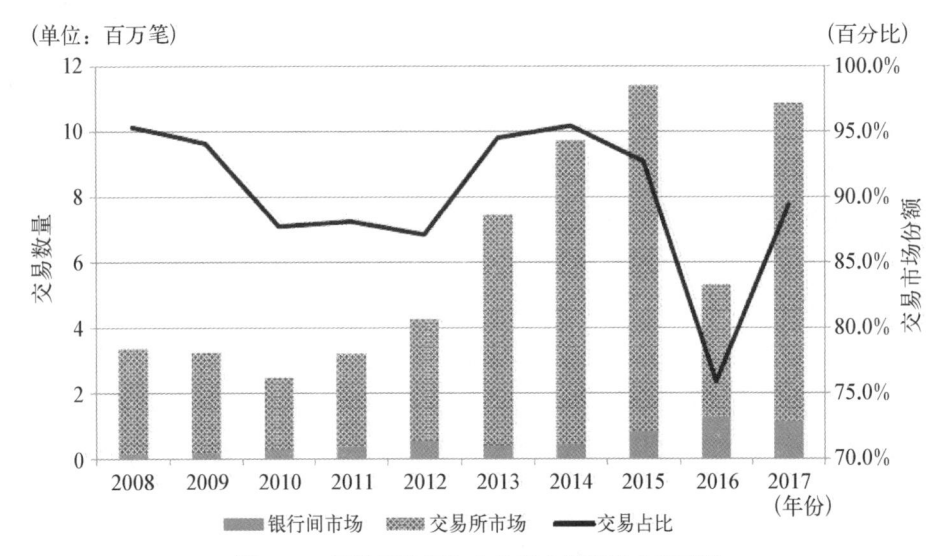

图 4-4 银行间市场和交易所市场债券交易笔数

资料来源："Chinese Bond Market and Interbank Market"。

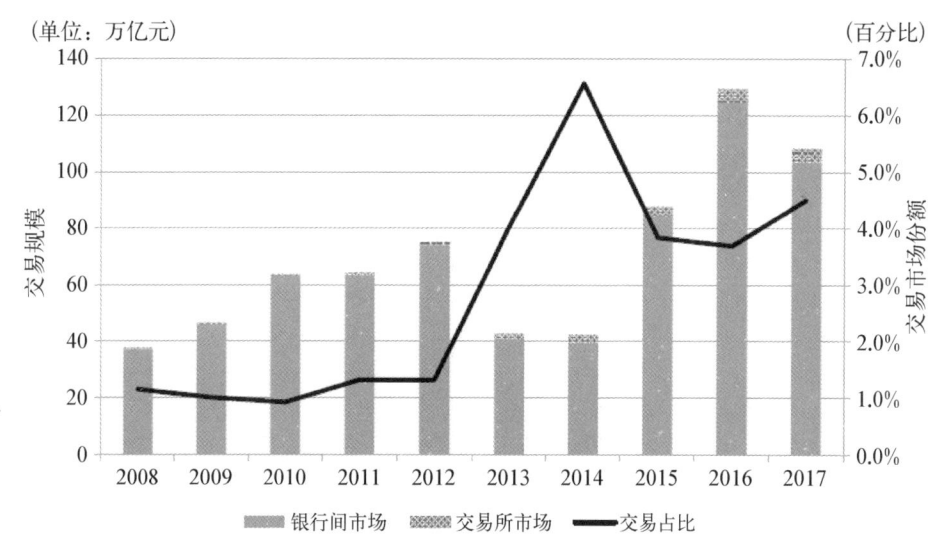

图 4-5 银行间市场和交易所市场债券交易金额

资料来源:"Chinese Bond Market and Interbank Market"。

90%的交易数量,见图4-4),但交易规模却远远不如银行间市场(仅占约5%的交易量)。这些结果说明,交易所市场多为散户投资者,投机倾向较为强烈;银行间市场多为成熟的机构投资者,只在必要的时候进行交易,但市场缺乏活力。

二、债券类型

按照债券类型划分,中国的债券主要分为利率债和信用债。利率债,即发行人为国家或信用等级与国家相当的机构,因而债券信用风险极低,收益率的变动主要受到利率变动影响,因此称为利率债。

信用债,即发行人没有国家信用背书,发行人信用情况是影响债券收益率的重要因素。具体来说,利率债包括国债、地方政府债、政策性银行债等,信用债则包含金融债、企业债、公司债、短期融资券、中期票据等。将信用债按照发行主体分类,可以继续分为金融债、城投债和产业债。

图 4-6 为按照 2008—2018 年各类债券余额,其中其他类别中包括可转债、可交换债、资产支持证券、政府支持机构债、国际机构债等。2018 年末,国

债、地方政府债和政策性银行债为主的利率产品合计 47.27 万亿元,占比 55.19%;同业存单合计 9.89 万亿元,占比 11.54%;以商业银行债、企业债、中期票据、短期融资券和公司债等为主的信用产品合计 28.50 万亿元,占比 33.27%;资产支持证券 2.64 万亿元,占比 3.08%。

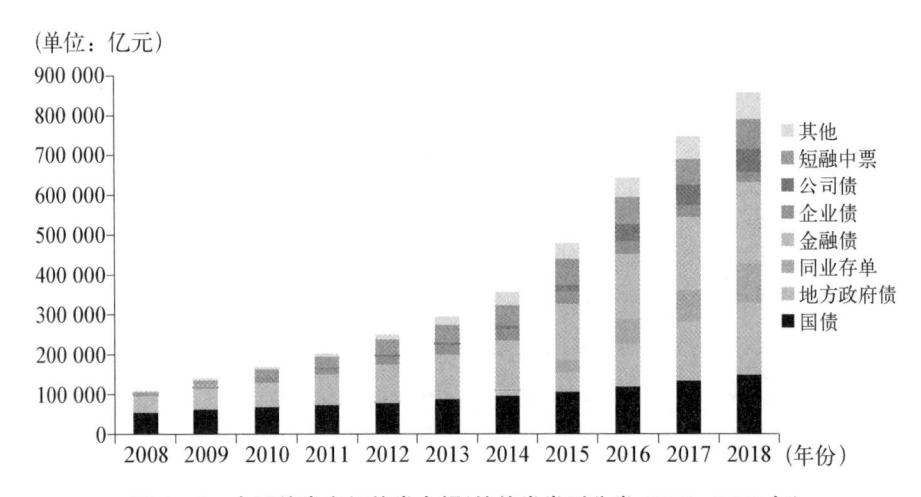

图 4-6　中国债券市场债券余额(按债券类别分类,2008—2018 年)

数据来源:WIND。

我们重点对国债、地方政府债和城投债①进行深入探讨,并简单介绍其他券种(政策银行债、金融债、公司债、企业债、短融、中票、同业存单、定向工具、资产支持证券等)。我们还将简单介绍中国企业境外发债情况。

1. 国债

国债是中央政府为筹集财政资金而发行的一种政府债券,由中央政府向投资者出具的、承诺在一定时期支付利息和到期偿还本金的债权债务凭证,由于国债的发行主体是国家,所以它具有最高的信用度,被公认为是最安全的投资工具。从债券形式来看,中国发行的国债可分为凭证式国债、无记名(实物)国债和记账式国债三种。如图 4-6 所示,国债规模在近 10 年间稳步增长,2018 年末国债余额约为 15 万亿元,占债券市场的 17%,是中国债券市场最为重要的债券种类之一。

---

① 城投债是根据发行主体来界定的,涵盖了大部分企业债和少部分非金融企业债务融资工具。

自 1988 年财政部在全国 61 个城市进行国债流通试点以来,中国国债流通市场发展主要分为以下四个阶段,如表 4-1 所示。

表 4-1 中国国债流通市场发展的四个阶段

1988—1993 年	第一阶段,实物柜台市场占主导地位阶段。国债流通市场建立的标志是 1988 年财政部在全国 61 个城市进行国债流通试点。1990 年 12 月成立上海证券交易所并开始托管实物债券,由此形成了场内场外两个并存的国债流通市场。在该阶段实物券柜台市场在国债流通市场占主导地位。
1994—1996 年	第二阶段,交易所国债市场占主导地位阶段。1994 年,中央财政遇到了困难,在这样的背景下,中国财政部发行了比上年增加了将近两倍规模的国债。为了整顿国债流通市场,政府在 1995 年 8 月停止了一切场外交易市场,交易所成为当时中国唯一合法的国债交易市场。因此,该阶段交易所国债市场在国债流通市场占了主导地位。
1997—2001 年	第三阶段,银行间债市场的新兴阶段。1997 年,中国人民银行决定商业银行全部退出上海和深圳交易所的国债市场,建立全国银行间国债市场,原因是大量银行信贷资金通过交易所债券回购的方式流入股票市场容易造成股市过热。从 1999 年以后,全国银行间国债市场在中国国债流通市场起到了举足轻重的作用。
2002 年至今	第四阶段,国债流通市场的融合与发展阶段。为了促进全国银行间国债市场与交易所国债市场两个市场的融合和统一,政府不断地出台新的措施:促进交易主体的范围的扩大;促进交易品种融合;促进交易平台的融合。

2. 地方政府债

地方政府债,又称市政债券,是由地方政府发行的债券。1994 年 3 月颁布的《预算法》第二十八条明确规定"除法律和国务院另有规定外,地方政府不得发行地方政府债券"。因此,法律层面的明文禁止使得在 2008 年金融危机发生前,中国市场上几乎不存在地方政府债券。

2008 年底,为应对国际金融危机,国务院推出经济刺激计划,其中中央安排资金 1.18 万亿元,其余由地方政府配套解决。与此同时,国务院通过特别批准的方式,在 2009 年政府工作报告中首次提出安排发行地方政府债券 2 000 亿元,以期部分缓解政府投资计划中地方政府的配套资金压力,正式开启了中国地方政府债券之门。在接下来的五年里,地方政府债券规模稳步增长,但增长速度相当缓慢,直到 2015 年发行规模才出现大幅增长。

2015 年,根据新《预算法》和国发〔2014〕43 号文,地方政府置换债推出,即将短期、高息的非政府债券形式存量债务转化为长期、低息的政府债券。2015

当年,地方政府发行地方政府债券2.8万亿元,其中2万亿元用于置换存量债务。从图4-6中我们可以看到,2015—2018年间,地方政府债规模急剧增加,背后的原因就是地方政府置换债大量发行。截至2018年末,地方政府债存量约为18万亿元,加权平均(发行)期限为6.4年。由于地方政府债的风险较低,所以大部分的债券被商业银行持有(2018年末,商业银行持有85%的地方政府债)。

地方政府债的规模在快速增长的同时,也产生了很多新的问题,包括地方政府通过政府购买服务、回购承诺、隐性担保、明股实债等方式突破限额,违规举债等等。为了进一步强化地方政府债务管理,2017年以来,中央在全国金融工作会议、中央经济工作会议上提出了防范化解重大风险的战略目标,尤其提出防控金融领域、地方政府债务领域风险。财政部等政府机构也先后发布50号文、87号文、23号文等一系列细则,对地方政府债务进行严格约束,堵住其他渠道,明确地方政府债券是地方政府唯一合法融资方式。

2017年以来中央政府对地方政府债采取了一系列约束措施,如表4-2所示。

表4-2 2017年以来中央政府对地方政府债采取的约束措施

2017.04	关于进一步规范地方政府举债融资行为的通知(财预):清理整改地方政府融资违规担保;严禁利用PPP、政府出资的各类投资基金等方式违法违规变相举债。
2017.05	关于坚决制止地方以政府购买服务名义违法违规融资的通知(财预〔2017〕87号):严禁将基建项目作为政府购买服务项目;严禁利用政府购买合同为建设工程变相举债。
2017.10	第五次全国金融工作会议:把主动防范化解系统性风险放在更加重要的位置;各地方党委和政府要树立正确的政绩观,严控地方政府债务增量,终身问责,倒查责任。
2017.12	2017年中央经济工作会议:提出未来三年打赢防范化解重大风险、精准扶贫、污染防治三大攻坚战;调整优化财政支出结构,切实加强地方政府债务管理。
2018.03	《关于规范金融企业对地方政府和国有企业投融资行为有关问题的通知》(财金〔2018〕23号):规范金融企业对地方政府和国有企业投融资行为,防范和化解地方政府债务风险;明确地方政府债券是地方政府唯一合法融资方式。

3. 城投债

城投债是根据发行主体来界定的,涵盖了大部分企业债和少部分非金融企业的债务融资工具;一般是相对于产业债而言的,主要是用于城市基础设施等的投资目的发行的债券。城投债起源于上海。1992年,为支持浦东新区建设,中央决定在1992—1995年每年发行5亿元浦东新区建设债券。此后,在地方政府的大量举债需求之下,城投债规模迅速膨胀。尤其是2008年经济刺激政策之后,在当时极度宽松的环境和高度重视GDP的考核机制下,地方政府的投融资冲动开始通过城投债而高速涌现出来。

城投债的发展历史很大程度上就是城投债政策的演变过程。在2009年之前,中央政府对城投债发行处于高度支持的状态,在2009年3月的92号文中,政策明确鼓励了地方政府通过设立合规的政府投融资平台融资。城投债存量在2009年出现了逾五倍的增长之后,政策开始从鼓励阶段转向规范阶段,中央政府连续发布19号文、2881号文及463号文提示城投债违规发行的融资风险。随着政府债务风险接近临界点,2014年监管政策开始严格约束城投债的发行,当时的代表性政策是43号文,该文明确剥离了融资平台的融资功能,并开始对存量债务甄别清理。

监管政策自2015年上半年开始有所放松,40号文明确了银行不得盲目抽贷、压贷、停贷,1327号文及一系列的政策也对满足特定领域的城投债进行了松绑。2016年下半年随着经济增长压力的减弱和金融风险的增加,城投债政策又开始重新加严。88号文严格区分了各级政府在借债和偿债中的角色,将地方债分为地方政府债和非地方政府形式的存量债务;23号文规定:不得直接或通过地方国有企事业单位等间接渠道为地方政府及其部门提供任何形式的融资;不得违规新增地方政府融资平台公司贷款。

Ang,Bai和Zhou(2018)对城投债市场进行了全面的研究,他们发现城投债的三项特征:

第一,城投债通常用土地作抵押;

第二,直到2018年财政部正式宣布这些债券有可能破产之前,城投债都得到了地方政府的隐性担保;

第三,城投债同时在银行间市场和交易所市场上市交易。

随着对城投债政策的重新加压,2017年开始城投债进入了减量阶段,但在未来一段时间内,城投债的到期偿债压力相对较大。图4-7为城投债历史及未来到期情况分布,我们可以看到2018年以来,城投债(不含短融)的到期规模不断上升,从2018年1季度的1 752亿元到期规模,急剧上升至2019年2

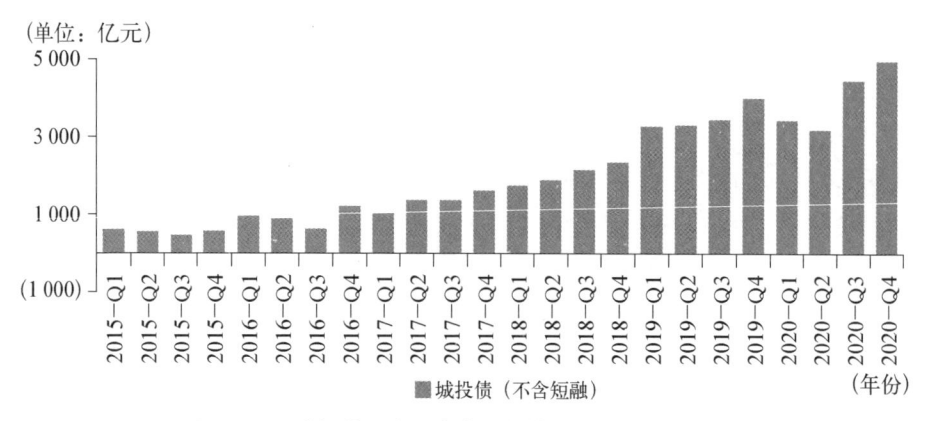

图 4-7 城投债历史及未来到期情况分布(不含短融)

数据来源：WIND。

季度的 3 447 亿元到期规模，并在 2020 年四季度达到峰值的 4 954 亿元。

4. 其他债券类型

这部分我们将会对除国债、地方政府债和城投债以外的债券类型进行简单介绍，主要是利率债中的政策性银行债和信用债中的金融债及产业债。

(1) 政策性银行债

政策性银行债是中国三大政策性银行(国家开发银行、中国农业发展银行、中国进出口银行)发行的债券。政策性银行债实质上由中央政府背书，因此通常被作为无风险债券。截至 2018 年末，政策性银行债的余额约为 14 万亿元，其规模与国债接近。值得注意的是，约 55% 的政策性银行债由国家开发银行发行。由于其规模较大，国开行发行的债券在二级市场上流动性非常高，在某些方面甚至优于国债。因此，国开债(相对于国债)在实践中被广泛接受为无风险债券的基准。

(2) 金融债

我们将所有金融机构发行的债券，包括商业银行、保险公司和证券公司等，均归类为金融债。由于大型金融机构多为国有控股企业，且通常被政府隐形担保，因此金融债的风险状况通常好于非金融企业发行的债券，所处债券评级也相对较高。

同业存单(NCDs)是存款类金融机构在全国银行间市场上发行的记账式定期存款凭证，其投资和交易主体为全国银行间同业拆借市场成员、基金管理公司及基金类产品。同业存单的"年龄"非常小：2013年12月，人民银行发布《同业存单管理暂行办法》，同业存单正式在2013年末推出。但此后几年内，得益于其较高的信用质量（由发行银行担保）、良好的二级市场流动性，以及合理的风险溢价，同业存单增长迅速。截至2018年末，同业存单的规模达到9.9万亿元，约占债券市场规模的12%。同时，同业存单作为同业存款的替代品出现，很大程度上完善了同业借贷市场Shibor报价的短、中、长期利率曲线。

其他金融债包括、商业银行（大型国有银行、股份制银行、城乡信用社等）、保险公司、证券公司和其他金融机构发行的高等级或次级债券。这些金融债券在2018年末，约占债券市场规模的7%。

（3）产业债

产业债是指去掉了城投债部分的信用债（非金融债）。产业债相较于城投债而言，具有自主经营能力强，盈利能力及现金流产生能力强，对政府及政策依赖性较弱的特点，受货币政策以及宏观经济环境的影响相对较弱，有更好的风险收益比，也可回避地方政府债务等敏感问题。从广义上来说，产业债类别涵盖了中国非金融企业发行的所有固定收益证券，包括资产支持证券、可转换证券等。

企业债是指境内具有法人资格的企业，依照法定程序发行、约定在一定期限内还本付息的有价证券。企业债一般由中央政府部门所属机构、国有独资企业或国有控股企业发行，最终由国家发改委核准。在2018年末，企业债的规模达到3万亿元，债券的主要投资者是商业银行和基金。值得注意的是，企业债中75%的债券都是城投债（按照2018年末债券余额规模计算）。

公司债是股份公司为筹措资金以发行债券的方式向社会公众募集的债，于2007年正式发行。在发行之初，公司债的发行主体仅限于境内证券交易所上市公司、发行境外上市外资股的境内股份有限公司。2015年，中国证监会通过的《公司债券发行与交易管理办法》将原来的发行范围扩大至所有公司制法人。与企业债不同，公司债由证监会监管的中长期直接融资品种，并由证监会核准发行。公司债的规模随着交易所市场的发展而不断扩大，在2018年末，公司债的规模已经达到6万亿元。

中期票据是在银行间市场发行的公司债务工具，期限在1年到10年期间（主要集中在3年至5年），主要由大型国企和知名民营企业发行。中期票据自2008年发行，至2018年末，中期票据的规模达到5.7万亿元。短期融资券是由企业发行的无担保短期本票，期限通常在1年以内；超短期融资券的期限在270天以内。短期融资券自2005年发行，至2018年末，短期融资券的规模达到1.9万亿元。

资产支持型证券是以金融资产为支持型的债券或票据，可以在银行间市场和交易所市场发行和交易。2005年3月，国务院批准了资产证券化实施的试点，包括中国的银行间市场的信贷资产证券化以及证券公司的企业资产证券化，随后中国在2005年首次推出资产支持型证券，并以每年49%的速度高速增长。2018年末，资产支持证券规模为2.6万亿元，约占产业债规模的13%，占全部债券市场规模的3%。常见的资产支持型证券包括，由商业银行发行的以消费贷款或工业贷款支持的资产支持型证券，这实质上是将资产负债表上的表内资产转移表外。

其他的债券包括定向工具（非金融企业向银行间市场特定机构投资人发行的，约定在一定期限内还本付息，并在特定机构投资人范围内流通转让的债务融资工具）、国际机构债、可转债（债券持有人可按照发行时约定的价格将债券转换成公司的普通股票的债券）、可交换债（债券持有者有权按照预先约定的条件用交换与债券发行者不同公司的股票）等，它们合计仅占债券市场规模的3%（按照2018年末债券余额计算）。

图4-8为信用债（城投债和产业债之和）历史和未来到期规模。上文我

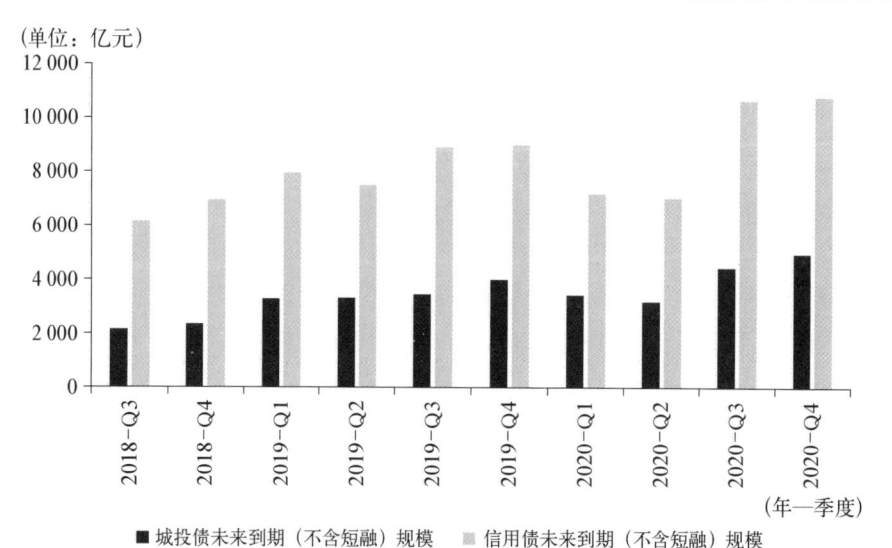

图4-8 不含短融的信用债（含城投）、城投债历史和未来到期比较

数据来源：WIND。

们提到，城投债的到期规模将在 2020 年四季度达到峰值的 4 954 亿元。但从图 4-8 中我们可以看出产业债的到期规模甚至高于城投债：2020 年三季度和四季度产业债的到期规模分别高达 6 197 万亿元和 5 819 万亿元，这也是目前中国金融体系风险敞口最需要关注的部门之一。

5. 境外发债情况

2015 年 9 月 14 日，国家发展改革委（以下简称"发改委"）发布 2044 号文，开启了中资企业境外发行债券的政策新篇章，新政策最大亮点在于改境外发债审批制为备案登记制。2044 号文颁布之前，中国对中资企业境外发行债券按照发行方式不同、计价货币不同区别管理。2044 号文颁布之后，发改委将人民币及其他币种的境外债券、直接发行及间接发行的境外债券纳入统一管理，并取消发行外债的额度审批，实行备案登记制管理。

外债是指境内企业及其控制的境外企业或分支机构向境外举借的、以本币或外币计价、按约定还本付息的 1 年期以上债务工具，包括境外发行债券、中长期国际商业贷款等。境外债券与点心债有重合的部分，与熊猫债则截然不同[①]。境外债券可以直接发行、间接发行、红筹架构发行，红筹架构发行并不属于 2044 号文中所规定的外债发行模式。境外债券监管政策限制少，国内企业能够根据境内外资金利率、汇率情况，选择合适的发债时机、交易币种、交易场所，节约发债的融资成本。同时，境外发债有助于提升发行人国际知名度。

据 WIND 数据库不完全统计，截至 2017 年 12 月 31 日，中资企业共发行 1 672 只境外债券。2010—2014 年，中资企业发行境外债券数量持续上升。主要原因在于金融危机后，受到量化宽松政策等因素影响，美元流动性过剩，人民币相对美元步入升值通道。综合考虑利率、汇率等因素后，中资企业境外发债成本较低。2015 年"8·11 汇改"，央行宣布对人民币汇率中间价进行调整，使得中资企业境外发债的汇率风险加大。受此影响，中资企业境外发债的数量有所降低。2016—2017 年，由于国内监管政策的放松，以及政策的鼓励，中资企业境外发债的热情再度高涨。尤其是 2017 年，中国金融监管收紧推高在

---

① 点心债是在中国香港地区发行的人民币计价债券，因其相对于整个人民币债券市场规模很小，而香港又素以点心闻名，因而得名"点心债"；熊猫债是指境外机构在境内市场发行的以人民币计价的债券。

岸融资成本，促使中国企业寻求境外融资。

2018年以来，由于违约率上升和中美贸易摩擦等因素影响，中国企业境外债券发行量大幅下降：跨国债券发行量在2018年7月下降至29亿美元，是2016年8月来低点；2018年7月至8月，跨国债券的发行量不足2017年同月的五分之一。尽管政府近期减轻在岸信贷紧张状况的措施有助于缓解投资者对违约风险的担忧，但是之后的一段时间将很有可能只有实力较强的发行人可以进入离岸市场。此外，政府对一些行业的监管限制也是发行量下降的原因之一：发改委2018年只批准房地产企业境外再融资和关于"一带一路"项目的债券发行。

三、债券评级和评级机构

债券评级是以企业或经济主体发行的有价债券为对象进行的信用评级，债券评级主要反映债券的重要特征，即信用风险。信用评级机构是金融市场上一个重要的服务性中介机构，它是由专门的经济、法律、财务专家组成的、对证券发行人和证券信用进行等级评定的组织。

1. 中国市场债券评级

央行2006年3月29日发布的《中国人民银行信用评级管理指导意见》以及2006年11月21日发布的《信贷市场和银行间债券市场信用评级规范》等文件详细规定了对于银行间债券市场中长期债券（1年以上）和短期债券（1年及以内）的信用评级等级以及借款企业的信用等级。因此与国外评级机构每家都有自己特有的评级符号体系不同，国内各家评级机构均采用相同的评级符号体系。

中长期债券信用评级等级划分为9级：AAA、AA、A、BBB、BB、B、CCC、CC、C，除AAA级，CCC级及以下等级外，每一个信用等级可用"＋""－"符号进行微调，表示略高或略低于本等级。短期债券信用评级等级划分为6级：A－1、A－2、A－3、B、C、D，并且每一个信用等级均不进行微调。与中长期债券信用评级等级的划分类似，发债主体的信用等级也分为9级：AAA、AA、A、BBB、BB、B、CCC、CC、C，除了AAA＋外，每一个信用等级可以用"＋""－"符号进行微调。

Amstad 和 He(2018)认为,虽然中国使用的评级符号严格遵循全球标准（和穆迪、惠誉、标普的评级体系相一致）,但实质上却有所不同。第一,对投资级别债券的定义不同。在中国,AA 级债券通常被认为是最低的投资级别债券,在全球评级体系中则是 BBB 级债券。尽管在中国市场上,投资级别债券的门槛有所提高,但"垃圾级"（非投资级别）债券的数量却少之又少。第二,中国评级体系中还包括由投资者提供的非正式的评级:即 AAA＋级,或者超 AAA 级。这些 AAA＋级的发行人（多为大型国企）在名义上被评级机构评为 AAA 级,但实质上由于其规模较大、违约概率极低,因此信用评级本质上与政府债券（国债、地方政府债）相类似。

2. 不均衡的信用评级分布及其原因

众所周知,中国信用评级的分布向高评级方向偏离（Kennedy,2008；Deng & Qiao,2019）。Amstad 和 He(2018)基于中国债券信用评级和发行人信用评级数据发现,尽管中国信用债市场规模庞大（约 2 000 家公司）,超过 95% 的非金融公司债券集中在三类评级:AAA、AA＋、AA。图 4－9 为以债券余额计算的债券信用评级分布。他们发现,截至 2018 年末,中国 54% 的信用债券被评为 AAA 级（在美国债券市场的这一比例仅为 6%）,23% 的评级为

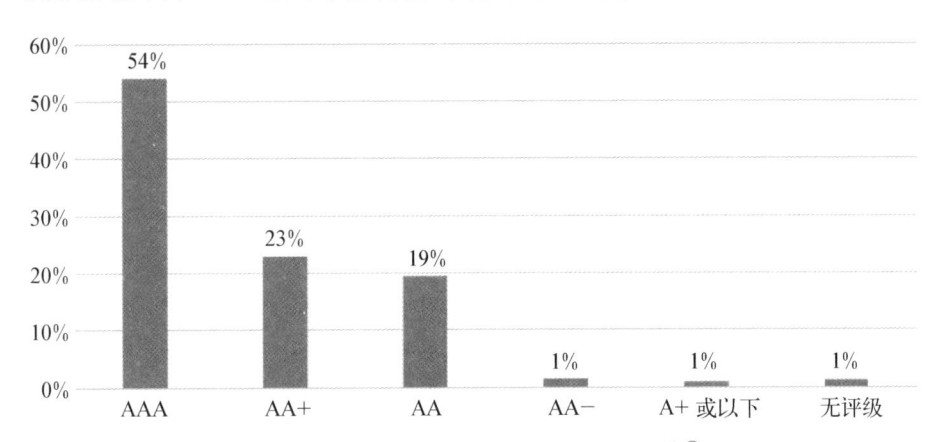

图 4－9 非金融企业债券信用评级分布（以债券余额计算[①],2018.12.31）

资料来源:"Chinese Bond Market and Interbank Market"。

[①] Amstad and He(2018)将处于同一评级内的债券余额相加,再计算每一评级债券余额所占比例。

AA+级,19%的评级为 AA 级,只有 2%的评级为 AA－级及以下,属于非投资级。

这一规律(评级集中在 AAA、AA+和 AA 级)在发行公司身上也得到同样的体现。图 4－10 为以发行公司数量计算的发行人信用评级分布。截至 2018 年末,在中国债券市场上,14%的发行公司为 AAA 级,19%的公司为 AA+级,41%的公司为 AA 级,仅有 18%的公司为 AA－级及以下评级。因此,中国市场上目前基本上没有高收益或所谓的"垃圾债券"市场。

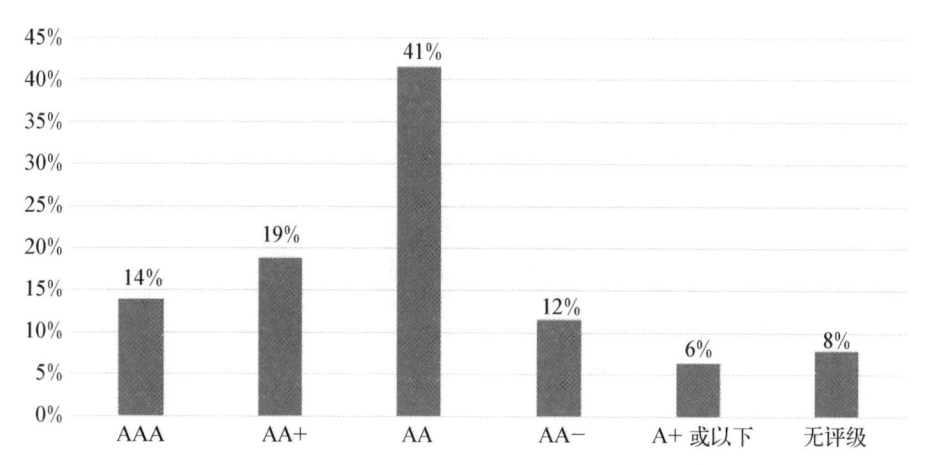

图 4－10　非金融企业发行人信用评级分布(以发行公司数量计算,2018 年 12 月 31 日)

资料来源:"Chinese Bond Market and Interbank Market"。

Amstad 和 He(2018)认为出现这种现象的原因主要有以下四个方面。

第一,中国市场上债券违约历史较短,且违约率较低。中国内地首次公共债券违约发生在 2014 年(超日债),违约历史至今仅有五年。受到 2017 年底开始对包括影子银行的监管收紧影响,整个市场资金和流动性偏紧,导致一些行业和企业的资金链紧张或断裂,2018 年债券违约事件频发,全年债券违约总金额高达 1 280 亿元。但从 2014 年首次违约事件开始至 2018 年末,债券违约金额总和仅占 2018 年末未清偿债券余额的 0.2%,相对其他国家来说,中国市场债券违约率非常之低。更多有关 2018 年债券违约事件的研究,我们将在第五章深入探讨。

第二,信用评级上调远多于评级下调。在 2014 年第一次违约事件发生至 2018 年间,2 784 家发行债券的公司中,918 家获得了评级上调,只有 129 家被降级,而剩余的 1 737 家公司中在四年多的时间里一直保持着相同的评级水平。违约事件发生频率的提高,与整体信用评级上调趋势之间的不匹配,让投资者怀疑评级上调是否是因为信用风险的改善。

第三,隐形担保(implicit guarantee)。中国债券低违约率和评级上调的趋势,往往和隐形担保相关。尽管很难全面准确量化政府对高违约风险企业进行的救助行为,但债券评级可能因为中国政府或当地政府的隐形担保而做出调整。例如,地方融资平台和国有企业控股股东或者实际控制人一般为政府部门,当其发生财务困境或者经营风险时,政府为其提供救助的可能性较大,且该级政府财政实力越雄厚、经济实力越强,提供救助的能力也越强。

第四,国内评级机构间存在同质化和高度竞争的现象。中国评级机构的评级方法和计算违约概率的模型高度同质化,收费模式和费用结构也非常相似,同时市场上没有"领头羊"能够在市场领导地位方面明显优于其他评级机构。因此,对于评级机构来说,往往不会主动去下调发行公司的评级,这也造成中国债券市场上信用评级上调远多于评级下调的现象。

3. 中国债券市场评级机构的发展

中国目前是全球增长最快的债券市场之一,与此同时中国市场上的债券评级机构也在迅速发展,这主要体现在两方面:一是国内评级机构的发展和国际化;二是国际评级机构(以独资公司)在中国市场的准入。

中国评级市场始于1987年,最多时曾多达百家。到2012年,央行记录在案的共有78家评级机构。随着评级行业发展的不断规范,行业集中度会越来越高,截至目前,基本形成了以大公国际、联合、中诚信、上海新世纪等5家全国性信用评级机构为主导的评级体系,但是除了大公国际以外的4家机构都有外资进入。由于中国信用制度建设起步比较晚,与国际著名的三大评级机构相比,中国的评级机构在规模上还存在着小而散的问题,在经验上也存在着不小的差距。同时,现在行业普遍存在信用评级虚高的问题,当务之急就是要去掉"泡沫",让评级准确反映企业的信用风险状况,信用风险定价体系回归正轨。

目前全球有三大评级机构(总部都在美国):穆迪、标普和惠誉。根据美国证监会报告,截至2015年,穆迪、标普、惠誉在美国评级市场的份额分别为34.4%、49.1%、13%,合计市场份额高达96.5%。与三家国际评级公司收费模式相似，国内评级机构大多采用债券发行人付费的盈利模式。在此背景下，国内评级机构的独立性和公正性屡遭质疑，高评级债券违约、信用评级虚高等现象也被认为与发行人付费模式有一定的关系。早在2008年金融危机期间，美国政府和市场都质疑过三大评级公司对房地产抵押债券（mortgage-backed securities，MBS）评级的公平性，也有人认为MBS市场普遍的高评级"吹大了"美国房地产市场的泡沫。另一方面，能够把发行人付费模式下的评级从（重要的付费大客户获得更高评级的）"泡沫"拉回客观公平的是评级公司的信誉。

He，Qian和Strahan（2012，2016）分析了不同债券市场评级公司利益冲突的严重性：在企业债市场，最大的发行企业所占整个公司债市场的份额很小；而在危机爆发前异常火爆的MBS市场中，最大的10个发行商（最大的商业银行和金融机构）所占整个MBS发行市场的份额超过50%，成为每年为评级公司输送大量评级收入的"大客户"。因此，像MBS这样发行商高度集中的市场评级公司的利益冲突引发评级的不公平性——特别是最大发行商的评级更高的现象，应当更为突出。

He，Qian和Strahan（2012，2016）通过对大样本MBS债券进行实证研究后发现，在MBS市场增长最快的2004—2006年间，最大10家MBS发行商发行的MBS债券的评级的确高于同等质量的（发行商中最小的20%）小发行商；同时，MBS市场的机构投资者对此也有警觉——最大发行商发行的MBS债券在发行时的利率（yield-at-issuance）要高于同级别的小发行商发行的债券。危机爆发后，大发行商于房地产市场泡沫高峰期（2004—2006）发行的MBS债券的平均事后损益（账面本金更大的损失）高于同样级别的小发行商发行的债券，其价格的下跌幅度也更大。这些结果都印证了评级公司利益冲突导致的评级公平性缺失。

与债券发行人付费模式形成对比的是投资者付费的模式——在这样的模式下，投资者愿意为更高质量的评级付更高的费用，应该可以基本解决评级机构利益冲突问题。全球金融危机爆发后，评级机构在发行人付费模式下暴露出的利益冲突问题就已经引起国内监管层的注意，并由人民银行等部门成立"规范发展信用评级机构"课题研究小组进行课题研究。根据课题组研究结论，2010年9月，中国银行间市场交易商协会代表全体会员出资成立中债资信评估有限责任公司，成为中国首家"投资人付费"模式的信用评级公司。

2017年以来，又有四家评级机构得到证监会批复，获准开展投资人付费评级业务。

根据2019年7月中国银行间市场交易商协会发布的《关于公布银行间债券市场内资信用评级机构注册评价结果的公告》，目前中国采用投资人付费模式的评级机构有五家：(银行间交易商协会认可的)在银行间债券市场开展业务的中债资信评估有限责任公司；(证监会认可的)在交易所债券市场开展业务的上海资信有限公司、中证指数有限公司、北京中北联信用评估有限公司、四川大普信用评级股份有限公司。但值得注意的是，除中债资信以外，其余四家评级机构由于获得评级资质时间较短(2017年以后)，还未在市场上开展主动评级或主动评级业务规模较小，而成立时间较长的中债资信定位则为非营利性机构。因此，对于市场化竞争环境下的评级公司而言，如何在进行投资人付费模式的情况下实现盈利，在国内还没有充分的时间得以发展和检验，仍是需要解决的问题。

长期以来，国际三大评级机构都希望能进入中国债券市场。不过在2018年前，国际评级机构在中国经营只能采取合资方式。但2018年，三大评级机构在中国均设立了独资经营的子公司：2018年5月，穆迪设立穆迪(中国)有限公司；2018年6月，标普设立标普信用评级(中国)有限公司；2018年7月，惠誉在中国成立惠誉博华信用评级有限公司。对于境内资本市场来说，外资信用评级机构为国内债券市场提供信用评级服务，丰富了投资者的评级选择，也有利于吸引国际投资者进一步配置国内发行人所发行的债券。同时，国际评级机构的入驻，有助于改善境内市场部分信用评级虚高、体制发展不成熟的问题，也有助于推进债市的规范化和国际化发展。

四、债券违约事件

债券违约是指债券发行主体不能按照事先达成的债券协议履行其义务的行为。2014年3月5日，"11超日债"正式宣告违约，并成为国内首例违约的公募债券。"11超日债"违约事件宣告"中国式"刚性兑付的最为核心的领域，即公募债务的"零违约"，被正式打破。本章我们主要回顾国内债券的违约历史，并对2018年债券违约频发的现象进行探讨。

1. 2014—2018年国内债券违约历史回顾

根据WIND统计,截至2018年12月31日,中国债券市场共有263只债券违约,涉及111家发行企业。Amstad和He(2018)对违约企业的所有权性质进行区分,他们发现:债券违约企业中有94家为民营公司,占据违约发行企业的绝大多数;17家违约的国有企业中,有11家为地方国企,仅有6家为中央国企。在违约企业所处行业方面,2017年前,债券违约主要集中在产能过剩的传统领域,如煤炭、钢铁和大宗商品等相关行业;但在2018年,债券违约企业中属于新兴行业的比例有所上升。

图4-11为2014—2018年债券违约事件数量和金额。2014年,中国债券市场违约金额仅为12.6亿元人民币,债券违约事件仅为6件。此后,债券违约事件在2015—2016年逐年上升,并在2016年达到阶段性峰值:2016年债券违约金额达到301亿元,违约事件在全年达到70件。在2017年,债券违约数量和金额都有所下降:违约金额降至277亿元,违约事件数量更是锐减至仅有33件。

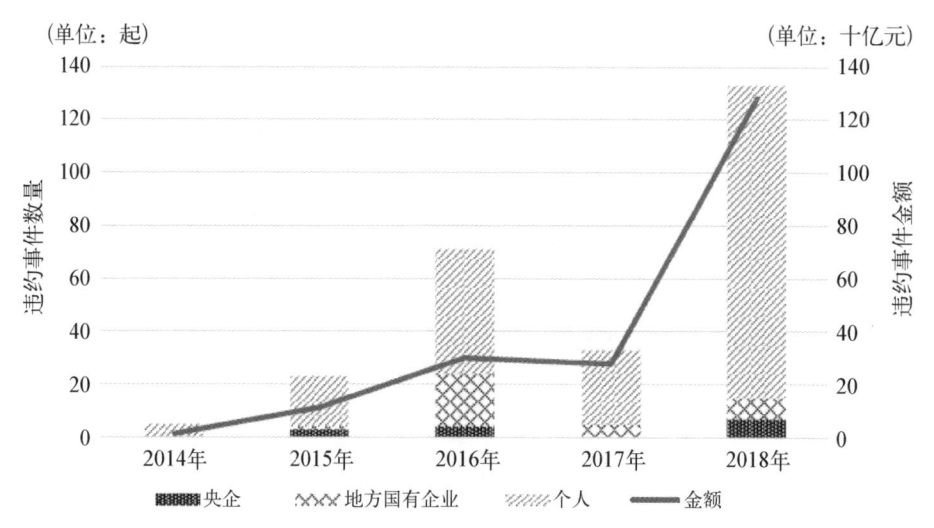

图4-11 2014—2018年债券违约事件数量和金额

资料来源:"Chinese Bond Market and Interbank Market"。

2018年,"爆雷"成了市场的主题。除了P2P平台之外,债券也是"爆雷"大户。2018年,中国债券市场有132只债券违约,金额达1 280亿元,其中不乏初始评级为AAA的债券,创下2014年债券违约元年以来的最高值。在数量上,132只甚至超过前4年(2014—2017)违约债券总和的131只;规模上,1 280亿元更是远高于前4年总和。从债券发行人的角度来看①,2018年,中国债券市场新增违约发行人40家,而2017年全年,中国债券市场仅有9家新增违约发行人。但从违约率的角度来说,2018年违约债券占债券市场总规模的比重仍然较低,仅为0.6%。

2. 2018年国内债券违约频发的原因

那么债券市场为何频现违约? 2018年之所以成为债券违约高峰,主要由于在金融去杠杆背景下,一些自身竞争力较弱、之前过度投资(尤其是通过负债进行投资)、融资渠道单一的企业流动性风险加剧,导致债券违约;从债券主体分类看,产业债相对城投债、地产债来说,风险暴露更为明显,也说明实体经济景气度低迷造成企业信用区分度更加明显。虽然2018年债券违约事件频发,但2018年的债券违约与前两年相比有不同之处。

表4-3为2016—2018年违约主体企业违约事件发生前三年财务数据的比较。2016—2017年发生债券违约的企业,在违约前经营状况并不佳:这些企业往往负债率(资产负债率和带息债务/EBITDA)高企,盈利能力较差(亏损的归属母公司的净利润),同时财务状况逐年恶化。这样的企业,即使在正常情况下也必然会违约,应该被市场淘汰。但2018年发生债券违约的企业则

表4-3 2016—2018年违约主体企业财务数据比较(违约事件发生前三年)

年份	民企②占比	资产负债率(%)			归母净利润(亿元)			带息负债/EBITDA		
		Y-1③	Y-2	Y-3	Y-1	Y-2	Y-3	Y-1	Y-2	Y-3
2018	100%	62.79	58.46	51.38	6.22	5.05	4.15	6.32	4.87	5.14
2017	90%	87.54	76.32	74.5	-10.68	0.46	0.77	15.86	15.04	11.35
2016	72%	86.64	76.38	72.98	-13.51	-1.68	-2.12	12.75	9.53	9.53

数据来源:WIND。

---

① 根据国际惯例,债券市场违约率统计是基于违约发行人主体的数量,而非违约债券的数量。通常来说,单一发行人会发行多只债券,当某一单一发行人违约时,其发行的多只债券会同时或陆续违约。如果以违约债券为基础统计违约率,就会对单一信用事件造成的多次违约重复计算,夸大了债券市场的违约风险。
② 国企和民企的定义并没有准确的标准,Amstad and He(2018)与钱军教授对国企的统计方法略有差异,造成统计结果上有所不同,但不影响对市场总体情况的理解。
③ Y-1、Y-2、Y-3分别为违约事件发生前1年、2年和3年。

有所不同：违约前三年的杠杆率（资产负债率和带息债务/EBITDA）有所升高，但绝对水平并不高，并未达到2016—2017年违约企业的负债水平；归属母公司的净利润在违约前逐年提高，远高于2016—2017年违约企业的水平，说明其经营状况尚可。因此，2018年出现违约的重要原因是资金链的问题，因此仍有"抢救"的希望。

资金链出现问题，最根本的原因在于2016年降杠杆的大环境下民营企业的大肆扩张，使其酿下苦果。图4-12为2014—2017年国企与民企筹资净现金流。2014年民营企业与国有企业筹资净现金流差别并不高，分别为2.44万亿元和1.78万亿元。但在此后的三年间，民营企业的扩张步伐远远大于国有企业，尤其是2016年，民营企业与国有企业筹资净现金流分别为9.8万亿元和1.2万亿元，差距达到8.6万亿元。民营企业，尤其是规模较小的民企，债务扩张积极、债务期限较短，时常面临展期风险，在资金较为紧缩的环境下很容易遇到问题。从近两年来，民营企业的筹资净现金流看，民营企业仍然会是下一阶段债券违约的焦点。

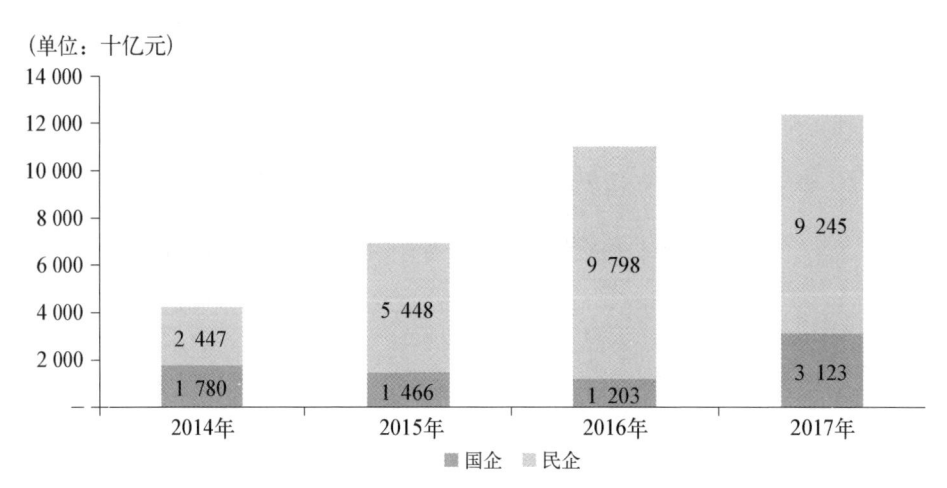

（单位：十亿元）

年份	国企	民企
2014年	1 780	2 447
2015年	1 466	5 448
2016年	1 203	9 798
2017年	3 123	9 245

图4-12　2014—2017年国企与民企筹资净现金流

数据来源：WIND。

3. 政府对债券违约事件的应对

尽管债券违约的阴云依然存在，但市场天空已隐约可见阳光的照耀。基于上面分析，市场资金流动性紧缺是2018年违约频发的重要原因，因此，监管机构实施多项"解渴"政策来缓解流动性紧缺导致的债务危机：央行多次窗口指导银行,将额外给予中期借贷便利(MLF)资金,用于支持贷款投放和信用债投资;国务院更是力挺在建项目融资,加速启动专项债推动在建基础设施项目。

"解渴"政策到来得及时,但这种"解渴"不是漫无目的地"大放水"。经营不善的企业不该"救",现有项目和未来项目折现的现金流价值高于清仓价值的企业应该"救"。由于金融危机的爆发具有蔓延性,所以适当释放流动性帮助优质企业度过压力期,等于是切断了风险扩张的通路,对稳定市场、防止债券违约扩散意义重大。实际上,资金的一"紧"一"松"恰恰是淘汰了某些不适应市场的企业。但要想让定向资金落到实处,仍有赖于债券市场和股票市场的发展。

五、中国各方面债务水平现状

中国整个经济体负债水平在2008年全球金融危机爆发后由于内外部因素的综合影响上升很快。债务上升本身不一定立刻引发金融风险,但是如果伴随债务高攀是经济增速的下滑,那么我们就必须警惕风险的爆发。债券是债务的重要组成部分,而债券违约是债务危机的重要表现形式。因此,债务水平的高低显著影响债券违约的可能性以及债券的收益率。中国债务水平的现状,需要从家庭债务、企业债务、政府债务三方面具体分析。

1. 家庭和企业债务水平

虽然近年来中国的家庭负债率上升速度加快,2017年末家庭总负债接近GDP的50%,但较美国在危机爆发前高达GDP的100%的家庭负债率,以及日本超出300%的家庭负债率(见表4-4)而言,我们的家庭负债率远没有到令人担忧的程度。在住房贷款余额与GDP的比值方面,中国也远低于美国:2017年,中国住房贷款余额与GDP的比值仅为26.5%,而美国这一比值已经超过60%,甚至在金融危机发生前这一比值高达83.3%(2007)。从银行各类贷款的表现来看,绝大多数银行的住房贷款是按时还款率最高的;所以,进一步发展中国的消费金融,包括消费信贷,还是有足够的空间的。

图 4-13 描述的是 2007—2017 年中国企业和政府部门的负债率趋势。企业债务方面,中国非金融企业的杠杆率在最近几年中上升很快:2017 年,非金融企业债务占 GDP 的比值达到 137.4%。部分民企的负债率较高,在未来可能会出现债务违约的现象。反观国企这类大型企业,负债率总体可控。此外,中国监管部门对企业的负债率和去杠杆也极为重视。所以从企业负债这个层面看,造成系统性风险爆发的可能性并不高。对于上市公司而言,股票价格会反映杠杆水平及变化,所以市场机制会监督和评判去杠杆的效果,但对于缺乏市场机制的一些国企和地方政府而言,是否存在衡量其杠杆水平和去杠杆成效的信号,这是今后亟须探讨的问题。

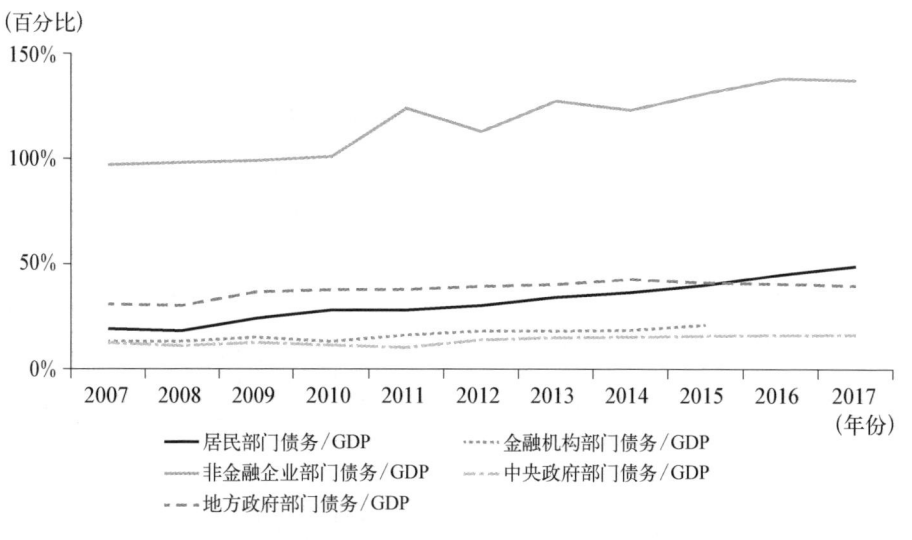

图 4-13 中国企业和政府部门的负债率(2007—2017)

数据来源:WIND、中国社会科学院。

2. 政府债务水平

最后是政府负债,这主要分为中央政府和地方政府。如图 4-13 所示,中央政府的总体状况较好,负债率较低。2017 年,中央政府部门债务占 GDP 的比值仅为 16.2%。表 4-4 对比了中国、日本、美国和印度的政府及家庭债务水平。2013 年末,美国和日本政府债务占 GDP 的比重分别达到了 102% 和 202%,远远高出同期中国水平。即使是同为新兴发展中国家的印度,其政府债务水平占 GDP 的比重(2013 年为 36%)也远高于中国。

表 4-4　各国政府债务和家庭债务对比

年份	政府债务占 GDP 的比重				家庭债务占 GDP 的比重		
	中国	美国	日本	印度	中国	美国	日本
2008	0.16	0.70	1.74	0.41	0.18	0.95	2.99
2009	0.16	0.91	1.51	0.53	0.24	0.93	3.15
2010	0.20	0.98	1.90	0.41	0.28	0.87	3.12
2011	0.15	0.97	2.01	0.34	0.28	0.83	3.16
2012	0.14	1.00	2.12	0.37	0.30	0.80	3.29
2013	0.15	1.02	2.12	0.36	0.34	0.77	3.42

数据来源：WIND、世界银行。

中国地方政府债务余额远高于中央政府债务余额（见表 4-5），成为中国各部门债务问题中比较严重的一环。具体来说，中国地方政府的负债水平（含隐性负债）则占到 GDP 总额的 55％，某些城市和地区存在局部债务危机的可能性，但由于中国政府和监管部门已经重视地方债务引发的潜在风险，所以波及全国的概率不大。一个市场化经营的企业，如果杠杆过高，市场会通过降低股票和债券价格等方式惩罚它并促使企业采取措施降杠杆；但对于地方政府，尤其是市场化环境比较差的地区来说，除了去杠杆还要考虑问责机制。一个健全的问责机制可以彻底打消"地方负债中央买单"的幻觉。目前政府已经对包括央企在内的企业和地方政府发文专门解决去杠杆问题，重视程度可见一斑。

表 4-5　中国政府债务

年份	政府总债务（十亿元）	中央政府债务（十亿元）	地方政府债务（十亿元）
2009			9 016.9
2010			10 717.5
2012	27 769.2	11 883.4	15 885.8
2013.06	30 275.0	12 384.1	17 890.9

数据来源：WIND。

六、中国债券市场发展面临的主要问题

我们在肯定债券市场发展历程及其作用的同时，也应当看到有些值得重

视的问题。以下我们对中国债券市场上存在的四方面问题进行探讨,包括:中国债券的割裂和多头监管,政府兜底、刚性兑付的现象,投资者结构与流动性问题和非市场化定价问题。

1. 多头监管、市场割裂

中国债券市场主要分为银行间市场和交易所市场两大类,不同的债券品种分别由财政部、国家发改委、人民银行、银保监会、证监会等多个部门分别监管。其中,人民银行通过银行间交易商协会对银行间债券市场进行监管,而证监会则直接监管下辖的两大交易所。从具体发行品种来看,国债、地方政府债券等政府债券由财政部负责监管;中期票据、短期融资券、非公开债务融资工具、资产支持票据等品种由人民银行统一负责监管和管理,实行注册制;银行间的金融债、信贷资产支持证券等金融机构发行的品种由人民银行与银保监会共同负责监管与管理;交易所债券由中国证监会核准,但由交易所实质审核,证监会不进行实质审核,仅从行政许可的角度予以受理和核准;企业债券由国家发改委统一审批企业债券发行资格和发行总规模,实行审批制。

Allen、Qian 和 Qian(2018)发现,属性和基本面相似的债券在这两个割裂的市场同时进行交易,并由不同的部门进行监管。多头监管的现状对债券市场形成了多方面的制约,主要表现为以下几个方面:

一是法律的适用范围、执行效力受到制约,例如,交易所市场适用的《证券法》,其执行效力不能及于银行间市场,而银行间市场则基于其自律组织性质,执法权威不足,两个市场对违法违规行为的执法标准和力度不同,不利于对市场不当行为进行强有力的约束;

二是各类债券缺乏统一的监管标准和责任约束机制,发行资源向监管洼地倾斜,导致企业在不同债券品种之间存在监管套利空间,进一步加剧债券市场发行主体、投资者及产品分布的不平衡;

三是多头监管不利于中国债券市场未来发展的统一规划。

不同于中国债券市场多头监管的情况,海外发达市场已经形成了相对统一的市场体系。以美国为例,美国债券市场形成了以立法为基础,以美国证监会(SEC)集中监管为核心,实现统一集中监管。美国证监会具有发行注册、市场监管、证券及投资机构监管的职责,对证券市场具有最高监管权。其余监管部门,如财政部、美联储、联邦存款保险公司、货币监管局协同开展机构监管。

因此,虽然美国的债券市场监管机构众多,但形成了以美国证监会为核心的监管体系,对市场及机构进行监管,有利于市场的统一协调发展。

2. 刚性兑付

2014年之前,在中国债券市场,政府兜底、刚性兑付似乎是市场的"潜规则"。在中国,债券的违约从来都不只是一家企业的问题,每一笔的债务违约,都会对包括当地的企业和金融机构造成"多米诺效应"。因此,即便企业暂时无力偿债甚至濒临破产,当地政府通常都会从中斡旋使得债券违约得以豁免,从而降低对当地税收和企业融资等方面的影响。例如,在2012年,在纽交所上市的江西赛维被评级机构连续降级,其发行的"11江西赛维CP001"距违约仅一步之遥,直到兑付日的前四天,江西赛维才发布"如期兑付"的公告。根据媒体报道,江西赛维之所以能及时履约,是由于当地政府施以援助之手的缘故。这种情况,意味着(国内)信用评级的失效,因为AAA级的债券和AA-的债券都不会违约。同时,债券市场的信用利差也并不能有效地反映发行主体之间真实的信用差别。

Ang,Bai和Zhou(2018),Liu,Lv和Yu(2017)在城投债市场上发现政府隐形担保的证据。Huang,Huang和Shao(2018)则发现商业银行发行的金融债同样存在隐形担保。Allen,Gu,Qian和Qian(2018)在中国影子金融部门的重要组成部分的信托行业普遍存在隐性担保:他们发现,债券类信托产品的定价(发行时的利率)不仅反映了标的投资风险,也反映了隐含担保的强度(比如信托公司的控股股东是否是央企或者地方政府)。

打破刚性兑付能够推动债券市场更加健康地发展:一方面,高杠杆企业债券违约,有利于债券市场风险定价,提升债券市场运行的质量和效率;另一方面,违约风险事件的发生,能够推动市场各方更加重视信息披露的真实性,市场也将更注重对投资人利益的保护。

2014年,"11超日债"无法支付利息,打破了中国债券市场"零违约"的神话。此后,债券违约频发。但即使在2018年债券市场违约频发的情况下,总体来看,企业债券中违约的债券数量占比低于千分之一,这一比例远低于商业银行不良贷款率水平。因此,2018年债券市场的"违约潮"并不能说明在中国债券市场刚性兑付已经被打破。目前,监管机构的态度是,按照有序打破刚性兑付的原则,对于已违约债券,在市场化和法制化原则下,发挥参与者的积极性,妥善解决违约事件,维护投资者利益。

3. 投资者结构与流动性问题

中国债券投资者以商业银行为主体,是由中国特定的金融结构特点所决定的。中国的融资结构以间接融资为主,银行在金融体系中占据主导地位,因此银行必然成为债券市场最大的投资主体。纵观全球各国债券市场:在以间接融资为主导的金融体系中,银行在债券投资者中的主导地位都比较明显;在以直接融资为主导的金融体系中,银行的主导作用相对较弱。例如,在直接融资市场非常发达的美国,银行持有债券所占的比例低于20%;在以间接融资为主的德国,银行持有债券所占的比例则接近60%。

此外,中国特有的国情也影响债券市场投资者机构。例如,中国地方债的主要组成部分是置换债券,而置换的对象又主要是银行,因此银行自然而然会持有大量政府债。受到资本管制的影响,境外投资者目前在中国的银行间债券市场持债的规模大概是2.3%,这样的比例远远低于多数发达经济体的情况,也低于一些新兴市场经济体境外投资者持债的比例。

虽然,中国债券市场中商业银行的主导地位并不是债券市场本身所导致的,但的确也是债券市场进一步发展所面临的问题。最直观的影响为,在投资群体同质化的情形下,中国债券市场流动性偏低,主要表现为债券二级市场换手率偏低。这很大程度上源于商业银行持有大量债券且倾向于持有债券到期。过低的换手率又会带来一系列的弊端:一是在流动性过低的情况下,投资者由于担心撤出困难,因此不敢进行投资;二是在交易频率过低的情况下,金融产品的市场价值难以很好地被发现,加剧了非市场化定价问题。

4. 非市场化定价机制

在中国债券市场上,存在非市场化的定价机制。对于国有企业、地方平台和地方政府债而言,这个问题更加突出。最为直观的数据表现为,中国的信用利差和其他国家相比较要窄很多。为什么会造成这种结果呢?最主要的因素还是在于刚性兑付。

按照经典的信用利差定价模型,信用利差主要受到宏观经济的影响:当经济处于扩张阶段时,由于预期信用违约风险较低,信用利差收窄;当经济处于收缩阶段时,预期信用违约风险较高,信用利差走阔。通过预期违约率,可以计算出公允信用利差的定价。但是,信用利差定价在中国则难以适用。Allen,Gu,Qian和Qian(2018)发现,由68家持牌信托公司发行的债券信托产品的收益率随着隐含担保的强度而降低：同等条件和风险情况下的信托产品，如果信托公司的控股股东是央企，发行时利率最低；如果大股东是地方政府，发行利率会高一些；而如果信托公司没有政府股东，则发行产品的初始利率是最高的。

这样的隐含担保（或者说市场对信托公司背后的实际控制人的担保能力）则在一定程度上降低了利差对风险的敏感性，这使得信用利差无法反映真实的信用风险。出现这一现象的原因主要在于，中国特色的信用债市场基本不存在市场化的违约。尽管这几年信用债违约不断发生且有增多趋势，但大量非市场因素的存在使得中国信用债市场的违约机制并没有发挥良好作用。此外，由于投资者结构单一化导致的二级市场交易频率过低，使得债券产品的市场价值难以被很好地发现，这也是导致非市场化定价的因素之一。

七、非银行金融机构与替代性投（融）资及信贷市场

本部分将首先介绍非银行金融机构的重要组成部分的信托行业，其发展情况，为实体经济的哪些部门提供了融资，以及存在的问题。然后我们着重分析讨论替代性金融部门：这是指游离于市场和银行等正规机构之外运作的部门，主要是指非银行、非市场等替代性融资渠道。如 Allen, Qian 和 Qian (2005) 首先指出，替代性金融部门为民营部门与居民部门的增长提供了重要支持，为经济增长做出了重要贡献。

1. 信托行业的发展

非银行金融机构，是以发行股票和债券、接受信用委托、提供保险等形式筹集资金，并将所筹资金运用于长期性投资的金融机构。主要包括公募基金、私募基金、信托、保险、证券公司以及财务公司等。图 4-14 描述了 2010—2015 年，中国主要非银行金融机构的资产规模增长，包括信托、保险和证券公司。三类非银行金融机构的资产规模都处于高速增长的阶段，其中信托的资产规模增速最高。2010 年末，信托的资产规模仅为 3.2 万亿元；但到 2015 年末，信托的资产规模已经上升至 16.8 万亿元。仅仅五年时间，信托的资产规模几乎增长为 2012 年末的 5 倍。因此，在这部分，我们主要对信托市场进行深入了解。

(单位：十亿元)

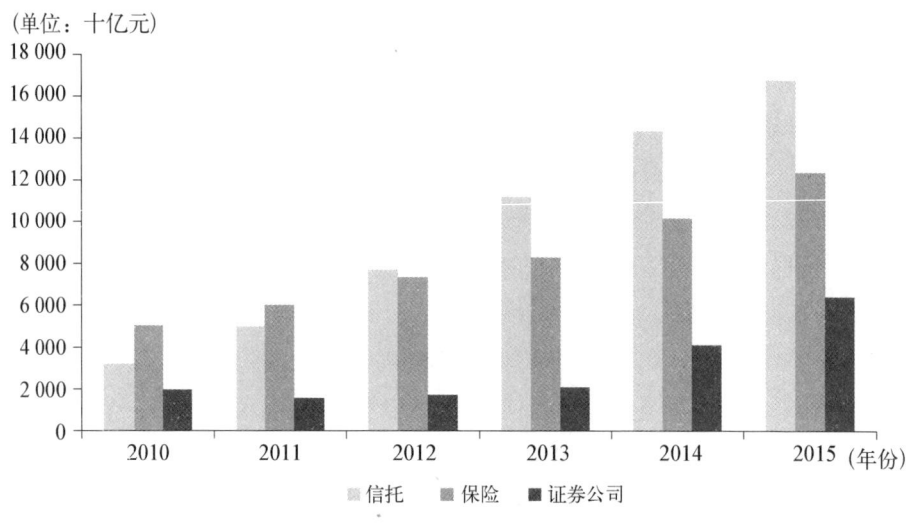

图 4-14 非银行金融机构资产规模

资料来源：Allen, Gu, Qian 和 Qian(2019)。

信托业在中国并不是新兴行业。1979 年 10 月，中国第一家信托机构，即中国国际信托投资公司(CITIC)宣告成立。中国国际信托投资公司的成立标志着中国开始恢复信托制度。1980 年 6 月，中国人民银行根据国务院关于银行要试办信托投资公司的指示，正式开办信托业务。此后，各家银行、各部委和各地政府等相继设立信托机构。从 1980 年到 1982 年底，全国各类信托投资机构已有 620 多家，绝大部分是地方政府和专业银行开办的。

由于中国信托业发展之初，基本上处于自由发展阶段，出现了一定的盲目性。有鉴于此，国务院于 1982 年 4 月下达了《关于整顿信托投资机构和加强更新改造资金管理的通知》，规定除国务院批准和国务院授权单位批准的信托投资公司以外，各地区、部门都不得办理信托投资业务，已经办理的限期清理。到了 1984 年，中国信托业发展又出现了一次高潮，信贷资金多用于投资固定资产领域，这在一定程度上助长了固定资产规模的膨胀。到 1984 年底，针对当时经济过热造成货币投放和信贷规模双重失控现象，中国宏观经济采取紧缩性政策，信托业再一次开始全国性整顿。此后，在 1986 年、1989 年和 1993 年，中国经济再次出现过热迹象时，管理层先后对信托业进行了三次清理整顿。

从 1995 年开始的新一轮整合主要是银行开设的信托投资公司全部与银行脱钩或转为其分支机构，开始执行银行业和信托业的分离进程。到 1997 年末,全国共有信托机构242家,资产规模约为4 600亿元左右。这些信托机构举步维艰,普遍存在资产质量差、支付困难和破产危机等问题。20世纪90年代末,大批知名的信托公司相继因资不抵债和支付危机被关闭。2001年,《中华人民共和国信托法》颁布,并在2001年10月1日起开始实施。《信托法》的颁布使得中国信托业终于从制度上规范了信托关系和信托行为,为促进中国信托事业奠定了制度基础。

自《信托法》出台以来,中国信托业在2008年全球金融危机前一直增长缓慢。Allen,Gu,Qian和Qian(2019)根据2002—2015年间所有68家信托公司发行的(集合)信托产品的信息披露搜集整理数据,并进行了分析。图4-15描述了2002年以来信托产品各年的发行规模和平均预期收益率。在2002—2007年间,中国信托产品预期收益率维持在5%左右。国际金融危机全面爆发后,中国经济增速快速回落,经济面临硬着陆的风险。为了应对这种危局,政府出台经济刺激计划,其中包括大量基础设施建设项目。房地产和基建项目的开发,使得地方政府、房地产企业和工商企业产生强烈的融资需求。另一方面,银监会及时推出配套政策。2008年12月,银监会印发《银行与信托公司

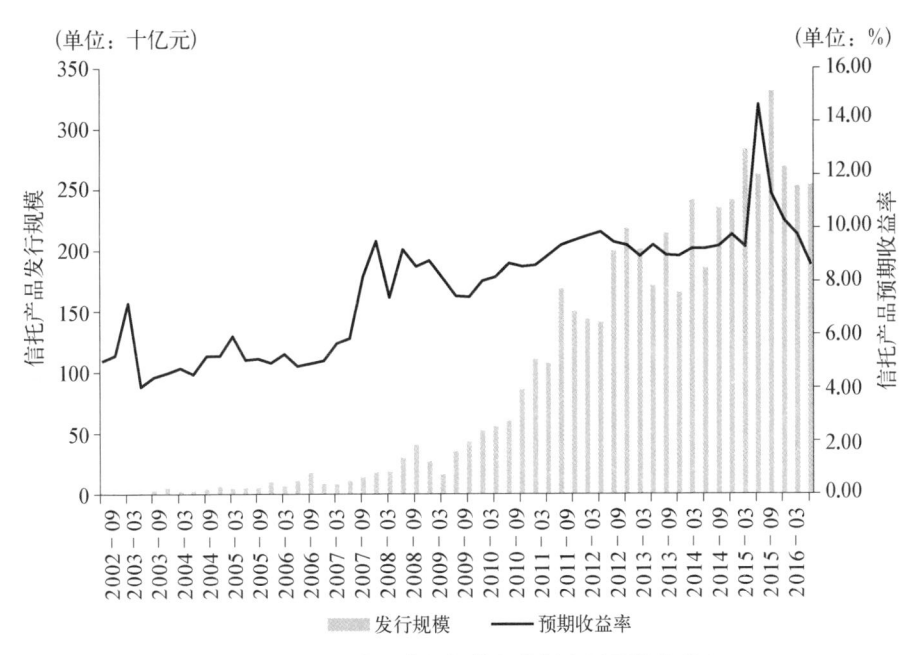

图4-15 信托产品发行规模和信托产品预期收益率

资料来源:Allen,Gu,Qian和Qian(2018)。

业务合作指引》,这意味着银行理财资金通过信托发放贷款这一银信合作模式得到了监管部门的许可。在此背景下,银信合作应运而生。

Allen,Gu,Qian 和 Qian(2019)发现,信托公司发行产品后资金最多流向房地产行业(占所有信托产品融资的 24%—40%);其次是工商业企业(大多数为不上市公司)和基金(各占 18%左右),再次为金融机构和证券市场。从信托资金流向可以看出,信托业与银行业息息相关。从银行角度来说,商业银行借助信托通道,规避 75%存贷比红线,将表内资产转移至表外并投资(直接贷款)受限行业比如房地产。同时,部分银行为维护与某些大客户的关系,在信贷规模收紧时,借助银信产品为大客户融资。银行通常会和信托公司合作发行一个信托计划,通过信托贷款的方式促成企业融资。从信托的角度来说,信托公司作为纯粹的通道,几乎不需要任何投入就能净赚通道费用,同时还能从银行方获得客户,作为回报与银行分享佣金。在某些情况下,作为客户引荐人的银行会将非保本理财产品投资于信托产品。

2010 年,约 70%信托为单一资金信托,即信托公司接受单个委托人的资金委托,依据委托人确定的管理方式,单独管理和运用货币资金。单一资金信托产品与银行的关系高度密切:银行通常作为单一委托人以自有资金认购信托计划。2010 年 8 月,银监会规定银信合作业务中融资类信托占比不超过30%,对银行理财通过信托放款进行限制。此后几年中,单一资金信托的比例逐年下降,但仍然保持在 50%以上,这表明银行和信托公司之间的关系仍然很紧密。"两全其美"的双赢模式,使得信托业迅速发展。从图 4—14 中可以看出,自 2012 年以来,信托业已经超过保险业成为中国非银行金融领域中规模最大的行业;截至 2015 年底,信托业的总资产达到 16.7 万亿元,信托资产余额与 GDP 的比重达到 23.7%。

2018 年 4 月 27 日,经国务院同意,《关于规范金融机构资产管理业务的指导意见》正式发布。在资管新规的指导下,2018 年 8 月 17 日,银保监会信托部向各银监局下发《关于加强规范资产管理业务过渡期内信托监管工作的通知》。由于通道业务占信托规模的 60%—70%,而且大部分资金的来源为银行资金。去通道化也是资管新规的重要内容,这将会削弱信托规模增长的驱动力。根据中国信托业协会发布的数据,截至 2018 年末,全国 68 家信托公司管理的信托资产规模为 22.70 万亿元,较 2017 年末下降 3.5 万亿元,金融强监管带来的影响明显。

2. 替代性金融部门在中国的重要性

根据发达国家的传统观点，银行和股票市场等金融机构是实体经济中的企业发展的最重要的资金来源，而来自中国的证据表明，事实并非如此。Allen，Qian 和 Qian(2005)首次提出，在支持整体经济增长方面，金融体系中最成功的部分不是正规金融部门（即银行和金融市场），而是替代性金融部门（包括非正规金融中介，内部融资和商业信用，以及企业、投资者与地方政府之间其他各种形式的融资渠道）。这种替代性金融部门支持了各种所有权结构形式的"混合部门"(Hybrid Sector)的增长，这一部门的增速远快于国有部门（即所有国有企业）和所有 A 股上市的上市企业。

Allen，Carletti，Qian 和 Valenzuela(2012)基于世界银行企业调查(World Bank's Enterprise Surveys)2000—2010 年间的调查数据，对全球 40 个国家的企业融资渠道进行研究，结果在表 4-6 中展示。其中，内部融资渠道主要来源于未分配利润(Retained Earnings)，外部融资渠道主要包括市场融资渠道(Market Financing，包括私募股权和公募基金的资金)、银行信贷渠道(Bank Financing)和替代性融资渠道(Alternative Financing)。如表 4-6 所示，收入水平相似的国家中，企业的融资方式也有很大差异。例如，银行信贷渠道占所有融资来源的比例，从叙利亚和阿根廷的约 4%，到哥伦比亚和马来西亚的约 33%，再到秘鲁的 38%；替代性融资渠道占所有融资来源的比例，从埃及的 3%上升到中国的 52%。对于中国来说，替代性融资对中国中小企业的重要性超过其他任何国家，这与 Allen，Qian 和 Qian(2005)的结论一致。

表 4-6 全球主要新兴市场和部分发达国家企业融资渠道分析
（表内国家按照英文字母顺序排列）

国　家	样本公司数量	内部融资	外　部　融　资		
		未分配利润(%)	市场融资渠道(%)	银行信贷渠道(%)	替代性融资渠道(%)
阿尔及利亚	337	75	0	16	9
阿根廷	752	69	1	5	25
孟加拉国	892	60	0	30	10
白俄罗斯	314	74	3	6	17
巴　西	1 351	56	4	14	25
保加利亚	582	67	0	15	18
智　利	1 434	52	2	30	17

续表

国家	样本公司数量	内部融资	外部融资		
		未分配利润(%)	市场融资渠道(%)	银行信贷渠道(%)	替代性融资渠道(%)
中国	1 342	15	12	20	52
哥伦比亚	563	47	0	33	19
克罗地亚	269	54	5	24	17
捷克	495	55	7	9	29
厄瓜多尔	715	49	2	27	23
埃及	716	86	4	7	3
德国	1 179	51	9	23	17
希腊	340	71	6	13	9
匈牙利	649	55	16	16	12
印度	1 757	58	1	28	13
印度尼西亚	291	42	1	16	40
爱尔兰	278	49	1	28	23
哈萨克斯坦	391	79	1	14	7
韩国	173	65	8	20	7
马来西亚	442	43	2	34	22
墨西哥	422	73	0	7	19
摩洛哥	769	63	1	19	16
巴基斯坦	240	58	15	6	21
秘鲁	463	41	6	38	14
菲律宾	179	58	4	13	24
波兰	1211	73	1	12	13
葡萄牙	197	66	1	14	19
罗马尼亚	710	73	1	13	13
俄罗斯	701	82	0	6	11
斯洛伐克	292	64	10	8	17
南非	539	58	0	17	25
西班牙	598	60	2	22	16
叙利亚	210	81	0	4	15
泰国	1 382	19	13	58	9
土耳其	1 325	58	12	16	14
乌克兰	687	75	5	8	12
委内瑞拉	170	67	4	24	5
越南	956	30	28	28	14

数据来源：World Bank's Enterprise Surveys, Allen, Carletti, Qian 和 Valenzuela(2012)。

此外，Allen，Chakrabarti，De，Qian和Qian(2012)基于印度企业数据发现，对于初创企业和成长阶段的企业来说，替代性融资渠道对于它们的重要性远高于其他融资渠道。这些研究人员还对中小企业进行了问卷调查。85%的受访企业认为在创业阶段，替代性融资极其重要，86%的受访企业认为替代性融资在企业成长阶段极其重要，而认为从银行渠道融资极其重要的比例仅为15%和17%。

为什么替代性融资在中国（以及其他新兴市场国家比如印度）有如此重要的作用？我们从替代性融资的具体模式来进行分析。

第一，私人和家庭借贷模式是最为重要的替代性融资渠道之一。Allen，Qian和Xie(2018)基于信息不对称构建理论模型对替代融资的运行机制进行深入分析。结果表明，基于信息互通和互助互利的私人借贷模式与企业绩效正相关，基于暴力等强制执行方式的地下融资模式则并非如此。Ozer，Zheng和Ren(2014)的研究表明，只有当存在长期合作的前景时，中国人才会像美国企业和商人一样表现出自发的信任。Ang，Cheng和Wu(2015)的研究则表明，国外高科技公司在中国进行投资决策的时候，倾向于选择合作者更值得信任的地区和领域，以降低知识产权被盗用的风险。以上的结论均表明，在中国，基于"关系"和声誉的非正式融资渠道(如私人和家庭借贷)，在信息互通以及降低融资成本方面，具有较大的优势。

第二，是企业间的关系借贷。Allen，Qian，Tu和Yu(2018)对委托贷款(是指信托机构按委托人指定要求所发放的贷款)进行研究，研究发现当信贷紧缩时，委托贷款(从易于获得低息贷款的企业到难以获得贷款的企业)的规模激增。虽然，企业间的关联方交易往往被认为是，在不完善的公司治理环境下，滋生利益输送等行为的渠道(Jiang，Lee和Yue，2010)，但是另一方面，关联企业间的信贷能够形成良好的共同保险机制。Jia，Shi和Wang(2013)的研究表明，在信贷紧缩期间，上市公司和其控股股东间的关联交易规模上升，包括上市公司向其控股股东提供的关联方贷款和信贷担保等。同时，在上市公司业绩下降时，控股股东及其他关联公司，会为上市公司提供更多的支持。

第三，外资企业(FDI企业)能够通过商业信用(在商品销售过程中，一家企业授予另一家企业的信用)等形式为完成交易提供帮助。Lin和Ye(2017)的研究表明，在国内信贷紧缩时期，外资企业(FDI企业)相比本国企业提供更多的商业信用。这种现象在融资需求更高的行业，以及金融相对欠发达的省份,表现得更加明显。

Allen,Qian 和 Qian(2005)指出,虽然替代性融资在获取信息和降低成本方面具有一定的优势,并为民营部门与家庭提供了重要支持。但不可否认的是,受到规模和风险承受能力的限制,替代性融资存在先天的缺点。也有投资者和学者担心,替代性金融部门的快速扩张和风险积累,是否有可能导致金融危机。我们的结论是,至少在正规金融部门和法律体系完善以前,应当鼓励替代性投融资市场与正规市场和金融机构投融资的并存,让替代投融资渠道名副其实,继续为企业,尤其是初创民营公司提供初始和增长阶段的资金;而正规和替代融资部门之间保持竞争关系还可以促进正规金融体系提高效率。

3. 替代性投融资市场的具体形式

作为多层次债券市场的重要组成部分,替代性金融部门为民营部门与家庭提供了重要支持。我们在以下章节,具体阐述替代性投资的三种主要具体途径:第一,商业信用,在商品销售过程中,一家企业授予另一家企业的信用;第二,非银行信贷市场,我们主要探讨信托市场;第三,民间金融,包括非正规金融中介、企业、投资者与地方政府之间其他各种形式的融资渠道。

(1) 商业信用(Trade Credits)

商业信用是指在商品销售过程中,供应商向其客户(或是产品批发企业向产品零售企业)提供的贷款或是授予的信用额度。商业信用产生的根本原因是由于在商品经济条件下,企业之间相互依赖,但各个企业在生产时间和流通时间上往往存在着不一致,从而使商品流转和货币流转在时间上和空间上脱节。通过企业之间相互提供商业信用,可以保证整个社会的再生产得以顺利进行。尤其是对于资金有限的企业来说,商业信贷是重要的替代融资来源。相比金融机构来说,供应商能在最大程度上克服信息不对称问题。

商业信用作为一种重要的融资来源,在发展中国家和发达国家都得到了广泛使用。2009 年,在美国非金融企业的资产负债汇总表中(US Flow of Funds Account,2011),贸易应付款(供应商向其客户提供用以购买货物的融资)在所有负债项目中仅次于企业债券,规模排名第二。贸易应付款的规模,是银行贷款的三倍多,商业票据规模的二十多倍。通常商业信用被认为能够为面临严重信息不对称的小型企业提供可行的融资渠道,Murfin 和 Njoroge(2012)发现美国的大型企业也使用商业信贷进行融资。

此外，Allen，Qian 和 Qian(2005)和 Allen，Chakrabarti，De，Qian 和 Qian(2012)提供了商业信用是中国混合部门企业融资的重要形式的证据。即便缺乏外部监督和合同执行机制，只要存在可以使用的资金，那么合作和相互监督就可确保商业伙伴之间的结算万无一失。商业信用在其他新兴经济体（如 Allen，Chakrabarti，De，Qian 和 Qian[2012]对印度的研究）中也扮演了重要角色。

现有文献表明，商业信用能够作为银行贷款的替代品，为中小企业提供融资渠道。同时，商业信贷也是中小企业在金融危机时期重要的资金来源。Fisman 和 Love(2003)发现，在金融市场欠发达的经济体中，处于高度依赖商业信用行业的公司规模增长更快。Nilsen(2002)发现，在金融危机期间，小型企业更加依赖商业信用。McMillan 和 Woodruff(1999)基于越南非上市公司的数据，发现当客户缺乏其他的供应渠道，客户和供应商的关系有较长时间，供应商有更高的可能性为客户提供更长期限的商业信用。Wilner(2000)的研究表明，对于陷入财务困境的公司，如果它是供应商最为重要的客户之一，那么供应商可能会比银行给予它更高额度的贷款。Petersen 和 Rajan(1997)发现，银行信贷额度受限的公司向其客户提供的商业信用较少，而从供应商那里获得的商业信用较多。Cull 等(2009)认为，商业信贷为那些被传统融资渠道拒之门外的公司提供了一种替代性融资渠道。Demirguc-Kunt 和 Maksimovic(2001)表明，商业信用在法律体系不完善的国家更为普遍。

最近的研究表明，尽管商业信用的初始固定成本很高，但当商业链条和商业网络形成后，商业信用的平均成本可以低于从银行等金融机构融资的成本。这不仅在新兴经济体中得到验证，在美国等发达国家中同样适用(Giannetti，Burkart 和 Elligensen，2011；Giannetti 和 Yu，2007；Kim 和 Shin，2007)。

相较美国等发达国家，中国商业信用市场的发展仍显滞后。这和整个经济发展的历程有关，由于中国长期实行的是计划经济，当时的企业不是靠自己的信用去吸引资金和配置资源，而是靠国家计划。近年来，中国商业信用规模增长很快，已逐渐成为中小企业和县域经济发展的重要融资方式。然而，中国商业信用目前普遍处于自发状态，商业信用的进一步发展需要法律法规和相关制度的完善。

(2) 民间金融(包括民间信贷机构和私人信贷)

Allen，Carletti，Qian 和 Valenzuela(2012)将民间金融主要分为两类：一

是民间信贷机构,即非正式信贷机构;二是私人信贷,即从家庭、朋友以及其他渠道获得的"种子资本"。

　　Allen,Qian 和 Qian(2005)通过对部分中国民营企业的调查发现,在中国民营企业的成长过程中,部分民营企业主要通过民间信贷机构获得发展所需的资金,而不是从银行获得贷款。这些民间金融机构形式多样:从专业的经纪人、银行、中间商所运营的股份合作企业,到由企业家聚集而成的信贷协会(从协会成员和外部资金处融资);从当铺到"地下银行"等。近年来,民间信贷机构以其独特的生命力迅速成长,引发社会高度关注。投资人和学者就"影子银行"对经济金融影响展开了激烈争论,但对其规模和利弊尚未形成一致看法。初步估算,包含民间信贷机构在内的"影子银行"体系,其规模约占中国融资总额的一半。

　　Allen,Qian 和 Qian(2005)通过调查发现,来自家人和朋友的资金是企业"种子资本"最重要的来源之一,甚至可以说是中国初创企业最重要的资金来源。Allen,Carletti,Qian 和 Valenzuela(2012)认为,在金融市场和房地产市场发展的早期阶段,有些企业通过走私、贿赂、内幕交易和投机等非法渠道融资,对"种子资本"的积累也起过重要的作用。参考其他发展中国家在经济发展过程中存在的类似情形,他们认为,如果这些融资行为的实质是为了投资合法企业并进行合法生产经营。那么对于政府来说,除了花费成本和精力去发现并惩罚这些活动之外,促使政府扩大对相关行业的投资可能是更有效的做法。

第五章 稳中求进的力量：房地产市场

CHAPTER 05

最近二十年,全球投资者、学术界和监管部门最为关心的一个市场是什么? 房地产市场毫无疑问会是很多人的答案。

一方面,2008 年在美国爆发的次贷危机,以及随后演变出的全球金融和经济危机,时刻提醒着我们要小心房地产泡沫和其破灭之后对金融市场以及实体经济的严重冲击。另一方面,中国自 1998 年房改以来,房地产市场发展迅猛,房地产的消费以及其附属和相关行业已经成为拉动中国经济增长的重要动力;与此同时,房地产价格,尤其是一线城市的价格一路飙升,已经成为影响国计民生的重要因素。事实上,由于房地产巨大的体量以及其与金融的天然联系,房地产市场能否持续、平稳地发展,对于中国金融体系的功能发挥和健康安全具有非常重要的意义。

本章先回顾美国的房地产泡沫和随后引发的次贷危机,以及中国房改 20 年和房地产市场发展的概况;然后从不同角度分析中国房地产市场存在的风险以及应对措施;随后讨论房地产市场进一步发展,尤其是房地产金融创新和发展的方向。

为了使本章的内容更加充实,笔者特地去拜访了孟晓苏博士——中国房地产市场改革的设计者、参与者与见证者。孟老师对本章探讨的各项话题,包括中国家庭债务、房价上涨、房地产市场的金融产品创新、房地产税的设计和实施,都发表了真知灼见。

一、次贷危机:美国房地产市场的经验教训

关于房地产市场的风险,2008 年的美国和其他发达市场的次贷危机是房地产风险的一次集中爆发和体现,导致此次危机爆发的原因有以下几个方面:

首先,信贷的大规模扩张导致过高的杠杆率和资产泡沫。

次贷危机爆发之前的十多年,由于各方面原因,包括美联储的政策,美国一直维持着较低的利率水平,这极大地刺激了信贷需求以及各类资本对于房地产市场的投资热情。尤其是受到此前亚洲金融危机的影响,全球资本,尤其是亚洲主要经济体大量的外汇储备出于避风港和寻找投资机会等动机纷纷涌入美国,丰富的资金供给使得利率水平不能有效提升,进一步提高了通过借贷

投资美国房地产市场的热情。

同时,自 20 世纪 80 年代开始,金融机构对于房地产市场的投融资推出了一系列金融创新工具,从最初的房贷产品,演化为规模日益庞大的结构化证券产品(structured products),尤其是房地产抵押贷款(mortgage-backed securities,MBS)。随着信贷市场的发展,与此相关的衍生品市场也有很大发展,其中包括信用违约掉期产品(credit default swaps,CDS)。

需要说明的是,从金融历史角度观察,绝大部分金融创新本身并无可厚非,尤其是在创新初期,很多产品降低了交易成本,丰富了投资者的对冲风险工具箱,以及为市场提供更多、更精准的风险定价工具(比如 CDS 可以为市场提供政府和发债的企业和金融机构的违约概率)。但是由于市场普遍低估了金融风险,包括主要与房地产市场相关的金融机构和房地产企业的 CDS 价格隐含的违约概率偏低,以及债券和 CDS 价格汇总后隐含的爆发系统性风险(即短时期,6 个月到一年内,美国过半城市的房地产价格同时下跌 10% 以上)的概率也偏低,成为后来爆发金融危机的一个重要隐患[①]。

此外,金融机构的"道德风险"问题——体现在银行等金融机构发放劣质房贷因为他们知道接下来可以将这些次贷出售并且"出表",包括投行在内的金融机构设计的高管薪酬鼓励通过杠杆增加风险,以及前面章节提到的信用评级机构的利益冲突导致对 MBS 产品评级的偏差,等等,这些行为都对房地产泡沫起到推波助澜的作用。再伴随着全球涌入美国的信贷不断加大杠杆进行房地产市场投资,在快速提升杠杆率的同时,使原有的资产泡沫进一步放大。

其次,金融监管放松增加了金融体系的风险。

美国近代历史上最重要的监管措施之一为大危机爆发后于 1933 年颁布的 *Glass-Stegall Act*(《格拉斯-斯蒂格尔法案》,也称《1933 年银行法》),其核心是限制商业银行进行存贷款外的业务(比如高风险的投行业务),也就是禁止商业银行和投行业务的"混业经营"。这项法案对美国银行业的发展和稳定性有深远影响,但是到了 20 世纪 90 年代后期通过各种渠道包括对政府的游说,一些大型金融机构打破了该法案设立的"围墙",实现了混业经营。而混业

---

① 危机爆发前债券和 CDS 价格隐含的过低的爆发系统性风险的概率也有可能是因为投资者和市场觉得雷曼兄弟倒闭这样的事件不会发生;这种包含隐形担保(implicit guarantee)的预期在 2008 年初,在美联储的帮助下 JP Morgan(摩根大通)收购濒临破产风险的 Bear Stearns(贝尔斯登)后变得更为强烈:投资者和市场认为美国政府不会让一个接一个有系统性风险的金融机构倒闭;所以当雷曼兄弟宣布倒闭时发生了市场恐慌。

经营下的大型金融机构,由于业务的复杂性和杠杆已经在规模上总体上升,导致总体风险相比分业经营的机构更高,也更难监管。

自20世纪六七十年代起,全球范围内掀起一股金融自由化与金融创新浪潮,美国作为此次金融创新浪潮的领头者,推出了大量的金融衍生工具创新,从传统的期货、期权到复杂的CDO、CDS信用衍生工具,这些金融创新在催生新的业务和应用场景的同时,也使各大金融板块联系越加紧密,呈现网络化趋势。由于大量市场参与者与一些网络关键节点发生联系,一旦这些关键节点出现问题,将会发生正常情况下没有密切关联的资产板块(比如债券市场、房地产市场和股市正常情况下相关性不高)迅速变为高度相关。危机前对复杂的金融衍生品,尤其是与信用风险相关的CDO、CDS等产品,没有设置中央清算系统(绝大部分衍生品为场外交易,正常情况下效率高,成本低)。这导致一旦市场中主要的发行人、做市商和交易者(如雷曼兄弟)倒闭后,金融机构之间由于缺乏对交易对手风险敞口的信息不全以及信息不对称,产生了互相的不信任(counterparty risk,交易对手风险),进而引发金融机构间信用市场的冻结,这是引发金融系统全面风险和流动性缺失的重要起因。

引发全球金融风险的因素固然很多,我们认为房地产市场的泡沫是爆发危机最根本的原因之一,故也是我们在分析中国房地产市场风险时必须考虑的因素。图5-1演示了美国130多年来(居住型)房价的走势,以及影响房价

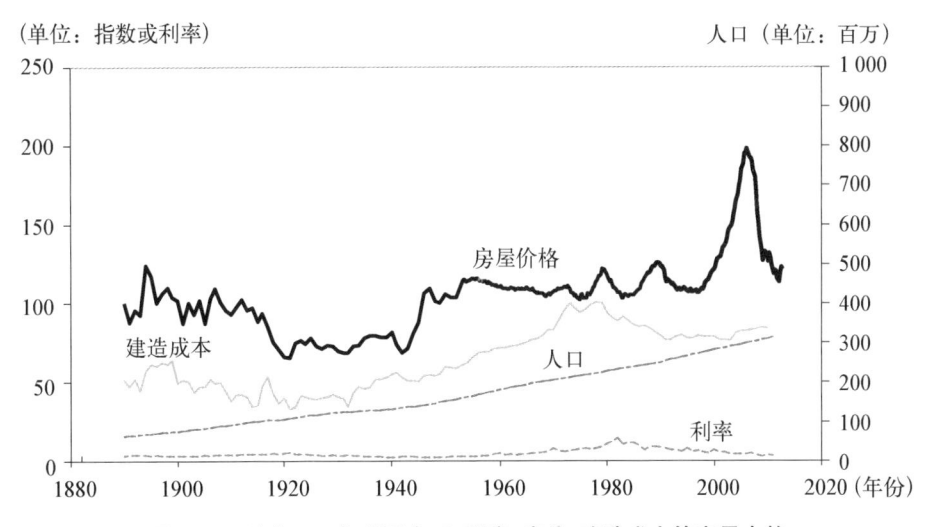

图5-1 过去130年美国人口、利率、房价、建造成本等变量走势

资料来源:罗伯特·席勒教授网站。

的主要因素——人口、建造成本和（房地产贷款）利率的走势。21世纪初，美国房地产市场开始变热，房地产价格快速增长，截至次贷危机爆发前，美国全国平均房价指数增长了将近1倍。快速持续上升的房价吸引了大量社会资本进入，房地产企业融资造房，居民贷款买房，杠杆率飙升。据统计次贷危机前美国非金融私人部门债务与GDP比值达到170%。同时，随着房地产行业证券化程度的不断上升，金融机构推出的次级贷款产品火爆，这又进一步推升了房地产市场泡沫加剧。直到2007年前后房价上涨不可持续，开始出现下跌，高杠杆又使下跌效应进一步放大，最终导致危机爆发。

从图5-1所示的房价的长期时间序列来看，一个很清晰的结论是：有周期的美国房价在金融危机爆发前达到了历史顶峰。也就是说，2000—2006年形成的房地产泡沫是有史以来最大的。所以，要避免发生由房地产市场崩盘导致的金融和经济危机，核心是防止房地产泡沫的形成，以及有了泡沫后必须及时处理，不能让泡沫愈演愈大。

除了美国以外，欧洲很多发达市场的房市在金融危机爆发前普遍存在泡沫；美国的经验教训——房地产泡沫越大，破灭后对市场和实体经济的杀伤力也越大，也完全适用于这些国家。如图5-2所示，相比起美国的房地产泡沫，西班牙和爱尔兰是有过之而无不及——从20世纪90年代中期到危机爆发前

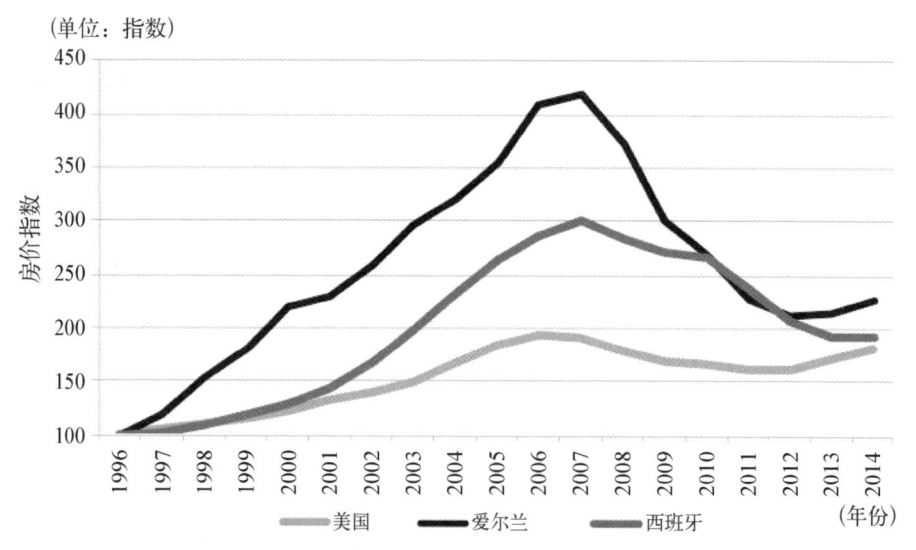

图5-2 房地产价格上涨的跨国比较：美国、爱尔兰和西班牙（1996—2014年）

资料来源：美联储、爱尔兰和西班牙央行。

的 2007 年,西班牙房价翻了两番,而爱尔兰翻了三番多。两个国家在危机爆发后都发生过濒临破产的大型金融机构被政府接管以及深度的经济衰退①。

最后,我们比较的是经历过房地产泡沫和破灭的发达国家的经验。2008 年雷曼兄弟倒闭后,美国接连发生金融和严重的经济危机;危机期间包括美联储在内的政府部门采取了一系列"非常规"救助措施(包括美联储的"量化宽松"政策);之后金融市场发挥了强大的自我修复功能,引领整个经济的复苏。日本在 20 世纪 80 年代形成明显的房地产市场泡沫,与美国房地产泡沫迅速破灭不同的是,日本使房地产泡沫破灭花了近 10 年,其间除了政府救助外,银行也没有立即切断处于财务困境的企业(尤其是有长期贷款关系的企业)。这样的政策和金融机构行为减少了短期内实体经济的痛苦,但是代价是缓慢破灭的房地产泡沫期间,产生了诸多"僵尸企业"和"僵尸银行",延缓了应该被淘汰的行业和企业,僵尸企业和银行的存在也影响了整个经济的复苏,故而有所谓的"逝去的 10 年"。

二、房改 20 年:中国房地产市场的发展轨迹和现状

应该说,2008 年美国次贷危机的爆发、政府救市以及市场恢复的过程都对于当前中国房地产市场的发展以及监管具有重要借鉴意义。判断一个市场是否存在泡沫,理解其价格机制至关重要。市场价格最终取决于供需关系,具体到中国房地产市场,其影响因素就包括土地和各类房产的供给政策、资金投入以及税收等各类因素。

探讨中国房地产市场发展,两个关键节点不可不提。

一是 1998 年房改。

1998 年 7 月,国务院发布《关于进一步深化城镇住房制度改革、加快住房建设的通知》,宣布从下半年开始全面停止住房实物分配,实行住房分配货币化,首次提出了建立和完善以经济适用住房为主的多层次城镇住房供应体系。1998 年房改正式开启了以"取消福利分房,实现居民住宅货币化、私有化"为核心的住房制度改革,其标志着新中国延续了近半个世纪的福利分房制度寿终正寝,"市场化"正式成为住房建设的主题词。

---

① 欧洲唯一的一个主要经济体没有在同期产生明显房地产泡沫的是德国,原因之一是银行在发放房地产贷款时,对杠杆的控制很严格。

二是 2008 年底的经济刺激计划。

如果说 1998 年房改正式拉开了中国房地产市场发展的大幕,那么 2008 年的刺激政策则使中国房地产市场发展由于金融的推动,进入了快车道。我们在第一章中已经阐述,经济刺激以四大行新增中长期贷款为主的信贷扩张注入实体经济,目标是推动基础设施建设、拉动社会投资和稳定经济增长。

应该说,刺激计划并没有直接向房地产注入资金,但是,受到多方面因素影响,经济刺激仍然使房地产吸收了不少资金。

一方面,国际资本(也就是所谓的"热钱")以不同形式大量涌入中国。由于金融危机下全球经济尤其发达国家经济疲软,金融体系陷于瘫痪;中国在危机前仍处高速增长状态;危机爆发后依赖经济刺激成为全球经济亮眼的大经济体之一。因此,对国际资本而言,这一时期全球最没有不确定性的投资是:人民币和人民币资产(相对于全球所有主要货币)将会强势升值。在这样的预期下,不少外资纷纷进入中国。而鉴于 A 股股市对外资的限制以及如第四章所述,股市中存在很强的投机性和非理性投资行为;相比之下,房地产成为外资和内资投资的首选目标,从而为中国房地产市场快速发展提供了巨大助力。

另一方面,如第三章和第五章所述,尽管从 2010 年起房地产是银行贷款明令禁止的投向行业,但是通过信托业等"影子银行"机构和业务,大量银行贷款最终还是进入了房地产市场,由此拉动了国内房地产市场的快速增长。图 5-3 展示 2008—2017 年中国房地产投资规模。可以看到,从 2008—2013 年

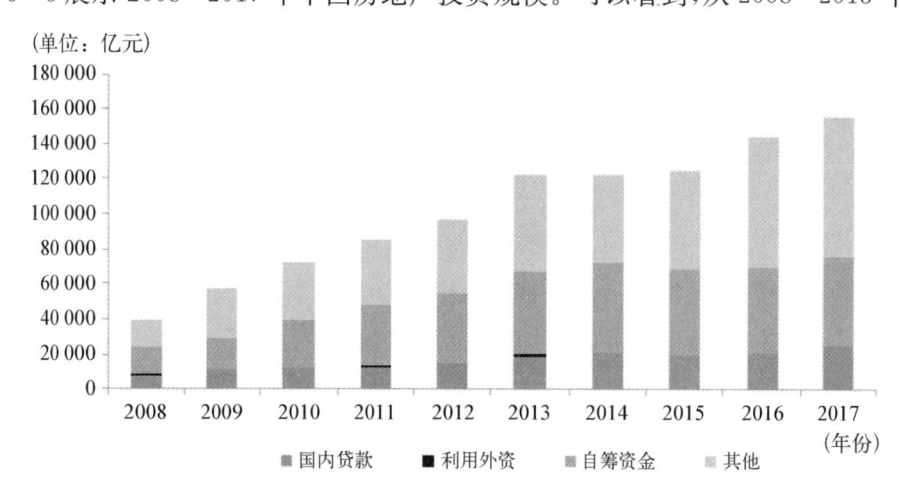

图 5-3　2008—2017 年中国房地产投资规模

资料来源:国家统计局网站。

间,总投资量均呈现快速增长,在不断涌入的资金的推动下,中国一线城市的房价也一路飙升(见图 5-6—图 5-9)。2013—2015 年间,由于监管部门加强跨部门协调监管,流入房地产市场的总资金呈平稳态势;但是 2016 年和 2017 年又恢复了总投资上升的现象。

图 5-4　2004—2017 年中国家庭负债、住房贷款和房地产抵押贷款证券化产品规模
资料来源:中国社会科学院、中国债券信息网、中国人民银行。

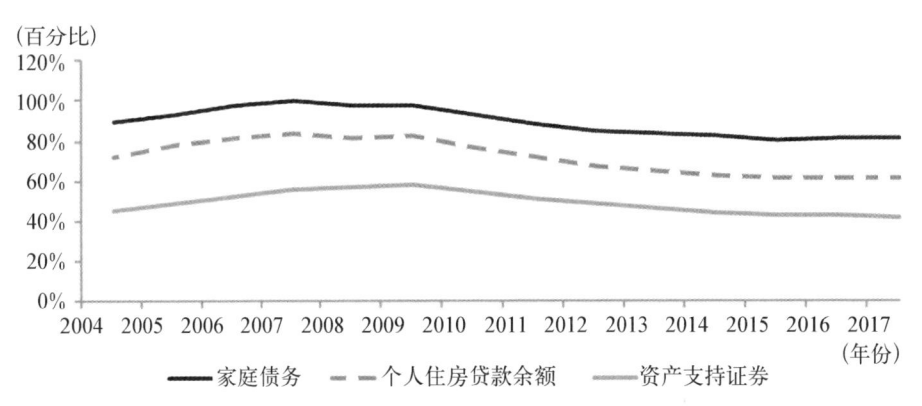

图 5-5　2004—2017 年美国家庭负债、住房贷款和房地产抵押贷款证券化产品规模
资料来源:美联储网站。

2008 年以来,中国房地产市场快速发展,房价高速增长。与股票投资不同的是,居民进行房地产投资时往往会使用银行贷款进行杠杆操作,这里有两方面好处:一是房地产投资往往规模较大,不少居民在不使用银行贷款条件下无法进行房地产投资;二是当预期房价会上涨时,杠杆投资能够放大投资收益率,提高资金使用效率。

出于这两方面原因,当房价快速上涨,房地产投资增加时,居民家庭负债会迅速增加。我们对2004年以来中美两国家庭负债情况进行对比(见图5-4、图5-5),发现中国家庭负债占GDP比重自2008年以后迅速攀升,从不足20%已增至超过40%,住房贷款占GDP比重也从不足10%升至超过25%。相比之下,美国家庭负债占GDP比重在2007年达到最高的100%,此后逐渐下降,2017年之后降至81%,住房贷款占GDP比重同样如此,从2007年最高的83%降至2017年的62%。此外,美国房地产金融比较发达,抵押贷款证券化产品规模较高,中国这一产品目前规模还比较小,但2014年以后也有一定程度的发展。

此外,直观感受表明中国近年来房价增长很快,但究竟增长多快,这里我们通过一组数据做进一步详细分析。图5-6描述了2002—2017年中国平均家庭可支配收入与全国(居住型)房价的走势,从中可以看到,经过CPI调整后,我们发现平均来看中国的房价增长并没有超过家庭可支配收入的增长,尤其是2011年以后,全国平均房价增长并不明显,但家庭可支配收入却仍然保持了较高速度的增长。所以,我们可以得出初步结论,那就是不存在全国范围内的房地产泡沫。

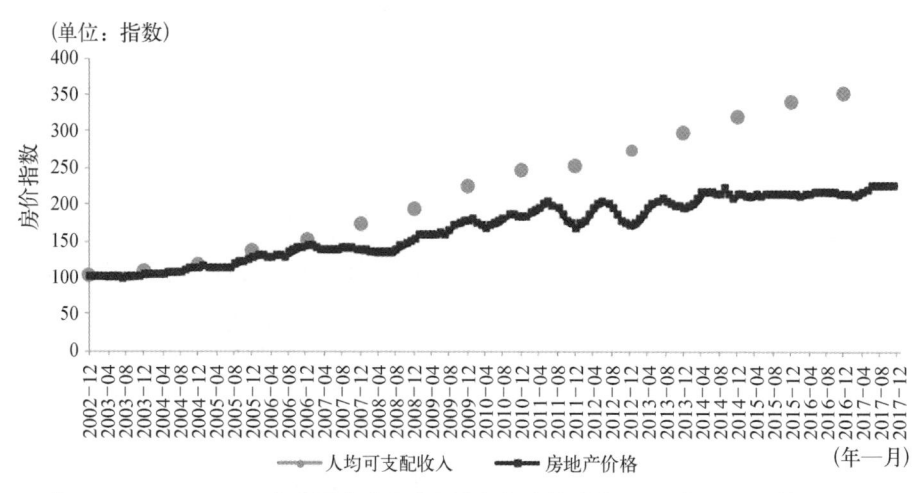

图5-6 2002—2017年中国家庭可支配收入与房价走势(2002年CPI为基期调整)
资料来源:CEIC和作者计算。

当然,中国不同地方的房地产市场存在较大差距;各地经济和金融市场的发展也有很大差距。从房价走势上看,前几年一线城市房价增长幅度冠绝全国,因此,我们进一步对北京、上海和深圳三个超一线城市进行考察,图 5-7—图 5-9 分别描述了这三个城市 2002—2017 年平均家庭可支配收入与房价走势,从中可以看到,同样经过 CPI 调整,我们发现北京、上海和深圳确实相比全国房价增长幅度更高一些,但就当地房价和收入增速比较,北京和上海两地的收入增长与房价增长在 2012 年后基本持平,但在经济刺激作用下信贷急剧扩张的 2009—2012 年(北京在危机爆发前的 2006—2009 年房价上升幅度也大于收入上升)两地的房价上升幅度远高于可支配收入的增速。而深圳的房价于 2005 年开始,其增长速度要明显持续快于收入增长,显示出更为明显的泡沫。

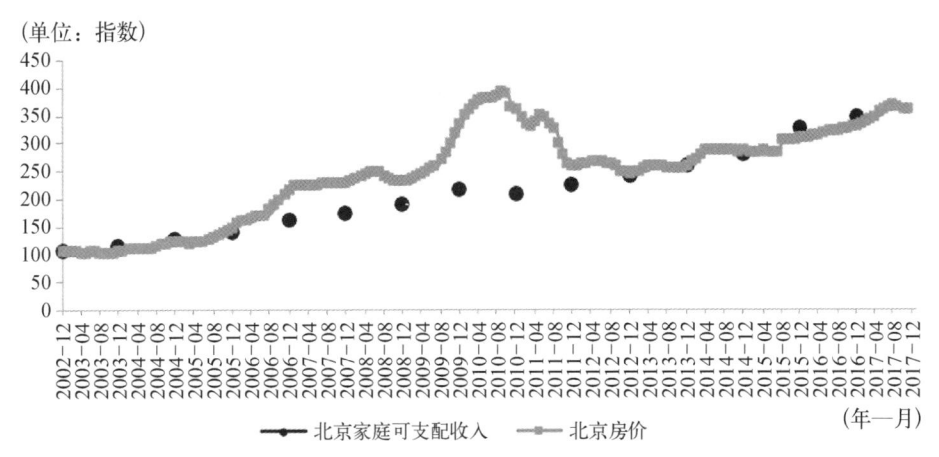

图 5-7 2002—2017 年北京家庭可支配收入与房价走势(2002 年 CPI 基期调整)

资料来源:CEIC 和作者计算。

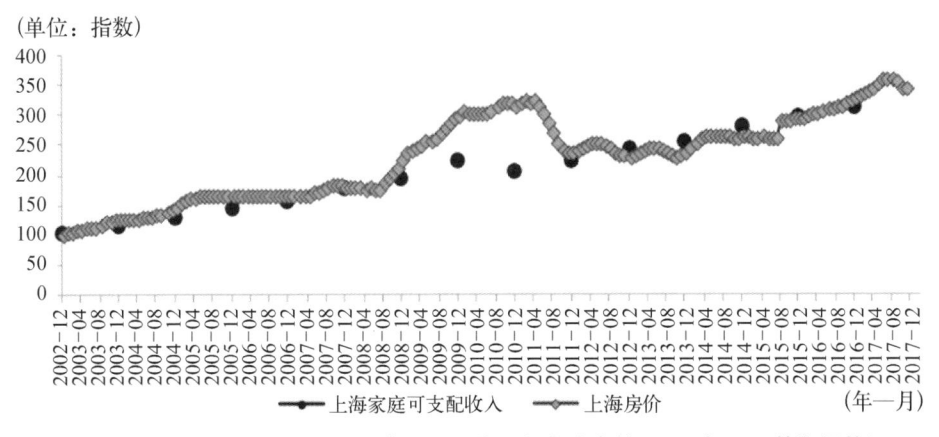

图 5-8 2002—2017 年上海家庭可支配收入与房价走势(2002 年 CPI 基期调整)

资料来源:CEIC 和作者计算。

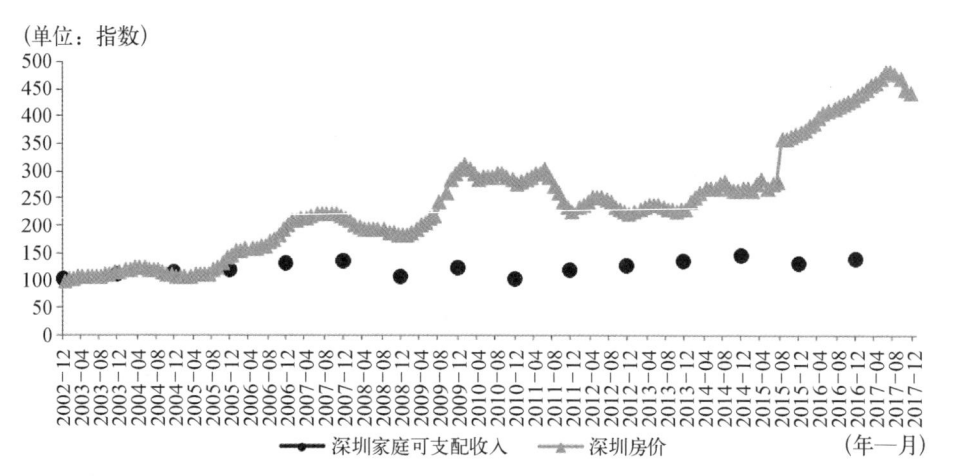

图 5-9　2002—2017 年深圳家庭可支配收入与房价走势（2002 年 CPI 基期调整）

资料来源：CEIC 和作者计算。

总体来看，通过对中国近年来房地产市场发展情况的分析，以及与美国房地产市场的比较，我们基本可以得出如下几方面结论：

（1）目前中国出现类似美国 2007—2009 年房地产次贷危机的可能性很低，毕竟目前中国家庭负债率比较低，同时房地产贷款证券化率也较低；

（2）与家庭相比，中国房地产公司仍然需要进一步降低杠杆，具体措施上包括但不限于出售部分资产、加大股权融资以及债转股等方式；

（3）在严防房价不合理上升带来系统性风险的同时，也要密切关注房价下降可能带来的对家庭财富和消费的负面影响；

（4）从多方面、多角度做好房地产政策调控，包括控制居民和企业房地产投资的杠杆使用，研究和做好房地产税落地，增加政府廉租房供应，适当加强二三线城市房地产市场的发展。

三、中国房地产市场的风险

随着中国房价的快速上升、居高不下，使得中国房地产市场的风险问题备受关注。但是，需要特别指出的是，房价上升带来的资金"脱实向虚"和居民杠杆提升，只是房地产市场风险的一个方面。与此同时，房地产企业由于项目周期较长、前期垫付和贷款资金较高，一旦市场融资环境恶化，加之销售不佳影响资金回笼,房地产企业将会面临巨大的流动性风险,而这可能正是中国房地产企业,尤其是民营房地产企业所面临的现实情况。统计数据显示,截至2019年7月24日,2019年全国已有274家房地产企业发布了破产公告,其中还包括了曾一度位居中国民营企业500强的银亿集团。

1. 房地产企业的风险

毫无疑问,导致房地产企业陷入困境的因素有很多方面。对此,复旦泛海国际金融学院高华声教授领衔的课题组(2018)提出基于财务风险(Z-Score)、公司规模(Size)、项目(Project)和政策(Policy)风险的ZSP中国房地产企业金融稳定指数模型,并以此对2017年中国100家重要房地产上市公司的风险进行了评估和分析。由图5-10所示的结果显示,中国房地产企业整体风险仍然可控,但是,行业内部已经出现较大程度分化。首先,从财务风险来看,2013—2017年中国百家房地产企业历年Z值平均基本大于1.75,说明过去几年中国房地产行业整体财务风险基本可控。但要注意的是,这一情形在2016年出现较大改变,具体来说2013—2015年中国百家房地产企业各年平均Z值均大于1.9,但2016年开始明显下降,2017年这一指标仅为1.75。说明随着房地产市场加速扩张,最近整个房地产行业风险有一定程度增大。

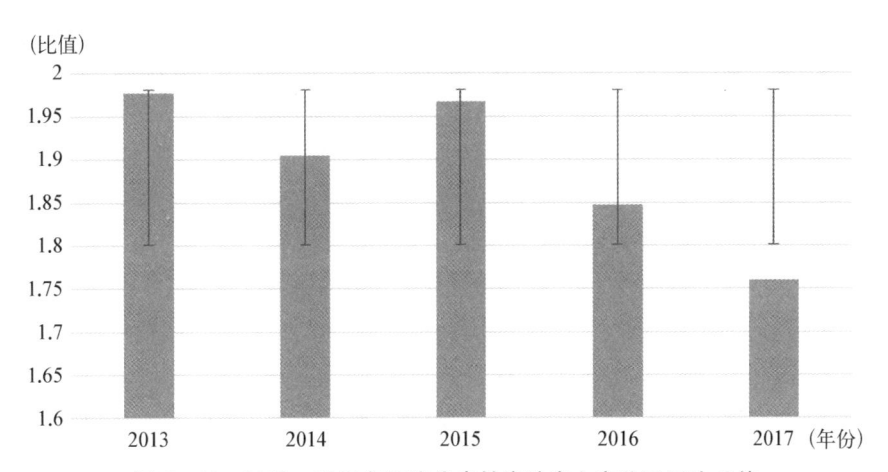

图5-10　2013—2017年百家代表性房地产上市公司平均Z值

资料来源:高华声等,《2018中国房地产企业金融稳定指数研究》。

需要注意的是,中国房地产企业已出现较大程度分化。在满分5分的ZSP评分体系下,ZSP值大于4.5的企业有10家,其中6家为中央国企,3家为民营企业,1家为地方国企,而ZSP值最高的中国海外发展甚至达到4.81;相比之下,ZSP值小于3.0的企业有6家,其中4家为民营企业,2家为国有企业,而ZSP值最低的云南城投只有2.59。图5-11对不同性质房地产企业ZSP值分组统计结果进一步显示,中央国企的金融稳定性最高,其次是地方国企,最后是民营企业。这一结果的产生可能有两方面原因:一方面,与国有企业相比,民营企业在获取银行贷款等外部融资方面能力较弱,加之近期外部环境较差,民营企业的盈利能力也在下降,两项叠加使得民营企业面临更大的财务风险;另一方面,在选择市场和开展项目方面,国有企业由于更容易得到政府支持,使其可以面临相对风险更低的项目,同时国有企业也能相对更好地把握政策方向,从而降低政策风险。

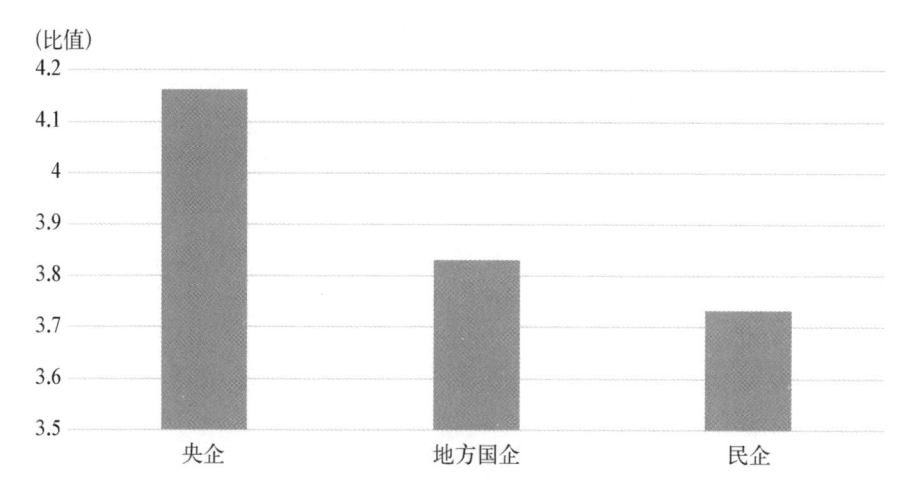

图5-11 不同企业性质的房地产公司的平均ZSP值

资料来源:高华声等,《2018中国房地产企业金融稳定指数研究》。

此外,平均来说A股上市的房地产公司的金融稳定性要好于H股上市的房地产公司(见图5-12)。其中可能有两方面原因:一是IPO阶段,公司要在A股上市面临的财务审查更为严格,这意味着能在A股上市的公司其财务表现往往更好;二是A股市场有着更高的股权溢价,这意味着以市值衡量的公司规模S值,A股上市公司要高于H股上市公司。

总体来说,近年来中国房地产企业风险出现一定程度加剧,尽管总体仍然基本可控,但已经出现较大程度分化,无论是对出现财务困境和倒闭企业的统计,还是基于公司金融理论的实证分析,结果都显示民营企业出现了较大程度

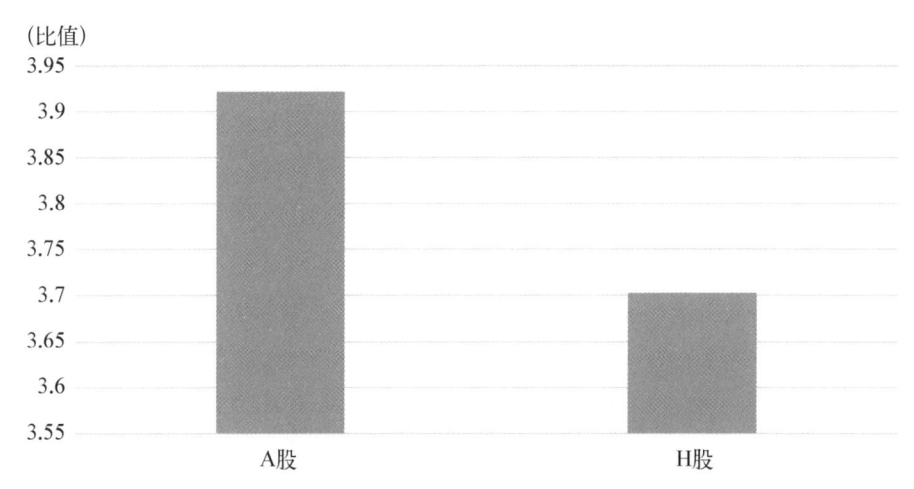

图 5-12 在 A 股和 H 股上市的房地产公司的平均 ZSP 值

资料来源：高华声等，《2018 中国房地产企业金融稳定指数研究》。

的风险上升，国有企业的表现则相对稳健一些。

同时，从房地产企业的角度来看，中国未来房地产市场发展将面临两个趋势。

一是房地产行业集中度会进一步上升。从历史趋势来看，房地产行业在经过一段时间的快速发展后，市场呈现一定程度的饱和趋势，目前已经进入行业整合期，未来五年一定会更加集中。

二是房地产企业会更专注细分市场和比较优势。任何行业发展都存在周期性，过去房地产企业纷纷进行多元化拓展业务，导致涉足的领域和板块过多，业务铺得太开，尤其是跟现在主业差别太大，使得管理成本迅速上升。而随着国家对房地产调控政策不断趋严，房地产市场不可避免将面临洗牌，在此过程中专注一些细分市场，找到自身的比较优势，对企业来说也是一个不错的转型契机。

2. 中国房地产市场有泡沫吗

除了房地产企业风险，房价上涨导致居民杠杆快速提升，这一潜在风险仍然不可忽视。这里的关键问题在于房价是否存在泡沫，如果已经存在泡沫，一旦其破裂导致风险集中爆发，将会对社会稳定产生较大危害。

那么中国的房地产市场是否存在泡沫？

对于这一问题，我们首先分析一下影响中国房地产价格的因素。首先是影响房地产的普遍适用的三个因素。

第一是供需关系,以发达国家为例,与中国同样是地域辽阔、地区间差别迥异的美国,居住用地供给充裕,人口密度小的中西部和南部(包括养老集聚地的拉斯维加斯所在的内华达州,亚利桑那州和佛罗里达州)房价涨幅不大(2000—2006年间房价泡沫很大,危机后跌幅也最大),而像纽约曼哈顿这样的全球金融中心城区,土地供给有限(事实上没有新的土地),人口密度最高的地区房价上升幅度远远高于全国平均水平。

第二是房地产的多重属性——除了具有投资价值的商品性以外,居住型房地产也是长期消费品,其内生价值和升值空间很大程度上取决于所在城区的发展,这也是为什么说买房是买了所在城区的"股票"的原因。

影响房价的第三个因素是金融市场,具体而言是总投资量,与其相关的总投资量中的杠杆率;与此相关的还有投资者对目前和未来价格的预期,以及实现预期后对未来投资形成更强的预期,等等。

其次,影响中国房地产价格的"中国"因素也有如下三个方面。

第一,土地开发和使用(包括出售和租用)的中央和地方政府的政策演变,因为这直接决定一段时期内的土地供给。

第二,中国的房地产租赁市场刚刚起步。发达市场房地产定价的一个重要工具是比较房地产出售与租赁市场的价格与存量,其原理是房地产市场上的"边际"投资者为既可买房、也可租房的年轻家庭或者白领人士。由于在中国一线城市中的租赁市场在很多方面还有待完善(租赁合同的签订到执行的一致性以及房东和租客的权利和义务;租赁公司的发展及急需提升的管理能力,等等),虽然大城市中已经有大批租房人群,目前我们还不能简单地将发达市场的租赁-买卖对比的模型用到国内城市的房地产定价中。

第三,中国金融体系不能为大量的普通中小投资者提供多元的、稳定的长期投资渠道和产品:除了都有很强投机性的股市和房地产以外,很难找到其他可投资产品——国债市场固然安全,但长期收益不高,而像美国金融市场中很成熟的债券类产品(比如公司债、地方政府债)和证券化产品(比如房地产的REITs产品),以及开放的资本项目下可以有全球分散投资和风险的投资机会,这些在目前的国内金融体系下都不成熟或者不开放。鉴于此,发展多层次资本市场除了能够给企业创造更多的融资机会以外,也会增加普通投资者可投资产品,让资金从房地产市场分流;同时,金融市场的进一步开放也为国内投资者提供分散投资风险的国际机会。

在简要分析影响中国房地产价格的因素后,我们来看看已有的研究成果带给我们什么样的结论。图 5-5 至图 5-8 通过比较房价与居民可支配收入的增长,得出的初步结论是一线城市近年来房价增长过快(有泡沫),而全国范围内平均房价增长是有居民收入增长的充分支撑的(也就是说没有全国性的泡沫)。我们这里借鉴 Fang et al.(2016)的研究,深入比较近十多年来房价走势(包括考虑所在居住地区和小区的条件及变化)与居民收入走势,通过多元线性回归实证分析中国房地产市场是否已经存在泡沫以及泡沫程度如何。当然,需要注意的是,如上所述,中国作为地域广阔、地区差别大的国家,不同城市,尤其是一二三线城市之间存在较大差异,因此需要对其分别讨论。

图 5-13 描述了北京、上海、广州、深圳四个一线城市 2003—2014 年的房价、人均 GDP 和人均收入走势。从中可以看到,这些城市的人均 GDP 和人均收入走势基本保持一致,而房价走势早期也基本一致,但 2008 年前后出现明显背离,房价开始明显高于人均 GDP 和人均收入,且差距越来越大。由此可见,中国一线城市房地产目前确实存在一定泡沫。同样的情况可见于图 5-14

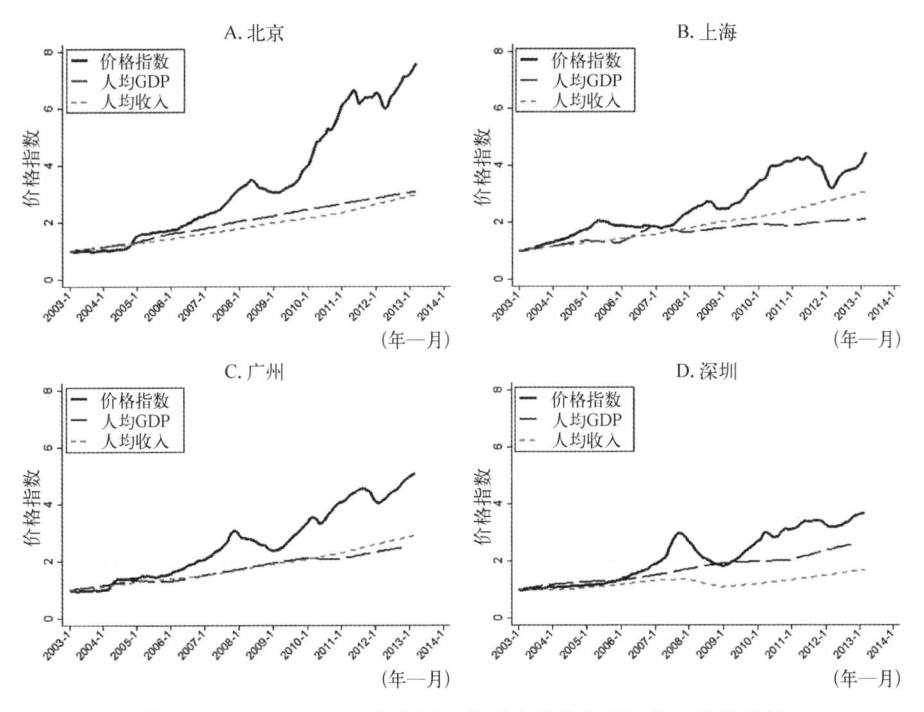

图 5-13 2003—2014 年中国一线城市房价与居民收入趋势比较

资料来源:方汉明等,《Demystifying the Chinese Housing Boom》。

描述的中国二线城市房价、人均 GDP 和人均收入走势。相比之下，中国三线城市房价泡沫相对较小。此外，鉴于 Fang 等（2016）的研究数据仅截至 2014 年，而 2016 年前后中国主要城市房价出现一波快速上涨，因此，目前中国房地产市场泡沫程度可能比这一研究显示的程度更严重一些。

最后，需要指出的是，出现泡沫并不意味着将来一定会破裂，但控制泡沫的规模仍然很重要。正如肥皂泡会因大而变薄，金融市场的泡沫同样会在变大后更加脆弱，更容易破裂而引发系统性风险。对此，政府在政策上应选择挤出泡沫而非刺破泡沫，而这不仅需要更加明确的政策调控，借鉴成熟市场的一些金融创新工具也可能带来意想不到的帮助。

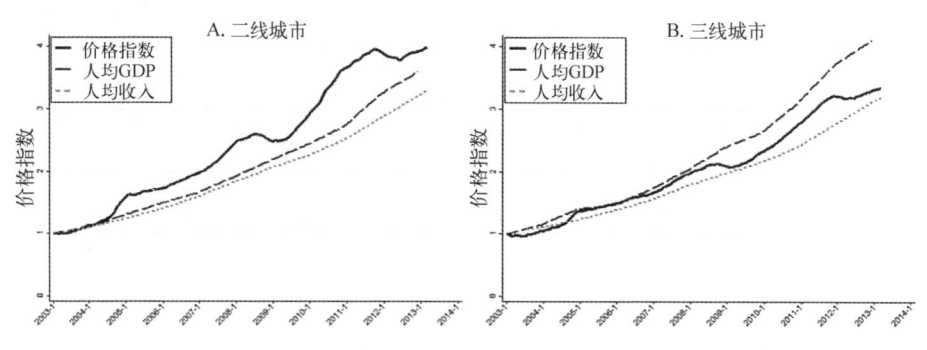

图 5-14　2003—2014 年中国二三线城市房价与居民收入趋势比较

资料来源：方汉明等，《Demystifying the Chinese Housing Boom》。

四、金融创新与中国房地产改革方向

从 1998 年房改至今，中国房地产市场已经走过了 20 多年历程。对于房地产市场，中国人的态度又是复杂的。一方面，作为中国经济发展的支柱产业之一，房地产对于中国近 20 多年经济腾飞起到至关重要的作用；另一方面，近几年房价的快速上涨吸引大量资金"脱实向虚"，企业和家庭杠杆迅速上升，积累了大量金融风险。显然，对于中国经济发展而言，未来能否、如何实现房地产市场健康发展尤为重要。对此，我们这里将主要分析和讨论三方面内容：一是房地产租赁市场发展；二是房地产信托基金 REITs；三是资产证券化。需要指出的是，在已经实施的新证券法中，首次明确将证券化产品、资管产品等列入金融产品分类,而具体操作上监管部门已经将基建及相关资产列为REITs首批试点的底层资产。可以预期,房地产资产(包括商业房地产资产)的大规模证券化时代即将到来。

1. 房地产租赁市场

国际经验表明,房屋租赁是房地产市场的重要组成部分,发达国家中,美国、英国以及日本的租赁人口占比和租赁房屋占比均已超过三分之一,德国这两组数据更是超过五成,而目前中国的占比仅有不足两成,显然中国的租赁市场还有很大发展空间。需要指出的是,目前中国大多数城市的租房市场还不规范,其中一个关键问题就是租购不同权,突出表现在租赁家庭无法获得和购买家庭一样的学区准入门槛等。

对此,近年来中央和地方政府出台了一系列政策大力发展房地产租赁市场,包括解决租售同权、增加租房供给、发展长租公寓等方面。上海方面,最近推出的租赁住房规划提出要租购并举,具体措施包括:政府做好政策提供和土地支持;建立全市统一的住房租赁公共服务平台,实现线上线下联动和数据共享;政府与国开行和建行合作,同时联合申通地铁集团、光明集团、城建集团等多家国有企业,推动上海住房租赁融资的市场化和开放化。

近年来,随着城市化建设的不断推进,以北上广深为代表的国内大城市涌入了大量外来人口。对于这些外来人口而言,住房是其最基本的生存需求之一,而高房价和城市限购使得这些外来人口首先选择或者不得不选择租房,而显性或隐性的租购不同权却损害了这些外来人口的切身利益。

因此,推动国内租房市场积极健康的发展,不仅符合中国房地产市场发展的需要,更是与当中国城市化建设、人口结构转型等问题息息相关,这也要求中国中央和地方政府进一步完善相关政策,在推动租购同权、增加租房供给等方面切实改善效果。

2. 房地产信托基金

作为一种重要的房地产金融工具创新,房地产信托基金(Real Estate Investment Trust,REITs)最早起源于美国,通过发行证券集合公众投资者资金,由专门机构经营管理,并将投资综合收益按比例分配给投资者。通过REITs,投资者能够像投资其他高流动性证券一样参与大规模收入型不动产组合投资,从而获得对不动产的投资收益。与普通房地产或证券投资相比,

REITs 主要有这几方面优势：

(1) 集中投资于房地产领域，基本占比超过 70%；

(2) 专业投资机构负责投资和管理各种类型房地产；

(3) 拥有税收优惠，可以享受一定的税收递延或税收减免；

(4) 便于公众分享不动产发展产生的价值，税后利润的绝大部分（约 90%）用于分红。

此外，REITs 形式灵活，发行人可以选择不同的发行方式，包括权益型、抵押型、混合型等进行资产证券化。正是因为这些特点和优势，REITs 一经推出，就受到市场的热捧。从已发行产品运行业绩来看，REITs 的红利率和长期回报率非常稳定，基本高于其他股票，而且通常与股市、债市的相关性较低。

作为 REITs 的诞生地，目前美国在全球 REITs 市场仍然占据绝对优势地位，根据全美房地产投资信托协会公布数据，截至 2018 年底，全球 REITs 总市值约 2 万亿美元，其中美国占据五成以上市场份额。数量上，截至 2018 年底，美国上市 REITs 数量达到 226 只，其中权益型 REITs 186 只，占据绝对市场份额。亚洲市场方面，日本、新加坡和中国香港最为活跃，截至 2019 年初，日本、新加坡和中国香港活跃的 REITs 共计 115 只，三个市场总市值合计 2 294 亿美元，占据亚洲 REITs 的 90% 以上。

相比之下，中国内地在这一领域的起步相对较晚，直到 2014 年才发行了第一只类 REITs——中信启航。不过，近年来随着政策的推进和房地产市场格局的变化，中国内地 REITs 发行规模逐年递增。据统计，截至 2019 年 5 月，内地已发行类 REITs 产品 53 只，规模合计达到 1 100 亿元。目前，中国内地 REITs 发展方兴未艾，未来依然可期。

关于中国 REITs 市场和产品发展，我们以"中联前海开源-碧桂园租赁住房一号"为例进一步阐述。2018 年 5 月 24 日，"中联前海开源-碧桂园租赁住房一号"第一期资产支持专项计划在深圳证券交易所正式挂牌流通。产品募集采用"一次核准，多次发行"的方式，产品分为优先级和次级，两者占比为 9∶1。其中，优先级被中诚信证评授予最高评级 AAAsf 级别，由低风险偏好投资者认购，获得收益采取固定利率、按年付息的支付方式。次级资产支持证券未予评级，由原始权益人碧桂园自持，不设预期收益，获得收益为剩余收益，采取按年支付方式。

"碧桂园租赁住房一号"的底层资产包括北京九华山庄十区、北京九华山庄十五区、上海南翔玉宏、厦门云厝里、厦门国际海岸五处租赁住房物业等多处房产和物业。退出方式有四种，即发行公募REITs、增信安排人及指定主体收购优先级份额、增信安排人行使优先收购权收购底层资产，以及市场化处置物业资产或项目公司股权。项目期限共18年，每3年设有开放退出安排，可提前结束。"碧桂园租赁住房一号"累计规模100亿元，首批17.17亿元，对于当时单只REITs平均规模仅22亿元的中国市场，"碧桂园租赁住房一号"的挂牌流通标志着中国REITs规模进入百亿时代（见图5-15）。

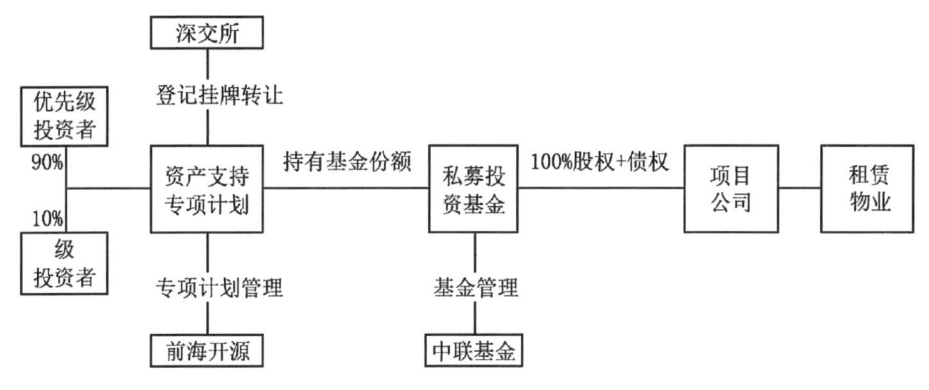

图 5-15 碧桂园租赁住房 REITs 基本架构

资料来源：公司公告与笔者整理。

目前，中国大力发展REITs面临两方面的问题。

首先，像美国的发达市场，REITs基金公司按照法律规定将绝大部分（90%以上）本年利润以现金分红形式归还股东，而这一做法也避免了政府对基金公司（重复）征税（个人投资者收到现金红利后仍需缴纳个人所得税）。

其次，这样的做法要在国内落地，必须先从立法角度确认REITs作为创新金融产品以及发行和管理该产品的基金公司的地位，然后寻找符合国情的（基金）公司和个人交税的方案。按照以上介绍，发达市场经验，具有专业化、高效的基金管理公司，包括对资金投向（具体房地产项目和产品的组合）以及相关的房地产物业和租赁的管理水平，都是投资者考量投资一个基金公司，而非直接投资房地产项目时做选择的重要标准。

3. 房地产市场的资产证券化

资产证券化是房地产市场的一项重要创新。对房地产开发商而言，房地产项目开发，尤其是大型商业地产项目，往往会面临资金投入规模大、收回期长等风险问题。而对银行等金融机构而言，房地产贷款期限长，加之监管要求容易变化，也使其面临较大风险。

通过资产证券化，开发商能够"盘活"资产，迅速收回现金流，从而增加资产流动性，降低融资成本；同时，贷款银行等金融机构能够更好地利用资金，银行有最低资本金要求，而证券化资产不在资产负债表体现，因此不需要资本金，释放出的资本金可以发放新的贷款，证券化后再重复此过程，从而尽可能放大资金收益。

在满足相关法律法规规定前提下，资产证券化需要有关金融机构通过"特别目的载体或机构"（SPV/SPE）进行产权交割。在房地产证券化实际操作中，依托大型商业地产项目的未来现金流可以作为发债依据，将房地产按揭贷款"打包"并进行债券销售。而对于资产证券化参与各方而言，可以享受几方面好处。

首先是保护和盘活发起人资本。银行受到本国和国际巴塞尔监管要求，需要保有 8% 以上的一级资本金，而证券化将资产转移至表外，释放资本金。

其次是让低评级机构享受低息贷款。证券化过程中，通过特殊目的实体（SPV）将不同类型资产打包出售，从而使得无论发起人是谁，高质量的资产都能以低利率获得融资，当然，唯一的例外是投资者怀疑发起人继续管理贷款的能力。

再次是提供了新的资金来源和风险共享方式。一方面，证券化为债券融资、银行贷款等传统融资方式提供了一种新方案；另一方面，证券化分层级过程可以对风险进行划分，优先级部分吸引规避风险的固定收益产品投资者；劣后级部分吸引风险容忍度较高的投资者，比如对冲基金等。

需要特别说明的是，资产证券化过程中，特别目的载体（SPV）起到了至关重要的作用。因此，发起方必须对 SPV 进行真实、完全地出售，具体包括：出售在资产所有权交换，即从发起方到 SPV 时发生；出售价格要基于公允市场价值；资产出售后，SPV 承担资产损失风险，享受所有权的收益。同时，SPV 必须"远离破产"，主要体现在：SPV 不是发起方的子公司；发起方破产不影响 SPV 及债券的发行和收益；SPV 的存在是为获取证券化资产并为其融资；监管机构应严防 SPV 被用于隐藏坏债及转嫁出售不良资产。

对于中国房地产资产证券化发展，我们同样举一实例进行说明。2017 年

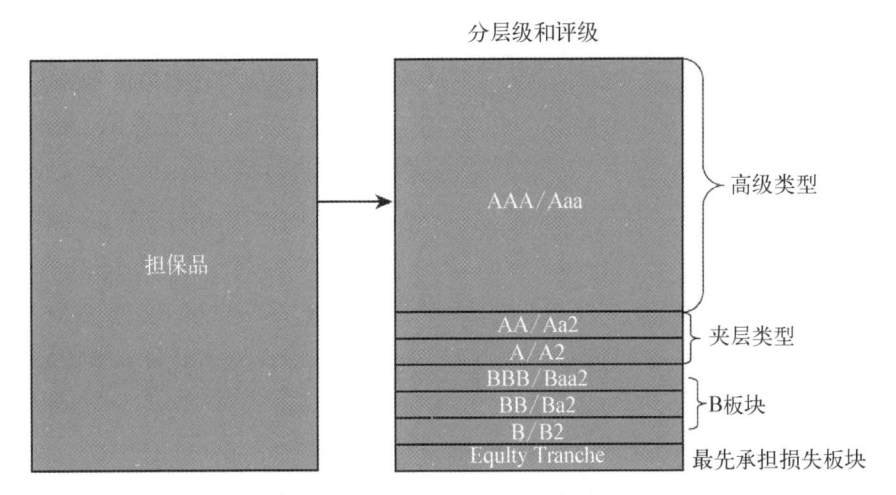

图 5-16 抵押贷款担保证券结构

资料来源：笔者整理。

12月15日，云南城投以下属控股子公司成都银城置业有限公司物业作为底层资产，采用资产证券化的方式，向上海证券交易所申请发行商业房地产抵押贷款支持证券。通过 CMBS 募集 35 亿元，期限 18 年，其中，优先 A 类证券产品的发行规模为 16.5 亿元，票面利率为 6.15%；优先 B 类证券产品的发行规模为 18 亿元，票面利率为 7.5%；C 类证券产品的发行规模则为 0.5 亿元，票面利率为 7.6%。对于发行债券评级，中诚信给予 AAA 的信用评级。作为云南城投的母公司，云南城投集团在该计划标的物业资产抵押和现金流超额覆盖外还为云南城投提供相应的流动性和差额支付等增信支持。

要指出的是，云南城投旗下成都银泰 in99 购物中心及成都华尔道夫酒店作为开源云城计划的标的物业系是其成为首单培育型 CMBS 的关键。该项目位于成都市 CBD 金融城核心板块，开业运营表现出色，预期未来客流稳定，优质物业资质和运营品牌特点保证了该项目在培育期就能够完成发行。

从专业角度看，非标转标主要通过两种方式实现，一种是将银行理财所持有的非标资产进行证券化"转标"；另一种则是非标融资主体自行启动证券化融资，进而偿还原有的非标融资。云南城投的此次 CMBS 显然属于后者。CMBS 作为标准化、实操性强的直接融资工具，有效解决了资金供给端存量重组和增量优化的问题。2018 年 4 月 17 日，云南城投以下属控股子公司杭州西溪、台州银泰、宁波奉化银泰的购物中心作为底层资产再次成功发行 36 亿元 CMBS。

最后，提及房地产资产证券化，不可避免会联想到 2008 年次贷危机。如上所述，证券化确实对次贷危机起到了推波助澜的作用，但对金融机构的监管缺失和金融机构高管薪酬结构存在的问题应该是更重要的因素。所以我们也不可因噎废食，而且不同于美国房地产市场已经过度证券化，目前中国房地产市场仍处于证券化严重不足阶段。适当增加证券化比例，有利于降低房地产开发商流动性风险，同时提高银行等金融机构的资金使用价值，而这也正是中国房地产金融发展的巨大现实意义和一个重要方向。

就像国内推进 REITs 基金面临一些实际问题，推动证券化产品市场也面临一些问题。

首先，再次以 MBS 产品为例，房贷发行银行或者金融机构必须真实完整将产品出售给 SPV，而 SPV 从法律架构上说必须远离破产风险。这个过程中能否完成产权彻底转移以及相关信息披露是关键，也是投资者再购买证券化产品时必须考虑的因素。

同时，由于中国实施破产法时间不长，案例不多，而且债券市场仍然普遍存在"隐形担保"和这样的担保的预期，投资者对远离破产的 SPV 机构的属性是否有足够的信任也很重要。其次，证券化产品从原始产品出售，到 SPV 汇集产品后打包再出售，其中的分层和信用评级也非常关键。评级公司能否公正、准确地认定各个层级的风险也是让投资者放心的重要条件。

4. 房地产税

在本章即将结束之际，我们从以下几个方面阐述房地产税的必要性和推出的紧迫性。

首先，根据发达市场经验，房地产税和税率多由地方政府决定收取，成为地方政府重要的收入来源。

多年来出售土地是地方政府主要的收入来源之一，但仅靠这项收入来维持政府运营是不可持续的。绝大部分一二线城市已经几乎没有可出售的土地；这些地区的政府必须有可替代、可持续的收入来源。而发达国家经验表明，地方政府的税收收入来源，除了增值税（比如消费税）以外，最主要的收入即房地产税收入；这些税收收入可以用来提升本地区的公共服务质量（医院、公立学校等）。中国沿海发达城市经济发达，政府运营效率高，财务状况透明，完全可以成为财政收支的主体。除了税收收入外，第五章提到，这些地方政府可以直接发债获取融资，相关的条件是政府的财务状况更加透明，债券市场针对政府现在和将来收支状况做出准确的风险评估。最后，发债主体的破产重组程序必须严格执行来保护债券投资人的权利。

其次，不同地区通过房地产税收的高低，可以起到稳定当地市场价格的作用，而且这是相比限购一类行政化手段更加市场化的机制。行政化措施的弊病在于执行过程中容易产生"灰色区域"导致腐败现象的发生，这也会让政策的效果不如人意且执行成本上升。一个地区房价的增长速度如果在一段时期内高于居民可支配收入的增长率，通过提高房地产税这样充分公开透明的机制，就可以提升购房和持有房的成本，尤其是抑制那些通过放杠杆大量购房的投机行为。房地产税的调控职能，加上控制投资房产的杠杆率（比如通过对房贷金融机构的管控），这样的组合拳也是全球发达市场普遍使用的政策工具。总体来讲，只要有符合国情的合理设计和精准实施，房地产税是有效的税收来源，也是房地产市场调控的有效工具。

最后，我们谈谈现阶段中国征收房地产税的条件和准备情况。

有一种误解，认为如果购房者没有永久的所有权，征收房地产税就失去了法律依据。这样的误解没有清楚地看到发达市场房地产市场发展的多元化：除了像美国这样的国家，私人产权（包括房地产）受法律保护，所以房地产税可以被理解为对所有权的征税，但这并不是唯一的房地产市场发展模式。包括英国在内的多个欧洲国家（也包括中国香港地区），除了私人拥有的产权外，有相当部分的房地产，政府和国家拥有最终产权，所以购房后获得的就是使用权，而政府作为最终产权所有者收取房地产使用税是没有任何法律问题的。

房地产税实施过程中需要注意两方面的权衡考虑。一是征收的普遍性，二是征收和退税过程中的公平性和可执行性。开始征收时如果有太多的免征特例（比如按照收入水平免征一部分，或者住宅面积免征另外一部分），将会失去房地产税的意义，而且免征特例越多，执行中的漏洞和腐败现象就越多，如上所述，这会大大降低收税的效率和公平性。

所以，按照孟晓苏老师的话来讲，一个比较好的执行方案是"尽房皆税，见证退税，从小产权房起征"。具体来说，就是：

第一，尽房皆税，即所有的城镇房屋都要征税，不区分第一套房与第二套房或者第N套房。有一套房就交一套房的税，这样既公平又容易征收，也是国际通行的做法。

第二，见证退税，即凭身份证进行退税。通过退税制度的合理设计，鼓励善待婚姻、赡养家人以及维护外部环境。比如，给予低收入家庭和平均住宅面积小的住户适当的优惠，对于住房抵押贷款没还完的给予利息退税，对于主动维修外墙的费用给予退税，等等。

第三，从小产权房起征。小产权房本质上属于历史遗留问题，没有交过土地出让金，现在强制让它补缴执行起来肯定困难重重。如果能够从缴税开始让其合法化，相信纳税人也愿意配合。这样，既解决了历史遗留问题，也为房产税的开征打开了突破口，使其成为一个稳定的、比较丰厚的税源，一举三得。

第六章 更加开放的力量：汇率市场和资本项目

CHAPTER 06

传统的中国经济增长模式的一个重要组成部分是依靠便宜的劳动力推动出口行业,拉动经济增长,通过国际贸易也让中国经济融入了国际经贸体系。2001年加入WTO后除了进一步促进中国外贸发展,让中国成为"世界工厂"外,也培养了一大批有国际竞争力的制造业和服务业的企业,占据国际产业链的重要位置。

近年来,尤其是全球金融危机爆发后,中国经济增长减速向高质量增长过渡的进程中,贸易顺差占中国经济总量的比例也由危机前的8%—10%下降到1%以下。与此同时,中国也从一个传统的资本输入大国变为资本的净输出国——企业出海,通过并购等手段开拓国际市场,而个人和家庭在收入实现多年大幅增长的背景下,利用国际金融体系进行全球配资的需求也愈发强烈。中国金融体系与国际金融体系的进一步双向开放也是中国政府,尤其是在国际保护主义抬头,贸易关系出现摩擦情况下的重要国策。

所有这一切的发展,都说明实体经济、金融体系、生产者和投资者都日益密切关注汇率市场和资本项目的开放。

本章先简要回顾中国汇率市场改革的重要步骤和效果,然后介绍近年来相关的汇率市场以及外汇储备的演变和现状;在介绍资本流动部分,我们简要分析中国企业境外投资的趋势和所遇到的挑战;接下来我们将着重分析中国面临的汇率市场和资本项目有序开放过程中面临的挑战和应对措施。

一、中国外汇市场改革历程回顾

回首改革开放40年,中国在外汇市场方面的改革以及汇率方面的国际表现尤为具有重要的代表意义。改革开放之初,中国汇率市场存在官方汇率与贸易结算汇率两种汇率价格,也就是所谓的双轨制汇率。

客观来说,双轨制在当时的经济环境下对于鼓励出口、限制进口起到了重要作用,但双轨制毕竟扭曲了市场价格,加重了财政负担,且产生了所谓外汇黑市。对此,中国1994年果断进行汇率改革,主要改革内容包括四个方面:一是实行以市场供求为基础、单一的、有管理的浮动汇率制,取消此前官方汇率与调剂市场汇率并存的双轨制汇率制度,也就是所谓的人民币汇率并轨;二是实行银行结售汇制度,允许人民币经常项目下可兑换;三是建立全国统一的银行间外汇市场;四是取消境内外币计价结算,禁止境内外币流通和指定金融机构以外的外汇买卖,停止发行外汇券,已发行流通的继续使用,并逐步兑回。

总体来说,1994年的汇率改革建立了国内统一的汇率市场,对于国际贸易以及国际投资的发展具有重要基础性意义。

1997年亚洲金融危机爆发,为减少国际金融市场冲击,中国主动收窄了人民币汇率浮动区间,一个典型的表现就是人民币兑美元价格长期维持在8.27元/美元左右,鲜有波动。直到2005年7月21日,中国再次进行重大金融改革,即完善人民币汇率形成机制改革。

此次改革的背景有国内外政治经济几方面因素,包括出口增加导致外汇储备增加、热钱涌入并由此带来的升值压力,国内通货膨胀端倪初显,以及美国、日本等国际社会对人民币升值的政治舆论压力。对此,中国2005年汇改进行了重大调整,人民币汇率不再盯住单一美元,而是选择若干种主要货币组成一个货币篮子,实行以市场供求为基础、参考一篮子货币进行调节、有管理的浮动汇率制度。2005年汇改是中国应对国内外经济环境的一次主动调整,也是奠定中国汇率基础制度的一次重要改革。

最近,中国还做了一个比较重大的汇率制度改革,也就是2015年的"8·11汇改"。2015年8月11日,中国人民银行宣布调整人民币对美元汇率中间价报价机制,做市商参考前一日银行间外汇市场收盘汇率,向中国外汇交易中心提供中间价报价。这一制度调整使得人民币汇率报价机制进一步市场化,从而更加真实地反映汇率市场供求关系。

需要注意的是,对于外汇市场的发展,资本项目开放至关重要。鉴于开放本身是一把双刃剑,无论是基于经典的三元悖论理论推演,还是亚洲金融危机中的实践经验,过早地推进资本项目对外开放,尤其是完全的开放,可能带来重大风险,这也是发展中国家外汇市场发展的焦点问题之一。

不过,尽管尚未做到资本项目完全对外开放,但一直以来中国政府都在努力推动资本项目的有序开放,具体包括早期的QFII、RQFII、QDII,近期的沪港通、深港通、债券通、沪伦通,以及上海等各地的自贸区建设等。

QFII、RQFII都是中国在资本项目尚未开放的情况下,最早为引进外资、开放资本市场所做的一种过渡性制度安排,而且自提出以来 QFII、RQFII 的额度和准入门槛一直在不断放宽。

2020 年 5 月 7 日,为进一步扩大金融业对外开放,中国人民银行、国家外汇管理局发布《境外机构投资者境内证券期货投资资金管理规定》,主要包括六大要点:一是落实取消合格境外机构投资者(QFII)和人民币合格境外机构投资者(RQFII)境内证券投资额度管理要求,对合格投资者跨境资金汇出入和兑换实行登记管理。二是实施本外币一体化管理,允许合格投资者自主选择汇入资金币种和时机。三是大幅简化合格投资者境内证券投资收益汇出手续,取消中国注册会计师出具的投资收益专项审计报告和税务备案表等材料要求,改以完税承诺函替代。四是取消托管人数量限制,允许单家合格投资者委托多家境内托管人,并实施主报告人制度。五是完善合格投资者境内证券投资外汇风险及投资风险管理要求。六是央行、外汇局加强事中事后监管。

合格境外投资者制度是中国金融市场开放最重要的制度之一。自 2002 年实施 QFII 制度、2011 年实施 RQFII 制度以来,来自全球 31 个国家和地区的超过 400 家机构投资者通过此渠道投资中国金融市场,积极促进了中国金融市场健康发展。此次取消合格境外投资者投资额度限制,不仅是深化金融市场改革开放,服务全面开放新格局的重大改革,也是进一步满足境外投资者对中国金融市场投资需求而主动推出的改革举措,有助于进一步便利境外投资者投资境内证券市场,提升中国金融市场开放的深度和广度。

除了引进来的 QFII 和 RQFII,走出去的 QDII 机制也在不断优化。数据显示,截至 2020 年 7 月底,QDII 累计批准额度达到 1 039.8 亿元。QDII 制度的实施树立了中国金融对外开放的良好形象,推进了资本项目可兑换,受到国际社会广泛好评。同时,QDLP 和 QDIE 也在加大试点力度,目前上海和深圳两地试点额度已分别增加至 50 亿美元,后续还将进一步完善和有序扩大 QDLP 和 QDIE 试点,更好地服务中国全面金融开放的新局面。

2014 年 11 月 17 日,沪港通股票交易正式开通,作为内地与境外资本市场首个互联互通交易制度,沪港通的推出使中国股票市场首次直接与境外股票市场进行对接,是对 QFII、RQFII、QDII 等长期资本跨境流动机制的重要补充,对中国资本市场的对外开放具有重要意义。

2016 年 12 月 5 日,继沪港通之后,深港通正式启动,进一步推动了中国股票市场与境外市场的互联互通。自沪港通、深港通开通以来,双向资金不断加快流动。据统计,截至2018年底,沪港通和深港通合计成交近15万亿元,2018年全年北向和南向成交资金规模更是达到7.5万亿元,其中北向资金成交规模4.7万亿元,南向资金成交规模2.8万亿元,总成交额相比2017年增长了66%。此外,为更好地保护中国以及全球投资者的合法权益,沪港通北向看穿机制于2018年9月26日正式上线,从而进一步完善了跨境监管合作机制,有助于打击跨境市场操纵等违法违规行为。

此外,作为国内对外开放的前沿,以上海为代表的国内自贸区建设有力推动了中国金融市场的对外开放,自贸区是中国改革开放的重要试验田,上海自贸区自2013年9月挂牌以后,国家和上海市层面先后出台了一系列支持金融开放创新政策,包括"金改51条""金改40条""上海扩大开放100条"等。据统计,截至2018年6月底,在沪持牌金融机构总数达1 574家,其中外资金融机构占比30%,共有680家境外机构通过直接入市投资渠道进入银行间债券市场,356家境外机构通过"债券通"进入银行间债券市场,参与银行间外汇市场的境外机构达到89家。FT账户的设立更是上海自贸区一项重要的金融制度创新,以此实现了本外币一体化以及中外资企业跨境金融服务审慎统筹管理,截至2018年7月末,已有56家金融机构通过分账核算系统验收,累计开立账户约7.2万个,发生跨境收支折合人民币23.3万亿元,获得本外币融资折合人民币1.3万亿元。

由此可见,通过自贸区的一系列特殊制度安排,极大地促进了中国金融市场的对外开放。

二、中国资本流动、外汇储备以及汇率波动

回首中国外汇市场这些年的发展,从最开始的汇率双轨制,到盯住美元的准固定汇率体系,再到以一篮子货币为基础的有管理浮动汇率制,人民币汇率制度不断完善。基于现代金融理论的三元悖论逻辑认为货币政策独立性、资本自由流动与固定汇率不可兼得,甚至最近一些研究也认为,即使仅存在大量资本跨境自由流动,维持货币政策独立也是极为困难的,即所谓的二元悖论或2.5元悖论。

对中国而言,由于长期双顺差积累了大量的外汇储备,其对于中国货币政

策会产生重要影响,毕竟外汇储备会直接影响中国的货币发行。

1. 经常项目和外汇储备的演变

中国于2001年正式加入世界贸易组织(WTO),大大降低了国际贸易壁垒,中国对外贸易开始快速增长,尤其是出口,常年保持两位数的增长。

图6-1和图6-2展示了中国与三大发达经济体——美国、日本和欧盟,1995—2018年间的进出口总额和出口总额;其中,在2008—2009年全球金融危机期间,由于总需求原因大幅下降,2010—2011年恢复后继续稳步增加。同时,得益于中国经济的快速增长吸引了大量国际资本来华投资。长期大规模的贸易和资本双顺差导致中国积累了大量的外汇储备。

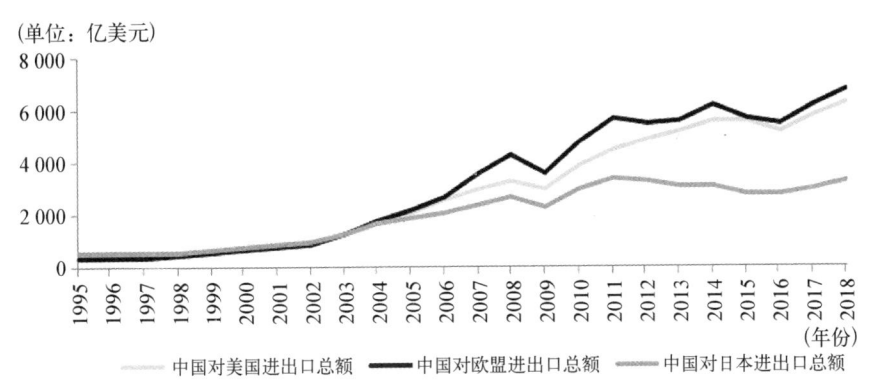

图6-1 1995—2018年中国对美国、欧盟、日本的进出口总额

资料来源:WIND。

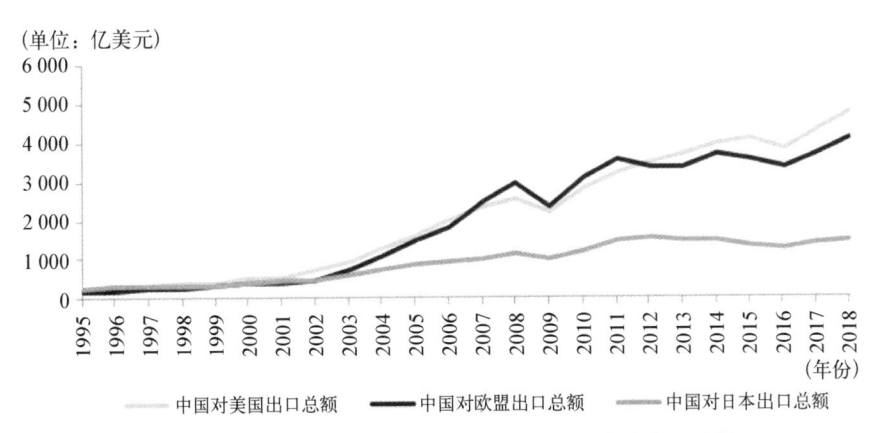

图6-2 1995—2018年中国对美国、欧盟、日本的出口总额

资料来源:WIND。

图 6-3 报告了 2001 年以来中国外汇储备累积规模以及变动趋势,从中可以看到,中国外汇储备从 2011 年 1 月的 1 686 亿美元一路飙升至 2014 年中接近 4 万亿美元,此后规模有所下降,截至 2019 年 4 月,中国外汇储备规模为 30 950 万亿美元,全球排名第一位。

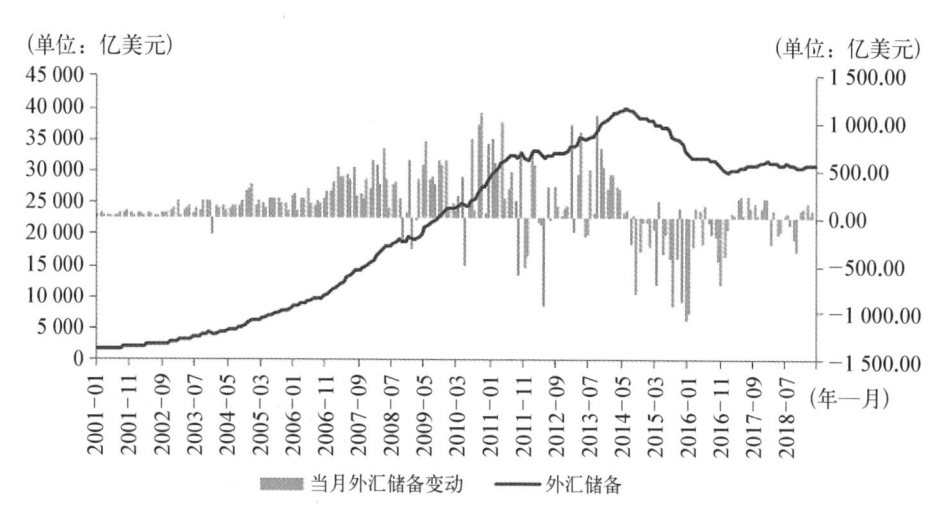

图 6-3　2001 年 1 月至 2019 年 4 月中国外汇储备规模及变化趋势

资料来源:WIND、中国人民银行网站。

当然,与外汇储备变化相对应的是这一时期国际经济形势的变化,尤其是 2008 年后连续爆发的美国次贷危机、欧债危机等。2007 年中国外汇储备 1.52 万亿美元,比 2006 年的 1.06 万亿增长了近 50%,2008 年中国外汇储备达到 1.94 万亿美元,比 2007 年增加了 4 000 多亿美元,此后直到 2015 年前后,中国外汇储备达到 4 万亿美元级别。

应该说,中国外汇储备 2007 年及之后几年增幅如此之大,与国际金融危机、全球经济衰退而中国 2008 年出台强刺激计划后经济状况密切相关,危机前中国经济处于上升期,而强刺激使得我们经济数据在当时的全球主要经济体中一枝独秀,导致全世界的大量资本,尤其是来自美国等发达市场的"热钱"通过各种渠道涌入中国避险和获取投资收益——当时全球投资者普遍认为人民币接下来对其他主要货币,包括美元,肯定会大幅升值,所以持有人民币和人民币资产的未来预期收益是很高的。

因此这一时期中国外汇储备大幅增长的一个重要原因是全世界的热钱涌入,而这会带来至少两方面的问题。

首先,过快增加和过高的外汇储备带来了一定程度的货币超发压力:央行从各银行和金融机构每获取1美元的(来自经常项目或者资本项目的)新增外汇储备,就要在国内新发等量的人民币来进行对冲(sterilization),引发国内的通胀压力。

其次,为了保证外汇储备投资的安全性和流动性(以便可以有足够的美元现金应急),大量的外汇储备用来购买美国国债——金融危机爆发后,由于美联储实施"量化宽松"等非常规货币政策,导致美国国债的名义收益非常低(低于1%);同期美元对人民币也有明显的贬值;这样的组合不仅使大量投资美国国债的收益非常低(相比其他投资产品比如美国股市),美元兑人民币贬值还让大量的美国欠中国的债被"蒸发"了。

到了2014年外汇储备逼近4万亿美元后,中国外汇储备有所下降,规模从3.99万亿美元一路下降到2016年底的3万亿美元。应该看到,外汇储备的下降的一部分是对之前外资流入过度的一种回归:到了2014年,中国经济增速放缓,美国资本市场已经完全复苏,经济也在复苏;此时,国际投资者预期人民币对美元和其他主要货币升值已经到了阶段性的转折点。

当然,由于这一时期伴随了2015年股市危机爆发后的"8·11汇改",整个资本外流以及外汇储备快速下降仍然引起了国内外的广泛关注。图6-4的数据显示,2015年11月至2016年1月,这三个月外汇储备下降非常明显,2016年间也有好几个月有大量的外汇流出,呈现出资本外逃之势。监管部门,尤其是央行外管局对于这种情形密切关注,并采取了包括对银行和金融机构外资出入境的"窗口指导"①。这些管制措施有效停止了外汇储备的持续单方向流出,如图6-4所示,从2017年初开始,中国外汇储备规模基本维持在3万亿美元左右。

最后,我们来看看最近一段时间中国汇率波动情况。图6-5展示的是(中国香港市场)2016年10月(特朗普赢得美国大选以前一个月)至2019年5月间人民币对美元的6个月远期汇率走势——也就是市场认为人民币对美元未来(更精确地说,6个月后)的即期汇率走势。

可以看到,人民币对美元汇率从2016年12月的7.2左右一路升值到2018年4月的6.3左右,此后汇率又有所贬值,其中2016年底(也是外汇储备

---

① 针对银行和金融机构的窗口指导在第二次世界大战后的日本被使用频繁:日本央行(Bank of Japan)通过对金融机构的指导进行信用和信贷规模的管控;在面临国内资金流出压力时,央行也通过窗口指导管控资本项目。

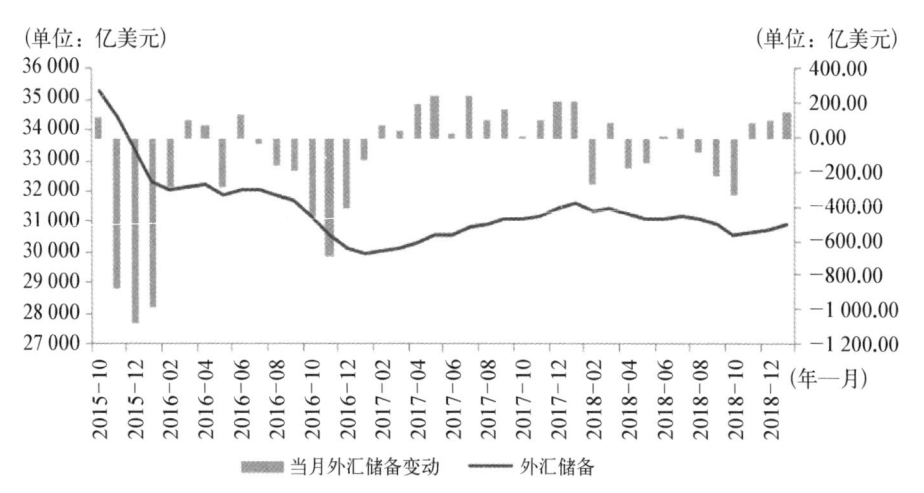

图 6-4 2015 年 10 月至 2019 年 1 月中国月度外汇储备规模及变化趋势

资料来源：WIND、中国人民银行网站。

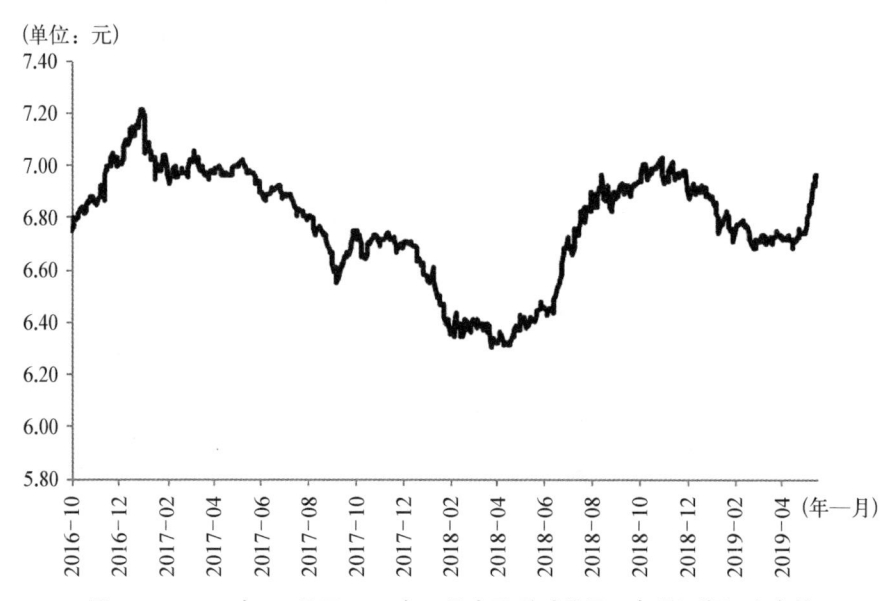

图 6-5 2016 年 10 月至 2019 年 5 月人民币对美元 6 个月远期汇率走势

资料来源：WIND、中国人民银行网站。

持续流失的尾端，见图 6-4)，远期汇率破 7——也就是市场认为人民币在不久的将来会破 7；由于外管局采取了包括"窗口指导"等管控措施，即期汇率破 7 没有发生；2019 年以来基本维持在 6.7 至 7 之间波动。应该说，随着这些年一系列的汇率改革，目前人民币汇率已经基本实现了双向自由波动，定价机制初步形成,而且能够较大程度上反映市场的预期与供需状况。

2. 资本流动和对外投资

除了常年的贸易顺差外,改革开放四十多年来,中国一直是吸引外资的大国,传统的外资输入模式是 FDI(foreign direct investment,外商直接投资),也让中国多年来一直是资本净流入国。近年来,随着中国企业全球化布局以及个人与家庭境外消费和全球配资的需求增长,中国资本走向世界的步伐也很快。2014 年底,中国首次成为资本的净输出国,这也是中国金融体系逐步融入国际金融体系的一个重要步骤。这里我们简要回顾一下中国企业和资本走出去的情况以及碰到的挑战。

表 6-1 展示的是中国企业走出去的阶段性顶峰——2016 年完成的 10 大跨国并购。这一年中中国企业跨国并购的数量和金额都创历史高位;到了 2017 年,由于上文所述的资金管控等因素影响,资本流出量(包括出海资本进行跨国并购的)锐减。2016 年中国企业完成的最大的跨国并购是央企中国化工以 430 亿美元的价格收购国际农业化工(生产种子和农药)巨头、总部在瑞士的先正达;如果算上承接的标的公司的债务,则总额超过 500 亿美元,为中国企业海外第一并购。其余的大规模并购多由来自不同行业的民企和"混合部门"企业完成:比如腾讯收购(总部位于芬兰的)手机游戏开发商 Supercell,耗资 86 亿美元;海尔收购美国通用电气公司的家电业务,美的收购德国机器人制造商库卡,以及房地产公司万达继续其国际化、多元化战略,收购美国传奇影业,等等。

表 6-1 2016 年中国公司十大海外收购

国内公司	国外公司	所属行业	进度	金额	支付方式
中国化工	(瑞士)先正达	农业化学	交易于 2017 年 6 月完成[1]	430 亿美元(100%股权)	现金
腾讯	(芬兰)Supercell	手游开发商	交易于 2016 年 10 月 27 日完成[2]	86 亿美元(84.3%股权)	现金(分期)
安邦保险	Strategic Hotels & Resorts	奢侈酒店	2016/9/27 据彭博社消息,交易大部分已经完成	65 亿美元(买下了标的 16 个物业中的 15 个)	—

续　表

国内公司	国外公司	所属行业	进度	金额	支付方式
中投公司及GIP和Quebec Holdings(3)	（澳大利亚）ASCIANO	物流	—	62.9亿美元	—
海航集团	Ingram Micro	科技与供应链（IT分销）	2016/12/7 完成交割	60亿美元（100％股权）	现金（含贷款和自有资金等）(4)
青岛海尔	通用电气家电业务	家电	2016/6/6（美国时间）完成交割	55.8亿美元	现金（60％来自国开行贷款）
美的集团	（德国机器人公司）库卡	工业机器人	2017/1/6 完成交割	44亿美元（94.55％）	现金
巨人网络	Playtika	休闲社交手机游戏	2016/9/23 完成交割	39亿美元（100％）	现金（联合其他投资人组成财团）
艾派克科技	利盟国际	打印机及软件	2016/11/30 完成交割	36亿美元（100％）	现金（75％贷款，联合其他投资人出资）
万达集团	美国传奇影业公司	电影	2016/1/12 于北京完成签约	35亿美元	现金

注释：(1) 由于涉及跨国公司在世界多地区业务，需完成多国反垄断调查（包括中国）（芬兰《部落冲突》开发商）；(2) 腾讯与其他投资者组成财团实施收购76.9％股权，腾讯在财团控股50％；(3) GIP为澳洲港口运营商，Quebec Holdings是加拿大养老基金财团；(4) 现金来源：70％贷款，剩下30％中87亿元人民币为自有资金，50亿来自联合投资方国华人寿。

资料来源：公司公告，作者整理。

可以看到，前十大并购的标的公司均为总部在发达经济体的，拥有核心技术和产品的公司。十大并购中还包括中外合资企业财团（中投加澳大利亚企业与加拿大养老基金）收购澳大利亚物流企业；这样的收购方结构，通过吸引主要发达市场的资金，包括标的公司所在国的企业和财团，可以增加大规模并购通过标的公司（发达经济体）所在国政府和监管部门审批的可能性。这样的结构也是中投持续使用的并购结构，在特朗普政府单方面挑起贸易争端后继续成功地在多个发达国家完成并购。

谈到跨国并购的风险,除了并购的标的公司本身和所在行业的商业和财务风险外,最主要的"国家风险",尤其是在最发达市场国家美国进行跨国并购的风险,莫过于能否通过美国政府的审查。专门进行跨国并购审查的美国机构是 The Committee on Foreign Investment in the US(美国外资投资委员会,简称 CFIUS):它是一个联邦政府委员会,由 11 个政府机构,包括国防部、国务院以及国土安全部等的高官和 5 个观察员组成,美国财政部长担任委员会主席,对可能影响美国国家安全的外商投资交易(包括并购)进行审查。

表 6-2 展示的是 2007 年至 2014 年间公布于 CFIUS 网上的其介入的外国公司收购美国公司的案例数量。CFIUS 介入的第一步,也是关键一步,是立案调查(Notice,见表 6-2 的第二列);一旦外国收购公司收到 Notice(立案调查的)通知,一切并购程序立即停止,直到调查结束并获得审查通过前并购不能完成交割。这给并购带来极大的不确定性,所以一些外国收购方接到通知后自动退出收购(见表 6-2 的第三列)。一些并购案例收到 Notice 后的 6 个月左右时间后收到审批通过的通知,可以完成并购;其余的跨国并购案例还要经过过程更冗长的进一步调查阶段(Investigation,表 6-2 第四列),包括耗时多月的几轮听证会等,才能得知最后是否通过审查,其间更多的收购公司撤回收购(表 6-2 最后一列)。

表 6-2 CFIUS 介入的外国公司收购美国公司案例统计

年份	立案调查案例总数（Notice）	立案后撤回收购案例	调查案例总数（Investigation）	调查过程中撤回收购案例
2007	138	10	6	5
2008	155	18	23	5
2009	65	5	25	2
2010	93	6	35	6
2011	111	1	40	5
2012	114	2	45	20
2013	97	3	48	5
2014	147	3	51	9
总计	920	48	273	57

数据来源:CFIUS 网站。

虽然 CFIUS 将立案调查的案例公布于众,但在整个调查过程中仍然有很大的不透明性和不确定性;CFIUS 的组成结构表明,它常用的理由是"国家安全"这样包罗万象的词句。近年来包括中国企业在内的发展中国家在美国进行跨国并购时多次受到CFIUS调查,给完成并购带来了很大风险。

很多中国企业和其他市场人士表示CFIUS(代表美国政府)对中国企业戴"有色眼镜"。为此,表6-3展示的是按照收购公司国别划分的CFIUS介入的2007—2014年间跨国并购案例。CFIUS为自己的辩护是:除了中国企业受到调查外,来自美国盟国的企业(英国、以色列、日本、澳大利亚等)同样受到调查。

表6-3 CFIUS立案调查的外国公司收购美国公司案例

国家	2007年	2008年	2009年	2010年	2011年	2012年	2013年	2014年	总计
英国	33	48	17	26	25	17	7	21	194
加拿大	21	6	9	9	9	13	12	15	94
法国	7	12	7	6	14	8	7	6	67
以色列	6	12	5	7	6	4	1	5	46
中国	3	6	4	6	10	23	21	24	97
澳大利亚	9	11	1	3	4	3	0	4	35
日本	1	8	4	7	7	9	18	10	64

数据来源:CFIUS网站。

综上所述,在实践中CFIUS调查跨国投资并购到底有没有规律可循?

对实际的案例,包括受到调查成功完成以及被迫终止的中国公司参与的并购案例的分析表明,CFIUS在审查过程中的确有所谓的"红线":那就是与军事、国防和能够转化为军事国防的美国产业和技术是不能碰的,这就是"国家安全"的具体表现。

除此之外,CFIUS对来自中国的国企收购(任何)美国企业更加谨慎,也会设立更多的障碍。如前面提到的,中投在包括美国进行并购的结构——吸收包括美国公司和资本的合资机构(有时需要放弃成为大股东或者控股股东)是增加中国企业(尤其国企)成功完成在发达市场进行并购的有效方式之一。

2018年4月16日,美国禁止其企业七年内向中国科技公司中兴通讯出售零部件,将单纯的贸易摩擦升级为技术封锁甚至全面对抗。这里我们简单介绍一下美国对出口的管制,并为中国企业提供必要的信息和分析,做好自身在国外经营的合规,规避美国的"长臂管辖"。

中兴是A股和H股的国有上市公司;事件起因是美国称中兴违反了在被

认定非法向伊朗出售货品后与美国政府达成的协议。具体而言,2016年3月,美国商务部判定中兴涉嫌违反美国对伊朗的出口管制政策,并提出对中兴通讯施行出口限制。2017年3月7日,中兴宣布与美达成和解,支付高达8.9亿美元的刑事和民事罚金,同时承诺开除四名资深员工,并对另外35人实施扣发奖金或通报批评等纪律处罚。2018年4月特朗普政府再次处罚中兴的原因在于其认为中兴虽然开除了四名资深员工,却并未对另外35人施以纪律处罚。与此同时,中国商务部回应,将密切关注事态进展,并准备采取必要措施,维护中国企业的合法权益①。

美国对出口管理的核心是美国出口管制条例(Export Administration Regulation,简称EAR):美国商务部颁布EAR条例并对军民"两用"产品和技术实行出口管制,并由美国商务部下设的机构工业与安全局(Bureau of Industrial Safety,简称BIS)负责监管。EAR监管方式包括:(1)产品分类监管:这里有禁运清单(Commerce Control List),包括十个行业和五个大类清单;(2)出口对象监管:这里包括所谓的"国家清单"(Commerce Country Chart)与"机构清单"(Entity List)。凡是落入以上一个清单的国家、地区或实体,均可成为BIS禁止出口的对象。中兴2016年初便因美国认为其违反美国对伊朗的出口管制政策,被列入Entity List。实践中的监管体现为出口许可的签发;很多案例中禁运限制并不是绝对的,BIS在施加禁运限制时会明确对于此种禁运签发出口许可的条件,通过签发出口许可来允许特定的出口交易。

一个重要的相关话题是EAR的适用范围,这里的定义是所有的"US Persons":这包括任何美国公民和非美籍的美国永久居民(绿卡持有者),根据美国法律设立的任何组织形式的实体,美国实体在美国以外的分支机构,以及身处美国的任何个人、分支机构、代表处或办事处。如果一家中国企业已经设立了美国子公司,或在美国开设分公司、代表处或任何形式的分支机构,都将被视为US Persons而直接受制于美国出口管制规则。

美国的出口管制条例的主要义务主体是美国原产产品或技术的出口商,即美国企业。但是,美国的出口管制也具有一定的域外效力,使得外国企业也可能受到美国出口管制规则的限制(这也是美国"长臂管辖"的表现形式)。出口管制可能涉及的外国公司和产品,包括对美国原产产品的"再出口"(re-

---

① 2016年3月,中国商务部对美国采取的对中兴的出口限制措施表示了强烈不满和坚决反对。欧盟曾通过立法来反对美国用国内法律对其他国家企业实施制裁。

export)或"转卖"(transfer)的管制,和美国原产的产品或技术不可以通过任何流转被禁运对象所使用。另外,对非原产于美国的产品或技术的外国产品一旦符合以下标准中的一项或多项时,也会受到 EAR 的限制:(1)运输途经美国;(2)产品成分中有超过 25% 的美国来源成分(如销往伊朗、朝鲜等国,则为 10%);(3)直接采用美国的技术或软件生产的"直接产品"。受到 EAR 限制或者惩罚的中国企业,就像收到 CFIUS 调查通知的中国收购方,应该立即聘请深谙美国法律和相关细则的律师团队进行申诉;同时,应该加强对相关规则的解读,在实践中避免不必要的合规风险。

三、新兴市场资本流动与中国市场监管对策

回首最近一百多年来的人类经济史,经济金融危机在其中产生了重要影响,其中给我们留下最为深刻影响的应是最近两次,即 2008 年全球金融危机和 1997 年亚洲金融危机。而 1997 年亚洲金融危机更是直接体现了跨境资本流动的巨大风险。

20 世纪 90 年代,以"四小龙"为代表的亚洲国家和地区经济发展势头良好,在繁荣的股票市场和宽松的资本流动约束下,国际资本对于高速发展的亚洲经济体趋之若鹜,大量国际短期资金迅速涌入亚洲股市和其他市场。据统计,1996 年韩国、印度尼西亚和马来西亚三国的国际资金占国内生产总值比例分别达到 5%、6% 和 7% 以上,泰国这一比例早已在 1994 年就超过了 14%。而根据国际货币基金组织(IMF)统计数据,净流入泰国、菲律宾、马来西亚、韩国、印尼等亚洲五国的国际私人资金总量从 1990 年的 249 亿美元增至 1994 年的 351 亿美元,这一数据在 1995 年和 1996 年又进一步上升至 629 亿美元和 729 亿美元。

大量国际资本的涌入在进一步推升亚太国家金融市场的同时,也使得潜在金融风险不断加剧,一些关键统计指标已初现端倪。

首先,实体经济杠杆率迅速飙升,世界银行统计数据显示,1996 年泰国和韩国中型企业的负债率已经分别达到 340% 和 620%,作为对比,同一时期英国和美国企业的负债率却只有 80% 和 100%。

其次,金融负债,尤其是外债规模过高,据统计 1996 年泰国银行外币债务

与外币资产的比例竟达到近700%,马来西亚则超过200%,其他国家如印尼、菲律宾、新加坡等也都在100%以上。

与此同时,出口导向型亚洲经济增长迅速放缓,亚洲各国出口额在1995年第一季度达到峰值,泰国、韩国和马来西亚的出口额增长率均超过20%。但此后这一数据却急速下降,1996年上述三国的出口增长率分别仅有4%、10%和6%。

过度繁荣的金融市场和增长放缓的实体经济带来了严重的风险隐患。当境外资本市场的借贷利率低于国内市场利率时,开放的资本项目允许国内公司出境融资,短期内企业融资成本降低,可以更快扩张;但是,持有大量中长期外债的风险是,一旦本币对外币贬值,支付到期外债的负担加重,这对处于行业和企业发展受到限制的公司来说,很可能演变为导致违约的风险。而整个行业和经济的下行会导致系统性的债务危机。

这一问题又因为亚洲各国的经济金融制度进一步放大。当时,亚洲各国普遍采取的是紧跟美元的固定汇率制,同时允许国际资本自由进出市场,这种背景下受限于国际金融的不可能三角,亚洲各国的货币政策独立性受到很大影响,一旦发生危机,能够调用的"工具箱"严重受限。此后发生的故事毋庸赘述,国际资本大鳄索罗斯等狙击泰铢,泰国央行耗尽外汇储备后被迫放开汇率波动限制,并由此进一步传染到印尼、马来西亚、菲律宾等国家。汇率贬值、资本外逃,金融危机进一步冲击本就脆弱的实体经济,受到波及的亚洲各国经济一泻千里,很长时间未能恢复。

由于当时中国实行了较为严格的资本管制,再加上金融体系发展的滞后性,1997年的亚洲金融危机并未对中国经济发展产生较大影响,仅中国香港地区市场受到一定程度的波及。

不过,从金融风险以及外汇市场监管方面,此次金融危机对中国金融监管具有非常重要的借鉴意义。众所周知,近些年以来,中国政府在人民币国际化与加速资本账户开放方面展开了相当大的努力。例如,2010年7月,中国人民银行和香港金融管理局(HKMA)联合宣布,建立以人民币计价的人民币离岸市场,允许人民币在香港交易。2013年9月下旬,中国政府启动上海自贸区试点,重点探索便利投融资汇款的方式,促进资本项目兑换,促进人民币跨境使用,使试点区的企业和人员以更灵活的方式利用人民币进行跨境贸易。2015年8月11日,中国人民银行宣布"8·11汇改",调整人民币对美元的汇率中间价报价机制。改革之后,市场供求关系对确定中间价汇率起到了决定性作用。当日,人民币中间价上涨 200 个基点,标志着中国人民银行尝试听取市场价格,尽管人民银行仍然密切监控外汇市场,并稳定市场预期。2016 年 10 月 1 日,人民币连同美元、欧元、日元和英镑,正式加入国际货币基金组织的特别提款权(SDR)篮子中,迈出人民币国际化路途上的关键一步。

与此同时,在 2008 年金融危机之前的数十年,中国的出口一直保持着强劲增长势头,由此使得中国海外资产有了大量积累。然而,随着资本外流和更加灵活的人民币汇率制度,相关部门必要情况下需要通过出售美元以及购买人民币来维持本币的价值,这就导致外汇储备负向流动,外汇储备迅速下降。如图 6-4 和图 6-5 所示,2014 年 6 月,中国外汇储备为 3.99 万亿元,2017 年 1 月降至 2.99 万亿元。之后,中国人民银行收紧资本管制,遏制资本外流,外汇储备流动在 2017 年 2 月之后基本回归正常。

从历史经验和中国自身发展经验应该看到,资本账户开放带来的影响是双重的。

一方面,资本账户开放可吸引更多的外国资本流入国内并在短期内降低国内企业的融资成本,促进发展和增长。同时,资本账户开放后,国内银行将会更积极地通过监督和设计贷款合同(例如,自主调整利率水平和贷款期限)抑制借款人进行投资项目决策时可能出现的道德风险,在这种情况下,尤其是在国际银行和金融机构的竞争下,银行业效率能够得以提高。此外,由于竞争增强有助于刺激银行控制其投资过程中遇到的风险,金融自由化行为(例如允许外资金融机构进入中国贷款市场)可以进一步改善福利。

但是,另一方面,大规模、突然性的资本流动和外国投机显著增加了货币(大幅贬值)和银行(不良贷款攀升)的"双重危机"发生的可能性。亚洲金融危机的教训告诉我们,当资本账户开放后,由于外汇储备波动的加大,以及人民币升值预期下投机性资本的大幅流入流出,发生货币危机、进而触发银行危机是可能存在的。

如何防范危机的发生,主要取决于政府和中央银行如何应对。

根据国际经验,如果资本外逃已经发生,允许本币对主要外币尤其是美元的自由浮动,可以避免大量消耗外汇储备,那么人民币汇率随时下跌的情形很可能快速发生,这有可能进一步限制资本外流;因为本币一旦贬值,尤其是可以迅速达到新的市场均衡水平,从持有外资的投资者来看,本币资产的未来收益会提升。如果本国政府试图限制汇率变动，那么反倒可能会出现典型的货币危机。此时，如果银行大量资金被提取，那么货币危机会进一步引发银行业危机。为了避免这样的双重危机，从历史来看，尤其是亚洲金融危机的经验来看，可以迅速采取汇率全浮动的机制，而由货币危机导致的总体经济成本也会随之降低。

此外，近年来中国正在积极推进人民币国际化战略。2008年金融危机中美国的例子告诉我们，一个国际化的货币对于一国防范和化解金融风险具有重要价值。具体来说，美元作为全球主导货币至少体现在三个方面：第一，美元是全球大多数商品交易的计价单位，全球国际贸易中大部分贸易标的物以美元标价；第二，美元是全球大多数交易的媒介，截至20世纪90年代后期，全球超过80%的外汇交易以美元结算；第三，美元是全球最重要的储值货币，美元在各国官方储备中的比例一直很高，近年来虽有所下降，但仍在60%以上。

正是由于这些原因，以美元为标的物的金融资产受到全球投资者青睐。十年前，美国爆发金融危机，全球经济出现动荡，此时资金出于避险目的反而迅速涌入美国，大量购买美元资产，推高美元汇率。

但是，美国的货币政策首先是关注其国内，而不是别国的金融稳定。金融危机爆发之后，时任美国财政部长的保尔森、美联储主席伯南克多次明确地表达了同一个观点，即美国的货币政策首先考虑的是拯救美国经济，而不是要考虑全球流动性的充裕和平衡，美国的量化宽松很可能出现以邻为壑，使得中国等其他国家受到不利影响。当然，一旦未来发生危机，中国货币政策不必效仿美国，但成为国际货币毫无疑问会为中国应对全球金融风险提供重要的政策工具。

2016年10月1日，人民币正式被IMF批准纳入SDR货币篮子，权重占比10.92%，排名第三，仅次于美元和欧元。但是，这还远远不够，目前SDR在国际储备中的占比太低，尽管SDR宣告人民币已是国际储备的币种，但人民币要真正成为国际货币中的"硬通货"，还必须要求在全球范围内，以人民币计价的资产要达到一定的数量和占比。这也是中国金融体系和资本项目有序开放的目标。

此外，在亚洲金融危机、2008—2009年国际金融危机（包括2010年爆发的欧债危机中）期间，发生危机的国家和地区普遍出现本币对美元贬值，资本流出，尤其对美元和美元计价资产的需求急剧上升，从而发生了美元短缺而导致的近乎流动性风险。全球金融危机后,美联储与更多央行建立货币互换机制(currency swap),以备未来发生对某一种货币需求增加而导致的短缺。其中,2010年5月与欧洲中央银行ECB、瑞士国家银行SNB、英格兰银行BOE、加拿大银行BOC、日本银行BOJ等五家中央银行签署无金额限制、为期三年的货币互换协议,2013年10月31日这一互换协议到期后又被宣布长期化且不设限额。至此,美联储构建出以美元为绝对中心、上述六家中央银行为核心层的美联储货币互换网络体系(见图6-6)。

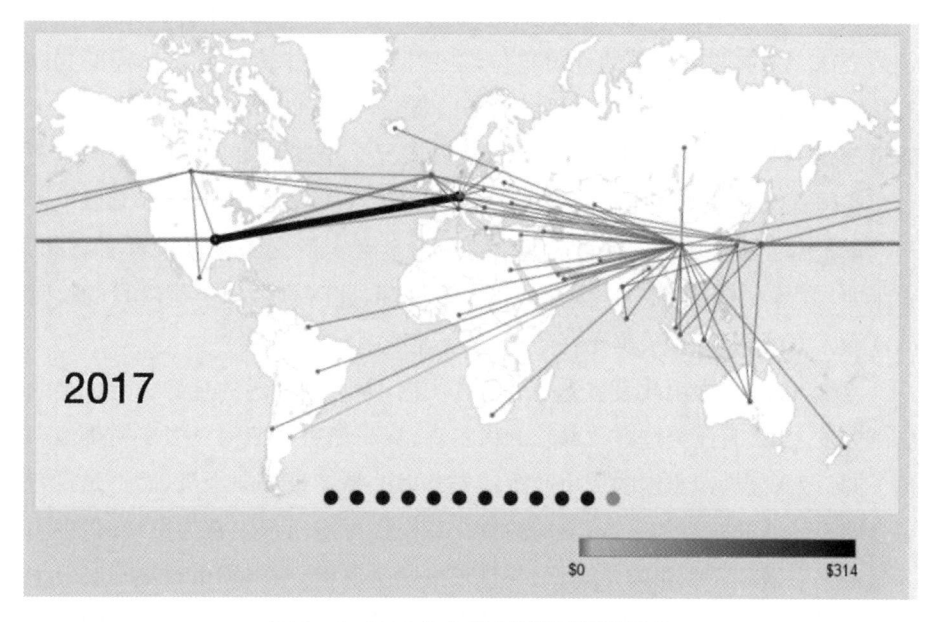

图6-6 2017年全球主要货币互换网络

资料来源:CFR网站,http://www.cfr.org/international-finance/central-bank-currency-swaps-since-financial-crisis。

中国充分意识到货币互换体系的重要性,自2009年以来中国央行积极发展双边本币互换体系,到目前该体系已覆盖38个国家和地区(详见图6-6),即包括俄罗斯、巴西、阿根廷、泰国、埃及、土耳其、尼日利亚等新兴经济体,也包括欧洲央行、瑞士、英国、加拿大、澳大利亚、新西兰、日本等发达经济体。但是,在美联储构建的货币互换网络体系中,中国仍处于外围边缘地位。

事实上,提升人民币在国际储备货币中的占比,对全球无疑是有好处的。站在全球金融稳定的视角看,需要减小美国货币政策对全球的"溢出效应",一种重要的方式就是让多个货币分担美元的储备货币功能,达到一种分担与平衡，但这还需要相当长的时间，对人民币来说，还有至少10到15年的路需要走。

此外，越来越多的理论和实践表明，资本尤其是短期资本大规模跨境流动可能会带来巨大的金融风险。作为新兴市场和发展中大国的中国，在进一步加大金融对外开放的同时，避免资本外逃，尤其是类似亚洲金融危机期间的恐慌性外逃，是资本项目管理的"红线"。如何进行有效的资本项目管制就变成了一个核心课题。如上所述，近年来中国央行和相关监管部门和所属金融机构通过央行"窗口指导"模式有效制止了大规模资本外逃，稳定了资本项目。

但是，这一类行政管理措施产生的问题是，对正常的资本流动，包括计划进入中国市场进行中长期投资的、有利于改善投资者结构和公司治理水平的、应该受到鼓励的资本和金融机构而言，资本流动有巨大的不确定性，资本流动的成本也随之上升，导致一些外资决定暂时不进入中国市场。

所以，区分短期和长期资本进行有针对性的资本项目和资本流动的监管尤为重要，在进一步放松对长期资本准入限制的同时，必须加强对短期资本流动的监管。这里重点探讨一下国际金融政策中的托宾税制度。托宾税的思想最早源自凯恩斯提出的通过征收金融交易税来抑制短期投机行为，由詹姆斯·托宾(Tobin,1974)针对外汇市场动荡正式提出，即通过征收一定比例的货币交易税，增加国际金融市场流通摩擦成本，减少短期资本频繁流动，最终帮助实现汇率稳定。

需要注意的是，托宾税是一种政策理念，操作层面仍然包括不同的政策工具，以目前有过相关政策实践国家的经验来看，广义上的托宾税主要有三类，即无息准备金(URR)、金融交易税(IOF)以及预扣税、撤资税等(IMF,2016)。其中，无息准备金应用最为广泛，无息准备金指的是对跨境资本按照投资额一定比例向中央银行缴付外币或无息存款，智利在1991—1998年、哥伦比亚在1993—2000年和2007—2008年，以及泰国在2006—2008年曾实施这一政策。其次是预扣税、撤资税等针对资本流出环节的税收政策，撤资税是直接对流出资本征收一定比例税金，预扣税则是在取得资金的初始环节预扣一定比例税金，若资金撤出则不退还，马来西亚、韩国、泰国等曾实施过这类政策。最后是金融交易税，即直接对流入外汇征收一定比例税金，巴西曾在1993—1999年和2009—2014年两次实施这一政策。

从实际政策效果来看，托宾税，尤其是巴西采用的金融交易税，对于抑制短期资本流入和保持国内货币政策独立性具有一定的积极意义。因此,对于中国的政策实践而言,预防短期资本突然涌入国内市场,托宾税具有较强的应用价值。具体操作层面,针对国际短期资本的不同投向、不同地区和不同行业等特征,要建立以动态托宾税为核心的监管调节机制。执行过程中要避免国内外金融机构进行"监管套利"——先将资本流入不受管制的业务和行业,然后再通过各种渠道转移至受限活动和业务,导致监管失灵。

所以,必要时托宾税配以窗口指导等行政手段也是有必要的。与此同时,对于长期跨境资本,引导其有序退出中国市场,重点防止出现大规模资本的集中出逃,尤其是防止出现资本的恐慌性外逃,守住不发生系统性风险的底线。要在维护国内金融市场的稳定的同时,让资本项目和金融体系有序开放。

四、面对挑战,中国的核心对策仍是"做好自己的事"

2019年8月5日,在中国香港地区的境外人民币市场和境内人民币市场都发生了人民币对美元汇率跌破7(7元对1美元)。在此之前,中美贸易的最新一轮谈判刚刚在上海举行,之后美国总统特朗普突然宣布要在9月1日起对中国出口美国的(此前没有征收关税的)3 000亿美元的商品开始征收10%的关税。虽然从经济学理论而言,我们所看到的人民币对美元的名义汇率是一个反映双边经贸关系的一个相对价格,并没有特别的实际意义;同时,名义汇率也反映中美双方的货币政策(相对的松紧),而不仅仅是中国的汇率或者货币政策,但是正如上文我们所分析的,人民币对美元的数字7显然是一个重要的市场的心理价位,人民币对美元真的破7,引发了一连串的市场波动和两国政府部门和国际组织对此事件的截然不同的理解。

央行当日发布公告,称人民币破7是由于美方加码贸易战,单方面增收中国出口美国商品关税导致市场供需变化引起的正常波动;同时,央行称有能力让人民币稳定在一个反映市场供需的水平上,并且重申中国不会让人民币发生竞争性贬值。美国方面则反应强烈:商务部部长努姆钦在总统特朗普的压力下,立刻宣布中国为"汇率操纵国"(currency manipulator)。美国股市当天下跌近3%,这也引发了国际股市对此的负面反应和普遍下跌,预示着世界最大的两个经济体的经贸关系可能进一步恶化;这个最重要的双边关系的恶化很可能会引发全球范围内的经济增速下降,甚至经济危机。

为什么美国会在此之前多次将中国列为汇率的"被关注对象"(watch list)但从未宣布中国为汇率操纵国(上一次美国宣布中国为汇率操纵国是1994年克林顿任总统期间),而这一次突然作这样的宣布?接下来美国会有什么样的动作,中国又应该如何防备?中国的汇率政策今后应该怎样走?这些都是国际国内市场关注的重要问题。

为了回答这些问题,让我们再从目前央行的汇率政策谈起。如本章所述,自2015年"8·11汇改"以来,中国(名义)汇率的形成至少有以下三个方面的要素影响。第一,市场供需关系起到了前所未有的重要作用:人民币对美元汇率的中间价报价机制要参考前一日银行间外汇市场收盘汇率,这是市场化的汇率形成机制的核心体现。第二,人民币汇率由过去单一的盯住美元到现在的以一篮子货币(共24种货币)为参考。第三,汇率形成机制中也有作为宏观审慎调整一部分的"逆周期因子"。

根据境内外人民币对美元和其他货币的走势来看,如果近几年有央行干预人民币汇率的话(比如通过上述的第二和第三因素),这样的干预应该是防止人民币对美元估值过低;也就是相对于市场供需而言,人民币对美元汇率最近不是偏低,而是偏高的。所以,这次人民币破7,的确是充分体现了市场供需关系的变化,而非中国央行有意想通过干预实现竞争性贬值来对冲美国对中国增加关税的负面影响(也可以理解为央行不再主动干预人民币使之持续对美元估值过高)。在这样的分析下,我们可以很肯定地说,在这个时点,美国商务部认定中国为"汇率操纵国"是站不住脚的。

在宣布美国的一个主要贸易国为汇率操纵国之后,美国财政部接下来会请IMF裁决他们的判断是否正确,如果IMF同意他们的判断,财政部可以接下来去WTO告状并要求对操纵国进行惩罚。IMF每年对世界上主要的经济体都有所谓的"第四条款磋商":对该国的宏观经济政策进行评估后形成包括汇率政策在内的裁决。全球金融危机爆发后的10年,IMF曾经对中国发出"低估人民币"的警告;而最近几年的裁决均为"人民币汇率形成机制是基本符合市场供需关系的"。不出所料,在美国宣布中国为汇率操纵国之后不久,IMF公布2019年度的"第四条款磋商"报告,继续维持早些时候的判断,重申2018年中国经常项目顺差下降(顺差占GDP的比例下降至0.4%),人民币汇率水平与经济基本面和汇率市场供需基本相符,并没有操纵汇率。连美国国内的知名经济学家,包括前财政部长、哈佛大学前校长萨默斯,哥伦比亚大学的萨克斯教授和诺贝尔经济学奖获得者克鲁格曼教授都认为美国财政部的判定站不住脚。

在向 IMF 和 WTO 申诉的同时,宣布贸易国为汇率操纵国后,美国国内的法律允许政府采取进一步"反制措施",而主要的措施就是对该国出口至美国的商品增加关税。具有讽刺意义的是,增加关税从挑起贸易战的初期一直就是特朗普的主要手段,而增加对 3 000 亿美元的中国出口至美国商品收税意味着所有中国商品都已纳入关税范围内。所以从目前形势来看,宣布中国为汇率操纵国没有太大的实际意义。

后来事情的发展也验证了我们的判断:2020 年 1 月 13 日,美国财政部公布半年度汇率政策报告,取消对中国"汇率操纵国"的认定。因此,在这样充满不确定性的国际环境下,我们认为中国政府的应对措施的核心仍然是做好自己的事,以不变应万变。改革开放四十多年的经验其实就是改革和开放,这还是我们的基本国策。具体而言,在进一步开放经济和金融板块的同时,主动降低投资壁垒和关税,这也是进一步提升中国的营商环境的重要步骤,不仅对国外企业好,也对国内企业好;但是可以采用"临时不对称性",也就是这些优惠措施不一定向所有国家等同开放,对单方面挑起贸易争端的国家我们可以暂时不给优惠政策。同时推进其他提升营商环境的措施,鼓励创新;成功的创新不但可以对冲汇率市场的风险(对出口企业而言),也可以不断加强中国企业的国际竞争力。

美联储停止了升息进程(升息的目的是让无风险利率回到历史均衡的 3%—4% 水平),在 2019 年 7 月份的 FOMC 会后宣布降息 25 个基点(basis points,即 0.25%)。一方面降息是包括美国股市在内的金融市场的预期(毫无疑问,特朗普非常希望美联储持续、更大幅度地降息来继续支撑美国股市);另一方面,降息的决定也应该说明美联储对美国经济下滑乃至经济衰退发生的概率有所上调。同期全球有不少发达和发展中国家的央行也实行降息等宽松货币政策。

中国央行应该怎么办?宽松的货币政策,尤其是极度扩张的信贷会酿成金融体系的风险,所以,我们支持央行提出的不会采取"大水灌溉"的极度宽松政策;在经济面临下行压力时,适当宽松的货币政策(比如定向降息降准)和财政政策的结合可以防止经济快速下滑,以及防止失业率的大幅上升。

至于汇率政策的核心,基于本章的分析,应该是让汇率形成机制充分地市场化,尽量减少干预。如上所述,近年来("8·11汇改"以来)央行可能对汇率市场进行干预以保障人民币不对美元贬值(目标就是不破7),从而达到稳定资本流动。根据国际经验,尤其是二战后发展中国家的经验来看,以市场供需为主导的汇率形成机制更有可持续性;政府干预,尤其是避免本币针对某种外币(美元)的贬值,中长期来看会在国内金融体系形成扭曲,而长期的扭曲更容易引发金融危机。综合利弊,我们认为这样的干预措施已经不适用于中国的汇率政策。当然,如本章介绍资本流动所分析的,如果短期内有大量资本流动进行必要的管控仍然有必要,而管控的方式可以从传统的"窗口指导"模式转向更市场化的资本流动税收模式。

针对市场和一些投资者非常关注的人民币对美元汇率走势,我们这里再强调一下,对于名义汇率的形成和接下来的走势,除了市场供需关系(贸易和外储)和中国央行的相关政策外,很重要的一点也要取决于美国的货币和宏观政策;所以要做出精准的判断并不容易。而实际汇率更加取决于两国经济增长和生产力的对比,随着中国完成结构性改革,经济增长持续保持中高速水平,中长期人民币对美元和其他主要货币再次升值是完全可能的。

第七章 ×力量：金融科技

CHAPTER 07

如果向金融界从业者、研究人员和监管部门提一个问题,过去五年全球金融体系发生的最大变革是什么？我想基本可以断言,得到的答案将会是金融科技。随着 ABCD——人工智能(Artificial Intelligence)、区块链(Blockchain)、云计算(Cloud Computing)和大数据(Big Data)等新兴技术的快速发展,尤其是在金融领域应用的不断加深,金融科技正以前所未有的态势影响、改变和重塑所有金融行业的生态和整个金融体系。

根据金融稳定委员会(Financial Stability Board,FSB)给出的定义,金融科技(Fintech)是指通过技术手段带来的金融创新,其创造的新业务模式、技术应用以及流程和产品能够对金融市场、机构或金融服务的提供方式产生重大影响(FSB,2016)。

不同于传统的科技金融,金融科技更强调科技与金融要素的深度融合,且主要具有以下特征[①]:(1)数据驱动,通过大数据技术促进精准营销、服务创新以及风险控制等;(2)技术引领,依托人工智能、区块链等核心技术创新全面提升应用场景;(3)平台竞争,经过早期野蛮生长阶段后,亚马孙、Facebook(脸书)、谷歌、微软、腾讯、阿里、京东和百度等科技公司已经实现向涵盖投资、研发、运营等业务的综合平台(又称"生态体系")的转型;(4)普惠金融,打破"二八效应",金融科技提升服务长尾人群的能力;(5)监管科技(Regtech),通过金融科技全面提升监管部门的监管能力,同时辅助市场主体尤其是企业做好合规工作。

作为一个正在兴起的新金融业态,金融科技涵盖的内容也比较广泛,比如巴塞尔银行监管委员会就从业务角度将其分为支付结算、资本筹集、投资管理和基础设施四个方面。其中,支付结算包括数字货币、移动钱包、零售支付、跨境支付等;资本筹集包括网络借贷、网络众筹、信用评分、股权融资等;投资管理包括智能投顾、线上交易、财富管理等;基础设施则包括大数据、云计算、人脸识别、分布式账本等。而从广义的技术角度看,金融科技可以分为泛人工智能和区块链,前者主要应用于智能投顾、信贷市场等方面,后者目前主要应用

---

① 陈诗一等,2018。

于数字货币和支付领域。

近年来，中国在金融科技领域的发展速度尤为迅猛，并在一些领域实现了引领国际，尤其是巨大的中国市场的技术应用。全球范围内中国和美国是互联网金融市场规模最大的两大经济体。根据 KPMG 发布的《2017 全球金融科技公司 100 强》咨询报告显示，2017 年全球前十大金融科技公司中，中国地区公司有五家，占据半壁江山。不过，需要提醒的是，任何形式的金融创新都会伴随着风险，金融科技发展这几年已经出现了不少风险事件，比如以比特币为首的数字货币暴涨暴跌、近年中国 P2P 平台暴雷不断等。这些事件提醒我们，对于金融科技创新带来的潜在风险，中国仍必须时刻保持警惕。

那么，如何看待金融科技与金融的关系？我们认为，金融科技发展至今以及到可见的未来，已经并且会继续提升金融活动和业务的效率，降低交易成本，对已有的业态进行改造并创造新的业态，但是，金融科技并没有改变核心金融活动的本质、属性和目的：及时有效的获取信息，实现风险可控下的收益最大化；金融科技没有也不会取代人作为金融活动的最高决策者，也没有从根本上消除金融风险和避免金融危机。

所以，**当金融科技能够在符合金融学原理和市场规律的条件下，帮助解决金融的核心问题**——比如信息获取和使用过程中的信息不对称问题，如何避免金融活动和业务中的人为偏差和利益冲突，以及防范金融风险和危机等，**这样的科技就是提升金融体系发展的好的创新**。反之，如果有人打着金融科技的旗号参与新的业务（比如 P2P 投融资平台），却并没有从事金融核心业务，比如投资、交易、信贷等的必要资质，包括相关的大数据，强大的风控技术和专业化团队，稳定的融资渠道和高效的公司治理，则其不但不会提升行业和业态的效率，反而会产生和集聚风险；如果监管部门**没有及时规划和定义新产品和业务（包括风险属性）**以及制定从事这些产品和业务的个人和机构的准入门槛以及加强事中监控，这些有着"逆向选择"的新业态就可能引发局部乃至系统性风险。

本章按照以上表述的金融科技对金融体系的影响为主线，就近年来发展迅猛，已经对成熟市场以及包括中国在内的新兴市场带来日新月异变革的主要技术进行分析和探讨。

首先，我们从当前最为火热的数字经济概念出发，探讨数字经济中崛起的依靠大数据分析的新型借贷市场，关注这些创新金融机构是如何克服信息不对称问题并解决中小微企业融资难的问题,从而推动中国普惠金融发展。

其次,我们探讨近年来风靡发达市场,并在中国等新兴市场引起大量关注和讨论的高频程序化交易,重点关注这类交易手段究竟能提升市场效率还是会增加市场崩盘的风险。

再次,我们对人工智能在投资领域运用最得心应手的智能投顾进行分析,并展望其在发展空间巨大的中国大资管和财富管理市场中的作用和地位。

最后,我们讨论数字货币的兴起及其对传统货币和监管体系的冲击和影响,并特别对当前备受关注的 Facebook 准备发行的 Libra 和中国央行准备试点的 DCEP 进行比较和延展分析。

我们有幸与原度小满金融总裁张旭阳先生进行了访谈;张先生介绍了一个典型的金融科技公司(度小满)的各方面业务,并就金融科技如何与传统金融业态融合和共赢(抑或是冲击和颠覆)进行了讨论。

一、数字经济与普惠金融

随着信息通信技术的快速发展,以互联网为代表的现代信息网络对传统经济格局产生了巨大影响。一方面"互联网+"不断冲击和改造原有产业,另一方面通过互联网产生出大量的数据,并由此带来基于这些数据的新经济业态,数字经济的概念也正是由此提出。

目前,对于如何定义数字经济仍有可讨论之处,根据 G20 杭州峰会发布的《二十国集团数字经济发展与合作倡议》给出的定义,数字经济指的是,"以使用数字化的知识和信息作为关键生产要素、以现代信息网络作为重要载体、以信息通信技术的有效使用作为效率提升和经济结构优化的重要推动力的一系列经济活动"。不过,随着数字化程度的不断发展,数字经济已经成为未来甚至当下经济发展的主线。

作为全球互联网技术渗透度最高、应用最广泛的国家之一,中国政府对数字经济高度重视。2017 年 3 月,中国政府报告中首次写入数字经济,2018 年又进一步提出数字中国概念。对于中国数字经济的发展情况,2019 年 5 月 6 日国家网信办发布的《数字中国建设发展报告(2018 年)》显示,2014—2018 年中国数字经济规模从 16.2 万亿元增长至 31.3 万亿元,年均增长高达 17.9%,

明显高于同一时期中国 GDP 增长率(见图 7-1)。同时,数字经济占 GDP 比重明显提升,从 2014 年的 26.1% 升至 2018 年的 34.8%。从体量上看,数字经济已经成为中国经济中非常重要的组成部分,将对中国经济发展带来不可忽视的重要影响。

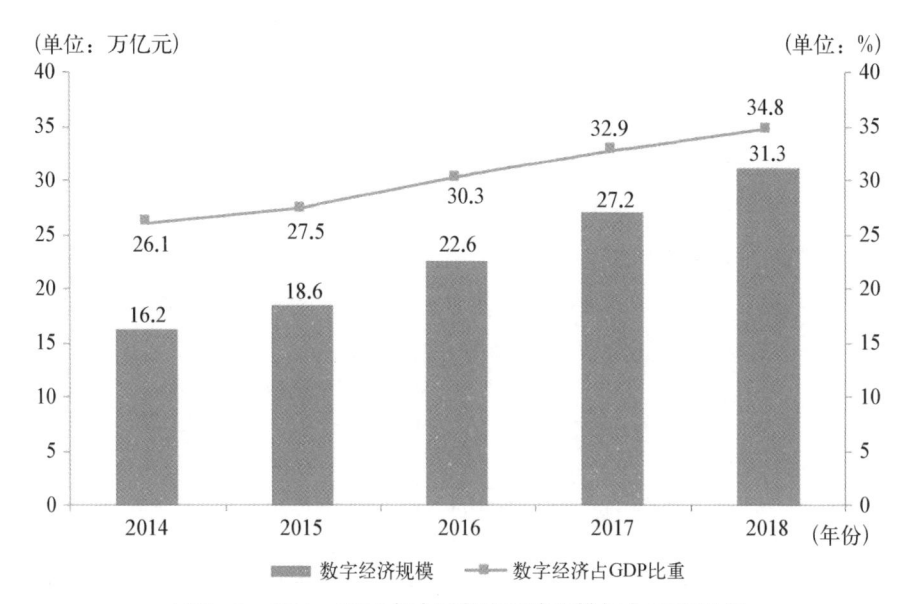

图 7-1 2014—2018 年中国数字经济规模与占 GDP 比重

数据来源:《数字中国发展建设报告(2018)》。

数字经济的关键在于数字信息的构建、生产和分析,其中大数据分析技术发挥了至关重要的作用,而大数据分析本身也是金融科技领域中发展较早且应用较为成熟的技术。早在 2012 年,英国学者舍恩伯格就在其著作《大数据时代:生活、工作与思维的大变革》中就对大数据技术进行了详细阐述。舍恩伯格指出,大数据具有规模性、多样性和高速性的"3V"特征,通过谷歌运用网上获得的数据预测流感和根据全航班信息订飞机票两个案例,舍恩伯格进一步描绘了大数据在商业、工作与生活上的巨大应用潜力。当然,大数据在金融市场中也已有很多应用,尤其是在小微企业和个人借贷方面,大数据对于解决传统借贷市场的信息不对称问题发挥着重要作用。

我们在第一章中提到,目前中国的金融市场中,由银行主导的间接融资仍然占据绝对优势地位。在信贷市场中,中小微企业相比大企业的一个核心问题是缺乏可以作为抵押品的"硬资产"(比如厂房和设备);有了抵押品,银行和金融机构即使不需要获取企业和项目的充分信息也不会承担太多风险,因为企业违约时可以出售抵押品。

也就是说,银行和传统金融机构给中小微企业贷款时必须掌握企业以及企业主的信息,而这样的信息并不是唾手可得——不上市的公司没有信息披露的要求,而个人信息由于中国个人征信体系尚在建设中,也不是很容易获得。这些现象说明对银行和传统金融机构而言,对中小微企业放贷的风险高,成本也很高——对银行而言,给一家小微企业放贷需要做尽调,而尽调后决定放款的量又很小;相比而言,对一家大企业,做了尽调后可以放数量大很多的中长期贷款。

即使有获取信息的渠道,给中小微企业贷款更严重的问题是"信息不对称",导致银行和传统金融机构无法准确衡量借款人的违约风险,加之借款人可能存在的道德风险,因此银行在贷款时往往不愿意面对超额资金需求提高利率,而是通过一些非利率条件使部分借款人退出市场,也就是所谓"信贷配给"现象(Stiglitz 和 Weiss,1981)。信贷配给虽是贷款银行权衡收益与风险得到的均衡结果,但客观上又减少了信贷市场的资金供给,使得信贷大部分时间只能(只会)服务于大企业、国有企业以及抵押资产雄厚的公司和个人。对于借款方而言,只有头部客户获得融资服务,而大量长尾客户却无法获得融资,从而造成所谓的"金融不公平"现象,发展普惠金融也正由此提出。

> 综上所述,传统商业银行的商业模式并不适合给中小微企业贷款;那么,在一个以银行贷款这样的间接融资渠道为主的金融体系中,中小微企业融资难、融资贵就不足为奇了。事实上,中小微企业融资难是一个世界性的问题。

需要指出的是,信贷配给现象的产生虽然是市场自然选择的结果,但从其产生背后原因分析,难以对广大借款人私人信息进行收集和处理是关键。对此,大数据技术的出现为这一问题的解决(至少是部分解决)提供了可能性。具体来说,利用大数据技术,金融机构能够获得足够多的相关信息,包括个人和企业的支付数据等,从而尽可能克服信息不完善和不对称的问题,通过模型分析和大数定律得到小微企业和个人的"信用得分"以及得分的分布图,并以此决定是否借贷以及借贷的利率、期限和金额。当然,对于这种新型信贷,风控尤为重要,对此,通过综合利息(价格元素)、信贷额度和期限(非价格元素)以及借款人其他特征因素,借助大数定律进行风险定价,能够比较有效地降低借贷风险。

这类新型借贷一经推出,就保持着快速的发展,规模甚至不亚于传统信贷市场。以蚂蚁金服为例,据彭博统计显示,目前蚂蚁金服的消费贷规模已经超过6 000亿元,是建设银行的3.5倍,余额宝规模更是曾达到峰值1.69万亿元,总用户量为5.2亿。根据国家金融与发展实验室发布的《中国消费金融创新报告》,目前中国消费金融市场规模估计接近6万亿元,如果按照20%的增速预测,中国消费信贷的规模在2020年可超过12万亿元。

当前,中国正处于从高速增长向高质量增长的关键阶段。中共十九大报告指出:"要深化金融体制改革,增强金融服务实体经济能力。"近年来,随着中国银行业盈利能力的下滑,政策层面提出,要大力发展普惠金融业务,全面支持实体经济发展。数据也显示,近年来中国银行小微贷款规模稳步增长。图7-2报告了2015—2018年中国历年银行小微贷款余额数据,显示中国银行小微贷款规模连续四年稳步增长。图7-3进一步报告了2017—2018年中国人民银行普惠口径下的小微贷款余额及增速表现,从中可以看到,小微贷款余额从2017年的6.78万亿元增长到2018年的8万亿元,增速从2017年的9.8%提高到2018年的18%,规模和增速上均表现亮眼。

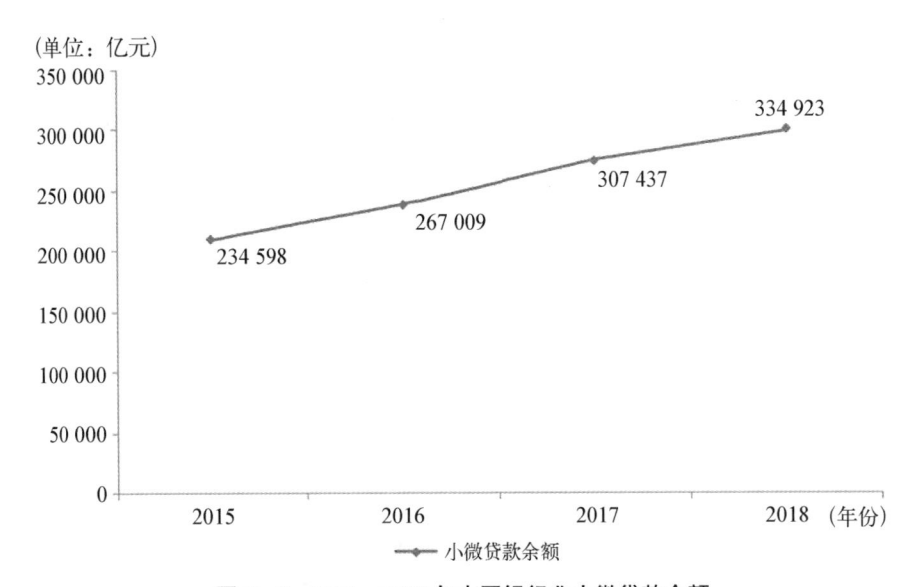

图7-2 2015—2018年中国银行业小微贷款余额

资料来源:银保监会网站。

(单位：万亿元)

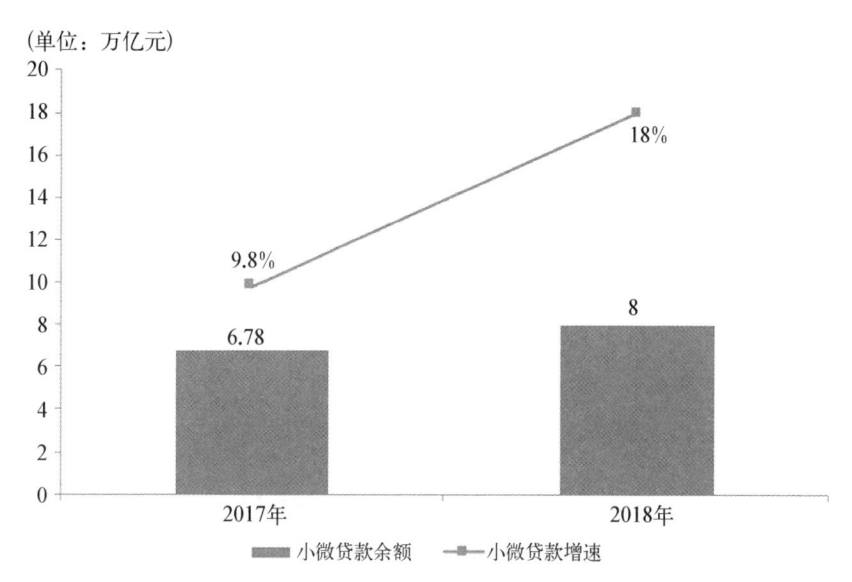

图 7‑3 2017—2018 年中国人民银行普惠口径小微贷款余额及增速

资料来源：中国人民银行网站。

不过，受到业务类型、组织架构等因素影响，银行天然在私人信息收集、分析以及贷中和贷后管理上存在不足之处。对此，以蚂蚁金服为代表的金融科技公司借助大数据等技术优势，能够拓展对长尾客户的借贷服务，这也是近年来中国互联网金融能够快速发展的主要原因。

作为中国信贷市场的主导者，银行对于新型借贷市场自然不能置身事外。借助在资金体量、用户习惯等方面的天然优势，银行应继续通过加强与金融科技公司合作，积极拓展新型借贷业务。通过与金融科技公司合作，银行能够获得一些特有的客户数据以及风控技术，结合其原本拥有的资金优势，银行能够进一步拓展其信贷业务范围，实现在消费金融、供应链金融等相对"蓝海领域"的重要突破，同时也切实提升银行在普惠金融方面的业务能力。

最近几年银行和科技公司的合作的确越来越广泛，除了为京东金融这样的电商和互联网平台提供资金外，银行也从互联网公司购买数据和服务，提升自身的效率。同时，类似百信银行这样的新型机构，是百度（数据和科技）和中信银行（传统银行的资金和贷款风控等方面）取长补短、互帮互助的结果。

在总结大数据信贷这一新的金融业态成功的同时，本节的最后简要分析另外一个新的业态的沉浮，那就是曾经火爆一时，而今成为风险集中爆发的P2P投融资平台，其充分展现了风控在金融科技中的重要意义。

图 7-4 展示了从 2017 年初到 2018 年底正常运营和发生问题的平台数量;两类平台的相反走势,尤其在 2018 年下半年表现得尤为明显,为这一行业发展敲响了警钟。

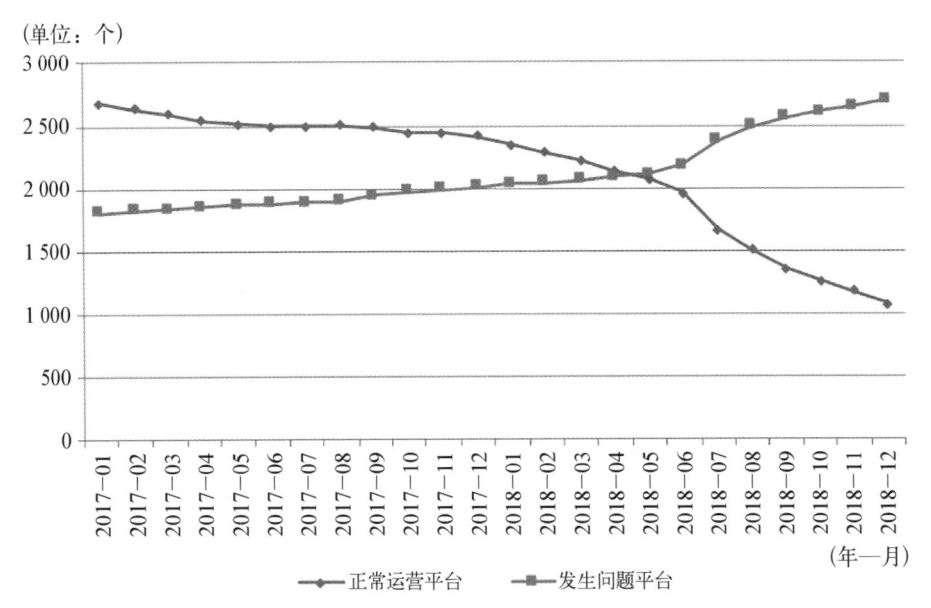

(单位:个)

图 7-4　2017—2018 年中国网贷平台运行情况

资料来源:网贷之家。

互联网金融平台集中暴雷,的确与金融体系的大环境,尤其是去杠杆过程中的资金紧缺有关。但是平台自身的问题,以及这一业态刚刚开始时对新产品和服务的定义和风险属性的描述,以及"野蛮生长"时期的相关监管制度的缺失也是我们需要认清的重要因素。

对此,监管方面应对借贷机构进行一定的准入限制和业务规范,除了持牌经营、信息中介等已有要求,还要重点加强对信息披露的要求,包括商业模式、股东、资金来源、风控措施等,同时还要加强对金融消费者、借款人和投资人的教育。从公司和平台运营角度来看,是否拥有一些关键大数据,比如客户特征、历史信息等,相对传统机构和竞争者的信息优势,以及配置金融和风控方向的专业人士,这些将是其能否成功的关键。

事实上,在金融科技蓬勃发展的时代,为什么一个新的业态——以相关大数据为核心的新型信贷业,取得了成功并且很大程度上解决了中小微企业融资难的世界性问题,成为金融创新服务实体经济的典范,而另一个新的业态——P2P投融资平台,却在迅猛发展几年后频频暴雷,动摇了普通投资者对部分资管和理财公司的信任？针对这两个创新型的金融业态,监管部门在发展初期也都采取了相对宽松和支持的态度。所以,对这两个业态的成败的分析也可以为监管部门如何在扶持创新与防控风险方面保持平衡提供宝贵的经验。

这两个业态,以及业态中的不同公司和平台之间,除了在一些传统因素,比如融资渠道(宽松阶段融资容易,宏观环境收紧流动性紧的情况下资金短缺)的区别外,**最核心的是这些平台和公司是否有从事金融核心业务**——投资、信贷、交易等的资质。一些互联网平台所获得的牌照只是从事提供信息的业务,而从人员配置而言,并没有一个金融专业团队负责风控这样的核心职能。

很多平台声称拥有大数据或者可以获得大数据,但是从成功的大数据信贷的经验来看,只有获取了与评估贷款企业和人相关的数据,才有可能建立信用评估和风险预警的体系。没有数据、技术、专业团队以及资金方面的竞争力,这些平台和公司从一开始就不具备生存的条件,进入市场除了增加风险外基本起不到为实体经济部门和个人提供有价值的金融服务的功能。

结合目前金融管理和准入的基本模式仍然是发放(业务)牌照,我们这里以新型信贷市场为核心的分析说明没有金融核心资质的公司和平台,即便通过关系获得了牌照,是不能从事任何金融核心业务的,大量的不合格公司进入市场再加上信息披露的不完善,以及对所提供产品的风险和收益定位的不清晰,都会导致类似P2P踩雷这样的风险事件的重演。

另一方面,发放牌照的审查过程中,即便是考虑为单一的金融业务(比如网络小贷)发放从业资格,也必须考虑其他各个相关方面的基本资质,包括资金、风控、公司治理的架构和管理团队的专业素质;因为一旦拿到一个业务牌照,公司可以通过不同手段进行"监管套利",想方设法进入其他在短期内预期盈利更高的行业和业态。

二、程序化(高频)交易与市场秩序

自从IT技术引入金融市场后,就诞生了所谓的程序化交易,即通过既定程序或特定软件,自动生成或执行交易指令的交易行为。与传统人工指令操作相比，程序化交易主要有两方面优势：一是通过事先预设程序进行交易可以克服人性的非理性偏差（我们在下面智能投顾一节会对此有更多讨论）；二是程序化交易可以突破人类的生理极限，比如高频交易等。

程序化交易自诞生以来，就颇受机构投资者的青睐，据此前美国证券交易委员会（SEC）估计，美国股票市场交易额中一半以上来自程序化交易，其在期货、期权等其他资产中占比也很高。

程序化交易使金融投资方式从人工转向计算机，而这除了实现代替传统人工策略和消除交易者情绪干扰外，利用金融投资理论和数据挖掘等技术手段构建的高频量化交易策略尤其受到交易者青睐。高频交易策略基于快速获取的实时交易数据，构建统计模型分析历史和更新的大数据，尤其是预测其他机构投资者的下一步交易，并抢在绝大多数投资者前下单，通过获得更好的单笔交易价格与海量交易次数盈利。

特别要指出的是，虽然交易的次数极多，但高频量化投资基本不会追求每次交易都能获利，也不会追求交易获得的超额收益率，持续稳定的收益是高频交易的重要特征。

高频交易的崛起对整个资本市场产生了深远影响。当然，任何事物都有好坏两方面影响：好处方面，高频交易明显提高整个市场交易速度和效率，增加了市场的交易深度和流动性，并且大大降低了平均交易成本。坏处方面，由于程序化交易策略的构建思路和交易策略往往同质化严重（比如，在好的市场环境中对大部分股票加仓，反之减仓），整个市场易表现出较强的羊群效应特征；如果在实际交易过程中，交易程序如果不能被及时地更正的话，就很容易出现一个失误（交易"黑指"），引发整个市场的"闪电崩盘"事件。

2010年5月6日下午，美国股票市场发生了一次"闪电崩盘"，2:42—2:47的5分钟内道琼斯工业指数下降约600点，至2:47相对于开盘时的日内跌幅达到998.5点，跌幅约9%。此后市场反弹，至3:07收复大部分跌幅。此次闪电崩盘，市场跌到最低点的时候市值蒸发了约1万亿美元，此后虽然市场快速收复跌幅，但随后两周仍然出现较大程度波动。

总的来说，此次"闪电崩盘"之后，大量中小投资者选择退出市场。对于此次"闪电崩盘"的原因，后来也有很多说法，官方的调查结论认为，英国期货交易员纳温德·辛格·萨劳通过提交大量报价后又进行修改和撤销，大幅压低期货合约的价格，通过虚假的巨量向其他参与者释放出市场将下跌的信号，此时程序化交易选择抛售止损,而卖单累积又令市场进一步走低。在此过程中,萨劳却挂出真实买单,静待市场跌到理想价位后以低价买入合约并取消卖单,从中获取巨额收益。

不管真实原因如何,此次"闪电崩盘"充分暴露了程序化高频交易存在的隐患和风险。如此前所述,由于绝大多数程序的交易策略相似或者雷同,导致一个起初不起眼的信号或者失误,引发大规模的同向交易而导致流动性缺失和越来越多的资产的暴涨暴跌;这样的程序交易的速度越快,规模越大,市场发生流动性枯竭和崩盘的可能性就越大,而且由于发生危机的速度快,使得监管滞后的市场容易发生更大规模的崩盘和损失。

2013年中国市场的光大乌龙指事件也标志着中国资本市场进入高频程序交易时代,也暴露了不少问题。2013年8月16日11点05分,上证指数出现大幅拉升,大盘一分钟内涨超5%。最高涨幅5.62%,指数最高报2 198.85点,盘中逼近2 200点。下午2点,光大证券公告称策略投资部门自营业务在使用其独立的套利系统时出现问题。订单执行系统针对高频交易在市价委托时,对可用资金额度未能进行有效校验控制,而订单生成系统存在的缺陷,会导致特定情况下生成预期外的订单。由于订单生成系统存在的缺陷,导致在11时05分08秒之后的2秒内,瞬间重复生成26 082笔预期外的市价委托订单。由于订单执行系统存在的缺陷,上述预期外的巨量市价委托订单被直接发送至交易所。

光大事件除了给高频交易下的金融市场提出了更高的监管要求外,更暴露了金融公司和机构内控制度的严重缺失——在执行错误的交易程序的过程中,很多单笔交易(和短时间内的多笔交易)的金额已经超出整个交易日可以执行不受审查的上限,而整个内控体系,不管是人还是机器,都没有及时发出警告并立即停止这些交易。

鉴于高频程序化交易可能对市场秩序造成较大冲击,美国证监会制定了一系列针对性监管政策,主要包括:花费巨资(约3.5亿美元至10亿美元)建立了一个全市场的交易跟踪系统以增加市场透明度;制定了针对股指的熔断机制,标准普尔500种股票指数成分股在5分钟内波动10%,交易所将暂停其交易,后来又进一步推广到整个股市。

与美国市场相比,中国市场有一些不同之处。

首先,中国股票市场交易实行的是T+1制度——即买入的股票必须等到第二个交易日才能卖出,在这种情形下通过高频交易迅速获得利润的动机相比T+0制度要难很多。

其次,随着T+0制度的商品期货、股指期货以及交易型开放式指数基金(ETF)等的推出,中国的高频交易出现并集中于这些领域。

再次,个股层面仍然有抢帽子交易(利用交易速度提前成交)、虚假挂单交易等高频交易策略出现。

不过,总体而言,鉴于T+1交易制度、缺乏做市商制度、较高的交易成本、较慢的传输速度、批量挂单撤单不合法等原因,中国高频交易规模相对发达市场要低很多。在上海、郑州、大连三家商品期货交易所所在地周围,活跃着一些以稳健收益为特征的期货程序化高频交易投资者。但根据对国内四家期货交易所的调查显示,高频交易量比重仍然非常小,仅约10%。

与此同时,上交所也对高频交易的相关指标进行更加严格的监控和监管,其中包括要求部分大额交易账户的成交持仓比不能超过300%,对撤单申报比率也有限制。对异常交易账户,交易所将采取口头警告和书面警告,如果第三次违反指标,其交易将被暂停。此外,对于高频交易违规的法律制度也逐步完善。2017年6月17日,上海第一中级人民法院宣判张家港保税区伊世顿国际贸易有限公司等操纵期货市场一案,对伊世顿公司以操纵期货市场罪判处罚金3亿元,没收违法所得3.893亿元,这是国内首次因涉及高频交易违法行为受到司法审判。

总体来说,由于交易制度、市场特征、投资者结构等因素影响,目前中国的程序化交易,尤其是高频交易,规模还比较有限。事实上,适度的程序化交易有利于增加市场深度,改善流动性。因此,中国资本市场应适度降低交易成本,鼓励高频交易行为。但与此同时,如果程序化交易并不能及时更正策略,由于羊群效应将加大市场波动性和崩盘可能性,对此,通过人工智能技术对市场学习,并不断更新策略,从而可能缓解这一问题的影响。此外,通过人工智能技术对历史和实时交易数据进行分析,能够及时发现包括内幕交易在内的种种"异常"交易,从而帮助监管层提升监管效率。

三、智能投顾与投资决策效率

1952年美国经济学家马科维茨在《金融学杂志》发表论文《资产选择:有

效的多样化》，首次提出从资产组合收益的均值和方差构建最优投资组合，为家庭和企业进行包括证券投资在内的资产配置提供了理论基础和实践指导。

马科维茨资产组合理论的提出标志着现代金融学的开启，经过半个多世纪的发展，这一领域又发展出许多新的理论和模型，并成为当前机构、企业乃至个人投资决策的重要依据。

鉴于金融市场的复杂多变，机构、企业和个人在投资过程中往往要综合历史数据分析、当前及未来市场状况预判，以及投资期限、回报和风险容忍度等的合理评估，以此制定投资策略，并且在出现新信息和市场发生变化情况下及时更新策略。复杂的信息和决策过程使得投资本身就不容易，与此同时，投资过程中还面临着人为偏差和失误等因素影响。一方面，行为金融理论告诉我们，决策者往往并不完全理性，可能会表现出过度自信、分散不足、本地偏好以及处置效应等不同特点。这方面的证据比比皆是。例如，诺贝尔经济学奖获得者塞勒教授（Richard Thaler）在对所有瑞典的养老金账户的分析中发现，绝大部分家庭和个人在做资产配置中，股权投资的比例极高（占96.2%），选择基金时主动管理型基金的比例过高（与指数挂钩的仅4.1%），尤其是选择管理费率高的基金；同时存在明显的本国偏好（home bias, 48.2%的资金投资本国股票）。这一系列的、反复出现的偏差，导致在2000年10月底到2003年10月底期间，主动选择投资基金的民众其养老金账户的投资收益低于"缺省账户"（如果公民不做出任何选择，他们的养老金就会进入一个默认的"缺省账户"中，由政府操作投资，资金的绝大部分进入基于国际市场、充分分散风险的指数类基金）。

特别要说明的是，如本书第三章分析中国股市投资者行为时提到的，高华声等（2018）通过对上交所账户交易数据的研究发现，上述非理性行为特征在中国个人投资者中表现得尤为明显。另一方面，金融机构和中介可能由于不当激励机制而做出有损客户的行为，也就是所谓委托代理问题。在全球最发达的市场和最完善的监管体制下的美国，Egan, Matvos和Seru（2019）通过对所有持有从业资格证的投资/理财顾问的职业生涯的研究发现，高达7%的理财顾问参与过有损客户的行为，主要是向顾客，尤其是不知情的客户，推荐费用高的理财产品——理财产品销售后他们可以获得更高的收入，而顾客在扣除费用后获得的收益则明显低于事前宣传的收益水平。

显然，传统投资行为容易受到人的因素影响，导致决策偏离最优；而依靠专业的投资顾问又存在代理人问题。对此，智能投顾的兴起很大程度上减少了这些问题的影响。智能投顾,顾名思义就是运用人工智能技术开展投资顾问业务(英文的一个名称是 Robo Advisor,意为"机器人顾问")。借助人工智能技术优势,实现采集信息、分析学习、更正投资策略这一流程的自动化或半自动化,从而理论上可以避免人为偏差和失误以及金融中介的委托代理问题。但是,现实中智能投顾本身作为金融中介的一种服务工具,其并不能完全消除中介与客户之间的信息不对称问题——也就是说,如果客户担心投资顾问兜售费用高的劣质产品,这名客户同样会担心机器人顾问会不会同样兜售这样的劣质产品,这一点必须引起注意和重视。

智能投顾近年来在全球金融市场迅速崛起,Statista 数据显示,2017 年全球智能投顾管理资产达 2 264 亿美元。其中,美国作为智能投顾开展最早的国家之一,其智能投顾行业发展速度尤为迅猛。据 Credio 数据显示,美国智能投顾行业资产规模 2014 年仅 43 亿美元,一年后就上涨至 1 218 亿美元。根据 Statista 在 2019 年 2 月发布的美国智能投顾市场报告估计,美国智能投顾管理资产规模 2019 年将达到 7 497.03 亿美元。A. T. Kearney 更是预测,2020 年美国智能投顾行业资产规模或将达到 2.2 万亿美元。同时,经过几年快速增长,目前智能投顾行业也呈现出一些新的趋势,具体包括:目标客户从高成本 C 端向 B 端拓展;从全线上模式转向同时配备线下真人财务顾问;进一步降低费率,扩大规模和市场份额。

目前,智能投顾在中国的发展方兴未艾。埃森哲报告显示,2017 年中国智能投顾资产管理规模为 289 亿美元,预计到 2022 年这一数字会上升至 6 600 亿美元,用户数量将超过一亿户。不过受制于不甚成熟的金融市场环境,目前中国的智能投顾行业发展仍面临一些困境,主要表现在以下几方面:

(1) 资产配置理论根基薄弱,投资者缺乏长期投资理念,对智能投顾需求真实性存疑。

(2) 国内金融工具发展有限,智能投顾实践难以发挥出超过传统投资方法的优势。

(3) 国内金融机构投资管理能力和投资标的有限,很难有效分散风险。

(4) 相关政策法规尚不完善,比如与投资顾问业务相关的法律法规均基于人对人的服务,相关法律尚未界定机器人投顾是否具备合法性。

(5) 中国金融市场散户参与者占比很高,同质化算法容易加剧投资行为的顺周期性,从而加大市场波动风险。

尽管面临种种限制和不足之处，但随着中国资产管理市场需求的快速扩张，智能投顾在提升金融投资中介服务能力、拓展服务对象范围等方面仍能发挥重要作用。此外，中国的智能投顾虽然师承美国，但由于用户情况、金融市场发展程度、监管差异等一系列的因素，已经呈现出一定程度的区别。伴随着科技和算法的不断融合进步，相关政策逐步完善，智能投顾作为一种新兴的财富管理方式，发展空间大有可为。与此同时，由于中美股市发展的阶段不同，智能投顾的主要策略和工作方式也有所不同。

在大多数情况下，由机构投资者占主导的美国股市显示出很强的"有效性"（efficient markets），导致很多收费较高的主动管理型基金在剔除费用后的业绩不如费率很低的指数型基金；这也是全球金融危机后大量资金从主动管理型基金流入指数型基金（比如最大的指数型 Vanguard 先锋基金）。Vanguard 这样的指数型基金公司，以及专门为中小个人投资者服务的 Charles Schwab（嘉信理财公司）近年来增加了"人机"同时为客户提供服务的产品，其主要策略为大类资产的配置；而在每一类资产（比如股票和债券）中投资的主要对象为不同的指数基金产品。

如本书第三章所述，中国 A 股股市仍然处于走向成熟的过程中，尤其目前交易仍然以个人投资者为主。这样缺乏有效性的市场中的确存在一段时间内可以套利的交易策略。所以，在中国蓬勃发展的智能投顾市场中，主动型策略和类似美国的大类资产的配置产品都有很大的需求。

从最早的互联网巨头蚂蚁金服、京东金融发起，到互联网金融创新崛起，再到传统金融企业也相继参与进来，直到拥有客户、产品及数据资源的商业银行正加速布局，目前中国智能投顾行业已经形成全市场齐头并进大力发展之局势，且基本形成了四大体系。

首先是银行系，个人理财需求促使商业银行在智能投顾方面高速发展。

行业实践方面，招商银行于 2016 年 12 月率先发布"摩羯智投"，成为国内第一家开展智能投顾业务的商业银行，成长为拥有国内最大规模的智能投顾公司。2017 年 8 月，平安银行推出"平安智投"，主要运用 Black - Litterman 模型和量化资产配置法。2017 年 9 月，广发银行发布"广发智投"，通过宏观市场跟踪和策略研究，确定宏观配置时点及仓位。2017 年 11 月，工商银行推出"AI 投"，客户选定投资期限和投资风险，通过"一键调仓"完成组合调整。2017 年 12 月，中信银行推出"灰度"，创建用户画像、基金诊断、智能推荐、动态管理四位一体解决方案。2018年,中国银行推出"中银慧投"、浦发银行推出"财智机器人"、江苏银行推出"阿尔法智投",更多的银行也在跃跃欲试。

其次是基金系,基金智能投顾业务是客户需求和基金销售相互交叉的产物。

行业实践方面,万家基金量化投资团队提出基于机器学习的量化多因子选股模型;南方基金的"超级智投宝"业务通过问卷调查定位客户需求及识别风险收益特征,为客户定制专属基金组合;广发基金的"基智理财"业务能够实时帮助客户监测市场行情,完成投资决策,并通过APP自动发送优化调仓指令,帮助用户打造更为科学、及时的资产配置方案。此外,还有雪球推出的"蛋卷基金产品"、嘉实基金投资者回报研究中心研发出"嘉实FAS系统"等。

再次是券商系,对券商而言,智能投顾可以与券商行研优选标结合,同时投顾服务有利于提升客户黏性,有效降低运营成本。

此外,智能投顾也是佣金下滑背景下整个券商行业谋求变局的一个重要突破口。行业实践方面,东吴证券在2015年底推出"东吴秀财",股票池经过严格管理,每只股票均由东吴证券研究所根据调研结果每周更新,覆盖行业内优质标的。广发证券在2016年6月推出"贝塔牛",提供4类策略,包括短线智能、综合轮动、价值精选、灵活反转,并在每个交易日开盘前推送操作策略。此外,还有长江证券推出"阿凡达"iVatarGo,中泰齐富通推出的"中泰智投",光大证券发布"智投魔方",华林证券定位为"语音炒股助手"的智能投顾机器人Andy等。

最后是第三方创业系,主要是互联网金融、金融科技等新金融业态企业推出的智能投顾业务。

行业实践方面,京东金融推出了智能型理财工具——智投,依托京东金融的产品资源及京东的大数据优势,为投资者定制个性化投资组合。聚爱财Plus,由北京聚爱财科技有限公司推出的智能理财平台,主打"固定+浮动"双收益的服务卖点。还有微量网——主打程序化交易、量化投资、策略超市云交易平台,胜算在握——深圳祥云信息科技股份有限公司与合作机构推出的以量化投资为核心的互联网理财平台等。

总体来看,中国的智能投顾产业虽起步较晚,但发展速度很快,且呈现多主体、全市场参与的良好局面。与此同时,回到智能投顾业务本身,算法和模型乃是这一行业最为核心的竞争力。对此,结合国内资产池多为公募基金的特点,利用人工智能技术,结合交易频率、调仓规则、摩擦成本以及投资者偏好等因素，构建模型构建最优的持仓设计和调仓规则，将是未来中国智能投顾行业发展的主要方向和关键思路。

四、数字货币与国际货币体系

2008年10月31日，中本聪（Satoshi Nakamoto）发表论文《Bit Coin 比特币：一种点对点的电子现金系统》，同年11月16日，中本聪发布比特币先行代码；2009年1月3日，中本聪挖出比特币的首个区块——创世区块。自此，比特币宣告正式诞生。

根据中本聪（2008）的设想，比特币基本交易过程如下：在进行点对点个人交易时，这一交易过程将在网上公开，由发起人 Alice 将其交易请求数字签名（私钥加密）后发送接收人 Bob，后者根据 Alice 提供的公钥验证其签名以及交易信息是否准确，若准确无误则 Bob 签名确认交易，随后双方将这一交易信息全网广播，网络中矿工收到信息并确认无误后将其与其他信息共同打包进一个新区块，并将该区块接入已有区块链尾端，从而完成对区块链的更新。

由此可见，区块链架构是比特币交易的核心。区块链上的既有信息不能篡改，加密哈希函数是实现这一目标的主要工具。加密哈希函数能够将任意大小的文件映射到一个固定长度的字符串，又被称为哈希值。加密哈希函数需满足三个性质，即抗碰撞性（Collision Resistance）、隐匿性（Hiding）和解谜友好（Puzzle Friendliness）。区块链中的每个区块都要包含上一个区块的哈希值直至最开始的创世区块，因此，若区块链上某一区块信息被篡改，它与之后区块的哈希值将不能对应，篡改信息的行为将被发现。

比特币由矿工负责更新和维护区块链，矿工可以由网络中任意有意愿的节点自发担任，这些矿工同时求解一个满足特定要求哈希值原像的问题，这一求解过程需要消耗一定的计算工作量，率先找到可行解的矿工获得更新下个区块的权利，同时伴有一定数量的比特币奖励，奖励包括比特币系统设定的奖励和打包进区块所有交易的手续费。比特币创建者假设大部分节点都是诚实节点，并且通过工作量证明机制（Proof of Work）激励节点的诚实行为。

关于比特币采用的工作量证明共识机制，这里进一步做些说明。众所周知，如何在不同节点提出的方案中快速达成共识，是分布式结构面临的关键问题,著名的拜占庭将军问题便产生于此。对此,Lamport(1998)提出了著名的Paxos算法,从而实现了机器的自动选举,但限于算力,这种算法只适用于少量(基本不超过100)节点的情形。

而比特币采用了一种基于博弈视角的思路,它要求每个申请记账的节点先求解一个需要消耗一定工作量的数学问题,率先解出问题并完成新区块打包后,节点可以在已有区块链上添加自己的新区块,若新区块得到认可,即别的节点选择在它的后面继续更新,节点将因为添加的这一区块而得到奖励。由于每个节点在打包新区块预先消耗了一些成本,包括设备、电费等,而只有新区块得到认可才能获得奖励,在激励相容的原则下节点会尽可能保证自己区块中记录的真实性。

与传统的游戏币、Q币等电子货币完全不同,以区块链技术为核心的比特币及后续衍生货币通过算法成为真正意义上的去中心化货币。对于传统货币而言,需要承担价值尺度、流通中介等基本职能,则需要发行机构背书;现代货币的发行机构均为主权国家的央行或者相对独立的经济体的特定政府机构。

比特币虽然通过区块链技术实现了去中心化,但去中心化后的平台和组织的协调和治理机制仍是关键,包括矿工与矿池的关系(有限的货币供给就将导致不同的矿工活动会影响货币的价值)、交易所与直接点对点交易的关系、比特币与国际主权货币的关系等。

事实上,任何以区块链技术为核心,以去中心化为目的的产品、平台或组织都面临两方面的问题:

首先,哪怕只有微乎其微的概率区块链技术可能出错,一旦发生错误后,该技术可能会引发广泛的不信任;再好的技术背后的设计者和公司本身也有自身的诚信问题,这也是我们这一章反复提到的**机器**、**技术**、**数据和人工智能背后的设计者**、**决策者(目前看都还是人)的代理人问题**。

其次,如上面分析比特币的管理机制问题,去中心化的过程中,只要终端的使用者还是人的条件下,如何做好分散于全球各地的、以个人利益最大化为行动准则的大量的使用者之间的协调,使用者与体系设计者的协调,是产品或者机制能否实现真正有序的去中心化的关键;也就是说,任何数字货币和区块链为核心的产品,**光有去中心化的技术(区块链),而没有相匹配的、完善、公平、透明的治理机制是不可能有持续的市场价值的**。

一个典型的例子是基于区块链技术的代币发行融资——initial coin

offering（ICO）。ICO 本质上非常类似公司公开发行股票上市——即 IPO，但由于缺少证监会、交易所等监管机构对发行人资质以及项目相关信息披露的真实性进行核查，导致这一市场在诞生之初就鱼龙混杂，甚至出现了不少打着 ICO 旗号的金融传销活动。也正是由于意识到其中存在的重大风险，中国在 2017 年 9 月 4 日由中国人民银行等七部委联合发文，宣布 ICO 为非法金融活动，严重扰乱金融秩序，叫停了国内所有代币融资项目。同一时期美国、日本等全球主流国家也纷纷加强了对 ICO 市场的监管。

由于类股权性质的 ICO 很难有效解决发行人与投资人在权利和义务分配上的治理问题，权利与义务相对简单的债权融资等成为区块链应用的新方向，也就是出现了所谓"通证（Token）"经济。通证包括很多类型，比如提供价值支付、股权融资、债权融资以及其他权利流通等。鉴于本节主题所限，在此我们无意对通证涉及的产品细节展开过多阐述，仅以瑞士为例，对这一领域的监管问题进行一些讨论。

同样是在 2017 年 9 月，瑞士金融市场监督管理局（FINMA）发布 ICO 指南，遵循"技术中立"的一贯原则，FINMA 认为 ICO 应当属于瑞士现存法规管辖范围，准备进行 ICO 的公司或个人必须确保他们的行为符合有关金融市场法律要求，ICO 项目开发团队必须遵守四个方面的规定：打击洗钱和恐怖主义融资的规定、银行法的规定、有关证券交易的规定和集体投资计划法律的规定。2018 年 2 月，FINMA 再次发布《ICO 监管指南》，从 ICO 项目性质、代币分类、反洗钱、ICO 项目调查等方面阐明监管框架，同时也规定 ICO 询问时需要提交的信息及认定原则，为市场参与者提供更加清晰的引导。

此外，FINMA 还对各种通证类型做了详细划分，并对可能涉及加密资产交易的金融基础设施（包括证券交易所、多边交易设施和有组织交易设施）进行了相关法律适用说明。总体上，对于通证这样的新生事物，瑞士监管机构并未一概而论地对其进行笼统的价值判断，而是根据产品的不同类型和应用场景进行详细的分类和区别对待，尽可能实现在保障用户安全、市场平稳与鼓励技术创新之间的平衡。

回到数字货币，尽管目前对于数字货币本质上是货币、资产或其他属性仍有很大争议，尤其是其与国际主要货币之间兑换价格波动太大，但是以区块链为底层技术的比特币等数字货币已经成为国际金融体系的一个重要组成部分。2017 年底，全球最主要的衍生品交易所，芝加哥商品交易所（Chicago Mercantile

Exchange，CME)宣布挂牌交易比特币期货(bitcoin futures)，标志着这个数字货币的商品和金融属性已经得到国际市场的承认。应用方面，鉴于数字货币可以满足对流通中介的巨大需求并降低交易成本，其可以在某些情形下(比如，所在地区支付体系不发达、当地主权货币的币值很不稳定等)增加国际交易与结算效率，以及使用传统货币的汇率风险。此外，基于区块链技术的其他领域应用仍在开发中，比如产品和服务溯源、法律文件公证、票据交易结算等。

当然，可能受到数字货币影响最大的还是国际货币体系。从金本位到布雷顿森林体系，再到牙买加体系，当前的国际货币体系是以国家信用担保为基础，通过国家博弈和全球协调共同作用形成的一种复杂体系。

主权货币，尤其是美元，由于其普遍性和通用性特征不太可能被完全取代，而数字货币很可能可以在全球某些领域发挥高效流通中介作用，这也是全球各国政府以及企业积极参与数字货币的研发和推广的重要原因。

值得注意的是，这些新型数字货币更强调与法币之间的联系和稳定，比如2014年Bitfinex组建泰德公司发行的首个稳定币——USDT以及此后发行的类似或改进稳定币等。未来的国际货币体系很可能是一个主权和功能货币混合体系，在制定货币政策时需要考虑新型货币的溢出效应。

值得一提的是，2019年6月国际互联网巨头Facebook(脸书)对外发布了稳定币Libra(天秤币)白皮书。根据白皮书的阐述，Libra是一种加密数字货币(Cryptocurrency)，将以一篮子法定货币和金融资产作为底层资产，旨在建立"一套简单的、无国界的和为数十亿人服务的金融基础设施"。Facebook的Libra计划在全球范围内产生了巨大震动，美国国会甚至专门针对这一计划紧急召开听证会并叫停。

此外，作为货币发行公司的社交网络平台公司Facebook，全球拥有27亿用户，国际上没有另外一家公司能够与其相提并论，这种垄断市场地位也是不少人(比如美国参议院银行委员会副主席Sherrod Brown)对其有较大异议的主要原因。与此同时，Facebook以及创始人扎克伯格还没有完全从关于社交网络数据的泄密和被滥用的丑闻中脱身；监管部门和广大用户不禁会问：对一个对个人隐私似乎并不关注的垄断型企业来说，我们是否相信扎克伯格和公司其他决策者会采取负责任的态度去设计和实施Libra这个有真实价值的加密货币呢？也就是说，即使在技术上没有问题，参与担保和货币发行的其他机构也具备足够的公信度，Facebook自身所面临的公信力挑战和关于Libra

的公平有效的治理机制的设计和实施也许会是很难逾越的鸿沟。

或许由于这些监管上的质疑和压力，Facebook 在 2020 年 4 月发布的 Libra 白皮书 2.0 版本中做了很大程度的妥协。2.0 版本宣称，Libra 的目标不再是成为一种国际数字货币，而仅仅是一种支持跨境交易的支付系统。同时，Libra 还做了四点改变：一是除了多货币稳定币系统外，新增单货币稳定币支持，比如在美国使用美元，在欧洲使用欧元等；二是以稳健的合规框架提高 Libra 支付系统的安全性，包括支持反洗钱、打击恐怖主义、遵守制裁规定、防止非法活动等；三是放弃将来向无许可系统的过渡，即放弃转为公链的打算，只做联盟链，同时保持主要经济属性；四是在 Libra 储备设计中实施更强的保护措施：单货币稳定币有 1∶1 储备金（现金、现金等价物、极短期政府债券）支持，多货币稳定币为单货币稳定币的组合。

与此相比，中国目前领先世界的（第三方）支付技术是在完全不同的环境下发展壮大的。

首先，第三方支付业务不同于加密货币，除了效率和准确性外，（一般情况下）本身并不需要介入交易对手方，也不需要制定交易的合同；这与上面所说的货币发行截然不同——货币发行公司必须决定发行量、渠道等核心问题，也就是说需要完善的治理机制来对货币定价，而定价对制度的要求要比支付业务对公司的要求高得多。

其次，中国目前两家市场份额最大的支付公司，阿里巴巴的支付宝和腾讯的微信支付和财付通等中国移动支付工具是在激烈竞争的环境中成长和获得核心竞争力的，而竞争环境下发展的技术和服务更加可靠，发生风险的可能性也更小。

值得注意的是，中国央行一直高度关注数字货币的研究与开发应用。早在 2014 年，时任央行行长周小川主导中国人民银行成立了法定数字货币专门研究小组，论证央行发行法定数字货币的可行性。2016 年 9 月，经中央编办批准，中国人民银行设立直属事业单位——中国人民银行数字货币研究所。2018 年 6 月，深圳金融科技有限公司成立，由中国人民银行数字货币研究所百分之百控股。2018 年 8 月，中央发文在深圳开展数字货币研究和移动支付试点。2018 年 9 月，"南京金融科技研究创新中心"和"中国人民银行数字货币研究所（南京）应用示范基地"正式揭牌成立。

在 Facebook 宣布准备发行 Libra 后，中国央行更加重新审视数字货币的开发工作并开始加速。2019年8月,央行在2019年下半年工作会议上要求加快推进中国法定数字货币(Digital Currency Electronic Payment,DCEP)研发步伐,市场预期进一步加速。2019年11月,中央宣布DCEP首批试点机构包括工、农、中、建四大国有商业银行和移动、电信、联通三大运营商,并将在苏州、雄安、成都和深圳将进行落地试点。2020年4月,试点场景陆续公布,应用场景涉及工资发放、交通补贴和零售餐饮等。2020年7月30日,央行旗下金融科技公司成方金融科技有限公司正式成立,注册资本20.078亿元人民币,由中国人民银行征信中心、中国人民银行清算总中心以及央行全资控股的中国金币总公司、中国金融电子化公司、中国印钞造币总公司共五家央行系公司出资建立。

根据相关报道,央行DCEP将采用双层运营架构运行模式,即央行先把DCEP兑换给银行或者是其他运营机构,再由这些机构兑换给公众。定位上,DCEP为物理现金的电子取代物,属于M0。双层运营体系保留了现有货币体系的制度和利益格局,不伤害商业银行的现有商业模式,不会引发金融脱媒,也有利于发动商业银行的积极性推广DCEP。在技术架构上,DCEP采用"一币、两库、三中心"的结构。"一币"是指由央行担保并签名发行的代表具体金额的加密数字串;"两库"是指中央银行发行库和商业银行的银行库;"三中心",是指认证中心、登记中心和大数据分析中心。与现有人民币相比,DCEP具有便携安全、降低发行和仓储成本、支持双离线支付、支持可控匿名等优势,特别是有利于在监管上实现反洗钱、反恐、反腐败等重要目的。2020年10月,通过发放数字人民币红包,深圳正式开展央行数字货币公测。这一实践印证了目前央行数字货币替代现金的M0属性,所以央行数字货币不大可能对第三方支付产生严重冲击,毕竟第三方支付企业还提供了增信这样的重要增值服务。

无论是Facebook准备推出的Libra还是中国央行即将试点的DCEP,全球金融体系和机构对数字货币已基本形成共识,数字货币应是接下来货币演化的一种重要形态,且这一趋势基本无法避免。只是在具体思路上,仍然存在不同路径选择的差异和可能,至少由私人公司主导、政府背后支持的Libra和央行主导的DCEP就是两种截然不同的思路。而基于不同思路,在应用技术上的选择也会存在差异,由央行主导的数字货币因是中心化运作模式,未必要选择此前数字货币普遍依赖的区块链作为底层技术。这也意味着,我们对于数字货币的研究和讨论很可能需要跳出具体技术模式范畴，而要更聚焦其背后的货币体系、货币政策等影响。从这个角度看，中国央行即将试点和推出的DCEP，对于未来数字货币的研发与应用、国际货币体系的演化与监管等可能会有更为深远的影响和战略意义。

第八章 疫情冲击与金融风险防控

CHAPTER 08

自 2019 年 12 月以来,新冠肺炎(COVID‐19 病毒)疫情给全球经济、金融和人类生命、生活的方方面面都带来了巨大冲击。我们必须将这次百年一遇的大灾难对全球和中国金融系统带来的冲击,以及中国到目前为止所采取的各项金融措施和对策进行评估。同时,我们也必须对疫情和防控疫情必须执行的社会隔离(social distancing)和经济停摆给本来已经脆弱和面临不确定性的全球经济一体化可能带来的中长期结构性变化做出判断和相应的准备。

然而,我们也不应忘记,任何一次危机也会给某些行业、经济和社会带来新的机遇,此次的疫情也是如此。

我们先回顾疫情在中国和全球发展和防控情况,以及对全球主要经济体(2020 年第 1 季度)和资本市场的影响。然后,我们阐述和分析疫情防控取得的阶段性成果,经济开始复苏后如何让实体经济,尤其是中小微企业更好地生存和发展。

在剩余的篇幅,我们分别对国内金融体系以及中国与国际金融体系的关系,结合疫情对经济和金融体系的短期和中长期的冲击影响下的现状、风险和发展做进一步的分析。在对金融体系的主要板块:股市、债市(包括地方政府和非金融行业的企业负债)、银行体系、房地产市场(包括家庭负债)和外汇及资本项目逐一分析后,我们的结论是虽然疫情的冲击增加了国内外市场的不确定性,中国金融体系的风险总体可控。

接下来的发展方向,也恰逢中国"十四五"规划制定完善之际,我们提出中国金融体系今后 5—10 年的发展目标有二:国内金融体系大力发展直接融资(即股权和债权融资),同时加速人民币国际化进程。

一、疫情对国内国际经济、金融的影响

1. 疫情防控

截至 2020 年 8 月底,全国累计确诊病例超过 8 万例,因新冠疫情而死亡人数累计超过 4 000 人,均为 2003 年 SARS 的感染人数和致死人数的 10 倍以上。按照党中央和各级政府的严密部署,全国人民全力开展疫情防控工作。

通过全国范围的隔离防控和医护人员及各界人士的不懈努力,目前国内疫情已得到有效控制,国内本土新增病例已基本实现零或者个位数增长。

与此同时,国际疫情形势却急转直下。截至10月底,根据美国约翰斯·霍普金斯大学实时统计数据,全球已有超过200个地区和国家存在新冠肺炎确诊病例,中国以外地区确诊病例数超过4 800多万例,累计死亡超过120多万人。美国、法国、西班牙、英国、印度、意大利等国的确诊病例数均超过50万例。其中,美国累计确诊超990万例,死亡超过24万人,是到目前为止疫情最为严重的国家。

大部分国家吸取中国和其他亚洲国家成功的抗疫经验,采取了不同程度的隔离防控;但如果疫情在人口密集度高、医疗卫生条件差的发展中国家持续爆发,在(多个)有效疫苗在大部分国家普及之前,全球感染和死亡人数可能还会大幅攀升。

2. 疫情对国内经济的影响

疫情初期,中央与各地方政府采取了限制出行等措施并得到公众的支持配合,有效防止了疫情在全国的传播。但受这些政策的影响,各行各业尤其是服务业受到的冲击也颇为严重。

一方面,2020年年初,疫情导致消费、投资、出口等需求下滑;另一方面,疫情影响就业、生产、运输等领域导致供给减少。

中国已发布的2020年年初和第一季度的经济数据显示,全国规模以上工业增加值今年第一季度累计同比下降8.4%(见图8-1)。经济增长的两大引

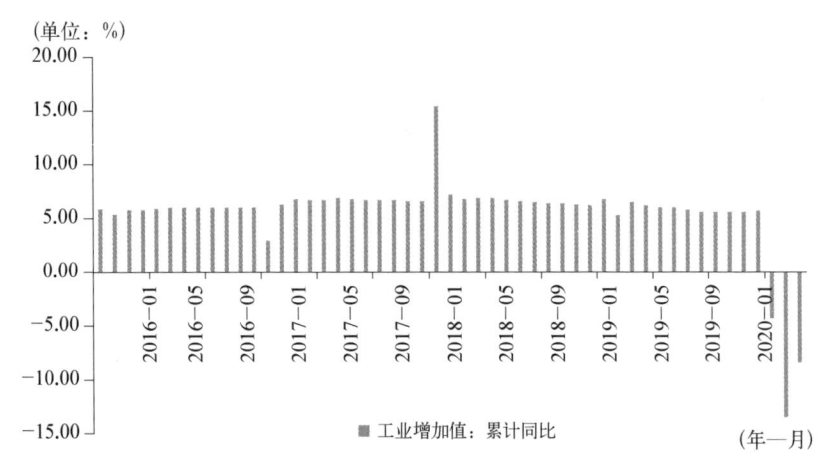

图8-1 中国规模以上工业增加值(累计同比)

数据来源:WIND。

擎,全国固定资产投资第一季度累计同比下降 16.1%(见图 8-2),社会消费品零售总额第一季度累计同比下降 19.0%(见图 8-3)。此外,2020 年 2 月公布的采购经理人指数(PMI)为 35.7,这一数字是国家统计局 2005 年开始公布 PMI 以来的最低点(见图 8-4)。而在 2008 年全球经济危机期间,中国制造业 PMI 也有 47% 左右;好消息是 PMI 指数 3 月份强势反弹,又回到了荣枯线(50)以上。

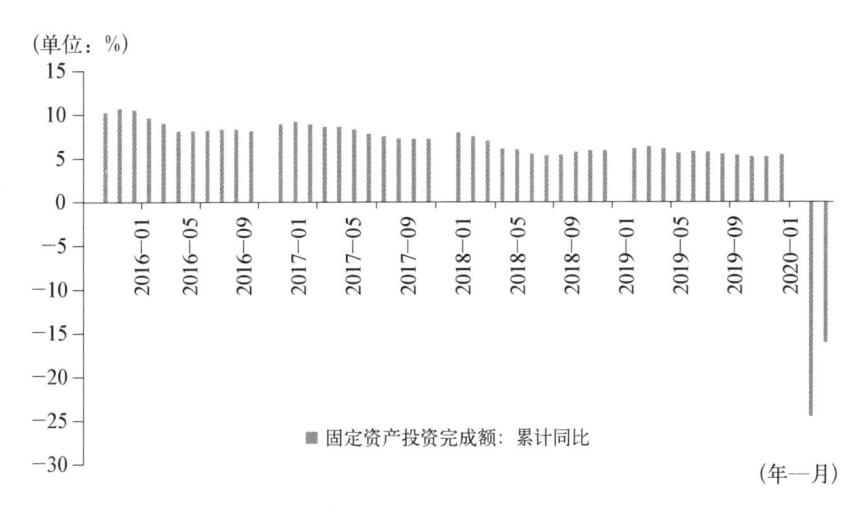

图 8-2 中国固定资产投资完成额(累计同比)

数据来源:WIND。

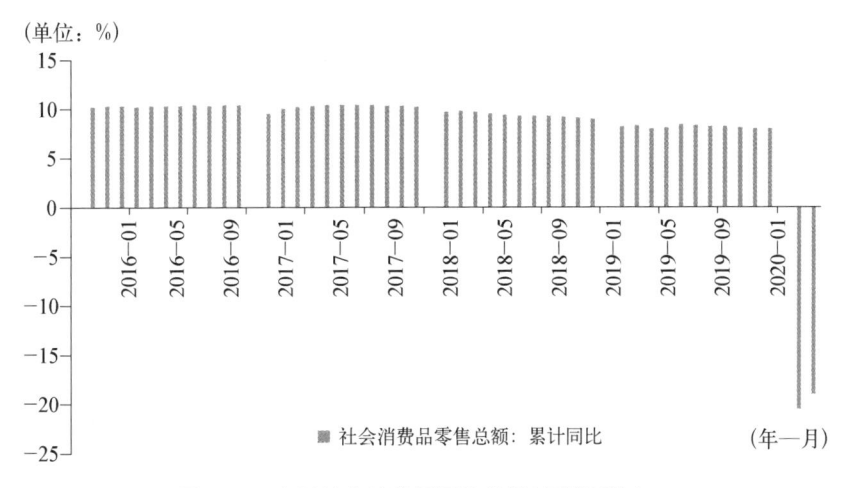

图 8-3 中国社会消费品零售总额(累计同比)

数据来源:WIND。

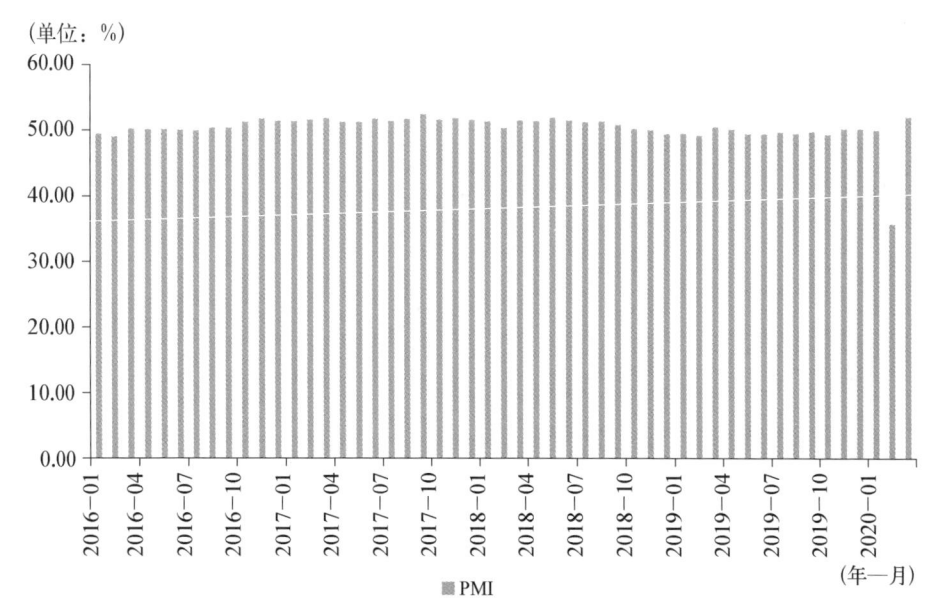

图 8-4 中国经济采购经理人指数(PMI)

数据来源：WIND。

值得注意的是，此次疫情短期内零售、餐饮、加工制造等劳动密集型行业受影响尤为严重。这些行业虽对经济总量贡献不高，但行业中的众多中小企业解决了中国相当一部分人口的就业问题。

此外，国际疫情蔓延扩展对中国产业链、供应链以及外贸出口造成了较大的冲击。据海关统计，2020年第一季度，中国货物贸易进出口额大幅下滑：出口3.34万亿元，下降11.4%；进口3.24万亿元，下降0.7%（见图8-5）。随着国际疫情进一步扩散，中国外贸进出口形势，尤其是出口，可能还会进一步恶化，直到欧美和其他地区疫情得到控制复工复产后需求回升，出口需求才会恢复。

最后我们来看看GDP数据：中国经济这部规模日益壮大的高速列车，自1976年以来第一次发生了季度性的收缩，较去年同期下降了6.8%；疫情的"震中"湖北省的经济总量较去年下降了近40%。这些数据也清晰地表明尚处于停摆状态的其他主要经济体和整个全球经济在2020年初这一阶段一度陷入了深度的衰退。

从积极的一面看，无论是统计局公布的宏观和中观行业数据，还是基于卫星图像显示人类活动和生产的指标（比如汽车、火车和轮船的行动轨迹）来看，中国经济从3月开始了复苏。其中，制造业，包括钢铁、化工和汽车等行业的复苏要快于服务行业。这并不令人惊讶，因为许多服务行业需要大量人群共

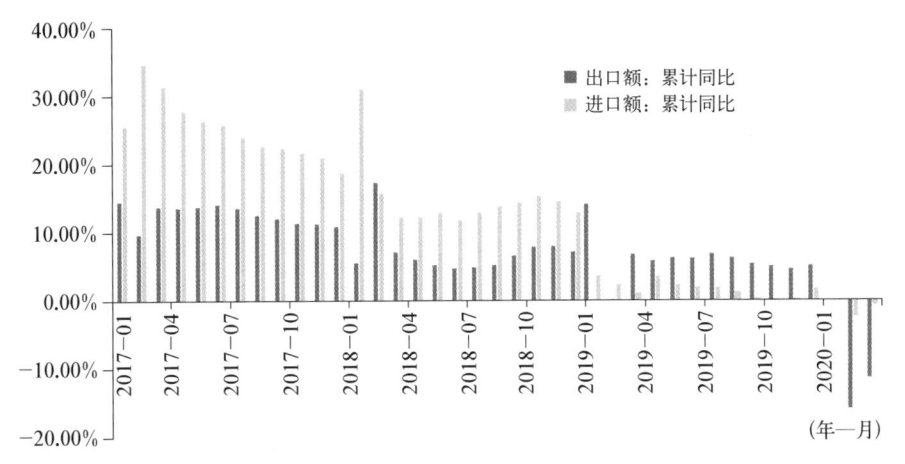

图 8-5　中国货物贸易进出口额(累计同比)

数据来源：WIND。

同参与生产和消费的活动。此外，中小企业受到的冲击特别严重，与几乎所有行业中和产业链上的大企业相比，它们的复苏速度明显较慢、程度较小。

值得称赞的是，面对疫情，中国政府快速采取了一系列有力的金融、财政措施，降低疫情对经济的短期影响，特别是关注民生以及因疫情面临困难的中小企业，防止企业资金链断裂或出现连续经营困难。

因此，近期中国金融市场受冲击程度相对较小：自 2 月 3 日复盘以来，A 股市场跌幅和波动性均小于同期美股和港股市场(见图 8-6)；分行业看，信息

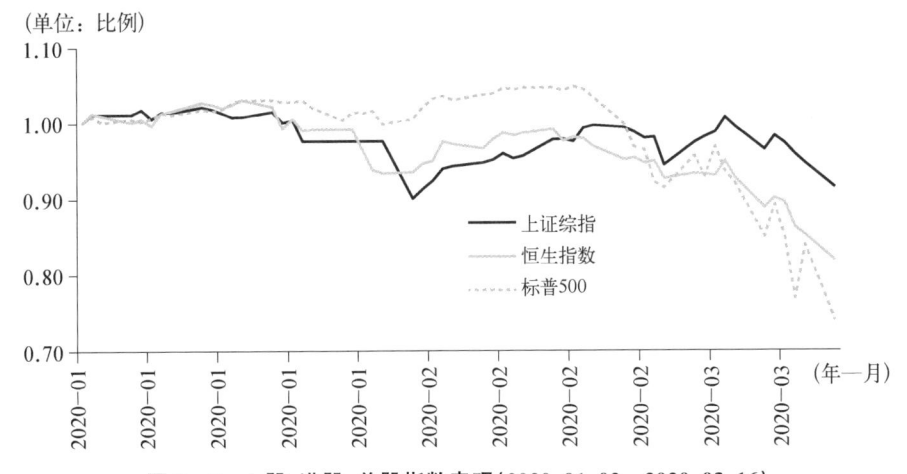

图 8-6　A 股、港股、美股指数表现(2020.01.02—2020.03.16)

数据来源：WIND。

技术、医疗保健和电信服务是最"抗跌"的行业,而能源、金融和房地产行业跌幅最大(见图8-7)。

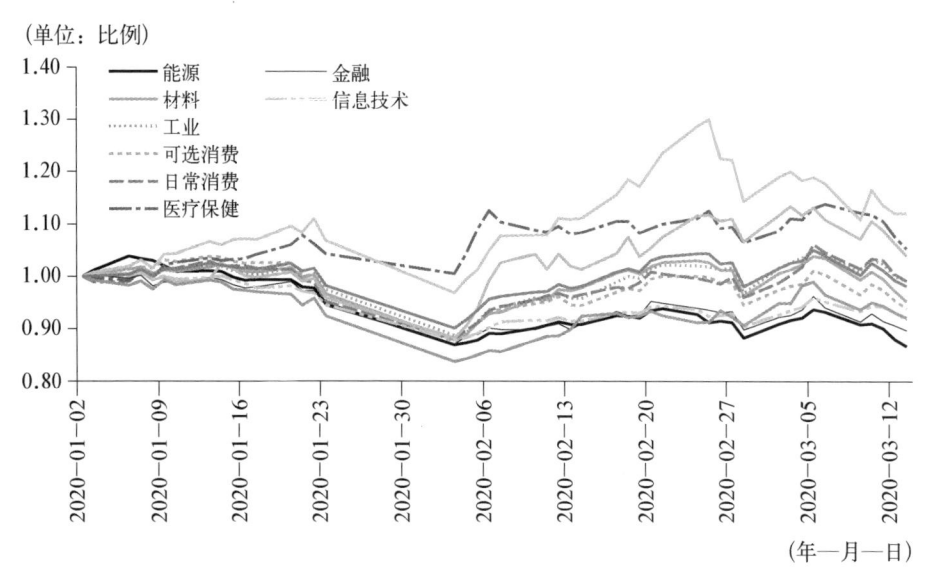

图8-7 A股分行业表现(2020.01.02—2020.03.16)

数据来源:WIND。

为了更客观全面地分析此次疫情对经济的影响,我们回顾了最近几十年来国内外多次突发疫情。通过对2003年SARS、2009年美国H1N1病毒等过往中外疫情事件进行历史经验分析,我们发现疫情事件对宏观经济的影响通常都是短期的,经济常呈现出V形走势。由于受疫情和市场情绪影响,经济增速通常在短时间内大幅下跌,但随着灾情逐渐得到控制,市场情绪回归平稳,之前被暂时压抑了的消费、投资等需求会得以释放,从而带来经济的反弹。以2003年中国爆发的SARS疫情为例,那场突发危机导致中国当年二季度GDP增长大幅下滑,但随后两个季度的高速增长基本抵消了这一颓势;2003年全年中国GDP增长高达10%,从时间序列数据做的定量分析表明,SARS疫情对全年GDP增长没有太显著的影响。

但是,我们也要注意到,目前中国经济面临的形势和2003年具有很大的不同:2003年中国刚刚加入WTO不久,经济正处于高速发展的阶段,而当前中国经济正处于由高速增长向高质量增长的转型阶段,面临的内外部压力和不确定性更大;产业结构上第三产业对经济增长的贡献更强,而第三产业正是受此次疫情影响最大的产业。

鉴于此,此次新冠肺炎疫情对中国经济的影响将远超过去的 SARS 危机。基于以上的分析,在 2020 年 1 月底 2 月初的时候,我和复旦泛海国际金融学院课题组的同事们采用趋势估计和反事实分析等方法,估计此次新冠肺炎疫情对 2020 年 1 季度全国 GDP 增速的负面影响为年化的 1.5%—2.5%(这主要是考虑到当前中国服务业占比达到 50%,明显高于 2003 年的 30%),但对 2020 全年全国 GDP 增速的影响小于 1%。

快进到 3 月底 4 月初,我们在疫情刚刚在国内暴发时做出的国内疫情将于 3 月底基本得到控制的判断是正确的。但是,当时的分析没有考虑到疫情在中国以外的传播情况,尤其是除了东亚和东南亚的一些国家外,其他地区的发达和发展中国家没有借鉴中国的经验和做好充分准备,导致疫情在全球范围内暴发。

考虑到欧美主要经济体都有不同程度且比较严重的疫情暴发,结合中国防控疫情的经验,这些国家要基本控制住疫情可能需要花费比中国更长的时间。在这样的背景下,上述欧美国家的经济停摆的时间可能比中国更长。目前,疫情对于欧美国家和全球经济的损失还在估算中,但可以肯定的是,疫情防控所需的时间越长,对于这些国家经济的打击越大。一些欧美的专家、机构预测,此次新冠肺炎疫情造成欧美经济停摆的影响将超过 2008—2009 年的那场危机,有可能出现 20 世纪二三十年代大萧条时期的严重后果。今年全球经济发展大幅放缓已成定局,是否会出现全球经济衰退(也就是经济增长小于 0),主要取决于中国和与中国经贸关系密切的亚洲国家经济的恢复程度,以及欧美国家能否让经济开始恢复。

对中国而言,在疫情基本得到控制和恢复经济活动的过程中,全球疫情的暴发无疑是遭受第二波冲击,即欧美国家经济的停滞所造成的全球总需求在第二季度和第三季度的大幅下降。如果欧美国家可以在 2020 年年底前控制疫情发展,那么,第四季度和明年第一季度全球的总需求可能会出现恢复期。

除此之外,中国必须防范输入性的病例导致的第二次疫情暴发,因为哪怕是局部性的暴发也会对中国经济的恢复产生比较大的影响。

按照一些指标来看,一些欧美国家已经爆发了新一轮的金融危机。虽然目前中国的资本市场相对比较稳定,但是金融体系从来就不是在真空中操作的,危机有传导性,势必会对中国资本市场造成一定影响。如果说,2008 年金融危机是由美国房地产泡沫触发的美国金融体系的危机,那么,这一次疫情引发的金融危机是由外生冲击造成的,它的起因和机理也与上次危机不同,故不能只通过传统的办法摆脱危机。20世纪30年代爆发的大萧条(the Great Depression)对全球经济和社会的破坏是严重而漫长的,部分原因是主要经济体的政府在国内外采取了错误的政策:在国内,实行了紧缩而非宽松刺激的经济措施;对外,竖立而非打破贸易壁垒。

现在的好消息是,全球主要经济体,尤其是欧美发达经济体的政府,面临疫情引发的经济停摆危机,主动、迅速采取了大规模的宽松货币和财政刺激政策,而这些政策支持的核心是大量的中小企业和面临财务困境的家庭。基于经济学理论和对过往危机政策的分析,这些激进的货币和财政政策都可能有"后遗症",而发达经济体,尤其是美国的极度宽松的货币政策引发的"美元周期"还会对许多新兴市场国家的金融体系和实体经济带来"溢出效应",即不确定性和风险。

所以,尽快走出危机,加快全球经济复苏的关键是世界各国加强协调与合作,这种合作不仅是在疫情防控方面,在经济复苏、避免更大的金融危机方面也是如此。其实,有一种没有任何(经济方面)副作用的有力的刺激措施:各国,尤其是美国,减免对进口商品和服务征收的关税;哪怕仅仅是暂时(直到疫情完全得到控制)的停止对贸易的限制,大量的美国企业(当然还有大量的中国和别国的出口企业)和消费者都会立即受益。但是,贸易政策往往带有政治色彩,而今年又是美国的大选之年,虽然美国已经减免了从中国出口到美国的医疗物资的关税,其他商品和服务的关税是否能够减免,需要靠世界各国的企业、学者和社会群体的共同努力,同时我们不能对美国政府抱有太多幻想。

除此以外,我们还想再强调一点,就是疫情会带来的中长期产业结构变化。面对疫情,大众积极响应政府号召取消聚会、减少外出,这对旅游、餐饮、院线等传统线下服务产业、房地产业以及部分制造业造成了严重冲击,但同时也带动了在线办公、在线教育、线上消费等新兴产业的蓬勃发展。目前已经规模庞大的医疗卫生体系的扩容和更新换代也将带动众多相关产业的发展。疫情过后新兴产业的崛起将为经济恢复带来新的生长极,这些来自市场的新兴力量将会推动中国经济中长期积极健康发展。

3. 疫情对全球经济和资本市场的影响

出于疫情形势及其对经济影响不确定性的担忧,再叠加油价暴跌和巨幅波动,导致近期全球金融市场反应剧烈①。其中,作为全球风向标的美国股市,其标普500指数在2月19日创历史新高后(3 386点)快速震荡下跌,3月23日达到阶段性低点(2 237点),跌幅34%,其间更是发生了前所未有的10天4次熔断;随后有所反弹(4月9日收盘至2789点)。分行业来看,必需消费、房地产和医疗板块的跌幅相对较小,而金融和能源板块的跌幅最大(详见图8-8)。同期,基于标普500指数期权波动性、被称为"恐慌指数"的VIX急速攀升,最高值超过了2008—2009年次贷危机期间的峰值(见图8-10)。

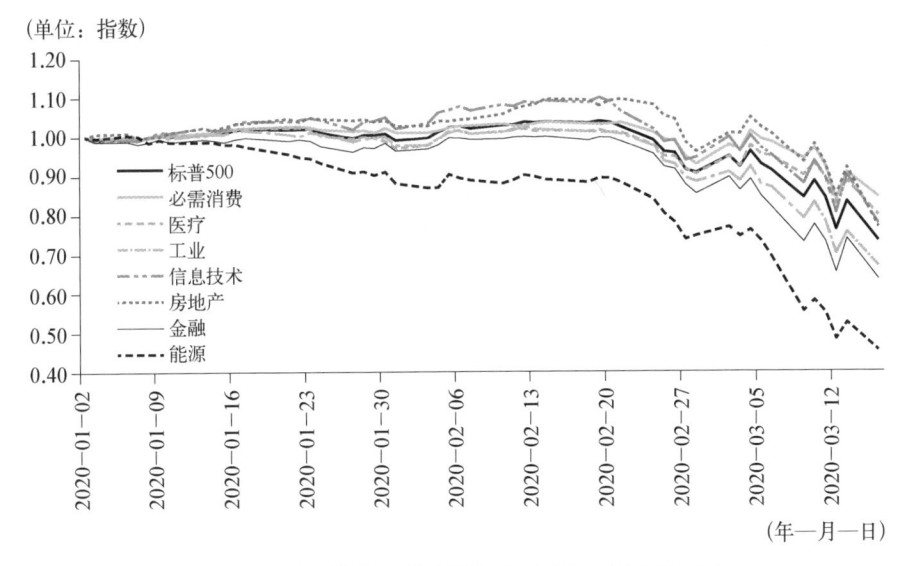

图8-8 美股分行业表现(2020.01.02—2020.03.16)

数据来源:WIND。

欧洲方面,德国、英国、法国和意大利等股票市场均大幅下挫,特别是疫情严重的意大利和西班牙,过去一个月股市下跌了约40%(见图8-9)。法国、意大利和比利时的监管机构已经禁止对一些股票进行卖空。

与此同时,美国国债收益率甚至一度接近零(见图8-11),也体现了全球投资者的恐慌和避险行为;其间还发生了包括国债在内的平常安全、流动性充足的信贷市场流动性短缺。英国、法国、德国国债收益率也一路下行,不过意大利国债收益率出现飙升(见图8-12),说明出现了信任危机。

---

① 同俄罗斯的谈判失败后,沙特主动降价并增加全球市场的供给,导致国际油价下跌;这对油气出口国美国又是一个冲击;除了能源行业的股票大跌外,该部门的高负债率引发了市场对企业债大面积违约的担忧。

(单位：指数)

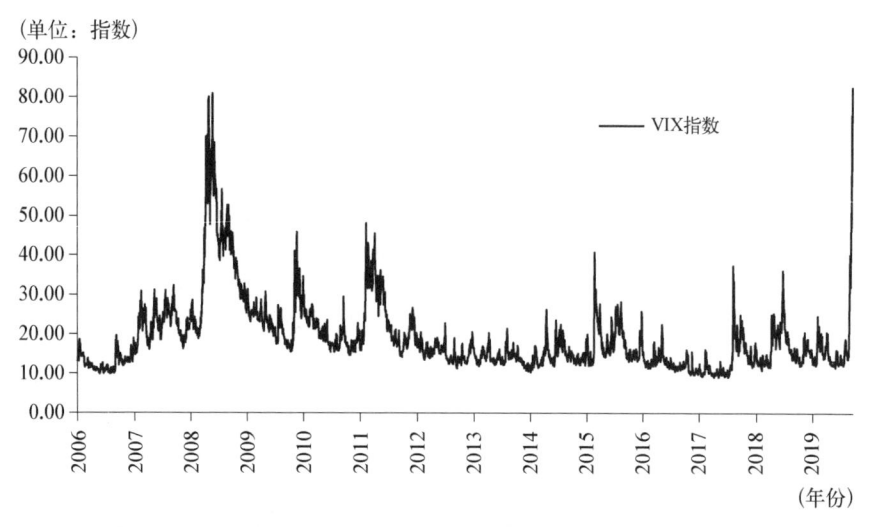

图 8-9　VIX"恐惧"指数中长期走势(2006.07.03—2020.03.16)

数据来源：WIND。

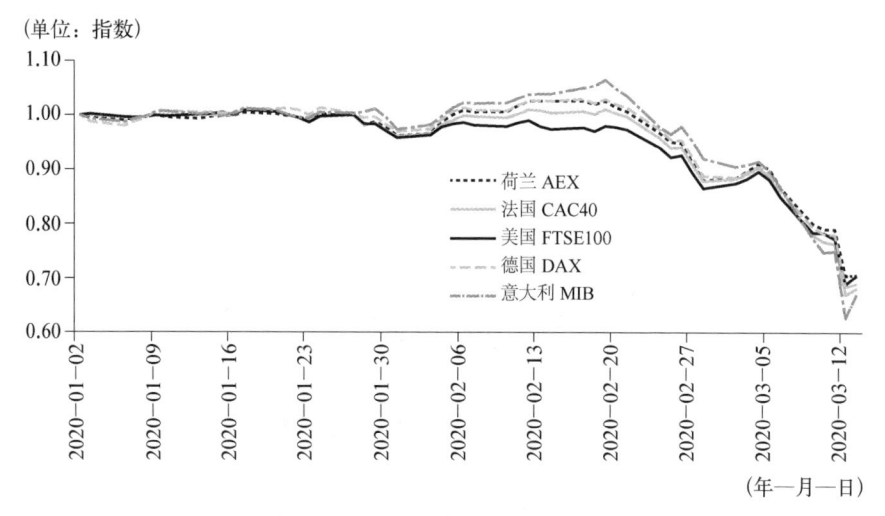

(单位：指数)

图 8-10　欧洲重要指数表现(2020.01.02—2020.03.16)

数据来源：WIND。

面对疫情下的金融市场冲击，各国政府和央行已经且仍在出台相应的紧急救市救经济的政策。美国方面，美联储在两周内将基准利率降到0%—0.25%，并计划提供4万亿美元以稳定金融市场、提供贷款支持和扶助一些受打击行业，3月23日又宣布将无限量按需购买美国国债和其他债券。3月25日，美国国会就规模2万亿美元的经济救助法案达成一致，特朗普总统于27日

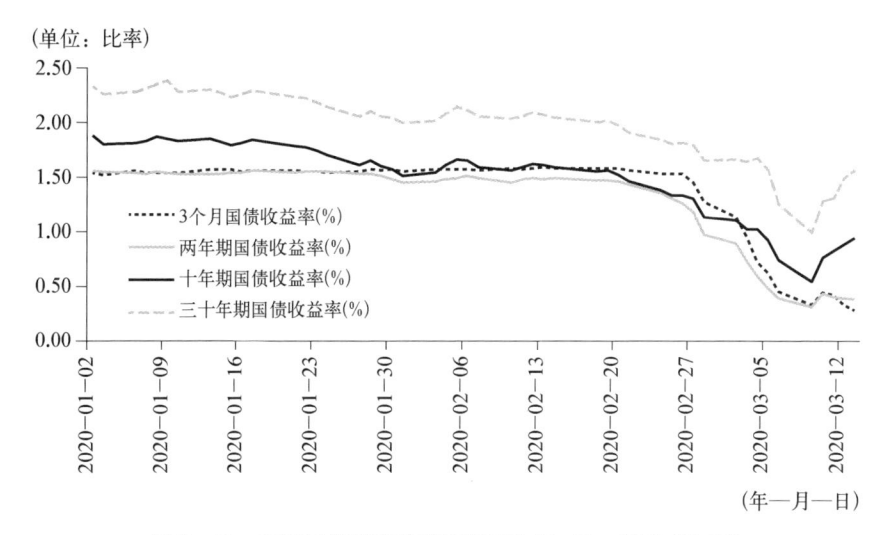

图 8-11　美国国债到期收益率(2020.01.02—2020.03.16)

数据来源：WIND。

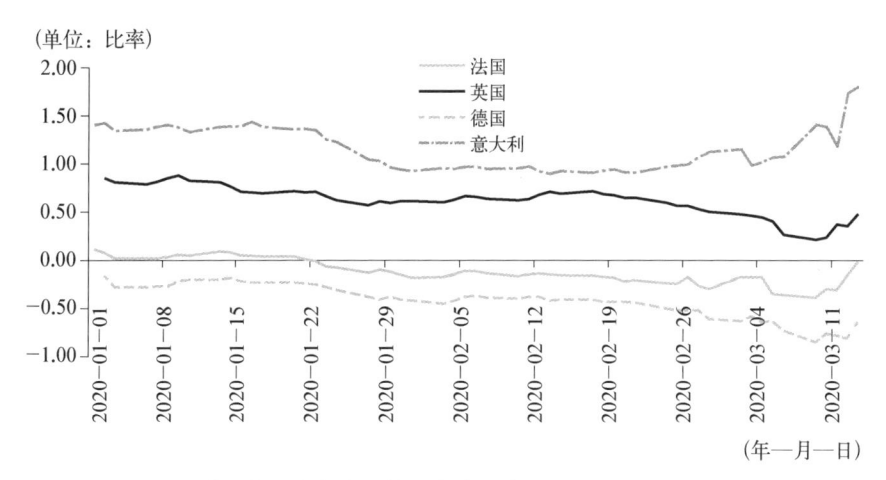

图 8-12　欧洲各国十年期国债到期收益率(2020.01.02—2020.03.16)

数据来源：WIND。

签署法案生效。至此,美国货币政策的工具基本用尽,欧洲主要经济体同样面临这一问题,德国国债已是负利率,意大利更是面临经济衰退和金融体系风险。

实体经济受到的影响有多大？此前表现抢眼、屡创近 50 年来纪录的美国就业市场,在特朗普总统 3 月 13 日宣布全国进入紧急状态以及纽约、新泽西、康涅狄格、加利福尼亚等多个州政府宣布隔离防控指令后,3 月 15—21 日,22—28 日,29 日至 4 月 4 日,以及 4 月 5—11 日的四周内全国初次申请失业金的人数飙升至 330 万、660 万、660 万、520 万,连续创下劳工部自 1967 年开始公布此数据以来的新高,而四周的总失业人数超过 2 100 万,抹平了 2008 年金融危机以来创造的所有新的就业机会。

已出台的大规模救市政策虽然带来了欧美资本市场暂时的平静及某些板块(比如美国股市的科技股)的强势反弹,夏季疫情蔓延趋势减缓后的复工复产也带动了经济的复苏,但是影响经济活动和资本市场的关键"基本面"仍然是疫情防控,尤其是北半球进入冬季后的疫情反弹会对经济复苏造成多大影响,以及有效疫苗的使用和普及何时能开始。如果在欧美发达国家疫情能够在 2020 年第四季度基本得到控制,同时疫苗开始普及,这些发达经济体应该从明年(2021)第一季度开始全面快速的恢复,但是 2020 年全球经济增长率小于 0 已经可以预见到。如果疫情到 2020 年底仍不能得到有效控制,疫苗的普及过程也障碍重重的话,欧美经济的严重萎缩和脆弱、缓慢的反弹过程拖累全球经济于 2021 年上半年持续衰退的可能性将大大增加。

与此同时,持续受疫情影响停摆及美国大选前后的政治和社会不确定性影响的实体经济会由于大量失业、现金流和债务危机的来袭,引发新一轮的资本市场动荡和全球投资者对美元和美元信用体系的质疑。我们判断美国股市第三季度可能会再次震荡下行,标普 500 指数可能在跌破 2020 年 3 月低点后开始触底反弹;这一情景一旦发生,那时的美国股市将是今后 10 年内最好的投资机会。同期非美元资产,包括黄金,可能再创新高,欧元、日元和人民币等主要非美元货币持续对美元升值。

总体来看,疫情在全球其他地区何时能够得到控制尚且是未知数。相对来说,亚洲国家,尤其是东亚和东南亚国家,在疫情防控方面做得较为出色。因此,世界经济要避免 2020 年的严重衰退(以及 2021 年的持续衰退),则主要要靠中国及其亚洲经贸伙伴的强劲复苏,以及欧美和其他主要经济体尽快控制疫情、启动复苏。在此过程中,主要经济体必须加强合作与协调。

二、后疫情时期的政策建议:实体经济

率先走出疫情危机的中国应充分利用宝贵窗口期,"一手抓疫情防控,一手抓恢复生产",全面推动国内有序复工复产。这一节,我们主要讨论以下三

方面内容：一是推动国内复工复产、国际抗疫和全球经济复苏；二是如何扶持中小微企业的生存和发展；三是如何加强包括公共卫生在内的医疗体系的建设。

1. 全面推动有序复工复产复市，助力全球抗疫和经济复苏

与2003年的SARS疫情相比，目前中国经济体量更大，对全球经济增长的贡献度也更高。作为此次受疫情影响最早和影响最大的国家之一，中国全力做好疫情防控工作，外防输入，内防扩散，这本身就有利于全球疫情的防控。同时，在做好疫情防控的基础上，加紧推动有序、高效、低成本复工，尽快恢复经济生产和社会活动，毕竟作为全球最重要的经济生长极，顺利实现预期的全年各项经济发展目标，对带动全球经济增长将起到重要的促进作用。具体而言，我和复旦泛海国际金融学院课题组的同事们在刚刚开始恢复经济活动的4月初就提出了以下9条建议：

（1）严防海外输入性病例带来的二次暴发

疫情是造成当前全球经济金融市场动荡的首要原因。对中国而言，取得当前积极向好的疫情形势来之不易，接下来必须做好对海外输入性病例的防控，严格防止由海外输入性病例引起的疫情二次爆发。这不仅是对中国人民生命安全和身体健康的重要保护，也是实现全面推动有序复工复产的关键基础。全国各地，尤其是北京、上海、广州、深圳等国际化程度较高的城市，以及与疫情暴发国接壤的地区（比如黑龙江），需要加强对外来入境人员的潜在病情筛查，并做好对海外输入性病例及其密切接触者的识别、分流和隔离工作。

（2）发挥中国制造优势，维护全球产业链和供应链运行

当前随着分工不断深入和生产的国际化，产业链分工已经成为推动全球贸易发展和经济增长的重要因素。此次疫情表明，中国制造在全球产业链分工上占据重要地位，因此尽快恢复国内生产不仅是维护中国经济发展的需要，也是维护全球产业链运行的重要保障。对此，各级各地政府应当通过简化复工审批流程、提供医疗物资保障、信贷支持、延缴或减免税费等措施，尽快恢复打通由于疫情导致的人流、物流、资金流阻隔，推动重要行业和企业的复工生产，保证这些企业能够及时完成合同约定的产品和服务。企业自身也要充分利用政府、媒体、网络等提供的资源，尽快恢复产业链和生产链，实现全面有序复工复产复市。

中长期来看，这次疫情可能会影响部分中国企业在国际供应链中的地位，尤其是如果疫情导致生产半年或者更长时间的中断，以及一些国家可能启动产业链在中国以外"备份"的保险措施，另外一些国家采取关键领域与中国脱钩的行为。我们对此的看法是，即使没有这次疫情，国际供应链结构已经并且会继续发生深刻变化；中国企业可以借鉴包括日本企业在内的经验，通过增加研发和创新巩固和提升全球供应链的地位。

（3）保障外贸行业复工，利用电商和线上技术修复全球贸易体系

复盘此次疫情对中国和世界经济的冲击，贸易无疑是受影响最为严重的领域之一。在外贸可能承压（比如由于延期交货导致违约）的前提下，政府也应加强对外贸相关企业的政策支持，比如适当的信贷支持、外贸企业员工返工更高的自由度等。作为率先恢复经济活动的中国，维护全球正常的贸易秩序，既能体现在国际社会和国际事务上大国的责任担当，也是在当前全球经济联系愈加紧密的环境下，对自身经贸发展的必要保障，毕竟一个健康良好的全球经贸环境是中国经济短期和中长期发展的重要基础。

由于中国的主要出口国——欧美等国家和地区尚处于疫情防控需要停摆经济活动时期，造成了线下贸易活动的延缓或中断。短期内，可以通过向欧美和全球其他地区输送防疫需要的医疗物资、保障进口物资到岸等措施协助打通、恢复进出口贸易的各类通道。同时，充分发挥国内电商和数字经济优势，开展类似"线上广交会""线上进博会"等大型经贸活动以及精准的点对点小型活动，向全球政府、企业和消费者展示中国制造优势和提供商品服务的能力，在全球疫情得到防控之前争取到尽可能多的订单（包括之前由于中国生产中断而失去的订单）并做好相应的生产和交接安排。

（4）加强与日本、韩国以及东南亚国家合作

全球范围来看，中国、日本和韩国作为疫情较严重的国家，目前对疫情控制做得相对更好，这离不开三个国家的互帮互助与交流合作。作为亚洲地区最重要的经济体，中日韩三国历史上本就关系密切，近年来彼此之间的经济和贸易依存度也进一步提高；对中国而言，最近几年三国的贸易总量仅次于最大的两个贸易伙伴——欧盟和美国。而鉴于美国特朗普政府上台以来推行的一系列逆全球化举措，中国应进一步加强与日本、韩国的国际交流与合作，并与东盟十国、澳大利亚、新西兰以及印度等加快推动区域全面伙伴关系（RCEP）的建立，实现区域合作共赢；事实上，2020年第一季度和第二季度，中

国在全球最大的贸易伙伴不是欧盟和美国,而是东盟。

(5) 援助"一带一路"沿线国家,稳固加强经贸合作关系

"一带一路"所强调的和平合作、开放包容、互学互鉴、互利共赢,既有未来长远性,也有现实紧迫性。2020年初,意大利、伊朗等"一带一路"沿线国家和经济体面临严峻的抗疫局面。中国逐步加强对这些国家和经济体的"抗疫"支援,包括提供防疫物资、提供修建或扩建医院的工程项目、分享"抗疫"经验等,支持其尽早打赢疫情防控战争。同时,考虑到疫情对国际社会严重的经济冲击,中国也进一步加强对"一带一路"沿线国家和经济体的投资,包括基础设施建设、5G、物联网等数字基础设施以及CIPS等以人民币为主要使用货币的跨境支付和其他金融基础设施,这对中国加强全球产业链和供应链布局、推动人民币国际化等具有重要战略意义。

(6) 国内实施更加积极的财政和货币政策

与欧美主要国家相比,中国政策工具箱中的工具更多,操作空间也更大。面对国际疫情暴发带来的由于境外需求下降的二次经济下行压力,宏观上应采取更为积极的财政政策。目前中国中央政府负债率远低于其他发达经济体,今年通过加大财政赤字持续救助实体经济是切实可行的,尤其是对中长期有增长空间、短期受影响大的行业的中小企业实施更大幅度的减税降费、延缴社保和补贴等,降低企业运行成本。同时,进一步加大中央和地方政府的投资和购买,维护经济需求。货币政策可以进一步宽松,重点保障全国经济运行和金融体系运转的流动性供应;吸取2008—2009年全球金融危机爆发后中国实行经济刺激(主要部分是银行大量新增中长期贷款)所带来的金融体系风险的教训,警惕和避免过度的信贷刺激。与欧美经济体相比,中国实行稳健而非无限量的货币宽松政策也会让人民币和以人民币计价的资产成为全球更有投资价值的货币和资产。

(7) 加强基础设施和公共卫生体系建设

我们支持并赞同"新基建"作为一项重要的提振经济复苏和发展的战略尽快落地实施。我们同时认为此次的"新基建"应该包括科技投入,尤其是加强数字经济所需的科技基础设施建设,以及公共卫生体系的建设。此次疫情过后将出现一个重要的积极变化是,云办公、在线教育等数字经济必将得到大力发展。对此,政府和监管部门需要重点加强5G、云计算、区块链应用等信息服务和数字经济基础设施建设,并加强设计、建立平衡数据开放共享和隐私保护

和风控的数据使用监管框架,为中国数字经济发展提供重要的软硬件支持。同时,此次疫情也暴露出中国在公共卫生方面存在定向投入和储备不足的短板。对此,接下来政府需要重点加大对这方面的财政支持,加强医疗资源的储备和社会资源调度能力的建设,并培养更多公共卫生和医疗卫生方面的专业人才。

(8) 适当增加短期进口,提升全球市场需求

2020年1月中旬达成的中美贸易谈判第一阶段协议指出,一旦发生不可控因素的风险,双方应考虑重启谈判。因此,中国政府应当做好贸易风险的相关预案:比如,面对疫情防控带来的医疗卫生产品和服务需求,除了扩大国内产能提高内部供给能力,短期内还可以加大对医疗器械、医药、卫生产品和服务的进口和采购。一方面提升包括美国在内的全球市场需求,另一方面通过进口更多的医疗及相关的产品和服务,以及包括农产品在内的产品的进口,可以弥补因国内需求下降导致的对飞机、汽车等制造业产品的采购减少。在中美贸易第一阶段协议刚签署之际,这一做法可以适当缓解中国外贸方面的压力,有利于中国顺利执行协议的相关条款①。

(9) 加强政策的信息互通,引导全球市场的合理预期

在疫情的全球防控过程中,各国在世界卫生组织的指导下,时刻保持信息的透明公开是尽快结束疫情的必要条件。同样道理,来自2008—2009年全球金融危机的教训之一是,主要经济体必须加强宏观调控政策的沟通和协调来防止危机的蔓延及更好地治理危机。

近年来,中国经济对外开放程度不断提升,尤其是在金融开放方面不断提速,资本市场是一个对信息高度敏感的市场,这就要求中国政府和监管部门需要进一步提升政策透明度,明确、及时告知其他主要市场的核心利益相关者中国的政策和监管措施,引导全球参与者建立合理预期。中国股市顶住多方压力,于2月3日恢复正常交易,就是在符合成熟市场的操作规范,确立和保障金融市场的常态化运行机制方面迈出的一大步。

2. 扶持中小企业复工复产

近年来中小企业发展迅速,在经济发展中发挥着非常重要的作用,中小企

---

① 宏观经济理论和实证研究对开放经济体的一个重要结论是,针对新冠肺炎疫情这样的临时性负面冲击,回应办法之一是临时性增加贸易与经常账户的逆差(或者降低顺差);疫情暴发时点与中美2020年1月15日签署第一阶段经贸协议重合,使得增加进口这样的宏观政策恰逢其时。

业是发展的生力军、就业的主渠道、创新的重要源泉。截至2018年底,中国中小企业的数量超过3 000万家,个体工商户数量超过7 000万户。2018年8月20日,国务院促进中小企业发展工作领导小组中首次提出中小企业具有"五六七八九"的特征,即中小企业贡献了50%以上的税收,60%以上的GDP,70%以上的技术创新,80%以上的城镇劳动就业,90%以上的企业数量。可以说,中国中小企业在中国经济发展过程中具有极其重要的作用,而所有(民企)的"江湖霸主",最初也都是从中小企业开始的。

然而,中国的中小企业具有先天的脆弱性:规模小、竞争力弱、抵御市场风险的能力不强。这也是中国的中小企业生命周期短的主要原因:美国的中小企业的平均寿命为8年左右,日本中小企业的平均寿命为12年,中国中小企业的平均寿命为3年左右①。这样的数据意味着,注册3年后的小微企业还正常经营的概率,只有三分之一。由于规模小、业务单一、自由现金流匮乏,在产业链(定价和订单)上处于弱势,疫情的暴发使得中小企业业绩下滑很有可能将中小企业逼到崩溃的边缘。

为了了解与评估新型冠状病毒疫情对小微企业带来的影响,"经济日报—中国邮政储蓄银行小微企业运行指数课题组"近日采用随机抽样的方法,于2020年第一季度对全国小微企业展开问卷调查。调查共得到2 240个小微企业样本,覆盖零售业、制造业等行业,小企业和个体工商户约各占一半。调查结果显示,疫情给小微企业造成了较大冲击,依靠自有资金,超过半数的小微企业难以维持超过三个月运营。超过9成小微企业都延迟了开工开业,近5成企业延迟时间超过两周。近8成小微企业业绩相比正常状态变差,主要原因是交通管制和下游客户需求减少及上游原料供应不足。从行业结构上来看,受疫情冲击最大的领域恰恰是民营和中小企业密集的领域,比如住宿、餐饮、零售、娱乐等。此外,卫生防护和环保成本上升,对企业也是额外的负担;在疫情期间,这些成本对于大型国企来说还能承担,但对中小企业来说很可能负担过重。

种种因素交织下,在2019年已然经历寒冬的中小型企业,如今面对疫情更是雪上加霜:2月6日晚,著名IT培训机构"教育之兄"创始人李超在其微信公众号上发表公开信表示,由于疫情,培训机构已停止北京校区招生,工作人员也全部被解散;2月8日,北京K歌之王发出通知,宣布将于2月9日与

---

① 资料来源:第十届陆家嘴金融论坛。

200多名员工解除劳动合同;若30%的员工不同意该计划,公司将进入破产清算程序;2月10日,"明星企业"新潮传媒召开员工大会。创办人张继学宣布裁员500人,占员工总数的10%,同时将高管薪酬下调20%。

我们应当如何救助中小微企业?以下是我和复旦泛海国际金融学院课题组成员在2020年3月初提出的建议总结和分析。

救助之道应当注重两方面:一是救助对象;二是救助方式。

救助对象方面,我们需要注意的是,并不是所有的中小微企业都需要或者应该救助。对于新旧行业替代下的市场化调节,政府应关注其积极意义:疫情推动线上交易的电商和消费行业迅速扩张,不仅占领了部分传统行业市场,其在生产、物流和服务上的扩张也缓解了传统行业萧条下的就业压力;对那些没有中长期发展空间的行业和企业,除了解决就业问题外,不应持续耗费资源进行救助(这与让产能过剩的行业淘汰一样,符合市场规律),最好的策略是退出止损,改行绑定朝阳产业。

救助方式方面,应当三管齐下:政府救助工具箱;社会支撑和保障体系;市场机制和自救措施。

第一"管"是,使用政府救助工具箱。此次疫情对高度依赖短期现金流的中小企业产生了很大冲击。对于这些与民生息息相关的中小企业,短期动用政府财政等手段及时为其输血是很有必要的。其一,政府应当积极运用财政政策向中小企业及时输血,具体措施包括(临时性)减税、退税、降费,延迟社保和公积金缴纳等,这些输血措施对于收入流锐减的小微企业有直接快速的效果。其二,可以合理运用金融救助措施,包括贷款延期、定向新增贷款等,金融措施可以通过传统银行和互联网金融机构(蚂蚁金服、微众银行等)等渠道进行共同救助。其三,可以在产业链上下游间和社区成员间进行扶持救助,可以采取的措施包括商业伙伴融资(赊账)、减免房租等。其四,可以运用市场机制,在政府的政策引导下,实现线上经济对线下经济的"替代"。

第二"管"是,通过中长期的中小微企业的支持保障体系,为中小企业持续经营和居民就业提供应急保障。中小微企业的支持保障体系主要包括两方面:一方面是社会保障体系,包括失业保障体系,以及市场化的(个人和企业)破产重组法律和流程等;另一方面是金融保障体系,包括针对中小企业的"生产中断险"和其他险种,以及更加完备的金融对冲风险的工具和直接融资渠道。

第三"管",也是最重要的救助措施就是,企业应当自主进行有序、高效、低成本复工。首先,各级政府应当在条件允许下尽快放宽各种管制,优化审核程序,减少审核限制,并加强跨地区协调沟通以提升复工进度。在此过程中,尤其关注外贸、出口等重点行业在产业链各环节上的完整复工。其次,企业应当全力争取优惠政策、积极申请优惠贷款(相对大中型企业来说,小微企业大部分仍不太了解近期国家针对企业的宽松信贷政策)。企业在复工过程中,应当千方百计寻求降低成本的方法:比如,采用灵活薪酬结构(延期激励措施),并进行灵活用工(线上/线下、共享员工)等。此外,在企业业务无法快速回到正常轨道的当下,转型升级就成了所有中小微企业主的当务之急,比如是否可以将生意放到网上等。

3. 扩容、健全国际公共卫生体系与城市环境卫生建设

中国在医疗和大健康领域的总投入占 GDP 的 6.4% 左右,远低于大多数发达国家(这一比例一般超过 10%);发展医疗和大健康行业空间巨大。鉴于疫情的爆发和防控的经验,我和同事们于 2020 年 2 月底就提出必须首先扩大和健全公共卫生体系。

(1) 需要加大公共卫生系统的基础投入与储备建设

此次疫情暴露出国家在公共卫生方面的定向投入和储备不足的短板。

一方面,由于预防成效难以评估,目前中国对医疗体系的投入仍是重治疗而轻预防。此次疫情期间,一些地区在开展疫情防控时,组织参与排查的工作人员不具备基本的疾病传播知识,究其原因还是一些政府部门对公共卫生重视不足,未来应当重点加大对这方面的财政支持,培养更多专业人才。

另一方面,面对突发的公共卫生事件,中国在医疗资源的储备和社会资源调动能力需要加强。随着城市化进程的不断推进,中国未来会出现更多的超大城市群,为预防未来在超大城市发生类似事件时对医疗资源的挤兑,同时考虑到医疗资源具有的时效性特征,各级政府需要重点提高对医疗资源生产的紧急动员能力,包括适度提高日常医疗物资与产能的储备、通过国家采购、政府补贴等方式紧急调用其他制造业企业生产医疗物资等。此外,建议中国各省、自治区、直辖市都建立类似北京小汤山医院模式,用于应对突发流行性疾病时的病人集中收治。

(2) 需要加强城市环境与公共卫生的管理和升级

据多家媒体报道,此次疫情的重灾区:武汉华南海鲜市场地处武汉市汉口中心地带,卫生条件差。这样的菜市场在武汉和中国各大城市均有不少;它们通常地处中心地带,交通便利,价格实惠,为居民生活带来很大便利,但糟糕的卫生环境也是重大的隐患之一。

此次疫情过后,民众的公共卫生意识将被唤醒,政府部门可趁此时机加大对公共卫生基础设施投入,作为城市改建升级的核心组成部分,尤其是对地处中心城区、管理混乱、卫生条件不合格的菜市场、零售市场,包括餐饮行业改造升级,大幅提高城市的公共卫生环境。地方政府统一规划后引入包括房地产行业在内的企业参与投资建设,还可以起到拉动目前受损严重的这些行业的业务和发展。

(3) 需要加强对医药卫生健康等相关的知识宣传和正确引导

疾病的防控和治疗尤其需要专业知识。疫情发生以来出现了抢购口罩、抢购双黄连等非理性事件,体现了大众对未知病毒的恐惧,但一些媒体在宣传时也存在不当宣传之嫌。消除恐惧最重要的是增强认知,未来政府和有关部门需要重点加强对民众在医疗卫生、药品、保健品等方面的相关知识普及,积极引导民众面对疫情和疾病时正确预防和治疗,合理就医用药。同时,借鉴包括美国2009年H1N1疫情后的经验,重点鼓励民众养成健康的生活方式和生活习惯,健康饮食,拒绝野味;增加体育场所和公共设施建设,鼓励民众加强日常锻炼,提高身体抵抗力。

三、后疫情时期的国内金融体系:抗疫情、防风险、保发展

本节对疫情后中国金融体系的发展,结合正在形成的"十四五"规划,提出具体建议,核心之一是大力发展直接融资渠道,更好地服务实体经济,尤其是科技创新和国内消费这两大新时期中国经济增长的引擎。

1. 债券市场

(1) 债务风险和债券市场风险

现阶段,对于中国来说,很大的一个风险点就是债务风险,其中,我们主要关注非金融企业债务和政府债务的问题。中国近年来的债务问题,是由两方面共同组成的:高速增长的债务规模,以及放缓的经济增速。如图8-13所

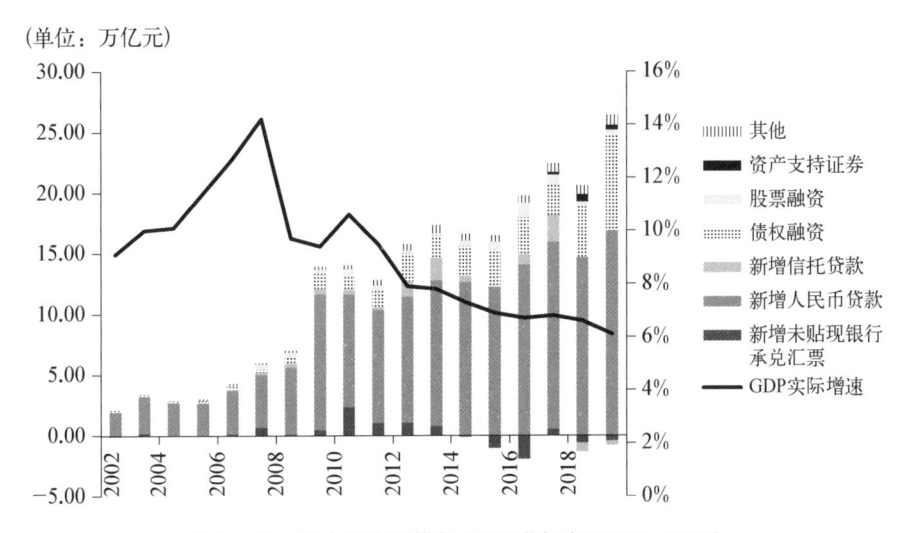

图 8-13　社会融资规模与 GDP 增长率(2006—2019)

数据来源：中国人民银行、WIND。

示,自 2009 年起,中国的社会总融资规模开始大幅上升,其中新增规模中主要是以银行贷款为主的债权类融资;与此同时,中国 GDP 增速在 2008 年后进入放缓阶段。

如本书第二、四章所述,追本溯源,2009 年以来中国债务规模的高速增长与经济刺激计划息息相关。2008 年国际金融危机全面爆发后,中国经济增速快速回落,出口出现负增长,经济面临风险。为了应对这种局面,中国政府于 2008 年 11 月推出了进一步扩大内需、促进经济平稳较快增长的十项措施。其中刺激计划中的近三万亿元是以新增银行贷款的形式出现,也就是绝大部分的刺激计划是信贷刺激而非财政刺激,最终造成 2010 年后中国新增贷款的规模远远超过 GDP 的规模(见图 8-14)。

监管部门已经意识到中国债务问题的存在,并推出了一系列防范系统性风险的政策措施,其中很重要的一个方面就是要降低杠杆率。2016 年后,中国各部门的杠杆率已经有所下降。其中,非金融企业部门的杠杆率 2016 年前上升趋势非常明显,但在 2016 年后趋势发生了反转。此外,金融机构包括银行的负债率在 2016 年后也有所下降,地方政府部门的直接债务规模也有所减少。

就政府债务方面来看,中国目前来说仍处于较低水平。图 8-15 是 2019 年第三季度主要国家的政府杠杆率,包括中国、美国、德国、日本、英国、巴西和印度。中国的政府债务包括中央政府债务和地方政府债务,中央政府的负债

(单位：十亿元)

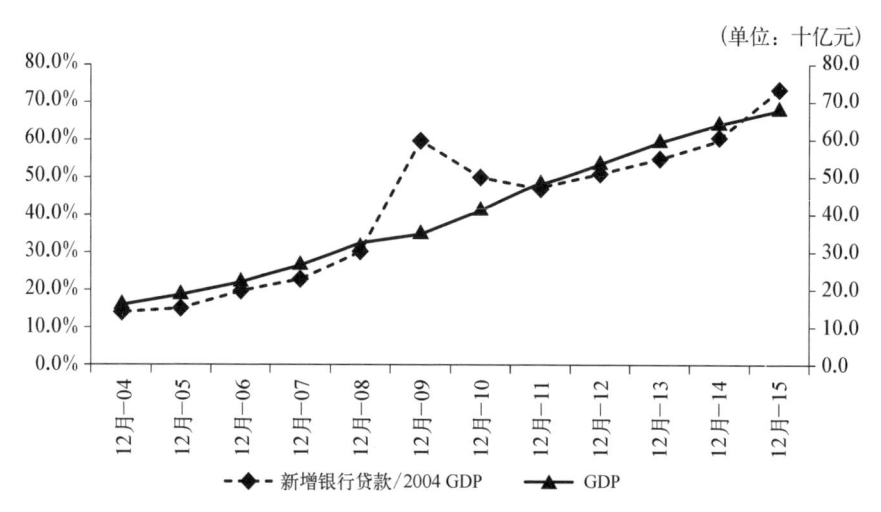

图 8-14　社会融资规模与 GDP(2006—2019 年)

数据来源：Chen，He 和 Liu(2020)论文。

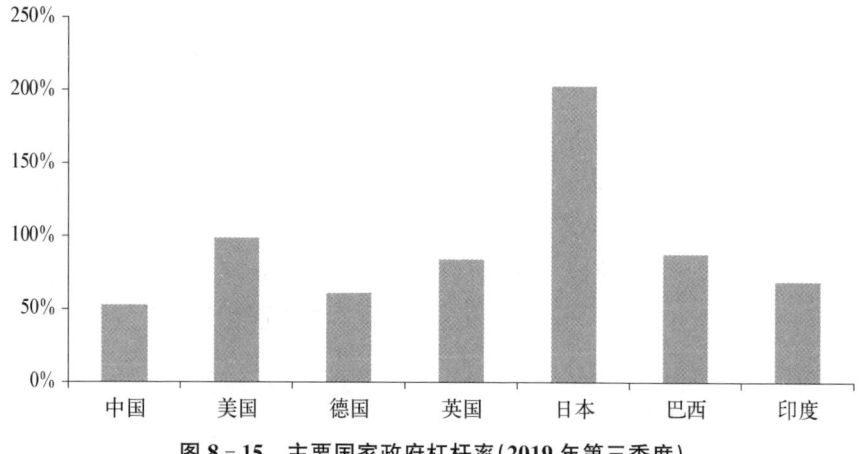

图 8-15　主要国家政府杠杆率(2019 年第三季度)

数据来源：WIND、国际清算银行。

率非常低，在 20% 左右，地方政府略高一些，但也在可控范围内。横向比较后可以看出，在全球最大的几个经济体中，中国政府的负债率是最低的，这也说明中国财政政策还有很大空间。

债券市场方面，受疫情影响，很多社会经济活动暂时按下了"暂停键"或"延迟键"。因此，疫情对中国债券市场带来一定冲击，但总体风险可控。

首先，从行业来看，餐饮、旅游等受疫情影响严重的行业的企业债规模仅占全市场规模融资的 1%，所以受影响行业的业务对整个债券市场的影响不大。

其次,从监管部门来看,疫情发生以来,央行加强了逆周期调节,释放流动性,资本市场包括债市流动性充裕,利息水平和债券融资成本下降。

此外,监管机构和金融机构也已经采取一些措施缓和债券到期的压力,比如银行可根据企业受疫情影响和经营状况,给予企业一定期限的延期还本付息安排。

对于债券市场来说,主要的风险点在于大规模的到期债务。到期债务的风险主要存在于以下两部分:一是地方政府债,包括城投债,在2020年尤其是第三、四季度,仍然是阶段性的到期的高峰;二是信用债,也就是非金融机构的企业发债,可以看到2020年第三、第四季度,也是到期的高峰。因此,对于下半年中国金融体系来说,其中非常重要的一个注意点是,在大量城投债和企业债到期的时候,要做到整个债券市场流动性充足的同时,为地方政府和企业做好准备,包括现金流管理、债券的展期处置,以及必要的重大资产重组等,其共同目的都是:避免大规模的违约事件引发债券市场的恐慌。

以下我们做一个跨国比较。从国债市场来看,2020年以来美国国债收益率持续下降,十年期国债作为避险资产,收益率跌至1%以下(见图8-16)。

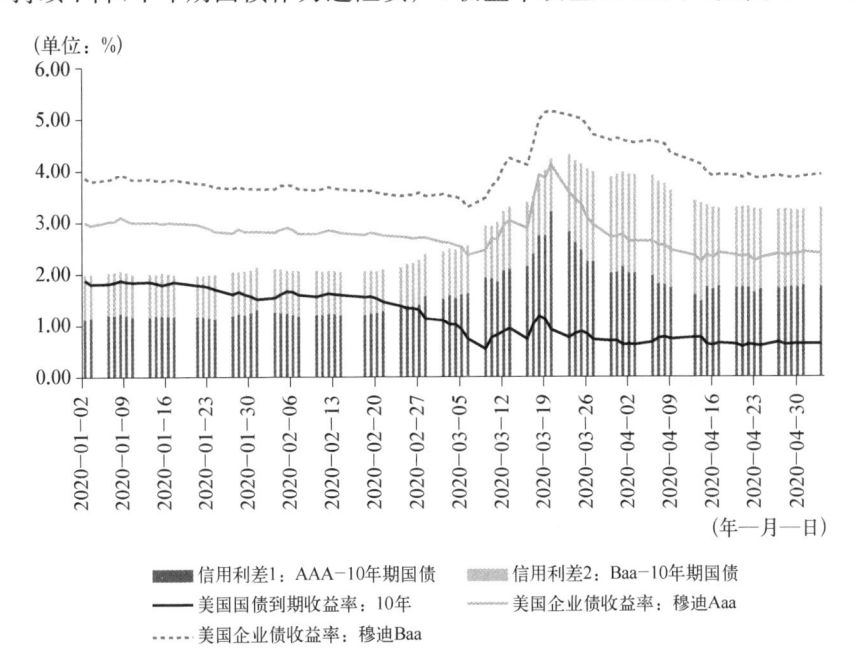

图8-16 美国债券收益率和信用利差(2020.01.02—2020.05.04)

数据来源:WIND。

这实际上是全球机构投资者风险规避行为的结果：全球投资者抛售包括股票在内的有风险的资产，并购买例如十年期美国国债在内的无风险资产，导致美国国债收益率降低。在国债收益率下降的同时，美国的信用债收益率在进入到三月后开始大幅飙升，表明美国债券市场对于实体企业受到疫情影响下可能会发生的大面积违约的担心。美国债券市场的信用利差在3月下旬达到峰值后，开始平缓下降，主要的原因是美联储无限量的量化宽松政策（印钱买国债和企业债）。

欧洲市场呈现出分化的情况（见图8-17）：安全性较高的德国和法国十年期国债已经达到负利率的情况；而意大利十年期国债的收益率却大幅上升。德国国债水平在全球主要经济体中属于低位，也是欧洲主要经济体中唯一一个有较完整财政政策的国家。同时我们可以看到，风险系数较高的国家和风险系数较低的国家的分化程度在不断加剧；而意大利等国的国债利率的快速上升也表明市场对政府的偿债能力开始失去信心。

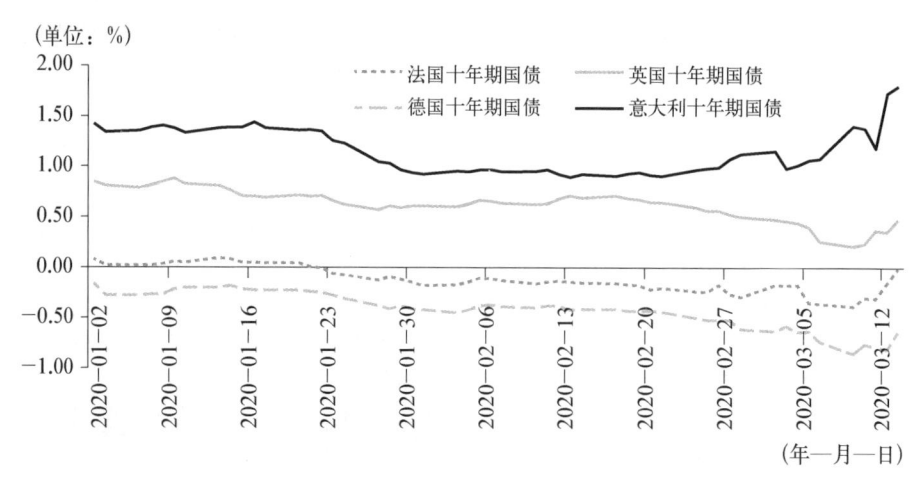

图8-17 欧洲四国十年期国债收益率（2020.01.02—2020.05.01）

数据来源：WIND。

2020年以来，中国的国债到期收益率存在下降的趋势，但是下降曲线较为平缓，五年期国债到期收益率离零利率存在较大空间（1.8%—2%），这和美国十年期国债到期收益率仅为0.5%左右的情况有所不同，这说明中国的货币政策还存在较大的空间（见图8-18）。此外，中国信用债的到期收益率和银行间利率都有平稳下降的趋势，这些核心利率的稳步下调可以防止（在经济形势较

(单位：%)

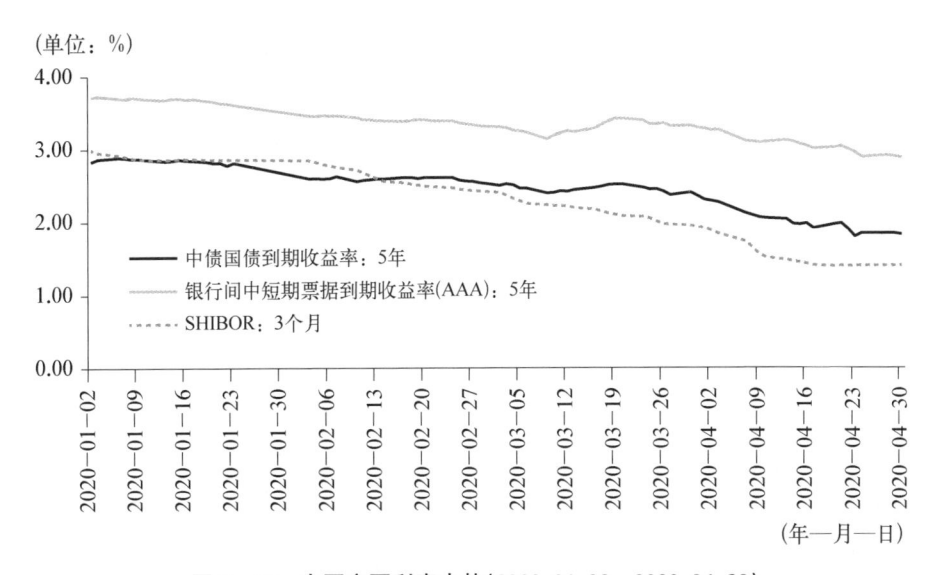

图 8‑18　中国主要利率走势(2020.01.02—2020.04.30)

数据来源：WIND。

为困难的当下)短期融资成本的上升,对缓解企业的债务问题也是非常重要的。

(2) 后疫情时代中国债券市场的发展

长期以来,中国金融体系一直以银行信贷主导的间接融资为主,然而这种融资结构天然存在不足之处,即以银行信贷为主的(间接)融资体系具有"顺周期性"：在经济环境恶化的情况下,企业违约和不良率都会显著上升,银行针对企业贷款和个人经营贷款的审批和发放也会趋于谨慎,从而加剧经济的下行压力。

随着第三产业的崛起和科技创新的重要性日益凸显,以银行信贷为主的融资渠道很难适应经济"新常态"所需要的融资结构,科技创新尤其需要更多的直接融资渠道——股权和债券融资。目前,科创板落地和注册制推广正在推动股权投资的发展。

未来债券市场应该有何作为？答案是大力发展企业债券市场。债券市场方面,中国已是全球第二大规模的债券市场,但企业债券的发行和交易仍有很大提升空间,尤其是加强未上市公司和上市中小企业的中长期债券市场建设,为中小企业提供股权融资以外的融资渠道。

在欧美等成熟市场,中小企业的"高收益债券"市场已经具有相当规模。

中国发展企业债券市场需要的条件和环境涉及风险评估、定价体系、破产重组机制和国际化。首先，中国需要完善信用评级体系建设，引入国际知名评级机构，以"区块链+"加强发债主体信息建设。其次，需要完善利率定价机制，设计推广 LPR 利率定价产品，推广人民币计价利率产品及衍生品。最后，还需完善企业破产重组的法律制度和市场机制的建设，并进一步开放市场，引入中长期国际机构投资者。

2. 股票市场

（1）A 股市场风险

2020 年春节以来，A 股市场一反常态，跌幅和波动性均小于同期美股和港股市场。与此相对，美股三度熔断领跌全球，随后泰国、菲律宾、韩国、加拿大等多国股市相继发生熔断，基于标普 500 指数期权波动性、被称为"恐慌指数"的 VIX 急速攀升，最高值超过了 2008—2009 年次贷危机期间的峰值。

全球市场大幅下跌背景下，中国股市表现备受关注。那么目前 A 股市场的风险水平如何，又存在哪些隐忧？

衡量股票市场风险有两个核心变量，即估值水平和杠杆率。从这两方面来看，现阶段中国 A 股市场的估值水平和杠杆率都处于合理水平。图 8-19 是 2013 年末至今 A 股市场的整体估值水平和杠杆率的变动趋势。可以看出，A 股市场风险较高的时间段在 2015 年上半年；自股市调整以后，即 2016 年到现在，A 股市场的杠杆率和估值水平都处于较为合理的区间，甚至有不少人认为，从跨国对比来讲，中国 A 股的估值水平相对偏低，是难得的投资机会。总体看来，A 股市场的风险完全可控，现阶段爆发系统性风险的可能性非常小。

现阶段，A 股市场的一个重要风险点是，一些上市公司的大股东股权质押的比例相对较高。如果按照大股东质押比例对中国 A 股上市公司分组，我们发现不同组别的公司其特征存在较大差别：高质押的上市公司绝大多数是民营企业，相比低质押和无质押的公司来说，它们的现金流较少、市值规模较小、资产收益率较低，且杠杆率较高。此外，大股东股权质押水平的高低与其近两年的股票表现息息相关：高质押的公司其股票表现明显弱于低质押和无质押的公司。因此，要继续关注高股权质押民营公司的状况，这也是现在要关注的股市的风险点（见图 8-20）。

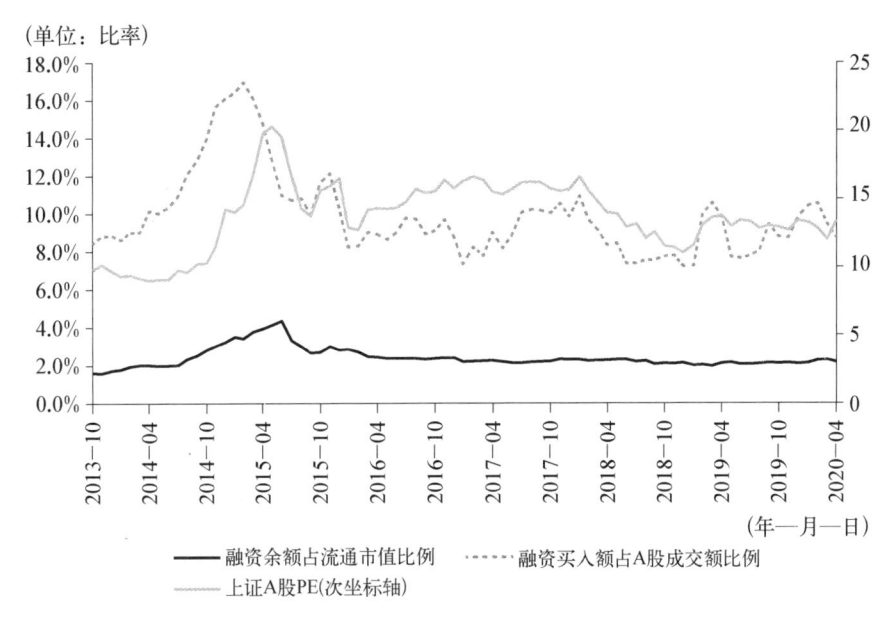

图 8-19　中国 A 股市场的估值水平和杠杆率

数据来源：WIND。

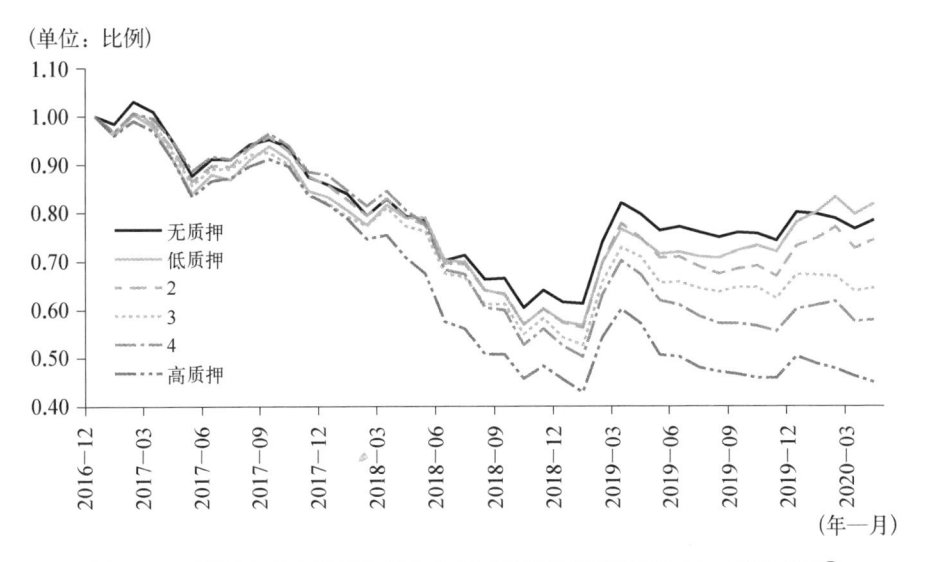

图 8-20　不同大股东质押比例上市公司的股价表现(2017.01—2020.04)①

数据来源：WIND。

---

① 由于 2016 年末大股东质押比例为 0 的公司约占上市公司总数的 60%，因此我们将它单独分为一组；同时，将所有大股东质押比例非 0 的上市公司按照 2016 年末的大股东质押比例从低到高分为 5 组，分别为低质押、2、3、4 和高质押组，计算每个组别股票当月的简单平均收益率。

（2）后疫情时代中国股票市场的发展

第一，我们需要确立和保障金融市场的常态化运行机制。面对疫情蔓延的影响，中央与各地方政府普遍做出了延期开工开学的决策，但金融市场交易是否也应延期，这在2月3日A股复市前出现了争议。成熟市场的经验表明，一个健康的资本市场最重要的功能之一就是维持正常运转，保障投资者的流动性需求，以及通过连续的市场交易和价格调整来引导社会资源的调配。如果一旦出现突发事件，尤其是有很大负面影响的事件，即停止交易，不但不会减少中小投资者短期内的损失，反而会增加投资者的预期不确定性，进而导致最终复市后的过度调整（包括恐慌性抛售）。事实上，2月3日股市开市后，仅当天出现大跌，之后很快恢复正常交易。

此次经历表明，确立和保障金融市场的常态化运行机制对于推动中国金融市场制度完善具有重要积极作用，同时也有助于市场投资者建立更为理性的预期。与此同时，社保基金则应加大对国内股市的投资，一方面A股股市目前的估值处于较低水平，另一方面在此次全球金融市场剧烈震荡中，股市也表现出了较强的抗风险特征。

第二，我们应当加大金融开放程度。2月3日春节假期后开市，当天千股跌停，整个A股市场下跌超过7%。面对市场的大跌，国内外机构投资者"逆行"大举进入，其中通过沪港通和深港通的"北上"外资资金当天净流入182亿元，创下历史单日净流入新高。综合开市以来A股市场的表现，中长期的"价值投资"的机构资金起到了稳定市场的作用。因此，未来应当进一步扩大中国金融市场的对外开放力度，推动更多中长期的国际投资者和机构参与中国多层次金融市场的建设，使国内中小投资者能享受更多国际机构提供的好的金融产品和服务；国内外机构的竞争也会促进国内机构的成长。外资进入中国市场后的主要风险是以"窗口指导"为主的行政手段管控资本项目流动带来的巨大的不确定性。我们建议今年研究并尝试（比如在上海自贸区和海南自贸港）推出包括资本流动的"托宾税"等更加市场化的管控手段，降低中长期资本进出中国市场的不确定性。

第三，科创板试点注册制是现阶段的工作重点。从中长期看，国内金融体系的短板比较明显，银行信贷为主的融资渠道很难适应经济"新常态"所需要的融资结构，科技创新尤其需要更多的直接融资渠道，比如股权融资和债权融资。股权融资方面，最大的改革就是科创板试点注册制。我们可以看到，目前已经有一些优质的医疗公司和科技公司在没有稳定的现金流的情况下登陆创业板。这些公司通过上市融资、再融资可以加速成长,从而促进这些行业(医疗、科技等)的快速发展。股市要做的事情是继续推广注册制,让更多这类企业在境内上市,在促进行业发展的同时,也能吸引更多长期投资者(包括VC和PE)投资中国的科创企业和初创公司。目前,我们应当将重点放在探索注册制在"科创板"以外市场的推广上,考虑到市场结构和参与者类型,可以在创业板市场先行推广,再进一步向中小板和主板市场推广。

第四,我们要关注包括券商和基金在内的金融机构业务的完善和发展。2月3日开市后,A股不仅未出现之前担心的长期大幅下挫,反而仅在节后首个交易日大跌后就迅速反弹,目前三大指数已全线收复下跌缺口。股票市场的这一强势表现带动券商经纪业务迅速增长,多家券商日均成交额环比增长;同时参与二级市场交易的公募基金业务也大量增长。受疫情影响,券商实地调研、尽职调查等投行业务短期难以充分开展,PE/VC的相关业务也受到影响,加之疫情下(除上交所科创板外的)IPO审核与上市节奏放缓,一级市场相关业务都会受到一些影响。不过,以信息披露为核心的、更具有包容性和市场化上市规则和过程的科创板的优势也得以充分彰显。近期科创板上市交易的多只医疗和科创企业股票的强劲走势可以拉动这些企业和行业的发展,也为包括券商、基金、投资机构在内的相关金融服务行业带来了收益;预计接下来会有更多来自这些行业的企业陆续登陆科创板。另外,根据SARS疫情经验,疫情过后总体IPO市场往往会在下半年出现补偿性增长。全年来看,一级市场的困难是暂时的,中长期券商、基金的相关业务受影响比较有限。

3. 房地产市场

(1) 房地产市场风险

房地产市场的风险体现为两方面:一是部分房企的负债率很高,现金流存在问题;二是目前中国买房需求降低,从短期来看,不存在房价大面积上升的风险,重点在于稳住房地产市场。从房地产投资规模来看,投资规模仍处于逐年上升的趋势中;但是,从大中城市房地产成交套数和成交规模来看(见图8-21),在2016年到达顶峰后房地产市场开始萎缩。因此我们可以预测今年上半年房地产市场仍有下行压力。

那么疫情对中国房地产市场带来怎样的冲击呢?

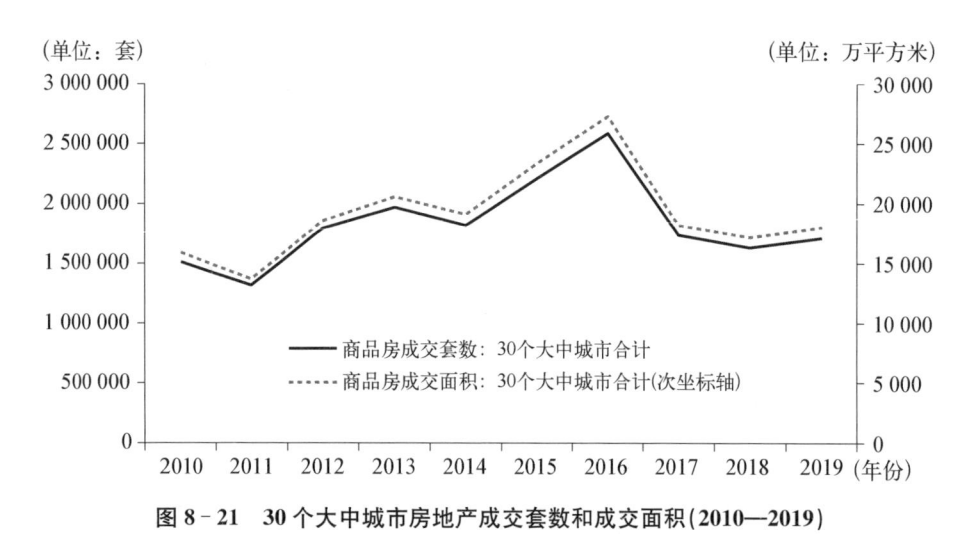

图 8-21　30个大中城市房地产成交套数和成交面积(2010—2019)

数据来源：WIND。

回顾2003年SARS疫情前后的中国房地产市场,我们可以发现SARS对2003年房地产市场负面影响十分有限：数据显示,全年房地产投资同比增长30.3%,商品房销售面积同比增长25.77%,商品房销售金额同比增长31.9%,增速更是创下1997年亚洲金融危机以来的新高。2003年SARS疫情后房地产市场有强劲反弹,得益于当时中国房地产市场处于早期发展的黄金期。

就目前房地产市场而言,房地产市场整体销售额在2018—2019年连续两年下滑,2019年投资也有所下降,房地产行业的负债率普遍偏高,加上最近因为疫情销售停滞,短期现金流的冲击可谓"雪上加霜"：线上销售方面,多地暂时关闭售楼处,促销、开盘等大型活动暂停,由于出行受限,看房热度也随之下降；项目建设方面,房企应政策要求延后开工,工程进度被迫滞后或延迟。因此,房地产整体形势不容乐观：短期内房价不太可能大幅上升。但是,房地产仍然是中国经济的支柱行业之一,房地产投资对经济增长贡献度常年在10%以上,整个行业占GDP的6%—7%。所以,疫情下整个房地产市场不存在房价暴涨的势头,稳定市场应该是工作重点,这对稳经济和金融都很重要。政府应当想办法解决房企应对疫情下的生产经营困难,包括延迟土地价款缴纳、税费缴纳延期、预售条件适度放宽、推进线上审批服务、信贷支持等。

(2) 后疫情时代中国房地产市场的发展

基于以上对于中国房地产市场的风险以及疫情影响的分析,我们对未来一段时间中国房地产市场的发展做出以下判断。

第一,政策方面,虽然不太可能有第二个全国性的"18号文件",但是目前房地产行业最大的风险不是一线城市房价上涨过快,而是由于经济增长减速引发的需求疲软、大量房企由于自身高债务水平、业务停滞和现金流短缺而面临的违约这两重风险所导致的房价大幅下跌的风险。与此同时,各地推出"一城一策"原则,不同地区可以有支持正常房地产交易的政策,体现了对限购政策的灵活解读等;而宏观经济政策也已经很明确:积极财政政策、适度货币宽松,所以流动性充足,导向的结果是整体利息水平不会太高,也就是借款买房成本会下降。

第二,居住型市场会有反弹,但不太可能像2003年那样火爆,而对住房的需求会有变化,中心城区的住房必须加进"医疗保健"元素;巨大的养老地产的发展也离不开相关的理疗保健体系的发展。

第三,疫情将推动房地产行业加速转型,更多业务和服务/活动继续向线上转移,因此,由于部分疫情中的线上办公可能永久化,可能导致办公商品房需求下跌。

第四,房地产行业集中度将会继续增加,行业加快分化、洗牌。"现金为王"现象持续,现金流管理尤其是金融化会成为下一步发展和区别房企的重要标志:一方面,房地产行业资金链过长的特征在不确定性增加的环境中是致命弱点;另一方面,证券化产品让资金回笼时间大大缩短,REITS基金和房地产按揭抵押贷款MBS能够为投资者分散风险,也对银行等金融机构有利(盘活资产)。

4. 商业银行

(1) 商业银行风险

长期以来,无论从社会财富吸纳还是融资渠道来看,中国金融体系一直以银行信贷主导的间接融资为主。中国银行体系可以分成三个层次,一是四大行加上交行和邮储行,这是六大国有银行,资产和估值规模在世界范围内都处于领先地位;二是股份制银行;三是地区性中小银行。

自2013年以来,中国上市银行的资产利润率(ROA)呈现下降的趋势,而不良贷款率则逐年上升,表明中国银行业的资产质量和盈利能力都存在恶化的趋势(见图8-22)。但将全球十大银行(按照2019年资产规模排名)进行横向比较,我们发现,相比其他国家的大型银行,中国四大国有银行2019年的盈利能力(ROA)还是处于相对较高的水平(见图8-23)。

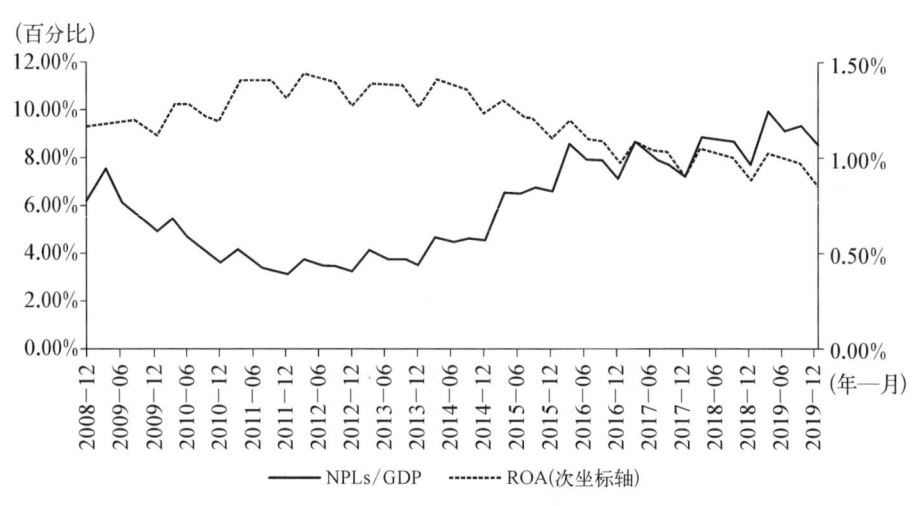

图 8-22 中国上市银行不良贷款率(NPLs)及盈利能力(ROA)

数据来源：WIND。

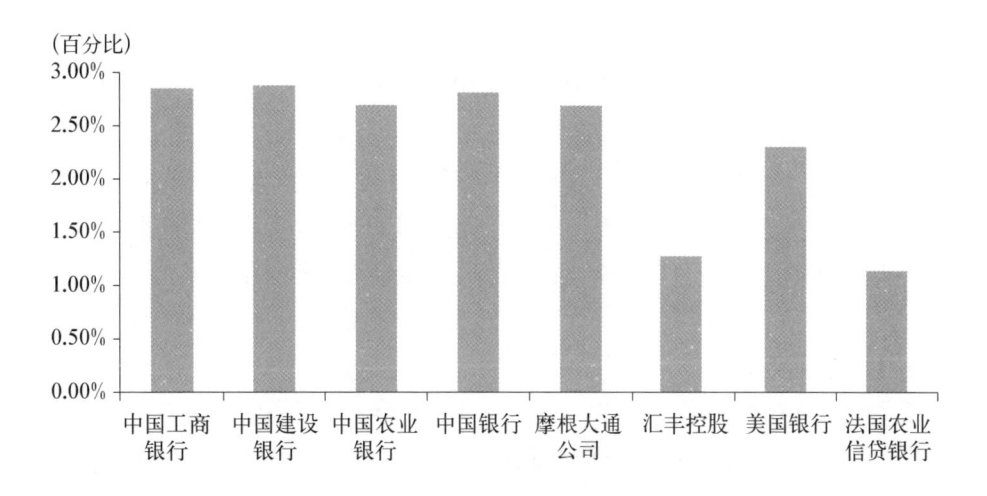

图 8-23 全球十大银行 ROA(2019 年)

数据来源：WIND。

图 8-24 展示了今年以来全球十大银行的股价的走势。可以看出，中国四大国有银行的股价表现较为稳定，美国和日本的银行表现稍弱，而表现最差的银行是欧洲(法国)的两家银行。因此，从股价表现、盈利能力等指标来看，中国的大中型银行盈利能力较好，风险水平较低，资本市场表现也较为稳定。

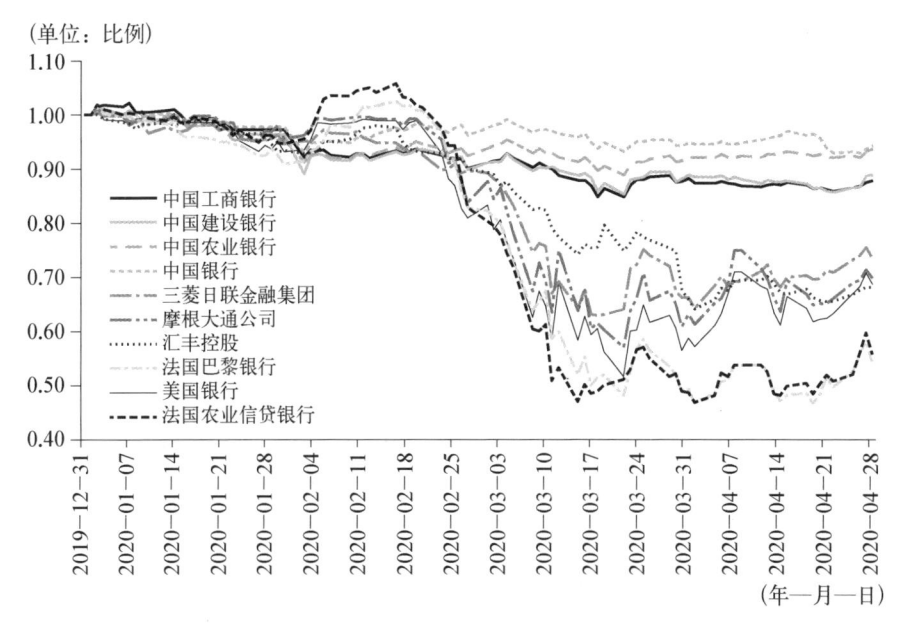

图 8-24　全球十大银行近期股价表现(2019.12.31—2020.04.30)

数据来源：WIND。

(2) 后疫情时代中国商业银行的发展

受疫情带来延期复工的影响，消费需求将出现阶段性减少，银行业对传统大中型工业企业以及房地产等行业的贷款出现阶段性延后已不可避免。考虑到疫情防控下的"稳就业"民生需求，不少银行在这一时期都加大了对中小企业的普惠性贷款。这对银行带来两方面不利影响。一是疫情期间加大的普惠性贷款未来可能有(阶段性的)较高的不良率；二是由于这一时期降息、优惠贷款等政策冲击，导致银行发放贷款的净息差收窄，降低部分银行的利润率。考虑到银行存贷款等主要业务已基本实现网上办理，此次疫情对银行直接业务的影响并不大。

无论是实体经济增速下行还是政策对冲风险，都对银行业绩造成了一定程度的负面影响。诚然为受疫情影响的实体企业(尤其是中小企业)及时输血和保持流动性，很大程度上体现了银行的社会责任，但疫情过后，政府监管部门与商业银行，尤其是地区性中小银行，都需要密切关注和妥善处理可能存在的风险问题。监管层面可以适当加大对银行的支持力度，包括用宽松的货币政策为商业银行补充流动性，通过减税降费、延缴社保等积极的财政政策降低实体经济负担，并提高企业的还款能力。银行方面也要加强对自身风险的监测，积极探讨和推动银企政协作，及时防范和有效化解各类金融风险。

由于在整个中国金融体系中占主导地位（从集聚社会财富和为实体经济提供融资而言）的大中型银行的表内外资产风险可控，而这次疫情带来的坏账等负面影响都是暂时的，因此我们认为整个银行体系可以保持稳健发展态势，不会因为疫情引发系统性风险。

5. 资管行业

伴随着经济高速增长，居民财富大量增加，当前中国资产管理行业正处于蓬勃发展阶段。"资管新规"的颁布拉开了中国资产管理行业统一监管标准、规范转型发展的序幕，银行理财子公司相继设立并陆续发布净值化产品，标志着中国资产管理行业转型发展已经进入实质阶段。鉴于银行处置非标资产难度大、进度慢，此次疫情进一步放大了其影响，目前监管部门已明确表示正在对过渡期延长进行技术评估；我们建议将过渡期延长一年。疫情过后，短期受利率下行和通胀可能上升的影响，中长期为应对更多突发性事件，居民和企业的资产配置和风险管理需求将进一步扩大，资产管理行业将迎来一次重要的发展机遇。

对于资管行业的发展，我们主要关注以下三方面的内容。

第一，关于大类资产配置，疫情后首先可以关注两大核心、中长期优质的行业和资产，即医疗大健康行业和服务"线上经济"的产业链。近期，医疗健康行业的股市反弹较大，预计未来五到十年会有大幅度发展，与线上经济有关的技术服务也将在未来一段时间内高速发展。所以，讲到资产配置一定少不了这两个行业。

第二，要关注资管行业里的银行资管。近日发布的《关于进一步加快推进上海国际金融中心建设和金融支持长三角一体化发展的意见》，30条措施里就有两条和银行资管有关。规模庞大的银行资产逐渐进入资管行业，银行体系的资产能够进入经济的各行各业，对中小投资者来说有更多的投资渠道。

第三，关注资管行业的进一步国际化。面对国内越来越大的市场，如何提供更多的资管产品以尽可能满足需求，除了本土资管企业的培育和发展，以更大的开放力度推动全球资产管理公司总部或亚太区总部来华发展尤为重要。国际资金和机构的进入会促进行业整体服务的提高，对整个资管行业提高收益和服务将是一个良性的促进作用。

国际资管进入中国市场最大的顾虑是资本流动的不确定性；对此，我们的建议是对中长期机构资金和管理公司应该采取鼓励和支持的态度，并且采取以更市场化的资本项目管理手段来降低中长期资本进出中国的不确定性。

同时，我们也支持商业银行在华设立理财子公司，鼓励保险资产管理公司在华设立专业资产管理子公司等；银行理财公司和资管公司在特定环境中可将资金以包括股权在内的形式投放到有蓬勃发展空间的医疗健康和数字科技等行业。此外，探索推出包括人民币利率期权等更多人民币利率、外汇衍生产品，进一步丰富本外币交易品种和风险管理手段，增强企业管理利率、汇率等金融风险能力。

6. 保险

新冠肺炎疫情对广大人民的生命健康产生了严重威胁。为了更好地开展疫情防控与疾病救治，中国政府相关职能部门已多次发文，并基本确立了新冠肺炎的医治费用由中国不同层级的社会保障（含社会保险和救助）和各级财政兜底的格局。财政兜底固然体现了中国在应对重大危机事件上的制度优势，但这在一定程度上也体现了目前中国保险市场供给不足的问题，与国际发达市场相比，中国保险业规模虽已排全球第二，但保险密度和保险深度仍然偏低，仅排在国际中游水平。保险的实际保障作用很有限。此外，疫情发生以来部分保险公司利用疫情进行恶意炒作，借机获客，推出专属产品保险等，这些乱象也被银保监会紧急发文叫停。

疫情暴露的上述问题对中国保险业发展提出了更高的要求。众所周知，保险是防范和化解风险最重要且最直接的金融工具。国际上除了应对一般风险的人身险、财产险等险种，还衍生出了应对重大突发灾难的巨灾保险。相比之下，目前中国保险市场发展还很不充分，上海作为国际金融中心需要推出更多的金融和保险产品，包括吸引更多的外资保险公司，通过设立独资公司（总部落地上海）等形式进入中国市场，来更好地对冲和防范风险。我们注意到疫情暴发后，国内宁波和海南等地区开始推出针对中小企业的"生产中断险"；这些在成熟市场覆盖面很广的险种应该在全国各地拓展，并完善定价和理赔的相关机制。此外，还应开发对未知病种的保险产品、覆盖公共卫生事件的意外险等。与此同时，大力推进上海再保险中心建设，特别是借鉴巨灾保险债券思路，探索发展基于保险产品的金融基础产品和衍生品市场，实现风险的进一步分散。

7. 金融信息服务业与区域数字经济体建设

21世纪以来，随着互联网、大数据、人工智能技术的应用，大量传统线下的金融业务转为线上运作，由此带动金融信息服务业快速发展。在不断将传统线下业务转为线上服务的同时，金融信息服务业还催生了不少以信息搜集、数据分析等为核心的新兴企业线下业务转为线上，这不仅仅是改变业务形态和运行方式，更重要的是创造出一系列新的业务需求和应用场景。此次疫情促使各类金融企业加强线上办公和线上服务，金融信息服务业在提供更多远程技术和服务支持的同时，也能更全面地掌握用户特征、用户习惯、业务表现等重要数据。

经过此次疫情，通过对用户线上服务习惯的培养，结合更全面、精准的数据分析，金融信息服务业有望迎来新的发展良机。对此，监管部门应当加强设计、建立平衡数据开放共享和隐私保护和风控的数据使用监管框架，推动中国尤其上海地区金融信息服务行业的进一步发展。同时，重点加强信息服务基础设施建设，推动长三角地区的包括政府、医疗体系、金融信息行业的数据打通和信息共享，为该地区企业的向外拓展和外地优质企业的来沪发展提供更多便利和支持，使长三角地区率先成为世界级的区域数字经济体。

8. 上海国际金融中心建设

2020年是上海基本建成国际金融中心的收官之年。此次疫情的发生，也给上海发展医药、医疗器械、医疗保险、大健康行业提供了重要契机，这些行业恰恰是上海的比较优势行业。利用上海作为中国资本市场中心的地位，帮助这些行业的企业创新、上市、融资，既推动了上海的实体经济，又帮助了上海金融中心地位的提升，可以说是一举两得。

具体内容我们在下一章（第九章"金融之城：上海国际金融中心"）详细阐述。

四、疫情对世界金融格局的冲击和中国的对策：加速人民币国际化进程

中国金融体系国内发展的核心是拓展直接融资体系，更好地为新时期经济发展提供动力。疫情之后，某些国家，尤其是如果特朗普连任总统后的美

国,可能加速与中国的产业链脱钩。对金融体系而言,以美元为霸主地位的国际货币体系,因为疫情的冲击和救助经济所采取的大规模、反常态化措施导致的结构性变化,也会出现新的裂痕。对此,中国的核心策略应该是进一步加大金融开放,并加快人民币国际化的步伐。其中,我们应当尤其谨慎处理好中美两国的双边经贸关系,动态调整中美合作和竞争的状态。

1. 中国外汇市场风险

图 8-25 为美元兑各大主要货币的远期(6 个月)汇率走势,包含美元兑离岸人民币、美元兑英镑、美元兑欧元和美元兑日元的远期汇率。我们可以看到,最近一段时间,美元兑离岸人民币 6 个月远期汇率相对稳定,基本维持在 6.9—7.1 波动。外汇储备方面,从存量来看,近期中国外汇储备保持在 3 万亿美元左右;从流量来看,单月外汇储备有增有减,总体资本项目的流动也保持

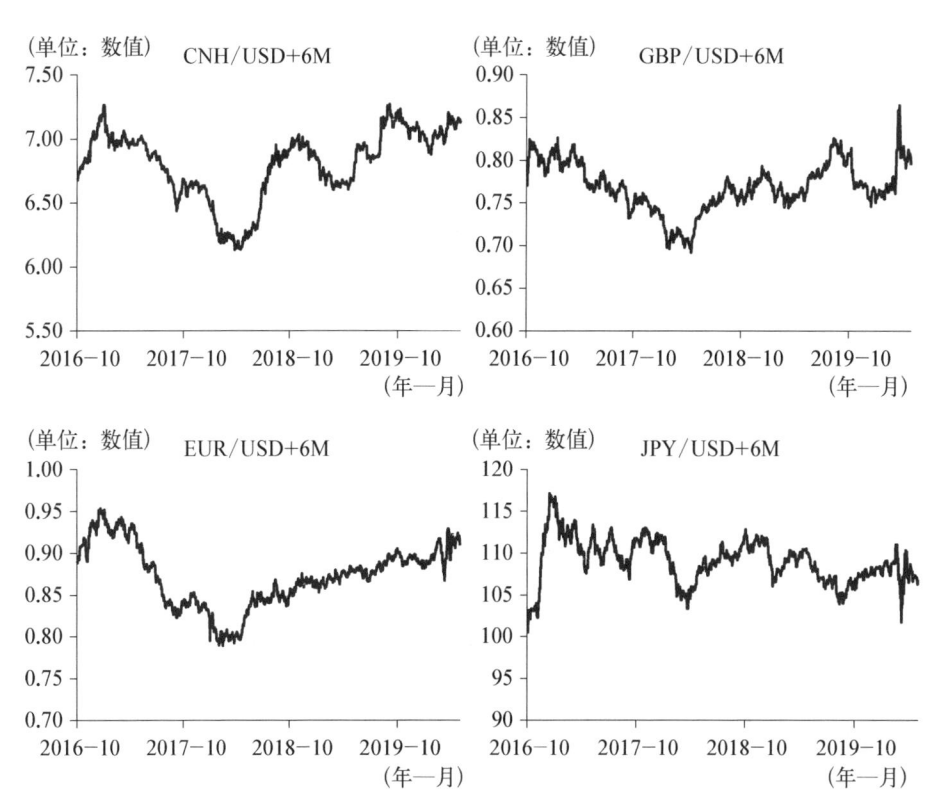

图 8-25 美元兑各大主要货币的远期(6 个月)汇率走势:2016.10.01—2020.04.30

数据来源:WIND。

稳定。总体来讲，中国的汇率和资本项目比较稳定，外汇风险较低。

2. 后疫情时代中国金融开放和人民币国际化的建议

（1）进一步加大金融开放

春节假期后 A 股市场表现，具有中长期"价值投资"属性的境外机构资金起到了稳定市场的重要作用。未来应当进一步扩大中国金融市场的对外开放力度，具体包括在自贸区新片区探索建立市场化资本项目管理体系、推动新片区离岸市场建设等措施。吸引更多中长期的国际投资者和机构，以建立亚洲或中国独资机构，总部落地上海等形式，参与中国多层次金融市场建设，让国内中小投资者也能享受国际机构提供的好的金融产品和服务。同时，与优秀国际机构的竞争也会促进国内机构的成长。

（2）提升人民币国际定价权

随着经济全球化不断加速，金融创新、金融自由化和资本自由流动不断推进，跨国金融交易较之商品贸易更多地承载起定价职能，因此中国接下来要重点提升人民币国际定价权。近期由于沙特主导的石油价格战，国际原油市场受到很大冲击。原油是最重要的资源和大宗商品，对全球金融市场定价有着举足轻重的影响。中国应努力提升国际油气交易中的人民币定价地位，重点拓展上海国际能源交易中心原油期货的交易和外资参与规模，在此基础上进一步拓展其他在岸以及离岸金融市场，全面提升人民币国际定价权。

（3）推动人民币跨境支付系统建设

目前，国际跨境支付主要依赖于美国实际主导的 SWIFT 系统，考虑到全球跨境支付体系的完整，尤其是维护中国和重要贸易伙伴支付系统的安全，进一步推广由中国人民银行开发的独立支付系统 CIPS 具有重要战略意义。

对此，尽快建立、巩固一个兼具安全、低成本、高效率的跨境支付系统将大大提升人民币在跨境支付、交易、结算中的使用。首先，央行推出（加密）数字货币可以提升人民币的使用效率和安全性。其次，操作上可以结合中国目前的"一带一路"倡议，主要经贸伙伴，以及中国人民银行与其他各国签署的货币互换协议，多措并举加速推动人民币跨境支付系统 CIPS 的建设和使用。

（4）扩大央行与全球国家和经济体的货币互换协议

近期由于市场的流动性危机，美联储快速开启无限量量化宽松。但在全球恐慌情绪驱动下，各机构对作为全球最重要储备和交易货币的美元需求激增,导致美元指数不跌反涨。为了缓解"美元荒",美联储扩大央行流动性互换规模,新增了澳大利亚联储等九家协议央行,且提高了与加拿大央行等五大央行的货币互换频率,但美联储的货币互换网络是不包括人民币和中国央行的。

作为推进人民币国际化的重要举措,近年来中国央行货币互换发展迅速,已与近40个国家开展货币互换,未来还应进一步加大与其他国家和经济体的货币互换协议,包括"一带一路"沿线国家以及疫情防控中得到中国救援的国家,为中国和全球金融体系提供更多的短期流动性支持,同时也进一步推动双边和多边贸易发展。

(5) 推动跨境资本有序双向流动

考虑到大规模跨境资本流动的风险,在进一步扩大境内市场开放和引入外资的同时,要对引入外资重点做好分类监管。对于FDI等长期资本,鼓励其投资国内行业,但退出时要做好机制设计,保证有序退出。

对于短期资本,一方面应对其退出规模、期限等做出必要限制,防止大规模短期资本集中出逃;另一方面应建立"动态托宾税"制度,对不同类型的短期资本收取对应的托宾税,比如非套保衍生品交易税率稍高,股票、债券等基础产品次之,长期FDI税率为零,减少甚至避免炒作资本大规模、高频进出。

3. 新时期中美双边经贸关系

(1) 推动中美两国合作

随着疫情的"全球性大流行",能否做好疫情防控已成为维护人类生命健康和世界经济稳定的关键因素之一。作为全球经济体量大国,同时也是全球人口规模第一和第三大的国家,中美两国理应在此重要历史关口暂且搁置其他争议,全面加强防疫合作。

目前,美国是全球确诊和死亡病例最多的国家,中国则已基本走出本土疫情,进一步加强与美国各界人士的交流和对话,建立和完善合作抗疫机制,进一步提供防控经验、防疫物资的支持,在"抗疫"上体现中国的大国担当,能提升中国在国际社会上的声誉。

(2) 短期进一步加强中美经贸合作

近两年,中美贸易摩擦对两国的国际关系和经济发展造成了负面影响,也令全球经济社会发展面临很大的不确定性。面对疫情下可能爆发的经济金融危机,出于稳定供应链和维护国际需求等方面考虑,短期内中国仍应进一步加强与美国的经贸合作。

在已签署中美第一阶段经贸协议的基础上,一方面,中国遵守协定,进一步增加对美国商品和服务的进口规模,维护国内外需求和产业链,促进欧美主要经济体的复苏;另一方面,争取美国暂缓执行新的关税协议,并争取美国在今年(至少全球疫情有效控制以前)减免所有关税;这对美国企业和消费者来说也是通过降低成本达到的救助和刺激。

(3) 适当调整在美国的投资策略

当前国际资本市场,包括外汇市场,波动剧烈,中国由于外汇储备充足,足以能够对冲相关风险。考虑到中国 3 万亿美元的外汇储备中超过 1 万亿购买美国国债,绝对规模仅次于日本,我们建议卖出部分之前低价时买入的美国国债:如果是几年前购买的国债,至今价格已经充分上涨;美联储无限量量化宽松会让美元面临贬值压力,而对于持有美国国债的中国政府而言,美元对人民币贬值意味着美国欠中国债务的(部分)蒸发,给我们带来损失。

从资产配置角度而言,出售美国国债获取的资金可以购买目前价格极其优惠的油气与其他经济复苏后需求大的矿物资源。如果美股再次走低(比如如上文所述,标普指数跌破 2000 点),可以购买并持有一些优质美股资产(包括大型技术公司股票)和其他成熟市场的低价优质资产。在有效控制风险的前提下,中国企业和中投这样的主权基金也可以积极到欧美等发达国家收购优质但面临现金流或债务危机的企业和资产。

(4) 预防中美经济脱钩的风险

近年来,随着中国经济体量增长和国际地位提升,美国对中国的态度已经从全面合作转为竞合并存。长期来看,中美双边关系的这一转变趋势不可避免,未来可能出现"竞争为主"的局面,中国对此必须做好充分的准备和预防工作,并吸取之前日本等国的经验教训。具体来说,首先,发展国内潜力巨大的消费市场,发挥消费拉动经济的重要功能;其次,进一步推动人民币国际化战略(具体方法见上文);最后,在关键领域实现国产化的前提下,进一步完善和拓展亚洲区域经贸合作体系和"一带一路"沿线国家的全面经贸合作体系,通过技术创新和提升国内营商环境等措施,进一步巩固和提升中国制造在国际产业链和供应链的地位。

第九章 金融之城：上海国际金融中心

CHAPTER 09

一直以来,上海国际金融中心的建设都是一项重要的国家战略,也是上海承担的重大使命。"十三五"期间,针对"基本建成与中国经济实力以及人民币国际地位相适应的国际金融中心"这一目标,上海国际金融中心建设取得了一系列重大进展。金融市场规模和质量显著提升,国际金融中心地位进一步巩固,初步形成全球性人民币产品创新、交易、定价和清算中心,在营商环境和金融发展环境方面也有明显改善。

进入 2019 年,随着《上海国际金融中心建设行动计划(2018—2020)》(以下简称《行动计划》)的出炉,上海国际金融中心建设已经进入冲刺阶段。对此,围绕当前"科创板"试点注册制、扩大金融开放、自贸区扩区和长三角一体化等重大历史机遇,重点增强上海对外开放的广度和深度,促进上海国际金融中心资源配置功能的进一步提升,将是接下来上海国际金融中心建设的关键。

更长远来看,上海应当成为真正国际顶级的金融中心,在所有与金融相关的要素市场,包括国际主要储备货币之一的人民币汇率市场,拥有定价权和全球机构投资者参与的规模最大、最活跃的市场;同时,大力增强上海科技创新实力和综合竞争实力,成为跨国公司在亚洲总部的首选地。

本章先介绍近年来,尤其是 2013 年中国(上海)自由贸易试验区建立以来上海国际金融中心建设取得的成绩,然后分别介绍正在进行中的重要改革和金融中心建设的进展,包括以科创板试点注册制为核心的资本市场改革;自贸区发展和国际保险中心的建设,金融风险预警和金融体系基础设施的搭建和关键保护,以及金融科技之中的信息科技行业的持续发展。

一、来之不易的重要进展

根据最新发布的第 27 期"全球金融中心指数"(GFCI27)报告,上海在连续三次排名第五后,首次跻身全球前四,打破了"纽伦港新"对国际金融中心前四名的长期垄断。具体成绩主要体现在以下四个方面。

1. 金融市场规模显著提升,国际影响力进一步增大

2019年上海全年金融市场交易规模达到1 934万亿元,比上年增长16.6%。其中,上海证券交易所股票成交额增长35.3%,上海期货交易所成交额增长19.3%,中国金融期货交易所成交额增长1.7倍,银行间市场成交额增长15.2%,上海黄金交易所成交额增长33.2%。2020年以来,新冠肺炎疫情对全球资本市场造成了严重冲击,得益于有效的疫情防控措施、及时的复工复产以及大力度的制度改革,中国市场表现明显好于全球其他市场。根据2020年上半年全球交易所排名,上海证券交易所股票总市值排名全球第二,融资额排名全球第三,股票交易额排名全球第四,IPO公司数排名全球第一。债券市场方面,目前中国债券市场总余额近100万亿元,已超过日本,仅次于美国,排在全球债券市场规模的第二。2018年,上海期货交易所在全球商品期货和期权交易量排名中位列第一,螺纹钢、镍、热轧卷板、锌、铝、铜、银、金、沥青、橡胶等多个品种交易量进入分类前十。2019年,上海黄金交易、上海期货交易所以及商业银行的黄金交易量总计9.06万吨,交易规模仅次于美国和英国,居全球第三位,占全球黄金市场总交易量的比重为15.36%,较2018年提升4.43个百分点。

2. 金融产品序列更加丰富,金融市场体系更加完善

2015年以来,大宗商品市场新推出了镍、锡、纸浆、原油等一系列期货类产品,以及铜和天然橡胶两种期权产品,其中,镍期货成交量在最新的全球非贵金属合约排名中位列第三,铜期权则是中国首个工业品期货期权品种。金融衍生品方面,新推出了10年期国债期货、上证50股指期货、中证500股指期货、2年期国债期货以及上证50ETF期权等金融期货期权产品,其中,2年期国债期货填补了中国过去缺少中短期国债期货的空白,上证50ETF期权是中国首个场内金融期权产品,沪深300股指期权则是国内首个指数期权产品。外汇市场方面,也新推出了人民币铁矿石掉期、人民币动力煤掉期、自贸区铜溢价掉期、人民币苯乙烯掉期、自贸区乙二醇进口掉期等一系列清算业务。

表9-1 2015—2019年上海金融市场新推出的各类衍生品

类 型	名 称	上市时间	2018年上半年排名
商品期货	镍期货	2015.3	非贵金属合约第3名
	锡期货	2015.3	未进各类前十

续 表

类 型	名 称	上市时间	2018年上半年排名
商品期货	纸浆期货	2018.11	未进各类前十
	原油期货	2018.3	原油期货合约第3名
商品期权	铜期权	2018.9	未进各类前十
	天然橡胶期权	2019.1	未进各类前十
金融期货	10年期国债期货	2015.3	未进各类前十
	上证50股指期货	2015.4	未进各类前十
	中证500股指期货	2015.4	未进各类前十
	2年期国债期货	2018.8	未进各类前十
金融期权	上证50ETF期权	2015.2	未进各类前十
	沪深300ETF期权	2019.12	未进各类前十
	沪深300股指期权	2019.12	未进各类前十

资料来源：作者整理。

3. 国际化程度进一步提升，成为内地开放的最前沿

作为内地首个与境外资本市场互联互通交易机制，沪港通于2014年4月获批，11月正式上线，成立四年多来累计成交金额已超过10万亿元，极大地促进了中国内地资本市场对外开放进程。此后，上海又推出了"黄金国际版"——首个国际化金融类资产交易平台、原油期货——首个引入境外投资者的期货品种、自贸区FT账户等金融创新产品或业务，加之目前正在积极推进的沪伦通业务，从而全面加强了上海金融市场的对外开放力度。2015年11月18日，由上海证券交易所、德意志交易所集团、中国金融期货交易所共同出资成立的中欧国际交易所在德国法兰克福开业，三家交易所分别持股40%、40%和20%，首批上线产品包括ETF（交易所交易基金）和人民币债券。

中欧所的顺利开业，标志着中德双方共同建立的欧洲离岸人民币证券市场正式开始运营，是人民币国际化的重要组成部分，也是上海证券交易所和中国金融期货交易所国家化战略进展的重要标志。依托巨大的中国市场、日益完善的金融体系以及自贸区重大制度优势等，上海吸引了大量外资金融机构来沪,截至 2018 年底,上海拥有外资金融机构总部 1 605 家,较十年前多了一倍。

4. 金融和营商环境日趋优化,金融生态初步形成

世界银行最新发布的《2020 全球营商环境报告》显示,中国 2019 年营商环境排名再创新高,从 2018 年的全球第 46 名升至第 31 名,再次跻身全球前五十,上海作为权重 55％的样本城市,对此做出了重要贡献。细项评分显示,上海在开办企业、施工许可、获得电力、登记财产、纳税、跨境贸易等方面评分均有明显提升。2013 年自贸区成立以来,累计发布了 10 批 130 个金融创新案例,在全国起到了较好的示范推动作用。率先设立上海金融法院,提高对金融消费者法律保护,出台全国首部地方性综合信用条例。

二、资本市场制度改革创新:上海"科创板"

如第三章所述,2019 年中国资本市场最重要的一项改革措施就是设立"科创板"试点注册制。"科创板"对于上海国际金融中心以及科技创新中心建设具有重要意义。一方面,"科创板"扶持具有科技创新特征的企业上市,对其进一步扩张规模、提升竞争力和提升公司治理水平具有重要促进作用;另一方面,"科创板"试点注册制为解决长期以来中国资本市场存在的行政干预偏多、定价机制不完善、信息披露质量不高、退市制度不健全等问题,从基础制度设计上提供了新的改革方向。

2019 年 7 月 22 日,经过大半年准备,"科创板"正式在上交所开板,首批上市企业 25 家。科创板开板一年多以来,每个月都有新股上市,累计已有超过 150 家符合要求的上市公司在科创板挂牌交易,在新股上市数量、IPO 融资规模方面均领先其他板块,科创板已经成为国内科技创新产业发展的优质"土壤"。为更好地实现"完善支持创新的资本形成机制""发挥科创板改革试验田的作用,形成可复制可推广的经验"两大目标,保证"科创板"平稳运行,后续"科创板"仍应在发行、上市、交易、退市各个环节进一步做好以下几方面政策安排。

1. 强化信息披露、中介监管和主营业务审核，合理控制"科创板"企业上市节奏、规模和行业分布

除了上市公司本身的财务、非财务信息披露，还要进一步强化对会计师事务所、律师事务所等中介机构的审查，对严重违规者罚款甚至取缔执照。鉴于"科创板"拟上市公司科技属性较强，造假的可能性较高，初期进行适度的实质性审核是必要的。因此建议建立专家中介团队，对拟"科创板"上市企业进行一定程度的资质审核，落实对创新公司进行客观、专业的评价，总体保证"科创板"上市企业具有一定的数量和规模，行业全面覆盖六大新兴行业，企业规模以中小企业为主，适当包含一些大规模企业。

2. 重视日内价格波动管理，完善做空交易机制设计，适时推出科创板指数和衍生品，做好投资者教育以及预期管理

引入个股日内价格波动管理机制，降低股价日内巨幅波动的风险，同时采用盘中或盘后多次集合竞价来应对大单，降低瞬间价格冲击。明确融券使用范围、方式，适当扩大其使用规模。在初步形成一定市场规模后（比如50只股票），尽快推出科创板指数和ETF，然后推出基于科创板指数的股指期货和期权工具，为投资者，尤其是机构投资者提供更多的对冲风险的工具。为防止可能的过度炒作，可以进一步提高交易科创板衍生品的准入门槛，比如开户金额不低于100万元，且必须有两年以上衍生品交易经验。此外，进一步做好"科创板"投资者，尤其是散户投资者的预期管理，利用"科创板"询价定价过程的全面公开，提升投资者利用这些有价值信息的决策判断能力。

3. 严格退出机制，重点加强对涉及重大违规类退市企业的投资者利益保护，以及规范再融资和并购重组的流程

"优胜劣汰，适者生存"。严格退市机制保证科创板可进可出，有利于科创板持续健康发展。鉴于退市造成购买公司股票的投资者损失惨重，对于因重大违规而强制退市的企业，尤其是上市阶段重大违规，应允许踩雷的个人投资者可以按不低于发行价一定比例的价格将其卖给企业或跟投券商（也就是所谓的强行"回购"）措施。对于因经营不善导致财务或市值指标触及退市标准而强制退市的企业，投资者则需自行承担相关风险。随着上市公司交易的常态化，公司下一步会产生再融资和并购重组的需求。一方面，科创板公司不但上市实行注册制，再次发行股票和融资也通过注册制精简程序；但是，对再融资的定价、规模和流程仍需清晰的规定，其中加强对中小投资者的保护依然是核心。虽然在IPO时点允许同股不同权的架构，但是上市后发行股票仍然应该是一股一票机制。

4. 重视突出"科创板"科创性定位，充分发挥对现有市场的"互补效应"

为吸引优质企业上市，不同板块之间存在竞争关系，为防止"科创板"对其他已有板块的"虹吸效应"，应重点明确"科创板"定位和目标。"科创板"旨在已有存量市场下拓展增量市场，重点吸引那些尚不完全具备主板上市条件，但成长性高、科技创新性强的高新科技企业，由此突出"科创性"特色定位，实现对已有板块市场的"互补效应"。

此外，为加强"科创板"投资者合法权益保护，还应加强行政法规与刑法之间的连接，加快证券法、公司法和刑法等的修订完善，加快推动示范判决机制与支持诉讼、诉调对接等机制相结合，严惩上市公司违法违规、欺诈发行、信息披露不当等行为，并通过加大经济处罚来增加违法违规的成本，并更好地保护中小投资者的利益。同时，通过对相关制度（比如资本退出后的税收和出境等）的梳理和落实，进一步鼓励境外注册的中国科创公司登陆科创板。在科创板完成大部分核心制度的试运行后（比如首批上市企业披露第一份年报，有多个企业完成再融资），可以总结可复制经验，首先推广至创业板，然后再确认主板的机制，真正做到两大交易所都是既有包容性又有层次的上市交易场所。

三、金融业进一步扩大开放：上海自贸区发展

对标纽约、伦敦等全球领先的国际金融中心，上海在国际化程度上仍然存在一定的差距。比如，上交所股票市场流通股中，境内上市外资股占比仅为0.372%，纽约、伦敦分别达到16%和32%；美国股票市场的境外投资者比例常年保持在25%，上海股票市场，即使QFII、RQFII以及沪港通额度全部用满，也只占沪市交易额的1.8%；2017年中国债券市场境外机构持有比例只有

2%,美国仅国债一项被境外机构持有比例就在20%左右。借助自贸区扩大开放的制度优势,上海在控制风险的前提下,应尽快加大金融业对外开放程度,全面提升国际化程度,具体措施可以从以下几方面展开。

1. 自贸区试点建设国际开放的"在岸"金融中心

雄厚的中国经济基础是上海国际金融中心建设的重要倚仗。因此,在发展目标和路径选择上,上海应该与纽约对标,发展在岸型的国际金融中心,以黄金国际板、原油期货为基础,建立和拓展其他允许外资参与的在岸国际金融市场。以此实现两点目标:一是与中国香港地区、新加坡等离岸型金融中心形成差别,实现差异化发展,然后中长期形成完整的金融市场体系,形成与香港和新加坡进行全面竞争的格局;二是为体量巨大的本土市场服务,提升金融服务实体经济能力。

2. 吸引更多的外资银行、证券、保险等金融机构总部进驻上海

政策上应给予来沪的外资金融机构更少的限制和更多的便利,具体包括但不限于这几方面:降低来沪外资金融机构的准入要求,取消外资持股比例限制,目前保险业开放程度最高,2018年5月安联保险控股落户上海,成为中国首家外资保险控股公司;逐步放宽外资金融机构来沪开展业务范围,支持外资机构开展金融创新;提高外资金融机构来沪开展业务便利度,提高政府办公服务效率,缩短相关手续办理时间。

3. 进一步扩大上海各类金融市场对外开放程度

近年来,中国资本市场全球影响力不断增大,2019年3月MSCI决定将A股权重因子由5%逐步提高至20%,2019年4月中国债券正式纳入彭博巴克莱指数,富时罗素也将于2019年6月把A股纳入其全球股票指数体系。同时,债券通开通一年多来运行良好,已成为外资参与中国债券市场的重要渠道。对此,未来应进一步放宽沪港通、债券通等现有互联互通机制的交易限制,并在此基础上开通"沪伦通"等其他与境外市场互联互通的交易机制。支持境外创新企业通过发行中国存托凭证(CDR)等方式拓展中国市场,扩大熊猫债规模。此外,在风险可控的前提下适当放开外资参与中国衍生品市场,尤其是金融期货期权类衍生品。

4. 拓展 FT 账户的功能以及使用范围

目前，上海自贸区实施的 FT 账户通过打通自贸区与离岸市场之间的通道，为区内企业涉足海外市场、满足实体经济所需的贸易结算和跨境投融资汇兑便利提供了更有效的方式。未来应在自贸区新片区进一步拓展 FT 账户的功能和适用范围，在满足实需、合规、实效的原则基础上，降低 FT 账户与其他账户的资金划转限制，尝试允许 FT 账户开展自贸区限额内人民币资本项目可兑换业务，以及争取将 FT 账户复制推广至长三角地区乃至全国其他地区的自贸试验区等。

四、以保险业为例，探索进一步金融扩大开放之路

金融开放对于上海国际金融中心建设的重要意义自不待言。2018 年博鳌亚洲论坛年会上，习近平主席宣布中国将确保已宣布的重大金融开放举措尽快落地。历史经验也表明，中国金融开放素有"金融开放，保险先行"的传统。

这里我们以保险业为例，探讨上海金融业如何进一步扩大开放。

1. 中国保险业发展现状及未来趋势

改革开放四十多年中国保险业取得了长足的发展。2018 年中国保险业保费收入超过 3.5 万亿元（统计截至 11 月），连续三年位居世界第二位，1979 年至今的年复合增长率达到 27%。上海更是成为中国最具代表意义的保险市场，并在 2018 年全球金融中心指数（GFCI）保险业排行榜中高居第五。尽管发展迅速，但与国际发达市场相比，中国保险业仍然存在不少问题，主要表现为保险密度和保险深度偏低、保险实际保障作用有限、国民对保险消费认知有偏等，这些问题严重制约了中国保险行业的发展。与此同时，受到人口老龄化、金融开放、科技融合保险等影响，中国保险行业发展也将呈现新的趋势。

首先，老龄化进程加速，亟须扩大保险市场供给和保障。截至 2017 年底，中国（内地）60 岁及以上人口 2.4 亿，占总人口 17.3%，65 岁及以上人口 1.6 亿，占总人口 11.4%。相比 2007 年，60 岁及以上占比提高了 5.7 个百分点，65 岁及以上占比提高了 3.3 个百分点。随着老龄化进程的加速，医疗、健康等

消费需求迅速扩张,应继续扩大养老、医疗、人寿等保险市场供给和保障。此外,近年来中国居民财富增长明显,据《2018 中国高净值人群财富白皮书》统计,目前中国中产阶级人数已是全球第一,生活水平的提高也将进一步放大老龄化对保险市场供给的促进作用。

其次,行业竞争加剧,推动保险公司更加分化。随着中国保险业的快速发展,竞争自然不可避免。保险业有很多细分领域,竞争主要发生在细分领域中。以人身险市场为例,无论是三大(CR3)、五大(CR5)还是十大(CR10),其市场占有率在 2013 至 2016 年间逐年下降,这一时期许多中小公司借助"资产驱动型"产品迅速崛起。2016 年以后,保监会(已与银监会合并为"银保监会")对产品结构、市场准入、渠道管理、公司治理等监管明显加强,头部企业市场份额出现回升。截至 2017 年底,人身险市场 CR3、CR5 和 CR10 的份额占比分别达到 41%、52% 和 71%。未来随着金融业进一步开放,保险市场竞争将更加激烈,强者恒强的马太效应可能很难避免。

再次,科技赋能保险,冲击公司原有运营模式。近年来,中国互联网保险市场高速增长,2013—2017 年五年间规模增长近 20 倍。互联网早期通过渠道创新打开市场,但随着客户与数据的不断积累,加之大数据、人工智能等技术逐渐成熟,互联网保险已开始向产品创新转型,包括旅游、汽车、健康、数码产品等特定场景应用,从而打破传统保险公司依赖规模扩张的保费收入和投资获取收益的固有模式。基于中国保险市场的巨大需求潜力,结合保险科技及其应用的快速发展,毕马威中国与众安金融科技研究院在联合报告《保险科技:构筑"新保险"的基础设施》中指出,中国有望成为全球领先的保险科技强国。

最后,监管不断成熟,约束市场行为更加规范。2017 年以来监管部门出台了一系列"防风险、严监管"规章制度和监管措施,强化和完善对保险公司偿付能力、资产负债结构、市场行为、资金运用以及股权和公司治理监管制度体系。同时,执行和检查力度明显加大,银保监会 2018 年对财险、寿险、中介等保险全行业进行现场大检查,开展人身保险产品专项核查清理工作,以及处罚安邦人寿、复星保德信、长城人寿、交银康联、农银人寿等公司的违规行为。中共十九大报告强调,要坚决打好"防范化解重大风险"攻坚战,"守住不发生系统性金融风险的底线",未来中国保险业监管将更加完善,行业发展也会更加规范。

2. 保险业开放对中国保险市场的影响

改革开放四十多年中国取得了巨大的成就,金融开放方面:证券行业通过 QFII、RQFII、QDII、沪港通、深港通、债券通等互联互通机制与境外市场建立了初步联系;政策层面于 2015 年底完成利率市场化建设;汇率弹性不断提升,形成"以市场供求为基础、参考一篮子货币进行调节、有管理的浮动汇率制度";资本项目可兑换程度不断提高,IMF 资本和金融项目交易分类标准下 40 个子项,中国达到可兑换和部分可兑换项目已有 37 项。

"金融开放,保险先行",保险业是中国开放最早的金融领域。2003 年中国基本取消外资保险业务地域限制并允许外资非寿险公司设立独资子公司。2005 年之后,除合资寿险公司外方持股比例不得超过 50%、外资财险公司不得经营法定保险以外,业务方面外资保险公司已享受国民待遇。2018 年,习近平主席宣布金融扩大开放后,13 天内国际四大保险巨头英国韦莱、法国安盛、富卫人寿、德国安联已进驻上海。保险开放将对中国保险消费、公司发展、行业监管等产生一系列深远影响。

第一,供给增加,消费者产品选择更加丰富。中国已是全球第二大保险市场,但是保险密度和保险深度与发达国家比还有不少差距。2017 年,全国保险密度 2 632 元/人,保险深度 4.42%,在全球 88 个国家和地区中仅排在第 45 和第 36 位,中国保险市场仍有很大潜力。国外保险行业历史悠久,在产品设计、行业自律、风险控制、客户管理等方面积累了丰富的经验,结合最新对保险科技的应用,将为中国消费者带来更具个性化、使用更便捷的保险产品设计,满足消费者多样化需求。同时,面对国际巨头竞争,本土保险企业也会更注重自身产品研发,从而进一步提高保险市场供给,全面提升中国居民保险消费体验。

第二,竞争加剧,行业分化与整合进程加速。随着保险公司外资持股比例限制的放宽直至取消,经营范围的扩大,进入门槛的降低,中资保险公司将面临来自外资保险公司更激烈的竞争。保险行业本身领域众多,而外资保险善于细分市场和精准定位,同时也更关注价值成长,比如外资财险公司长期深耕中国险企不太重视的责任险、工程险、保证保险、信用保险,外资人身险公司则善于围绕高收入人群开展定制服务。竞争必然导致行业分化,相比平安、泰康等头部企业,本土中小企业面临的竞争会更残酷,原本保险市场集中度就在上升,外资进入将继续蚕食原有市场份额,行业整合进程也会加速。

第三,理念提升,企业经营模式进一步优化。除了新的业务品种和服务类型,外资保险公司先进的营销理念和经营管理经验对中国保险业也有良好的示范和促进作用,主要表现在四个方面:一是转变思维,以稳健经营理念取代急功近利思想,立志打造百年口碑老店;二是强化管理,以扁平化、专业化管理提高经营效率,尽可能降低运营管理成本;三是精益求精,以提高用户体验为终极目的,突出精算、定价等保险核心优势,精心打磨每一款产品;四是科技融合,深入融合人工智能、大数据等前沿科技,增强长尾覆盖能力,提升保险的社会保障作用。

第四,制度接轨,提升保险市场国际化程度。在经济全球化和中国企业"走出去"背景下,建立一套公平、开放、透明、内外一致的金融制度尤为重要。与发达市场相比,中国目前对外资金融机构限制较多,金融市场公平、公正和透明度需要进一步提升。开放倒逼改革,保险业开放使市场化进程加速,例如寿险营销中的代理人制度就是由友邦保险最早引入中国。可以预见,随着中国保险业开放程度不断提高,保险市场制度也将更加接轨国际,在此过程中,监管体系也将进一步完善,包括加强负面清单建设、推进行政审批制度改革等。

3. 扩大开放条件下中国保险业面临的潜在风险

金融是现代经济的核心,金融业是国民经济的命脉行业。由于对资源配置具有突出作用,金融安全变得尤为重要,金融不稳定,往往要出大乱子。金融开放会带来新的市场参与者和新的模式,在激发金融体系活力的同时,也增加了金融体系的不确定性和风险。金融开放是为了让市场更充分地发挥配置资源作用,增强经济运行活力,但对于潜在风险,尤其是重大系统性金融风险不可忽视。

历史经验表明,如果制度改革跟不上,金融开放将会带来巨大的风险。20世纪80年代中期日本迫于美国压力签署《日元美元委员会协议》,加速金融开放,结果由于国内金融改革滞后未能有效控制风险,大量投机资本涌入股市、房市,形成泡沫经济。此后韩国的金融开放也因缺乏配套监管设施,导致韩国经济在东南亚危机中受到严重冲击。保险业不仅涉及资金运作,更是与居民人身、财产等密切相关,这意味着保险开放需要特别关注信息与国家安全问题。

第一,市场联动加强,潜在系统性金融风险上升。经济全球化与一体化背景下,全球金融市场联动性明显加强,表现为跨地区、跨行业传染风险增大,保险业开放无疑将进一步强化这一趋势。随着外资保险公司的进入,必然带来更大规模的跨境资本流动,一旦发生风吹草动,很可能出现大量资本外逃出境。与此同时,在中国当前金融体系中,银行和国有资本仍然占据主导地位,直接融资比例不高,民营企业面临融资难、融资贵问题。对于一个原本资源配置效率不高的金融市场,扩大开放引入外资,很可能进一步挤出效率高的民营企业,使金融资源配置扭曲问题更加严重,引起潜在金融风险上升。

第二,竞争愈加激烈,本土中小企业面临严峻挑战。外资保险公司进入最直接的影响就是使竞争加剧,由此带来的"鲇鱼效应"固然有利于中国保险行业整体效率的提升,但也确实增加了本土保险企业尤其是中小企业的压力。由于专业性强、细分领域多,前些年中国中小保险企业发展很快。但是,随着市场规模不断扩张,监管不断趋严,以及互联网保险的兴起,目前本土中小保险企业已经面临很大挑战。凭借出色的产品设计、先进的经营理念、成熟的管理模式以及不断创新的价值追求,外资保险公司进入势必使中国保险业竞争更加激烈,但也推动中国本土保险企业尤其是中小企业提高国际竞争力。

第三,关键领域受冲击,国家安全将面临一定威胁。中共十八届三中全会明确"市场在资源配置中起决定性作用",国际主流金融业基本都是竞争性行业,开放外资进入符合主流趋势。不过,金融开放意味着对货币政策调控提出了更高的要求,跨境资本流动将使利率、汇率波动加大,"稳金融"难度上升。更重要的是,在养老、健康保险等领域,外资开放可能带来国家安全和社会稳定的隐患,毕竟保险机构往往掌握了大量用户的健康甚至基因数据。虽然外资保险机构相对治理体系更佳,但仍不能确保数据绝对安全,一旦发生泄露,后果严重。

第四,创新与监管博弈,消费者权益保护难度增大。近年来,随着中国保险科技创新的活跃,保险产品创新活跃度进一步加强,中国市场也将成为外资保险公司金融保险科技创新的试验场。实际上,法国安盛、慕尼黑再保险等公司已经将保险科技创新实验室设在中国,未来将有更多外资保险公司利用中国的政策和环境优势开展研发创新。但是,创新本身也是一把"双刃剑",如果中国成为各个国家金融保险创新的试验田,可能会产生由于这些创新自身风险带来的市场不稳定,甚至可能产生消费者权益受损、监管真空等风险。

4. 上海金融保险业如何进一步扩大开放？

过去四十多年中国经济高速增长，改革开放是最重要的制度保障。进一步扩大金融业对外开放，既是基于过去发展经验的总结和延续，同时也是应对当前复杂国际形势的重要策略和举措。当前中国保险业正处于高速发展阶段，市场需求不断扩张，产品供给不断丰富，监管上也逐步规范。因此，上海要继续推进金融保险业扩大开放，在开放中寻找机遇，在开放中完善制度，在开放中化解风险。

第一，坚持市场驱动基本原则，进一步扩大上海金融保险业对外开放程度。中国保险业市场环境和监管体系相比发达市场还有一定差距，但中国拥有全球第二大的保险市场。因此，只有坚持以市场驱动为主导，吸引外资保险公司进入，同台竞技，才能倒逼中国保险市场从粗放式扩张向精细化发展转型。政策层面上，进一步降低外资保险公司进入门槛，提高外资开展业务便利程度。目前，中国对人身险公司外资持股比例已经放开，未来应在其他业务上进一步放开外资限制，并对寿险、人身险等方面具有一定特色产品的公司给予适当优惠，从而吸引优秀的外资保险机构进驻上海。建立更加明确的负面清单制度，在提升风险防范水平和监管能力基础上稳步加大对外开放。

第二，健全保险市场基础制度建设，不断提高保险市场广度、深度及交易便利程度。目前，中国保险市场发展广度有余而深度不足，尤其是本土中小保险企业，只注重业务规模的扩张，在稳健经营、挖掘客户需求、精细化管理等方面相比外资机构差距很大。保险开放的一个重要意义在于，优化本地保险企业的竞争环境，提高其业务和服务能力。同时监管制度也要跟上，比如处罚方面，对于泄露客户资料、披露虚假信息、营销误导等，国外对险企的处罚相当严厉，国内的处罚则很轻，要进一步提高违规成本。此外，资本大规模进入和退出会产生一定冲击。对于长期资本，应鼓励其投资国内行业，但退出时要做好机制设计，保证有序退出。对于短期资本，则要进行适当管控，通过窗口指导、托宾税等方式缓解其对国内市场的冲击。

第三，借力保险科技促进本土保险企业转型升级，增强本土企业国际竞争力。随着互联网保险的迅猛发展，保险科技已经成为保险业发展的前沿方向。作为目标为国际科创中心的上海，在保险科技方面也有不俗表现。据媒体最新发布的《中国保险科技50强》显示，50强中有13家来自上海，全国排名第二，仅次于北京。通过融合保险科技，保险公司能够实现个性化定制产品，并服务更多长尾客户。上海要进一步推进保险科技的研发与应用,吸引更多具有金融科技、保险科技背景的专业人才,以科技赋能保险,提高本土保险企业国际竞争力。

第四,深入推进上海再保险中心建设,全面提升中国保险行业风险管理水平。再保险,又称分保或"保险的保险",指保险人将自己承担的保险责任部分转嫁给其他保险人承担。随着保险业务的快速发展,再保险能够进一步分散和转移风险,对于保障保险行业稳健运行、提高风险管理水平、支持行业创新和扩大开放具有重要作用。2018年8月,国际再保险平台在上海保险交易所上线,在此基础上,上海应充分发挥在行业发展和制度基础上的先行优势,借力对外开放和科技创新的历史机遇,努力打造成为亚太地区乃至全球的再保险中心,进一步推动中国保险行业发展,全面提升保险行业风险管理水平。

第五,加强保险市场监管,接轨国际市场的同时强化对中国消费者权益保护。近年来,中国保险市场监管不断加强。而随着中国保险市场进一步开放,将有越来越多的外资保险机构进驻中国开展业务,并由此带来一系列新的产品、服务以及管理模式等。创新将进一步增加中国保险市场供给,丰富中国消费者对产品、服务的选择空间,但同时也对中国保险市场监管和消费者权益保护提出了更高的要求。对此,一定程度的隔离监管将很有必要,对于外资保险机构的产品和服务,监管部门一定要做好审核和备案工作,谨慎对待尚未在其他国家和地区出现的新产品和新模式,从而在最大程度上保护中国消费者的正当权益。

五、金融风险预警、防范和化解

2018年,中美贸易摩擦等国内外不利因素导致股票市场疲软,企业债务违约频发,大量股权质押触及警示线、平仓线,以及商誉减值、P2P暴雷、租金贷等风险事件,严重考验了中国的金融风险监管能力。面对金融开放可能带来的资本流动加剧、资金出逃可能性上升、金融市场波动增大等一系列风险问题,上海如何在守住不发生系统性、区域性金融风险底线的前提下进一步做好引进外资和开放市场至关重要。对此,我们提出以下几方面政策建议。

1. 分类监管，实现外资有序进入和退出市场

历史经验表明，大规模资本跨境流动会对一国金融市场产生较大冲击，因此上海在扩大对外开放的同时，仍需对外资进入和退出市场进行必要的监管。具体来说，对于长期资本，应鼓励其投资国内行业，但退出时要做好机制设计，保证有序退出；对于短期资本，则要进行适当管控；如第五章所述，管控可以继续通过窗口指导等传统方式，也可以在上海（自贸区内）试行资本流动的"动态托宾税"等方式缓解其对国内市场的冲击，以下对此做进一步说明。

2. 建立动态监管机制调节短期资本流动

相比长期资本流动，短期资本进入退出由于规模大、投机性强等特点，容易对金融市场造成更大的影响。对此，我们提出两点关键机制：一是对于短期资本退出的规模、期限等设置必要的限制，防范大规模短期资本集中出逃；二是对于不同类型的短期资本，收取对应的托宾税，比如对非套保衍生品交易收取较高的税率，股票、债券等次之，长期FDI则为0，以此减少日常炒作资本进入。

3. 对涉及金融本质的业务实行穿透式监管

金融创新往往并没有脱离金融本质，对于实际涉及金融的业务，一定要执行高准入门槛，允许有数据、有人才、制度健全的具备金融资质的企业进入。但对于已具备资质的企业，应鼓励其开展业务创新，且保留较为宽松的试错容忍度。鉴于不同地区往往存在监管尺度差异，一方面要关注基于不同地区差异的监管套利行为，尤其是自贸区内外的制度差异，防范由此带来的金融风险；另一方面也要鼓励创新和适当提高监管容忍度，推动各类金融创新业务落地上海。

4. 强化对中国金融消费者的利益保护

金融开放下外资机构进入必然带来新的产品、服务以及管理模式等，这对中国金融监管，尤其是金融消费者的利益保护提出了更高要求。对此，一定程度的隔离监管将很有必要，对于外资金融机构的产品和服务，监管部门一定要做好审核和备案工作，谨慎对待尚未在其他国家和地区出现的新产品和新模式，从而在最大程度上保护中国消费者的正当权益。此外，2019年以来中国银行纷纷成立理财子公司,"大资管"背景下进一步明确产品属性以及风险特征,对于保护金融消费者利益尤为重要。

此外,2020年突发的新冠肺炎疫情提醒我们,大力发展医药、医疗器械、医疗保险、大健康行业的重要意义,而这些行业正是上海的比较优势行业。利用上海作为中国资本市场中心的地位,帮助这些行业的企业创新、上市、融资,既推动了上海的实体经济,又帮助了上海金融中心地位的提升,可以说是一举两得。这些行业也是国际投资者审视中国市场的关注点之一。疫情过后,上海要以科创板和注册制推广为抓手,支持需要早期开展大规模研发投入的生物医药类公司以及此次疫情推动的电商、远程教育、远程办公、智慧物流等新兴科技公司,通过上市获得资本支持,推动这两类公司的中长期发展。

同时,进一步加强中国金融市场对外开放力度,重点落实上海"金改30条"关于积极推进临港新片区金融先行先试、在更高水平加快上海金融业对外开放、金融支持长三角一体化发展等措施。吸引更多中长期的国际投资者和机构,以建立亚洲(或者中国)独资机构、总部落地上海等形式,参与中国多层次金融市场建设,让国内中小投资者也能享受国际机构提供的好的金融产品和服务,与优秀国际机构的竞争也会促进国内机构的成长。

六、提升金融服务业效率:上海的金融信息服务

当前科技与金融的结合已经成为推动金融行业发展和变革的重要方向。《行动计划》也强调上海国际金融中心建设要坚持以市场化、国际化、法治化、信息化为方向。通过融合互联网、大数据、人工智能、区块链等前沿科技,一方面传统金融行业的服务效率明显提升,服务范围明显扩大;另一方面将衍生出新的金融服务业态,扩展金融服务内涵。对此,这里我们重点以金融信息服务业为例,探讨科技推动上海金融服务业效率提升的具体路径。

金融信息服务是指向从事金融分析、金融交易、金融决策或者其他金融活动的用户提供可能影响金融市场的信息和/或金融数据的服务。由于技术的快速发展,宽泛意义上,金融信息服务可以指对与金融相关信息内容和资源进行生产或收集、加工处理、存储利用,提供给用户和/或社会,或直接提供信息工具服务,以促进金融活动,直接或间接影响金融市场的服务性经济活动。金

融信息服务活动对金融业的发展具有重要支持作用。20 世纪 70 年代以来,由于电子表格的普及、互联网技术的推广乃至新世纪大数据、人工智能的应用,金融信息服务业出现了井喷式发展。从事金融信息服务的机构,除了财经新闻、行情信息与数据分析等传统机构,交易所、金融机构也加强了金融信息的相关服务,甚至包括从事信用中介、网络借贷、第三方支付等新兴互联网公司。

1. 上海金融信息服务业发展现状

首先,上海作为中国重要的国际金融中心,金融业的蓬勃发展自然离不开金融信息服务业的有力支持。2018 年上海金融市场成交总额 1 645.8 万亿元,同比增长 15.2%,全国直接融资总额中的 85% 以上来自上海金融市场。一流的金融体量衍生出对金融信息服务的巨大需求。近年来,上海不断加大研发投入,2018 年研发支出占 GDP 比重已超过 4%,大量的研发投入带来了科技水平的快速提升,国际科技论文发表数量、被引用次数、专利申请数量等增速都达到两位数水平。快速发展的科技水平为金融信息服务发展提供重要技术支撑。此外,上海也为金融信息服务提供了关键政策支持,比如,《上海促进软件和信息服务业发展"十三五"规划》的"发展重点"章节,对于"金融服务"就有重要体现。

其次,随着互联网技术发展和数据红利,金融信息服务业正迎来史上最佳的发展机会。为打造国际金融中心和"科创中心",上海金融信息服务业近年保持高速增长。金融资讯平台方面,上海拥有万德信息"国际金融交易服务平台"、东方财富"财经网站平台"及"大智慧金融终端"等金融信息服务平台;第三方支付方面,上海持牌企业占全国总量 1/3 左右,支付宝、银联、汇付天下、快钱等知名企业均位于上海。网络征信方面,央行旗下上海资信建立网络金融征信系统,截至 2018 年 10 月 31 日,NFCS 网络金融征信系统累计签约机构 1 230 家,累计借贷金额 10 168 亿元。

再次,在信息通信技术驱动下,以大数据、人工智能等金融科技创新,推动金融信息服务的应用场景更加丰富多样,包括金融资讯平台、网络借贷、第三方支付、众筹、网络征信、信用中介等。信息通信技术创新推动形成专业化分工,促进创新产业链条不断延长。比如,典型的信用服务仅涉及三类主体,即提供原始借贷数据的银行等金融机构、征信公司以及利用征信分数或征信报告进行风险评估的机构,但大数据背景下衍生出数据加工服务、信用验证、风险评估与控制、反欺诈等服务。此外,金融信息服务与传统金融业务之间的界限也愈加模糊,传统银行、券商等金融机构向金融信息服务延伸,互联网公司从数据服务向金融业务拓展。

2. 上海金融信息服务业的瓶颈

第一,"强金融,弱科技"的整体环境不利于上海金融信息服务业的进一步发展。作为中国最重要的国际金融中心,上海在金融方面表现出明显的竞争优势。无论是最新的伦敦国际金融中心指数(GFCI)还是新华-道琼斯国际金融中心发展指数(IFCD),上海均排在内地城市首位,国内仅次于香港,而且IFCD 成长发展指数已连续 8 年排名第一。但相比金融的强势,上海的科技表现要弱不少,聚集的顶尖高校和科研院所规模明显不及北京,研发投入强度也低于北京和深圳。对于技术性较强的金融信息服务业而言,"强金融,弱科技"的环境并不利于其在上海的发展。

第二,对于强调创新的金融信息服务业,创新动力不足是上海面临的最大掣肘。金融信息服务,对信息的整理和挖掘是最重要的一环,创新是金融信息服务业竞争力最重要的体现。然而,创新动力不足,恰恰是上海发展金融信息服务业的最大掣肘。作为国内一线城市的上海,目前国内最具代表性的互联网公司巨头——"BATJ",却无一家诞生在上海,甚至近两年围绕"上海互联网企业发展活力"在网络上爆发了激烈讨论。上海在科技创新方面存在一些问题,突出体现在外企和国企占比过高致使民营经济,尤其科技和金融领域的民营企业活力不足,当地文化与互联网行业发展特性匹配度不够。

第三,金融信息服务与金融服务不断融合,突出增加了对行业风险的监管难度。随着信息通信技术的不断发展,金融信息服务涉及内容更加广阔,与金融服务之间的边界也更加模糊。金融机构增加金融信息服务业务,互联网公司则拓展金融服务业务。金融信息服务与金融服务的融合明显提升了业务便利度,但也不可避免地增加了风险监管难度。一方面,中国金融业长期采取分业经营、分业监管,不同监管部门之间协调难度较大。另一方面,各类金融信息、金融业务彼此之间关联度更高,联系更复杂,导致风险隐藏更深,传染性也更强。

第四,城市人才吸引力面临挑战,将威胁上海金融信息服务业的长期发展。对于强调创新的金融信息服务业而言,人才对于行业保持长期竞争力具有重要作用。作为海派文化的代表,一直以来上海在人才吸引方面都具有重要优势。《2018中国海归人才吸引力报告》显示,在留学归国人员的意向选择中,上海仍是首选城市。但是,随着近年来上海房价和租金的上涨,居住成本不断上升,一定程度上阻碍了人才的流入,加之武汉、南京、杭州、西安等二线城市也在加大人才引进力度,上海在人才吸引,尤其是吸引高端科技创新人才上将面临更大的挑战。

3. 上海金融信息服务业如何进一步发展

第一,理清行业促进与行业监管关系,加强数据共享建设,培育上海金融信息服务业发展创新动力。作为一个处于快速发展和变革中的新兴行业,上海对于金融信息服务业发展需要把握好促进行业发展和监管业务风险之间的平衡。新兴行业成长发展过程中必然会出现一些问题,甚至影响秩序,加剧风险,这些都是正常现象,不能因噎废食。数据是金融信息服务业的核心竞争力,应建立良好的数据共享机制,保证安全的前提下,尝试进行适当的数据整合。比如,建立复旦泛海国际金融学院数据中心,整合数据对外开放,依托强大的数据分析能力,实现数据平台共享。

第二,完善人才、企业方面制度建设,提高上海对金融信息服务业相关人才和科技企业的吸引力。随着信息通信技术的快速发展,人才对创新性强的金融信息服务业的重要意义不言而喻。尽管目前上海仍然是国内外人才的首要考虑地区之一,但要进一步做好人才政策创新,尤其是对关键技术领域的人才,要加强人才公寓建设,增加人才补贴,提高落户手续办理效率,改善政府服务软环境,通过一系列人才制度和配套建设,促进科技、信息和金融人才进驻和常驻上海。同时,通过一定程度的税收减免、研发投入支持等措施,鼓励中小科技企业,尤其是有专利的硬科技属性企业进驻上海。

第三,甄别金融信息服务业的信息本质与金融本质,根据业务实质特征,针对性实施穿透式监管。创新是新形势下经济发展的重要主题,但金融作为关系国家安全的命脉行业,风险监管决不可忽视,要"守住不发生系统性金融风险的底线"。金融信息服务业包含信息与金融两个维度,因此要仔细甄别金融信息服务中的信息本质与金融本质,一旦涉及实质金融业务,一定要执行高准入门槛,允许有数据、有人才、制度健全的具备金融资质的企业进入。对于已经具备资质的企业,应鼓励其开展业务创新,且保留较为宽松的试错容忍度。对于新业务而言,往往不存在全国统一的监管准则,而不同地区的监管尺度差异很可能使其去往业务开展更便利的地区。因此,鼓励创新和提高容忍度将有利于创新的金融信息服务业务在上海落地。

第四,客观对待数据价值与数据安全,建立安全防火墙,鼓励企业在保障用户隐私安全的前提下充分开发数据价值。金融信息服务,数据是关键。得益于大数据、人工智能等技术发展,过去大量沉淀的数据不断被开发利用起来。但是,与挖掘数据价值相对应的是,数据安全问题也被提到了前所未有的高度。刚刚过去的 2019 年"3·15"消费者权益保护日,集中曝光了一批利用先进通信技术将消费者数据用于从事非法交易的案例。因此,数据价值开发必须在有效保护用户隐私安全的前提下进行,这需要法律法规及相关制度安排进一步完善,在保障用户隐私安全的前提下,鼓励金融信息服务企业充分开发数据价值。此外,出于防范风险目的,一旦数据用于金融业务,包括网络借贷、信用担保等,应提供与产品相关的全方面信息披露,以及投资相关的持仓、杠杆等信息,避免由于高频交易等可能出现的闪电崩盘。

第五,探索以监管科技为代表的金融监管新模式。由于金融科技、科技创新的快速发展,一方面对金融信息服务业监管的难度越来越大,但另一方面利用这些创新提高监管效率也更加可能。利用这些前沿的金融科技创新,监管机构不仅可以更好地了解甚至预判行业和企业发展动向,更重要的是,利用信息科技优势,构建更有效监管系统,甚至体现"智能合约"特征,变"亡羊补牢"为事前防范。此外,金融科技公司在开展实质业务前,应做好产品、技术、风控、投融资等方面的信息披露,尤其是关于投资人、股东方面的信息,保证一旦发生问题,可以追责关键责任人。

参考文献

Acemoglu, Daron, Simon Johnson (2005), Unbundling Institutions, *Journal of Political Economy* 113, 949–995.

Acemoglu, Daron, Simon Johnson, and James Robinson (2001), The Colonial Origins of Comparative Development: An Empirical Investigation, *American Economic Review* 91, 1369–1401.

Acharya, Viral, Jun Qian, and Zhishu Yang (2019), In the Shadow of Banks: Wealth Management Products and Issuing Banks' Risks in China, Working Paper, Fudan University.

Allen, Franklin, Rajesh Chakrabarti, Sankar De, Jun Qian, and Meijun Qian (2012), Financing Firms in India, *Journal of Financial Intermediation* 21, 409–445.

Allen, Franklin, and Douglas Gale (1999), Diversity of Opinion and Financing of New Technologies, *Journal of Financial Intermediation* 8, 68–89.

Allen, Franklin, and Douglas Gale (2000a), *Comparing Financial Systems*, MIT Press, Cambridge, MA.

Allen, Franklin, and Douglas Gale (2000b), Corporate Governance and Competition, in *Corporate Governance: Theoretical and Empirical Perspectives*, Xavier Vives, ed., Cambridge University Press, London, 23–94.

Allen, Franklin, Xian Gu, and Jun Qian (2017), An Overview of China's Financial System, *Annual Review of Financial Economics* 9 (1).

Allen, Franklin, Xian Gu, Jun Qian, and Yiming Qian (2019), Implicit Guarantees and the Rise of Shadow Banking: The Case of Trust Products, working paper, Fudan University.

Allen, Franklin, Jun Qian, and Meijun Qian (2005), Law, finance and economic growth in China, *Journal of Financial Economics* 77, 57–116.

Allen, Franklin, Jun Qian, and Meijun Qian (2019), A Review of China's Institutions, *Annual Review of Financial Economics* 11, 39–64.

Allen, Franklin, Jun Qian, Chenyu Shan, and Mengxin Zhao (2014), The IPO of Industrial and Commercial Bank of China and the "Chinese Model" of privatizing large financial institutions, *European Journal of Finance* 20 (7–9):599–624.

Allen, Franklin, Jun Qian, Chenyu Shan, and Lei Zhu (2019a), Dissecting the Long-term Performance of Chinese Stock Market, Working paper, Fudan University.

Allen, Franklin, Jun Qian, Chenyu Shan, and Lei Zhu (2019b), The Development of the Chinese Stock Market, forthcoming Chapter 12 in *Handbook of China's Financial System*, W. Xiong, G. Sun, and M. Amstad, eds., Princeton University Press.

Allen, Franklin, Yiming Qian, Guoqian Tu, and Frank Yu, 2018. "Entrusted Loans: A Close Look at China's Shadow Banking System", forthcoming, *Journal of Financial Economics*.

An, Li, Jiangze Bian, Dong Lou, and Donghui Shi (2019), Wealth Redistribution in Bubbles and Crashes, Working Paper, Tsinghua University.

Beck, Thorsten, Asli Demirguc-Kunt, Ross Levine and Vojislav Maksimovic (2001), *Financial Structure and Economic Development: Firm, Industry and Country Evidence*, In Asli Demirguc-Kunt and Ross Levine(eds.), *Financial Structure and Economic Growth: A Cross Country Comparison of Banks, Markets and Development*, New York: Oxford University of Press.

Beck, Thorsten, Asli Demirguc-Kunt, and Ross Levine (2003a), Law, endowments, and finance, *Journal of Financial Economics* 70, 137–181.

Beck, Thorsten, Asli Demirguc-Kunt, and Ross Levine (2003b), Law and finance: why does legal origin matter? *Journal of Comparative Economics* 31, 653–675.

Beck, Thorsten and Ross Levine (2002), Industry growth and capital allocation: does having a market- or bank-based system matter? *Journal of Financial Economics* 64, 147–180.

Bian, Jiangze, Zhiguo He, Kelly Shue, and Hao Zhou (2017), Leveraged-Induced Fire Sales and Stock Market Crashes, Working paper, University of Chicago and NBER.

Brandt, Loren, and Xiaodong Zhu (2000), Redistribution in a Decentralized Economy: Growth and Inflation in China under Reform, *Journal of Political Economy* 108, 422–439.

Brunnermeier, Markus, Michael Sockin, and Wei Xiong (2017), China's model of managing the financial system, Working paper, Princeton University.

Burkart, Mike, Tore Elligensen, and Mariassunta Giannetti (2011), What You Sell is What you Lend? Explaining Trade Credits Contracts, *Review of Financial Studies* 24, 1261–1298.

Chen, Zhuo, Zhiguo He, and Chun Liu (2019), The Financing of Local Government in China: The Stimulus Loan Wanes and Shadow Banking Waxes, forthcoming, *Journal of Financial Economics*.

Chen, Hui, Anton Petukov, and Jiang Wang (2018), The dark side of circuit breakers, Working paper, MIT.

Chen, Ting, Zhenyu Gao, Jibao He, Wenxi Jiang, and Wei Xiong (2019), Daily Price Limits and Destructive Market Behaviour, *Journal of Econometrics* 208, 249–264.

Chen, Zhuo, Zhiguo He and Chun Liu (2017), The Financing of Local Government in China: Stimulus Loan Wanes and Shadow Banking

Waxes, Chicago Booth business School Working Paper.

Claessens, Stijn, Simeon Djankov, and Larry Lang (2000), The Separation of Ownership and Control in East Asian Corporations, *Journal of Financial Economics* 58, 81–112.

Claessens, Stijn, Simeon Djankov, and Larry Lang (2002), Disentangling the incentive and entrenchment of large shareholdings, *Journal of Finance* 57, 2741–2771.

Dang, Tri Vi, Hongling Wang and Aidan Yao (2016), Chinese Shadow Banking: Bank-Centric Misperceptions, Columbia Business School Working Paper.

Demirgüç-Kunt, Asli and Vojislav Maksimovic (1998), Law, finance, and firm growth, *Journal of Finance* 53, 2107–2137.

Djankov, Simon, Rafael La Porta, Florencio Lopez-de-Silanes, and Andrei Shleifer (2002), The Regulation of Entry, *Quarterly Journal of Economics* 117, 1–37.

Djankov, Simon, Rafael La Porta, Florencio Lopez-de-Silanes, and Andrei Shleifer (2003), Courts, *Quarterly Journal of Economics*, 118.

Egan, Mark, Gregor Matvos, and Amit Seru (2019). The Market for Financial Advisor Misconduct, *Journal of Political Economy* 127, 233–295.

Fang, Hanming, Quanlin Gu, Wei Xiong, and Li'an Zhou. (2016), Demystifying the Chinese Housing Boom, *NBER Macroeconomics Annual* 30.

FSB (2016) Fintech: Describing the Landscape and a Framework for Analysis.

Gao, Huasheng, Donghui Shi, and Bin Zhao (2018), Does Good Luck Make People Overconfident? Evidence from a Natural Experiment in China, Working paper, Fudan University.

Ghysels, Eric, and Hanwei Liu (2017), Has the Downside Risk in the Chinese Stock Market Fundamentally Changed? Working paper, University of North Carolina, Chapel Hill.

Greenwood, Bruce, and Jeremy Stein (1991), Transactional Risk, Market Crashes, and the Role of Circuit Breakers, *Journal of Business* 64, 443–462.

Greenwood, Jeremy, and Boyan Jovanovic (1990), Financial Development, Growth, and the Distribution of Income, *Journal of Political Economy* 98, 1076–1107.

Greif, Avner (1989), Reputation and Coalitions in Medieval Trade: Evidence on the Maghribi Traders, *Journal of Economic History* 49, 857–882.

Greif, Avner (1993), Contract enforceability and economic institutions in early trade: the Maghribi traders' coalition, *American Economic Review* 83, 525–548.

Greif, Avner (1998), Cultural beliefs and the organization of society: a historical and theoretical reflection on collectivist and individualist societies, *Journal of Political Economy* 102, 912–950.

Hachem, Kinda, and Zheng Michael Song (2016), Liquidity Regulation and Unintended Financial Transformation in China, NBER Working Paper No. 21880.

He, Jie, Jun Qian, and Phillip Strahan (2012), Are All Ratings Created Equal? The Impact of Issuer Size on the Pricing of Mortgage-Backed Securities, *Journal of Finance* 67(6), 2097–2137.

He, Jie, Jun Qian, and Phillip Strahan (2016), Does the Market Understand Rating Shopping? Predicting MBS Losses with Yields, *Review of Financial Studies* 29 (2), 457–485.

Helpman, Elhanan and Assaf Razin (1978), A theory of international trade under uncertainty, MPRA Paper.

Huang, Yi, Jianjun Miao, and Pengfei Wang (2016), Saving China's Stock Market, Working paper, Boston University and Hong Kong University of Science and Technology.

IMF (2016), Annual Report on Exchange Arrangements and Exchange Restrictions.

Jayaratne, Jith and Philip Strahan (1996), The finance-growth nexus: evidence from bank branch deregulation, *Quarterly Journal of Economics* 111, 639–670.

Johnson, Simon, John McMillan, and Christopher Woodruff (2002), Property rights and finance, *American Economic Review* 92, 1335–1356.

Kim, Kenneth, and Ghon Rhee (1997), Price Limit Performance: Evidence from the Tokyo Stock Exchange, *Journal of Finance* 62, 885–901.

Kim, Kenneth, and Jungso Park (2010), Why do Price Limits Exist in Stock Markets? A Manipulation-based Explanation, *European Financial Management* 16, 296–318.

King, Robert, and Ross Levine (1993), Finance and growth: Schumpeter might be right, *Quarterly Journal of Economics* 108, 717–738.

Kirby, William (1995), China Unincorporated: Company Law and Business Enterprise in Twentieth-Century China, *Journal of Asian Studies* 54, 43–63.

Lamport, Leslie (1998), The Part-Time Parliament. *ACM Transactions on Computer Systems* 16, 133–169.

La Porta, Rafael, Florencio Lopez-de-Silanes, and Andrei Shleifer (1999), Corporate ownership around the world, *Journal of Finance* 54, 471–517.

La Porta, Rafael, Florencio Lopez-de-Silanes, Andrei Shleifer and Robert W. Vishny (1997a), Legal determinants of external finance, *Journal of Finance* 52, 1131–1150.

La Porta, Rafael, Florencio Lopez-de-Silanes, Andrei Shleifer and Robert W. Vishny (1997b), Trust in large organizations, *American Economic Review* 87, 333–338.

La Porta, Rafael, Florencio Lopez-de-Silanes, Andrei Shleifer and Robert W. Vishny (1998), Law and finance, *Journal of Political Economy*, 106.

La Porta, Rafael, Florencio Lopez-de-Silanes, Andrei Shleifer and Robert

W. Vishny (1999), NBER Working Papers, 57(3):1147 – 1170.

La Porta, Rafael, Florencio Lopez-de-Silanes, Andrei Shleifer and Robert W. Vishny (2000), *The Journal of Finance*, 55(1):1 – 33.

La Porta, Rafael, Florencio Lopez-de-Silanes, Andrei Shleifer and Robert W. Vishny (2000a), Investor protection and corporate governance, *Journal of Financial Economics* 58, 141 – 186.

La Porta, Rafael, Florencio Lopez-de-Silanes, Andrei Shleifer and Robert W. Vishny (2000b), Agency problems and dividend policy around the world, *Journal of Finance* 55, 1 – 34.

La Porta, Rafael, Florencio Lopez-de-Silanes, Andrei Shleifer and Robert W. Vishny (2002), Investor protection and corporate valuation, *Journal of Finance* 57, 1147 – 1170.

Levine, Ross (1999) Law, finance, and economic growth, *Journal of Financial Intermediation* 8, 36 – 67.

Levine, Ross (2002) Bank-based or market-based financial systems: which is better? *Journal of Financial Intermediation* 11, 1 – 30.

Levine, Ross, and Sara Zervos (1998), Stock market, banks, and economic growth, *American Economic Review* 88, 537 – 558.

Li, Feng, Jun Qian, Haofei Wang, and Lei Zhu (2019), Stock Pledged Loans, Capital Markets, and Firm Performance: the Good, the Bad and the Ugly, Working paper, Fudan University.

Li, Ke, Lei Lu, Jun Qian, and Lei Zhu (2020), Enforceability and the Effectiveness of Laws and Regulations, *Journal of Corporate Finance* 62.

McKinnon, Ronald (1973), *Money and Capital in Economic Development*, Brookings Institution Press.

McMillan, John (1995), *China's Nonconformist Reform*, Economic Transition in Eastern Europe and Russia: Realities of Reform, ed. Edward Lazear, Stanford: Hoover Institution Press, 419 – 433.

McMillan, John, and Christopher Woodruff (2002), The central role of entrepreneurs in transition economies, *Journal of Economic Perspectives*

16, 153-170.

Nakamoto, Satoshi (2008), Bitcoin: A peer-to-peer Electronic Cash System, https://bitcoin.org/bitcoin.pdf.

Obstfeld, Maurice and Kenneth Rogoff (1994), The Intertemporal Approach to the Current Account, Working Paper.

Pastor, Lubos and Pietro Veronesi (2012), Uncertainty about Government Policy and Stock Prices, *Journal of Finance* 67, 1219-1264.

Posner, Ricard (1973). Economic Analysis of the Law, Little-Brown. Boston, MA.

Qian, Jun, Philip Strahan, and Zhishu Yang, 2015. "The Impact of Incentives and Communication Costs on Information Production and Use: Evidence from Bank Lending," *Journal of Finance* 70 (4), 1457-1493.

Qian, Jun, and Shan Zhao (2012), Shareholder Rights and Tunneling: Evidence from a Quasi-Natural Experiment, Working Paper.

Rajan, Raghuram, and Luigi Zingales (1998), Financial dependence and growth, *American Economic Review* 88, 559-586.

Shan, Chenyu, Yongjun Tang, Sarah Qian Wang, and Chang Zhang (2018), The diversification benefits and policy risks of accessing China's stock market, Working paper.

Stiglitz, Joseph, and Weiss Andrew (1981), Credit Rationing in Markets with Imperfect Information, *American Economic Review* 71, 393-410.

Stulz, Rene, and Rohan Williamson (2003), Culture, Openness, and Finance, *Journal of Financial Economics* 70, 261-300.

Subrahmanyam, Avanidhar (1994), Circuit Breakers and Market Volatility: A Theoretical Perspective, *Journal of Finance* 49 (1), 237-254.

Tadesse, Solomon (2002), Financial Architecture and Economic Performance: International Evidence, *Journal of Financial Intermediation* 11, 429-454.

Titman, Sheridan, Chishen Wei, and Bin Zhao (2019), Corporate Actions and the Manipulation of Retail Investors in China, Working Paper,

Fudan Unviersity.

Tobin, James (1974), International Currency Regimes, Capital Mobility and Macroeconomic Policy, Cowles Foundation Discussion Papers No. 993.

Tsai, Kellee (2002), *Back-alley Banking*, Ithaca, NY: Cornell University Press.

Veronesi, Pietro, and Luigi Zingales (2010), Paulson's Gift, *Journal of Financial Economics* 97(3), 339–368.

Xiong, Wei, and Jialin Yu (2011), The Chinese Warrants Bubble, *American Economic Review* 101, 2723–2753.

陈诗一,刘庆富,顾研,刘晓露. 2018."2018 中国城市金融科技竞争力指数研究",复旦大学.

高华声,张纯信,孙林,施东辉,徐广斌,林佶. 2018."中国股票市场个人投资者理性指数研究——基于行为金融学的实证",复旦大学.

高华声,陈晟,谢林,蒋伟,顾研. 2018."2018 中国房地产企业金融稳定指数研究",复旦大学.

后记：中国金融体系的下一个十年

本书对中国金融体系进行了全面的回顾，并将之与其他主要发达和新兴市场的金融体系进行了横向比较，探讨金融体系在支持经济增长和社会发展方面的作用。具体而言，我们分析研究了中国金融体系的四大板块。第一个板块是庞大的银行体系和金融中介部门，包括非银行的金融机构；第二个板块是多元化的资本市场，包括股票市场、债券市场和房地产市场。第三个板块是影子银行和替代性金融部门，主要指游离于市场和正规金融机构之外运作的部门，既有银行的表外产品和活动，也包括非银行、非市场等替代性融资渠道。第四个板块是外汇市场和资本的跨境流动。在分析四大板块的同时，我们也解析了各个板块以及整个中国金融体系可能面临的挑战，尤其是新冠疫情的爆发和抗疫常态化下对国际国内金融体系带来的冲击，并针对如何进行进一步改革以防止（全国性）金融危机的爆发展开了探讨。

在此，我们再把中国金融体系下一个十年（2020—2030年）的进一步发展的核心目标从以下八个方面做最后的总结和归纳。

第一，如书中第二章所分析的那样，中国银行体系中的大中型银行总体风险可控，而银行体系近期的首要任务是加强对地区性中小银行的风险评估。对那些位于经济增长乏力地区、业绩差风险高、自身缺乏核心竞争力的中小银行应该尽快通过并购和接管等形式进行处置；等到风险完全暴露时再来处置这些高风险银行有可能会引发市场恐慌。对大中型银行仍应加强对表内外资产风险的监控，监控的有效手段之一是定期的压力测试，并要求测试中出现问题的银行立即解决问题，做到未雨绸缪。同时，银行体系应当进一步完成转型，更好地服务家庭和个人在消费方面的需求；更加主动地拥抱金融科技，在科技赋能下，更好地为新兴行业和初创企业的融资和成长助力。大中型银行也应积极配合并推动人民币国际化进程,在全球范围内逐步形成和维护以人民币为核心的支付、结算和投资体系。

第二,针对中国股市的进一步改革,通过持续改善上市公司结构、提升公司治理水平、优化投资者结构等措施达到整体提升股市的效率,是整个金融体系最重要的任务之一。首先,科创板试点注册制的完善和推广及全面完成以注册制为核心的制度改革可以从根本上解决股市的结构性问题;以信息披露为核心,具有充分包容性的上市制度,严格执行的退市制度不但会鼓励并支持新兴行业,包括大量科创企业在中国境内市场上市,而且会形成提升上市公司经营效率的优胜劣汰的环境。这样的环境,辅以强化上市公司为所有股东,包括中小股东,创造价值成为上市公司的核心目标,再加上对上市公司关联交易的严格监管和对通过违法违规的公司和个人的严惩,提高"违法成本",来进一步提升上市公司的治理水平。中国股市走向成熟的另一个重要步骤是改善投资者结构,让理性的中长期机构投资者成为股市的主导力量。投资者结构的改善可以通过股市的进一步国际化,既通过各种渠道引入更多的国际中长期机构投资者;同时,在加强个人投资者教育的基础上,引入更多的对冲风险的工具,尤其是包括个股期权在内的各类衍生品,可以让优质的机构投资者充分发挥他们进行"价值投资"的优势;当优秀的机构投资者能够展示他们亮眼且稳定的中长期业绩时,个人投资者应当愿意将个人财富交给这样的机构投资者,从而实现投资者结构的转变和优化。

第三,进一步发展多层次、多产品的债券市场是拓宽直接融资渠道,丰富金融体系可长期投资产品的重要举措。在国债市场日益成熟的时点,中国下一步大力发展债券市场需要做好几项工作。首先,在利率充分市场化的条件下,让利率成为债券(事前)风险定价的主要工具;同时,多个评级机构也对债券风险进行准确和公正的评估;进一步完善各类企业和债券发行主体的破产重组的程序,保护债券投资人的利益;在满足这些条件下逐步打破债券市场的"刚性兑付"。再次,发展完善和债券市场相关的利率、汇率和违约风险的衍生品市场,同时,引进更多的国际债券机构投资者,通过竞争提升国内机构的国际竞争力。

第四,以房地产在国民经济和人民生活中的精准定位为指导,稳健发展房地产市场。具体而言,首先,通过更多市场化的调控手段,包括由地方政府主导的房地产税和控制房贷杠杆的措施,稳定房地产价格。其次,继续城镇化进程，包括与核心产业协同发展的超级城市群（京津冀一体化、长三角一体化和粤港澳大湾区）的发展和现代城镇化发展。再次，一线城市房地产市场的多元化，包括租赁市场的发展，以及通过整个房地产市场的（适当）金融化，包括房地产信托基金（REITs）和房地产按揭贷款等证券化产品的发展，来加速房地产企业的转型升级，提高金融机构的资金使用效率和投资收益。

第五，汇率市场近年来最重要的改革是让人民币汇率过渡到一个市场化的定价体系。在国际政治经济贸易环境风云变幻的时刻，我们建议人民币汇率的定价机制应该实现充分市场化，让市场供求，而不是央行的主动干预，成为人民币定价的基础。伴随人民币汇率市场化定价的另外一项促进人民币进一步国际化的措施是资本项目的有序开放。作为新兴市场大国的中国，资本项目不可能完全开放，必须有适当的管控：管控的底线是不发生恐慌性资本外逃，而管控方式可以考虑引入资本流动的动态"托宾税"的新的管理模式；相比监管部门对金融机构的"窗口指导"，事前约定的资本流动税对国内外投资者和金融机构而言更加透明，更有确定性。而人民币的进一步国际化，使之逐渐成为新的国际储备货币，不仅是中国金融体系未来的重要任务，也是为打造更加平衡的国际货币体系和稳定的跨境资本流动的重要举措。

第六，人工智能、区块链、云计算和大数据等核心科技在金融领域广泛和深入的运用，让金融科技"颠覆"了传统金融业态和金融机构。在金融科技的一些领域，比如运用大数据评估中小微企业风险从而解决这些企业融资难、第三方支付、普惠金融，以及人工智能在保险等领域的运用等，中国已经走在了世界最前列。展望未来，中国必须在这些领域以及5G技术在金融领域的应用方面继续保持领先地位，同时在其他核心领域，包括（加密）数字货币，也要有突破性进展。同时，必须做好与金融科技相关的新型金融风险的防范，形成引领世界的RegTech金融科技监管框架。我们认为，一个可以在实践中运用的准则是：当金融科技能够在符合金融原理和市场规律的前提下，帮助解决金融的核心问题——比如信息获取和使用过程中的信息不对称问题，如何避免金融活动和业务中的人为偏差和利益冲突等，这样的科技就是能够促进金融发展的有价值的创新。反之，如果有人打着金融科技的旗号参与传统或者新的业务，却不具备从事金融核心业务的资质，没有相关的大数据、强大的风控技术和专业化团队，亦缺乏稳定的融资渠道和高效的公司治理，这样不仅不会提升效率，反而会集聚风险。

第七,"十三五"期间,上海国际金融中心建设取得了一系列重大进展:金融市场规模、产品多元化和营商环境水平均有显著提升,初步形成了全球性人民币产品创新、交易、定价和清算中心。进入下一个十年,上海作为国际金融中心,在银行体系、股市、债市和房地产、汇率市场以及金融科技各方面,都应该成为推动金融改革和进一步开放的排头兵。围绕当前"科创板"试点注册制深化股市改革、扩大金融开放、自贸区扩区和长三角一体化国家战略等重大历史机遇,重点增强上海金融对外开放的规模和质量以及科技创新实力,促进上海国际金融中心资源配置功能的进一步提升,将是接下来上海国际金融中心建设的关键。

第八,一切的发展都是以人为基础的。下一个十年,持续"井喷式"发展的中国金融行业对人才,尤其是行业领军的高端人才的需求,仍将是巨大的。金融愈发成为国家重要的核心竞争力,而金融安全是国家安全的重要组成部分。金融安全与金融业的稳健发展,也取决于良好的国民金融素质。从2013年7月我全职回国以来,除了专注于国内外金融市场的研究外,就是投身中国的金融教育行业:先是在上海交通大学上海高级金融学院任教四年;2017年,应母校复旦大学召唤,与学术委员会魏尚进主席和其他同事一起创办复旦大学泛海国际金融学院,我们的办学目的就是为国家金融战略服务,在塑造顶级金融人才的同时普及金融知识,提升中国金融行业在国际的影响力和话语权,切实解决国家金融行业发展的重大现实问题,为国家、地方、企业的创新驱动和转型升级献计献力。而写作此书,也是想为中国金融教育行业和金融人才培养做一些实质性的事情。

那么如何才能成为现代金融行业的高端人才和领军人物?基于从事金融高端教育多年的经验,我认为至少有三方面的要求。

第一点是具备专业性。这对于一个金融人来说永远是最重要的必备素养,不管是不断演变的传统金融的细分领域,如股市、银行、房地产等,还是日新月异的金融科技,对专业性的需求都是永无止境的,这就要求金融人士源源不断地吸收现代最前沿的金融知识。

第二点是拥有国际化视野。如今中国金融体系和经济的发展正面临一些困难,体现为国际上的逆全球化趋势和一些国家跟我们脱钩,而中国的经济已经和包括美国在内的全球经济密不可分。中国金融体系的进一步发展离不开与全球金融体系的协同和合作,中国的金融要更加融入并逐步引领全球金融体系的发展。在这样的环境下,中国金融高端人才亟须具备广阔的国际化视野和崭新的金融理念,不仅要熟悉国内体系,更要了解国际规则,并不断学习其他发达市场和新兴市场的经验,以一个"经验丰富的掌舵人"的身份为中国金融行业的发展做贡献。

第三点是具有责任感。首先是需要具备职业精神(professionalism),除了尽心尽职,由于金融行业高风险的特殊性质,金融从业者的职业道德直接关系到金融行业的健康发展。在我看来,维持中国和全球金融体系正常运行的最核心元素不是硬科技(只要人还是最终的决策者和金融服务的享用者),也不是一套完美的政策和监管体系(因为再前沿的政策和监管多数情况下还是滞后于金融创新或者投机套利行为的),而是建立在所有市场参与者之间的共同信任。只有从业者,尤其是公司创始人和金融机构高管,形成正确的规范行为准则,诚实守信,这样才能真正营造一个公平公正的金融环境。其次,金融是风险与收益并存的行业,金融人士面临的压力很大,需要肩负起的社会责任也大,如何解压?时刻牢记金融的本质是为了更好地服务实体经济,尤其是千千万万的中小微企业,服务大众,包括通过普惠金融消除贫困。如果自己从事的职业和力所能及的事,能助力创业者、初创企业和大众的成功,那就既履行了社会责任,也会真正从工作中获得成就感和快乐,而这样的快乐是长久的。

感谢您对本书和中国金融体系的关注,让我们共同努力,促进中国金融体系的全面、快速和稳定的发展,朝着建设世界金融强国的目标迈进!

钱军

于复旦大学
2020 年 10 月